• EL ATLAS COMESTIBLE •

EL ATLAS COMESTIBLE

UNA VUELTA AL MUNDO A TRAVÉS DE 40 GASTRONOMÍAS

MINA HOLLAND

Traducción de Julia Osuna Aguilar

Rocaeditorial

Título original: *The Edible Atlas*

Copyright © Mina Holland, 2014

Publicado en acuerdo con Canongate Books Ltd, 14 High Street, Edimburgo EH1 1TE

Primera edición: noviembre de 2014

© de los mapas: Liane Payne

© de la traducción: Julia Osuna Aguilar
© de esta edición: Roca Editorial de Libros, S. L.
Av. Marquès de l'Argentera 17, pral.
08003 Barcelona
info@rocaeditorial.com
www.rocaeditorial.com

Impreso por RODESA
Villatuerta (Navarra)

ISBN: 978-84-9918-842-3
Depósito legal: B-20.757-2014
Código IBIC: WBA

RE88423

• A MIS ABUELAS •

ÍNDICE DE CONTENIDOS

• EUROPA •

• ORIENTE PRÓXIMO •

• ASIA •

• ÁFRICA •

• LAS AMÉRICAS •

○ Indica mapa o gráfico.

INTRODUCCIÓN

No son solo las grandes obras de la humanidad lo que conforma una cultura, sino también lo cotidiano, como lo que come la gente y la forma de servirlo.
• LAURIE COLWIN, *Home Cooking* •

CUANDO COMEMOS, viajamos.

Pensad en vuestro último viaje. ¿Qué recuerdos destacan? Si en algo os parecéis a mí, en vuestra cabeza las comidas estarán las primeras de la lista a la hora de evocar viajes pasados. Un pincho de tortilla, dorado y humeante, en un ocioso domingo en Madrid; *shakshuka* caliente para desayunar en Tel Aviv; ostras succionadas y relamidas de su concha en una cala de Whitstable... Si bien en general los recuerdos de lo que vi en esos lugares han ido adquiriendo un tono sepia y desvaído con el paso del tiempo, los platos los recuerdo en tecnicolor.

Como ya sugiriera Proust con esos bocados de *petit madeleine** mojados en té, la comida nos escolta en nuestro regreso al pasado y da forma a nuestros recuerdos. Los distintos sabores, ingredientes y técnicas culinarias que conocemos en otros espacios y tiempos son también una puerta de entrada a la cultura en cuestión. Lo que comemos en un sitio determinado es igual de importante, cuando no más, que el resto de las cosas que podemos hacer —visitar pinacotecas o museos, dar paseos o realizar rutas turísticas— porque la comida nos ofrece la oportunidad de paladear, literalmente, la vida cotidiana.

Siempre que viajo al extranjero mi principal meta es encontrar la comida más típica del sitio al que voy y sus mejores ejemplos. La gastronomía es un repertorio de todo lo que tiene de distinto la otra cultura y nos informa mejor que cualquier otra cosa sobre cómo vive la gente. Todo el mundo tiene que comer, y la comida es una *lingua franca*.

Recientemente, la gran novelista y cocinera estadounidense Laurie Colwin equiparó el papel de la comida diaria en la formación de una cultura al de las

••••

* A los escritores les pirra citar el momento proustiano por excelencia —en que el joven Marcel de *En busca del tiempo perdido* repara en la capacidad evocadora del sabor—, tal vez porque en cierto modo es una reivindicación de la comida, la convierte en algo «real» que está reconocido por la literatura, y no solo en un gusto sentimental. Reproduzco a continuación la cita en su totalidad de *Por el camino de Swann*: «¿De dónde podía venirme ese júbilo poderoso? Tenía la impresión de que estaba relacionado con el sabor del té y del dulce, pero los superaba infinitamente [...] y todo Combray y sus alrededores, todo lo que tomaba forma y solidez, ciudad y jardines, salió de mi taza de té».

«grandes obras de la humanidad». No puedo por más que coincidir con ella. Una *baguette*, la adorada barra de pan francés, es un lienzo en blanco de combinaciones infinitas para sabores esencialmente galos (desde los quesos a la charcutería, entre otros). Es un emparedado de historia[*], y no es ninguna locura afirmar que dice más de la cultura francesa que las lilas de Monet. La gastrónoma marroquí Paula Wolfert, que fue *beatnik* en la década de 1960, cuando se trasladó de París a Tánger como sus coetáneos Paul Bowles o Jack Kerouac, también está en sintonía con Colwin. «La comida es una forma de conocer a la gente», me dijo en cierta ocasión; una afirmación tan simple como cierta. Al contrario que una guía de viaje o un circuito en autobús, la comida ofrece una visión básica de cómo viven y respiran los pueblos. Cuando comemos un plato de otra cultura vamos entendiendo su esencia bocado a bocado.

Pero comer de distintas culturas no es solo un modo de conocer gente; también puede hacer que miremos nuestra propia comida a través de una lente distinta. Hace unos años volví a comer carne después de llevar doce siendo vegetariana (de las que comen pescado). Pero, aunque comía alegremente todo tipo de cortes y vísceras, el cordero seguía dándome problemas. Desde pequeña he aborrecido el olor grasiento y empalagoso del cordero asado, una aversión que se había convertido casi en una patología. Cuando conocí a la cocinera libanesa Anissa Helou, le mencioné casualmente mi antipatía por el cordero. Se quedó boquiabierta. Me dijo que era imposible, que no podía escribir un libro sobre gastronomía mundial si no me gustaba el cordero. Al cabo de unos meses estaba en su piso de Shoreditch devorando *kibbeh* de cordero crudo (véase pág. 174). El *baharat* (mezcla de siete especias) que ella misma había preparado, de un equilibrio estupendo, más que enmascarar, complementaba a la perfección el fuerte sabor de la carne cruda, que acompañamos con un tabulé. Tal vez no me guste el asado inglés de cordero, cuyo olor inundaba la cocina de mis abuelos casi todos los domingos, pero resulta que adoro el cordero crudo tal y como se prepara en la cocina de Oriente Próximo. El *joresht sabzi* persa (un estofado de cordero con especias y judías; véase pág. 191) fue otro gran descubrimiento. Los ingredientes se visten con disfraces distintos en otras culturas, lo que puede haceros cambiar vuestra percepción previa.

En los últimos años la comida ha adquirido en Gran Bretaña un estatus análogo en la cultura popular al cine, la literatura y la música, que expresan a cada momento los gustos de la sociedad. La comida es una manifestación del *zeitgeist*, el espíritu de los tiempos. En la actualidad existen modas gastronómicas globales. En ciudades cosmopolitas como Londres, Nueva York,

••••

[*] Según un relato seguramente apócrifo, la *baguette* fue creada durante las guerras napoleónicas para que cupiese en los pantalones de los soldados y ahorrarles así espacio en el petate. Es más, las rebanadas finas y alargadas han formado parte de la cocina francesa desde hace cientos de años, si bien la ahora omnipresente *baguette* data probablemente de principios del siglo XX.

Tokio o Melbourne, las masas llegan a restaurantes donde no hay que reservar y se sirven platos compartidos con una decoración desenfadada como telón de fondo, o a tenderetes en las calles que venden comida rápida gourmet y bollería pija. Los profesionales de la cocina más famosos —desde René Redzepi y sus numerosas estrellas Michelin hasta Yotam Ottolenghi, el neorrepostero de Oriente Medio, pasando por la cocinera de la tele Nigella Lawson— forman parte de la cultura de las celebridades. Apuestan por la creatividad en sus cocinas y recurren a todo tipo de influencias culinarias y culturales para elaborar platos exclusivos que hacen babear a los sibaritas de la alta sociedad.

Entre este entusiasmo por la comida y la fascinación cada vez mayor por las tendencias culinarias (que parecen cambiar con la misma frecuencia que el calendario semestral de la moda), existen ciertas lagunas en nuestro conocimiento de las cocinas selectas. Los que se autoproclaman «*foodies*» tal vez sepan quién es David Chang[*], quizá se enorgullezcan de pedir platos de vísceras en restaurantes o aboguen por la leche fresca en lugar de la pasteurizada, pero ¿serían capaces de explicar qué es lo que hace que una cocina sea nacional o regional? ¿Cómo definimos la gastronomía, por ejemplo, del Líbano o Irán? ¿Qué distingue a una de la otra? ¿Cuáles son los sabores principales, las técnicas culinarias y los platos insignia de cada una? En resumidas cuentas, ¿qué y por qué come la gente en las distintas partes del mundo?

La principal razón de querer llevaros de viaje por 40 comidas del mundo es desmitificar sus rasgos esenciales y permitiros recrear muchos de sus platos. Recordad: cuando comemos, viajamos. Considerad este libro vuestro pasaporte para visitar cualquiera de estos sitios y probar sus delicias... ¡y todo desde vuestra propia cocina!

● ¿QUÉ ES UNA GASTRONOMÍA? ●

CUANDO LA ACADÉMICA-AGRICULTORA estadounidense Wendell Berry dijo en cierta ocasión que «comer es un acto agrícola», quiso llamar la atención sobre el hecho de que lo que se come en un sitio determinado refleja el terreno y el clima donde vive y crece la materia prima. Pero considerar solamente la geografía sería simplificar demasiado.

En realidad una gastronomía es el producto comestible tanto de la geografía como de la historia. Las invasiones, el imperialismo y las migraciones

● ● ● ●

[*] Cocinero estadounidense de origen coreano y propietario de la cadena de restaurantes Momofuku. Chang tiene dos estrellas Michelin a su nombre y es también el corredactor de *Lucky peach*, una publicación trimestral con una temática especial en cada número, como «Ramen», «Comida estadounidense» o «Antes y después del Apocalipsis».

graban la influencia en el paisaje de los movimientos de los pueblos, creando gastronomías que son exclusivas del lugar pero también, por definición, híbridas; como la de Sicilia, donde griegos, romanos, normandos, árabes, españoles, franceses y más recientemente italianos, han tenido su momento en el poder. Hoy en día los platos sicilianos son un reflejo tanto de los pueblos que habitaron la isla como de la rica materia prima mediterránea que posee.

Con el tiempo he aprendido que no hay gastronomías de «pedigrí», sino que todas son cruces, más mezcladas que un chucho de perrera. Incluso las que tienen un carácter nacional y regional más diferenciado son resultado de distintas tradiciones humanas que se han fundido con la geografía física y la materia prima.[*] Hay gastronomías mucho más jóvenes que otras —como las del Nuevo Mundo, por ejemplo—, si bien el conocimiento de la historia más reciente, en la que se formaron, demuestra ser una lección fascinante sobre cómo evoluciona una gastronomía.

Por ejemplo, si vamos a viajar a California (véase pág. 301) no es solo porque yo me declare abiertamente apegada a esa región, sino porque creo que ha cambiado nuestra manera de entender la comida. Gran parte de la revolución culinaria que ha tenido lugar en Reino Unido en los últimos años tiene su origen en el Estado Dorado y en su distintiva manera de abordar la fusión de las varias tradiciones gastronómicas que ha heredado. Son los cimientos de algo completamente novedoso: un producto derivado y aun así auténtico.

Me gusta pensar en las gastronomías como guisos, dado que suelen tener los mismos o similares componentes pero producen resultados de lo más variados. Pensemos en lo distinta que es la comida india de la marroquí, pese a tener muchas similitudes fundamentales: la cocina en barro, los estofados y, ante todo, las especias que comparten, como el comino, la cúrcuma, la canela y las infinitas mezclas de estas y otras más. Como veréis en el mapa de la Ruta de las Especias de las páginas 158-159 la interacción entre la tierra y los pueblos —la geografía y la historia— confiere a todas las gastronomías que exploro en este libro una química exclusiva y una magia particular.

• CÓMO FUNCIONA ESTE LIBRO •

ESTABLECER AL ADN EXHAUSTIVO de 40 gastronomías sería una empresa ardua. Este libro pretende ser solamente un punto de partida, una guía introductoria para todo aquel con una curiosidad viva por los cimientos sobre los que se construyen algunas de las gastronomías claves del mundo. Abarca

● ● ● ●

[*] Existe, sin embargo, una diferencia sustantiva entre esto —la fusión gradual de geografía e historia que conforma una gastronomía— y la «fusión» consciente creada en la actualidad por un cocinero particular.

sabores e ingredientes —qué especias se utilizan, si se prefiere cocinar con aceite o mantequilla, o sin grasa alguna—, así como las maneras de cocinar y de servir. He destacado los elementos principales de cada gastronomía en el apartado «La despensa», vuestra lista de la compra básica de cada una de las cocinas que visitaremos en nuestro viaje. También os proporciono unas cuantas recetas realmente típicas de cada lugar. Si queréis saber más, podéis recurrir al apartado de «Lecturas avanzadas» de la página 353, donde sugiero libros de expertos en gastronomías concretas.

Las listas de «La despensa» no pretenden ser catálogos exhaustivos, sino más bien sugerencias del tipo de cosas que sería conveniente tener en casa (aparte de los «Básicos de cocina»; véase a continuación) si quieren cocinarse recetas de una tradición particular. Incluyen ingredientes que considero únicos o exclusivos de ciertos lugares —como la pimienta de Sichuan de la región china homónima, las limas secas de Irán o el pimentón español—, y espero que sirvan para inspiraros al leer el capítulo en cuestión antes de embarcaros en vuestra travesía culinaria. Hay que tener en cuenta que, en la mayoría de los casos, no he incluido los ingredientes que aparecen en «Básicos de cocina», a menos que haya querido enfatizar su predominio en un lugar determinado, como los garbanzos en el Mediterráneo o la pasta de sésamo en Oriente Próximo e Israel. Por muy importantes que sean para una gastronomía, productos como el aceite de oliva virgen extra o el ajo no se incluyen en los apartados de «La despensa», pues se encuentran en toda cocina bien surtida, independientemente de la gastronomía que esté explorándose.

Siempre me he tomado con mucho relajo lo de seguir al pie de la letra las recetas. Pueden ser de una utilidad enorme para dar vida a un plato, pero somos muchos los que nos sentimos coartados al pensar que una receta es una serie de normas, que a su vez es una fórmula ideal para el desastre. Mi consejo es hacer lo que nos parezca adecuado. Añadir más sal o evitar el cilantro fresco si eso es lo que nos gusta, sellar el filete o cuajar la tortilla un par de minutos más o menos si nos apetece. Nadie conoce vuestro paladar ni vuestros útiles de cocina como vosotros, de modo que ejercitad vuestra creatividad.

Siguiendo esta misma lógica, si realmente queréis hacer una de estas recetas pero no encontráis un ingrediente en concreto o no tenéis el utensilio necesario, no dejéis que eso os desanime. Limitaos a intentar sustituirlo con lo que tengáis más a mano. No todo el mundo tiene acceso a esa mina de oro que son las tiendas turcas del este de Londres, por ejemplo, ni un tajín en casa, y creo firmemente que pueden lograrse sabores auténticos sin seguir una receta al pie de la letra.

Más adelante encontraréis mi lista de «Básicos de cocina»: los útiles e ingredientes de los que no me gusta prescindir nunca. Sin duda una lista de esta índole ha de diferir de la de otra persona, y es posible que os parezca que la mía no refleja vuestros gustos culinarios, pero la experiencia me dice que los elementos que he incluido me permiten crear sin muchas complicaciones platos muy ricos de un buen número de tradiciones culinarias distintas.

Si bien *El atlas comestible* puede considerarse en parte una obra de referencia, también es muy personal, un espejo de mis intereses y mis experiencias culinarias. Refleja dónde he estado, la gente con la que he hablado y lo que me gusta comer. Al seleccionar solo 40 gastronomías de las incontables que existen en el mundo, encontraréis sin duda ciertas lagunas, pero he incluido las que creo que han influido especialmente en nuestros hábitos alimentarios contemporáneos. (Un hallazgo en particular fue descubrir hasta qué punto la gastronomía persa —las antiguas tradiciones culinarias del país que hoy se conoce como Irán— ha influido en tantas gastronomías mayores que conocemos y amamos: la india, la turca, la levantina y la mediterránea. Ya veréis que las influencias persas aparecen a lo largo de todo el libro.) En el caso de tres gastronomías europeas (Francia, España e Italia), de China, de la India y de Estados Unidos, he incluido más de una región. A mi entender, tienen una reputación consolidada y matices regionales suficientes para justificar la agrupación de sus diversos cotos culinarios.

Me gustaría que este libro se acomodase igual de bien en vuestra mesita de noche que en vuestra encimera; que sea un libro tanto para leer como para cocinar con él. Mi trabajo como periodista gastronómica me ha permitido conocer a cocineros, expertos y escritores culinarios de un talento increíble, de los que he tomado inspiración y consejos prácticos a partes iguales. En cada capítulo encontraréis una autoridad sobre la gastronomía en cuestión. Son demasiado numerosas para nombrarlas aquí, pero todas han sido extremadamente generosas con su tiempo, su sabiduría y su cocina (me han dado de comer muy bien mientras escribía este libro).

Espero que disfrutéis leyendo y cocinando con *El atlas comestible* y que, con su ayuda, os sintáis inspirados para emprender algunos viajes internacionales desde vuestra cocina, que os evoque lugares que ya habéis visitado o que os anime a conocer otros.

¡ *Bon voyage* y *bon appétit* !

BÁSICOS DE COCINA

• ÚTILES •

CUANDO DIGO «básicos» hablo en serio. He leído numerosos recetarios que asumen que cualquiera tiene en casa una mandolina, un robot de cocina e incluso bolsas de *sous-vide*, útiles que sin duda tienen un sitio en muchas cocinas, pero que yo nunca calificaría de básicos. No necesitaréis ningún artefacto demasiado especializado para la mayoría de las recetas que aparecen en estas páginas. Recordad que se trata de comida casera del mundo, y solo debería requerir los pertrechos más rudimentarios de una casa en la que se cocina.

Soy de la opinión de que demasiado aparataje culinario confunde al personal, y en mi caso evito utilizar todo aquello que puede poner en peligro mis dedos con una cuchilla eléctrica o acabar en una tediosa sesión de lavado. Dicho esto, una batidora, por ejemplo, es un aparato de lo más útil para aquellos a los que les guste preparar cremas, salsas, sopas y demás, y, por lo tanto, le he hecho un hueco en mi lista.

Mi lista favorita de útiles de cocina básicos es la que aparece en «The low-tech person's *batterie de cuisine*», de *Home cooking* de Laurie Colwin. (Si os gusta leer sobre comida tanto como cocinar, y si además os gusta que la escritura culinaria sea irónica, mordaz e incluso cortante a veces, tenéis que compraros ese libro.) Reproduciré la mayoría de las recomendaciones de Colwin, si bien en muchos casos ella sugiere tener un recambio de algunos utensilios (espátulas o incluso soperas), que en mi opinión no son del todo esenciales, sobre todo si tenéis una pareja/compañero de piso/madre o padre/cualquier otro pinche dispuesto a lavar mientras vais cocinando.

A continuación encontraréis una lista breve de lo que considero necesario para hacer cualquiera de las recetas que he incluido, y también para que improviséis a partir de las gastronomías que he abarcado. El sacacorchos y la radio son opcionales, claro está, pero si en algo os parecéis a mí...

SARTÉN GRANDE ANTIADHERENTE • No tiene por qué ser cara. Mi favorita me la compré en un supermercado por menos de diez libras.

OLLAS • Una de fondo grueso, tipo Le Creuset, que además pueda meterse en el horno, y una ligera de tamaño mediano (también de la variedad asequible de supermercado). Viene bien tener dos.

WOK • Un accesorio esencial en la cocina del estudiante *circa* 1998 pero que sigue siendo muy útil para saltear ingredientes a fuego vivo, rápida y eficazmente, sin pérdida de sabor ni textura.

BANDEJA HONDA DE HORNO

FUENTE DE HORNO

OLLA A PRESIÓN • Habrá quien crea que no es básica, pero es realmente útil si uno se acostumbra a hacer guisos, o simplemente para ablandar ingredientes en poco tiempo. Por lo general, la olla a presión requiere menos agua y, al exigir menos tiempo, los ingredientes se mantienen más tiernos (la carne) y más crujientes (las verduras), sin perder nutrientes (en comparación con el hervido normal). Tienen un precio relativamente barato y son fáciles de encontrar en cualquier comercio.

ESCURRIDOR

BOL GRANDE PARA MEZCLAR • De cristal, metal o plástico, no importa, pero siempre viene bien tener un par.

CUCHILLO DE CALIDAD AFILADO

TENEDOR DE COCINA

TABLA DE CORTAR RECIA • Lo de «recia» es importante. No hay nada peor que una tabla que se te escurre mientras trabajas encima (lo cual también puede ser peligroso cuando incluye un cuchillo, claro). Invertid en una buena tabla de madera maciza, a ser posible.

PROCESADORA DE ALIMENTOS O BATIDORA

MORTERO • Con base gruesa (el mío es de granito). He aprendido que nada te proporciona una emoción neandertal como la de moler tus propias especias.

RALLADOR FINO

PELADOR

CUCHARA DE PALO

ESPÁTULA • Nunca dejará de fascinarme la capacidad que tienen para limpiar «hasta la última gota» de la masa de un bol.

FUENTES/CUENCOS PARA SERVIR • Mi manera favorita de servir y comer es utilizando cuencos o fuentes grandes. Creo que es un modo muy sencillo de conseguir que la comida parezca bonita, por muy desalentadora que pareciera antes de servirla. El humus, por ejemplo, puede parecer demasiado beis (es curioso) cuando se termina de mezclar. Pero si lo pasáis a un bonito cuenco de cerámica, le echáis un chorretón de un buen aceite de oliva y lo espolvoreáis con una pizca de *za'atar* (véase pág. 202), tendrá una pinta estupenda.

JARRA DE MEDIR

BÁSCULA DE COCINA

VARILLAS • Está bien tener unas eléctricas, pero no es algo esencialmente básico.

TAMIZ GRANDE Y FINO

MOLDE DE TARTA • Los desmontables son especialmente buenos.

MOLDES DE TARTALETAS DESMONTABLES

RECIPIENTES HERMÉTICOS • No son solo para las amas de casa de los años setenta. Son muy útiles si quiere prepararse una comida para tomar o servir más tarde, o para las sobras.

PLÁSTICO DE COCINA Y PAPEL DE HORNEAR

SACACORCHOS

RADIO DE COCINA

• INGREDIENTES •

LA QUE SIGUE es una lista de todos los ingredientes que intento tener en casa para poder salir de Reino Unido siempre que me apetezca; mis vehículos comestibles, si me permitís la comparación. Para mí tenerlos a mano garantiza poder crear un plato interesante, internacional y auténtico en un visto y no visto, desde un curry con leche de coco hasta una salsa para una pasta o una crema levantina.

Insisto una vez más en que se trata de una lista personal basada en lo que me gusta comer a mí. Por ejemplo, yo rara vez utilizo carne cuando cocino para mí sola o para otra persona a no ser que lo haya planeado con antelación. Si tenéis el diente más carnívoro que yo, os recomiendo que guardéis siempre en la nevera chorizo y/o panceta para añadir a una salsa para una pasta o a una sopa. Tal vez sea interesante que tengáis también algún tipo de carne picada en el congelador: ternera o cerdo para albóndigas, salsas para pasta o platos fáciles del este de Asia. Pero os lo ruego: intentad utilizar carne ecológica siempre que podáis; está mucho más rica, por no hablar de que es mejor para vosotros y para el mundo.

Os recomiendo que cultivéis vuestras propias hierbas. Es mucho más ecológico que comprarlas recién cortadas en supermercados, donde suelen ponerse pochas en nada de tiempo. Además, tener un huerto propio es una forma muy satisfactoria, y que no requiere mucho trabajo, de producir vuestros propios ingredientes... que pueden transformar un plato. Para empezar basta con comprar una jardinera y rellenarla con tomillo, hierbabuena, perejil y albahaca. Lo único que necesita es mucho sol y regarla con frecuencia. Todas las hierbas que indico en las recetas son frescas a no ser que se indique lo contrario.

FRESCOS • Cebollas (blancas o moradas) • cebolletas • ajo • jengibre • limón • lima • berenjena • calabacín • espinacas • tomates • hierbas frescas (perejil, cilantro, albahaca, hierbabuena, tomillo) • una buena rebanada de pan

NEVERA • Mantequilla sin sal • huevos • leche • yogur griego • queso parmesano • pasta de sésamo (tahina) • limones en conserva

CONGELADOR • Guisantes • pan rallado • perejil picado • pan de pita

DESPENSA • Pasta y fideos secos • arroz basmati • cuscús seco • harina normal • azúcar en grano • levadura • cacao en polvo • extracto de vainilla • chocolate negro • aceite de oliva virgen extra de buena calidad • aceite de sésamo • vinagre balsámico (también de buena calidad; varían mucho) • vinagre de vino blanco • salsa de soja • salsa de pescado • latas de tomate • pasta de tomate • botes de garbanzos cocidos • latas de leche de coco • chiles secos • especias (canela, comino, semillas de hinojo, pimentón, cilantro molido, alcaravea, *garam masala*, clavo • hierbas secas (estragón, orégano, romero) • pimienta negra • sal Maldon • lentejas naranjas secas • latas de anchoas • botes de alcaparras • latas de aceitunas • miel • pasta Marmite[*]

• • • •

[*]Vale, sí, esto es opcional. En este libro no la utilizo, pero en mi despensa nunca falta, de modo que no puedo excluirla. Un poco de mantequilla, de Marmite y de pimienta negra con pasta sigue siendo mi remedio a una nevera vacía... y a una resaca.

LA VID

...

A las uvas, como a mí, les encanta viajar. Han recorrido mundo en busca de las condiciones óptimas para crecer. Si sois aficionados al vino, sabréis que muchas variedades de uva se cultivan por todo el mundo, aunque los vinos resultantes tienen unas características muy distintas. Un syrah del valle del Ródano no se parece en nada, por ejemplo, a uno del sur de Australia. He incluido este mapa para que valoréis la influencia de Francia en la gastronomía internacional desde otro punto de vista. Sirve para ilustrar hasta qué puntos del mundo viajaron las uvas francesas. En las páginas que siguen se explican las cualidades que definen a cada una.

OESTE DE ESTADOS UNIDOS
Chardonnay
Merlot
Cabernet sauvignon
Pinot noir

CHILE
Merlot
Cabernet sauvignon
Sauvignon blanc
Carménère

ARGENTINA
Malbec
Cabernet sauvignon

VALLE DEL LOIRA
Sauvignon blanc
Chenin blanc

BORGOÑA
Pinot noir
Chardonnay

VALLE DEL RÓDANO
Shiraz (syrah)
Grenache

BURDEOS
Carménère
Merlot
Cabernet sauvignon
Malbec

FRANCIA

AUSTRALIA
Shiraz (syrah)
Cabernet sauvignon
Merlot
Chardonnay

SUDÁFRICA
Chenin blanc
Pinotage (uva híbrida)

NUEVA ZELANDA
Sauvignon blanc
Pinot noir

• LAS UVAS BORDELESAS •

Burdeos es conocida ante todo por uvas como la cabernet sauvignon (con un alto índice de taninos y de acidez) y la merlot (con más cuerpo y más afrutada). Se cultivan respectivamente en las márgenes izquierda y derecha del estuario de la Gironda y suelen usarse en famosos vinos de corte como el Médoc o el Saint Emilion y célebres vinos de *château* como el Margaux. Se trata de una variedad que ha visto mucho mundo, siempre en busca de sol y de temperaturas extremas en zonas de América como Estados Unidos, Argentina y Chile, o en Australia. En estos enclaves producen vinos más «grandes» (con más cuerpo y taninos, un rasgo que se nota en la sensación seca que deja un tinto en el paladar), en comparación con sus homólogos franceses, más comedidos. La malbec también es una uva de tradición bordelesa y sigue cultivándose en las inmediaciones de Cahors. Sin embargo se da mejor en los *terroirs* argentinos, que se han hecho famosos por los «grandes» malbecs, fruto tanto de su altitud como de sus temperaturas extremas.

• LAS UVAS DEL LOIRA •

En el panorama internacional, el valle del Loira se conoce sobre todo por sus varietales de uvas blancas de alta acidez como la sauvignon blanc (el Sancerre y el Pouilly-Fumé) y la chenin blanc de Vouvray. La sauvignon blanc ha encontrado su expresión más popular en las tierras de Nueva Zelanda, donde las viñas de zonas como el estado de Marlborough producen unos vinos muy característicos con sabor a kiwi (¡qué casualidad!) y casi a césped. Chile, Argentina y Estados Unidos producen sauvignon blanc más equilibrados que los originales franceses o los neozelandeses. Es habitual hasta tal punto asociar cierta variedad de uva con determinados vinos del Nuevo Mundo que a menudo pasan desapercibidos sus orígenes franceses. Un caso destacado son los blancos ligeramente espumosos y de graduación alta de Vouvray, que se elaboran con chenin blanc, una uva que se ha hecho un nombre como estandarte del vino blanco de Sudáfrica.

• LAS UVAS BORGOÑESAS •

Los vinos de Borgoña suelen considerarse los mejores del mundo, como el Puligny-Montrachet y el Chablis, entre los blancos, y el Gevrey-Chambertin y el Nuits-St-Georges, entre los tintos. Los blancos de Borgoña se elaboran con uva chardonnay, una variedad que sigue despertando el recelo de muchos, que lo relacionan con vinos de producción barata del Nuevo Mundo como los del valle central de California o el vino australiano de garrafa. (Yo me crié con el mantra de mis padres «Lo que sea, menos chardonnay», debido a las connotaciones negativas que tuvo la uva durante la década de 1990.) En realidad es una uva muy versátil que se utiliza en vinos de distinta calidad, desde el nivel más modesto hasta el más alto de la costa oeste de Estados Unidos, así como Sudamérica, Australia y Sudáfrica. La pinot noir es una de las variedades de uva roja más ligeras, con la que se producen vinos que maridan bien tanto con platos de pescado o vegetarianos como con carne. Puede tener notas a hongos o a carne de caza, y se ha cultivado con éxito en la costa oeste de EE.UU. (en sitios como el valle de Napa o en Oregón), Nueva Zelanda y Sudáfrica, donde se ha desarrollado también la pinotage, una uva híbrida de las variedades pinot noir y cinsault.

• LAS UVAS DEL RÓDANO •

El valle del Ródano es conocido ante todo por la producción de uvas syrah y grenache. Es una región muy amplia y, aunque en conjunto se denomina «el valle del Ródano», sería más preciso dividirla en dos: el Ródano norte y el sur. El área septentrional se conoce por sus varietales de syrah como el Crozes-Hermitage y el Saint Joseph, mientras que el sur es más famoso por sus cortes de grenache, como el Côtes du Rhône y, en lo más alto del escalafón, el Chateauneuf du Pape. Las syrahs se distinguen por sus notas ahumadas, frutos negros y sabor a pimienta, y han conocido mucho éxito (y fama) en valles australianos como el de Barossa y McLaren, donde se las llama shiraz y dan unos vinos tintos de categoría. La grenache crece muy bien en climas cálidos y está también muy extendida en España, donde se la conoce como «garnacha».

• EL IMPACTO DE LA FILOXERA •

En el siglo XIX una ingrata plaga de la vid conocida como filoxera, similar al pulgón, asoló los viñedos europeos. Se estima que se destruyeron entre dos tercios o nueve décimos de los viñedos, y muchas zonas de Francia se vieron especialmente afectadas. Se cree que el insecto fue introducido en Gran Bretaña por un grupo de botánicos que habían estado recolectando especímenes en América, de donde es nativo (lo que hace que las viñas americanas sean más resistentes que las europeas). Desde allí se extendió lentamente por todo el continente. Algunas variedades se perdieron por completo en sus suelos autóctonos. Por suerte, algunos especímenes de viñas bordelesas como la malbec y la carménère ya se habían exportado al Nuevo Mundo, lo que a la larga acabó protegiendo dichas variedades. Hoy crecen en Argentina y Chile, respectivamente —y se han convertido en la uva insignia de esas regiones—, pero, en comparación, son mucho más escasas en Francia. La producción de malbec en Burdeos es menor, mientras que la carménère se considera la «uva perdida» de la región. La malbec argentina es famosa por sus notas violetas, avainilladas y ahumadas, mientras que la carménère, también ahumada, es conocida por su buqué a grosella negra.

FRANCIA

Los franceses [...] tratan su mesa con el mismo aprecio, respeto,
inteligencia y vivo interés que sienten por el resto de las artes,
como la pintura, la literatura o el teatro.
• ALICE B. TOKLAS, *El libro de cocina de Alice B. Toklas* •

LOS FRANCESES LLEVAN siglos considerando la comida un arte supremo. Es posible que fueran los primeros en abrazar la idea de que un plato podía, al igual que un cuadro o una novela, ser una obra de arte por derecho propio.* Y mientras el resto de Europa ha ido convenciéndose poco a poco de tales ideas, nuestros vecinos galos continúan abogando por la *haute cuisine* y su ejecución más clásica.

No obstante, lo maravilloso de la comida francesa es que, pese a la pompa y el boato, la cultura de las estrellas Michelin† no es, ni de lejos, lo único que importa. Los franceses se enorgullecen de su comida en todos los niveles de producción y consumo y cuentan con algunos de los productos naturales más distinguidos del mundo. Del paté rústico y el vino al pan blanco, blando por dentro y crujiente por fuera, para mojar, por qué no, en un estimulante *pot-au-feu* (una cazuela de ternera y verduras que Anthony Bourdain calificó de «*soul food* para socialistas») o en un *boeuf bourguignon* (el estofado borgoñés de ternera y verdura con salsa de laurel, enebro y tinto pinot noir), la cultura gastronómica francesa celebra tanto sus grandes ingredientes como los resultados sobre el plato.

Basta mirar un buen mapa de carreteras de Francia para comprender que gran cantidad de los ingredientes más celebrados del mundo son

• • • •

* Al fin y al cabo, Marcel Proust, posiblemente el escritor francés más grande de todos los tiempos, está inextricablemente asociado en la imaginación popular con un dulce (véase pág. 1).

† Los hermanos Michelin, fundadores de la empresa homónima de neumáticos, elaboraron la primera Guía Michelin de restaurantes en 1900 para fomentar el entusiasmo por desplazarse en vehículo para ir a comer a los lugares que recomendaban. En 1926 introdujeron el sistema de puntuación por estrellas que hoy en día se considera el reconocimiento mayor y más internacional que puede concederse a un restaurante.

franceses. Numerosas ciudades y pueblos que comparten su nombre con su producto local salpican las carreteras, que corren como venas por el cuerpo de Francia: Dijon, Camembert, Pithiviers, Cognac... Los franceses llevan la gastronomía en la sangre, le tienen «pillado el punto». Creo que es justo asegurar que cualquier francés medio posee grandes conocimientos gastronómicos, los mismos que a menudo brillan por su ausencia en otros países, sobre todo (incluso tras nuestra cacareada revolución culinaria) en Reino Unido. En Francia trabajar en hostelería, por ejemplo, tiene un caché que no tiene en otras partes. Se exige del personal que posea conocimientos amplios sobre comida y vino para poder responder a las preguntas más alambicadas de los clientes: ¿qué técnica utiliza el chef para hacer la bearnesa?, ¿por qué un reserva Côte-Rôtie es mejor que otro? Y así hasta la saciedad.

Fue el cocinero y escritor francés Auguste Escoffier[*] quien dijo: «Si hubiera sido un italiano el que sistematizara el mundo de la cocina, esta se habría considerado italiana». Aunque las modas culinarias vienen y van, la cocina francesa sigue siendo el punto de referencia de otras culturas gastronómicas y está rodeada de un aura de atemporalidad. Aún hoy gran parte de la instrucción de los aprendices de cocina se basa en la gastronomía clásica francesa —en sus técnicas, utensilios, sabores y maridajes de ingredientes, así como en la actitud hacia el vino—, a la que luego cada uno añade su toque personal o aplica a otras cocinas. Aprended cocina francesa y os comeréis el mundo. ¿O debería decir «le monde»?

Podemos afirmar sin miedo a equivocarnos que la emergencia de la cocina moderna —piénsese en la evolución en España y Escandinavia (en El Bulli y el Noma, respectivamente)— no habría sido posible si la cocina francesa no hubiese allanado el camino. Al dominar la técnica (aparentemente sencilla pero ciertamente peliaguda) de recetas de salsas y roux, por ejemplo, así como el arte de presentar de forma impecable sus creaciones culinarias, Francia marcó la pauta y dejó el listón bien alto: un precedente sobre el que han podido edificarse los desarrollos culinarios posteriores. Coincidiendo con el declive de la aristocracia, la comida francesa se «sistematizó» (por tomar prestado el término de Escoffier), a lo que siguió la apertura de numerosos restaurantes por parte de antiguos cocineros privados. La cocina francesa tal y como la conocemos hoy, con sus salsas pesadas

••••

[*] Auguste Escoffier (1846-1935) es posiblemente el cocinero francés que más influencia ha tenido en el desarrollo de la cocina francesa moderna. *Le guide culinaire*, publicada en 1906, es su obra más conocida: un recetario y libro de referencia que sigue siendo en nuestros días una de las primeras paradas obligadas en la formación de los cocineros del mundo.

y su presentación inmaculada, se desarrolló como resultado de los cambios que se produjeron en el sistema de clases francés. La cultura de la restauración se convirtió —y sigue siéndolo— en parte integral de los progresos de la cocina francesa; asimismo permitió que otras gentes además de los privilegiados tuvieran acceso a los avances culinarios que hasta la fecha habían sido exclusivos de nobles y élites.

La comida francesa gozó durante largo tiempo de una edad de oro de veneración internacional, profesada por igual por cocineros y comensales. En las dos últimas décadas las innovaciones de otros puntos de la geografía europea —como las creaciones radicales de Ferran Adrià en El Bulli, ya cerrado— han hecho que algunos hayan dejado de lado la comida francesa por considerarla poco estimulante. Para mí, no obstante, estos pasan por alto lo más importante: la innovación no está en el ADN de la cultura culinaria francesa. La técnica es fundamental —la precisión en las cantidades y los tiempos—, así como unos ingredientes adecuados y bien seleccionados y una presentación cuidada. Donde reside el arte de los franceses es precisamente en su capacidad para repetir esta fórmula hasta la saciedad.

He abarcado solo cuatro regiones francesas, cada una con propuestas culinarias que reflejan su clima y su mezcla cultural: Normandía, cuyo paisaje y materia prima son similares a los del sur de Inglaterra en muchos sentidos, donde los huertos florecen y pace el ganado color crema; el valle del Loira, una de las zonas vitivinícolas más de moda, que rebosa de fruta, verdura y estupendos pescados de agua dulce; Ródano-Alpes, la región por antonomasia de la charcutería francesa y de esa capital gastronómica que es Lyon; y, por último, la Provenza, donde los sabores del Mediterráneo francés colisionan en platos que saben a rayos de sol.

NORMANDÍA

Supuso para mí una apertura de alma y espíritu.
• JULIA CHILD •

JULIA CHILD[*] describió en una entrevista en *The New York Times* su primera comida en Ruán, la capital de Normandía: comió ostras y lenguado a la *meunière* regados con un buen vino y experimentó la frescura y la accesibilidad del pescado y el marisco recién capturados, así como la embriagante sensación de degustar una gran comida en su lugar de origen. Por mucho que Normandía esté a solo un paso, al otro lado del canal de la Mancha, el que llega de Reino Unido constata un cambio radical en la actitud hacia la comida. La «apertura» de la que hablaba Child es un éxtasis gastronómico que surge de una tierra donde la comida está claramente en el centro de la vida. Acaban de entrar en Francia: la comida es vida, la vida es comida. *Bienvenus!*

Recrear un auténtico plato normando no requiere una técnica desmesurada, ni siquiera mucho tiempo en la cocina. Esto no siempre es así en otras zonas de Francia, de ahí que Normandía sea una primera escala perfecta para el viaje del cocinero en casa, que nos permitirá probar auténtica comida francesa sin mucho esfuerzo. Se trata de la gastronomía de la que se hacen los mejores picnics: cuna de una de las mejores mantequillas del mundo, los quesos más famosos, una sidra deliciosa y, como en cualquier parte de Francia, un pan ejemplar. Normandía pone el acento en la sencillez primigenia de la buena comida y la composición elemental de un plato satisfactorio y subraya la destreza de los productores, más que de los cocineros. Habrá quien diga que Normandía tiene una gastronomía menor en comparación con otras regiones de Francia por el simple hecho de que a menudo dejan que los ingredientes hablen por sí solos, en su estado natural. Los elementos de

• • • •

[*]Julia Child fue una cocinera estadounidense, conocida también por sus libros de cocina y sus programas de televisión. Le debemos la introducción de la comida francesa al otro lado del charco en 1961 a través de su influyente libro *El arte de la cocina francesa*. En 2009 Meryl Streep dio vida a una Child excéntrica y compleja en la película *Julie y Julia*, que trata sobre el reto que se impone una bloguera de cocinar todas las recetas del libro de Child… en un año.

la comida normanda provienen de las praderas onduladas del Pays d'Auge, donde pacen las *vaches des lunettes* («vacas con gafas», llamadas así por las marcas alrededor de los ojos), y la corriente arrastra las navajas y los buccinos hasta las melancólicas playas grises, tan del gusto de los impresionistas.

Como capital francesa de los lácteos, Normandía es, literalmente, la *crème de la crème*. Los quesos suelen llevar el nombre de sus pueblos de origen —Pont l'Evêque, Livarot y, por supuesto, Camembert (un pueblo sorprendentemente minúsculo, con tan solo una iglesia, un museo y una banda sonora de mugidos)— y son conocidos por sus cortezas gruesas, su sabor penetrante y por maridar de maravilla con la sidra local. El camembert lo creó durante la Revolución francesa una tal Marie Harel, granjera normanda y productora de queso que dio asilo a uno de los muchos curas que se refugiaron en el campo. El religioso en cuestión resultó ser de Brie. Según la leyenda, este compartió con Harel los secretos de la confección del brie, y el resto es historia. No tardó en convertirse en el queso más popular del país, un auténtico icono con sus cajitas redondas de madera que, junto con una buena dosis de penicilina para conservarlo, permitieron que el queso viajara.[*] En teoría durante la Gran Guerra llegaban a las trincheras medio millón de cajas a la semana.

La calidad de la mantequilla sin duda allana el camino para una repostería consumada. En Normandía el hojaldre se utiliza para elaborar la apreciada *tarte tatin* y el *douillon*, en los que la masa abraza un relleno de manzana o pera caramelizada, respectivamente; la masa crujiente dulce está presente en una gran variedad de tartaletas de frutas (véase más adelante la receta de tarta de manzana de inspiración normanda de mi madre), y los brioches, que se encuentran por toda Francia, alcanzan en la región un apogeo exquisito.

Las plantaciones de manzanas, que maduran en árboles ancianos y nudosos, crean un *patchwork* de verdes por toda Normandía. A grandes rasgos, las manzanas podrían dividirse en dos tipos: para comer y para hacer sidra o calvados. La sidra normanda es seca (o puede serlo, si es la que más os gusta). A mí me encanta el ahumado de la sidra brut madurada en roble que se hace en la ciudad de Calvados, así como el propio calvados: el brandi de manzana por el que es conocida la región. Se utiliza mucho en cocina, como en la *tarte aux pommes* flambeada, además de como digestivo. Si se prefiere un *aperitif* más ligero y dulce, puede probarse el *pommeau*: un licor de manzana más

• • • •

[*]Si bien hay infinidad de camemberts —la entrada del Museo del Camembert incluye una degustación de tres variedades con distinto grado de madurez—, lo que todos tienen en común es la cajita redonda de madera con la carismática (y coleccionable) pegatina de la tapa. El livarot tiene un sabor más exigente (al que hay que hacerse) que el camembert por todos adorado o el pont l'evêque (que se envasa en un molde cuadrado que lo distingue del resto, así como su corteza dorada casi crujiente).

modesto elaborado por los productores locales de sidra y calvados que puede encontrarse en casi cualquier pueblecito normando.

El tercero en el tríptico de los productos locales normandos es el marisco y el pescado. Los *moules* (mejillones) son omnipresentes, se recogen a diario y se sirven a la marinera, acompañados de crujientes patatas fritas. El rodaballo es el pescado más apreciado de la región, pero la lubina, el lenguado, el rape y la raya también son comunes. Suelen servirse sin mucha parafernalia, con puré de patatas e hinojo, por ejemplo, con una salsa *à la meunière*[*] —como el lenguado de Julia Child— o, en el caso de las ostras, al natural. Para mí las ostras locales son el epítome de la riqueza de la comida normanda en su forma más pura. No he probado otras más grandes y cremosas. No es de extrañar que los normandos sean muy puristas a la hora de servirlas: con un poco de zumo de limón para realzar su sabor salado, que no eclipsarlo. Regadlas con una copa de un Muscadet del valle del Loira y sentid cómo se os abren el alma y el espíritu… igualito que a Julia Child.

LA DESPENSA • manzanas • mantequilla recién batida • nata • quesos (camembert, *pont l'evêque*, *livarot*) • marisco (ostras, mejillones, almejas, buccinos) • pescado (rodaballo, lenguado, rape, raya) • sidra brut • hojaldre casero

• • •

• CAMEMBERT AL HORNO •

He estado a punto de no incluir esta «receta» por miedo a que creáis que estoy siendo condescendiente con vosotros pero, teniendo en cuenta que: a) el queso camembert es la quintaesencia de lo normando; b) es una receta que hago continuamente, y c) ¡no puede estar más rico!, me convencí de que no podía excluirla. Podéis «rematar» el queso con cualquier cosa, a vuestro gusto, o no añadirle nada. La versión con calvados que doy abajo es la más elaborada —y un claro guiño al *terroir* normando—, pero a diferencia de alternativas como un chorrito de miel o un poco de tomillo seco por encima antes de meterlo en el horno, esta sí requiere una preparación previa.

• • • •

[*] La salsa *à la meunière*, o «a la molinera», recibe este nombre porque el pescado se enharina antes de freírlo en mantequilla dorada o en aceite abundante; después se adereza con limón y perejil.

• 1-2 CERDOS O 4-6 CERDITOS •

1 × 250 g de camembert, en su caja
2 cucharadas de calvados
1 ramita de romero, solo las hojas
sal marina y pimienta negra recién molida
pan francés y *crudités*, para servir

1 • Quitar la tapa de la caja del camembert, retirar el envoltorio del queso y volver
a meter en la caja. Pinchar la parte de arriba del queso con un tenedor, agregar cuidadosamente las dos cucharadas de calvados y el romero por encima y salpimentar.
2 • Marinar a temperatura ambiente durante ocho horas (lo ideal es marinarlo por la
mañana y servirlo de cena), o lo máximo que se pueda si no es posible tantas horas.
3 • Precalentar el horno a 160-180 °C y hornear 10-20 minutos. A mí me gusta
que se quede muy blanduzco por el centro, para que, al romper la corteza blanca,
surja un magma de queso borracho.

• TARTA DE MANZANA NORMANDA •

Mi madre es infinitamente mejor repostera que yo y es una experta en platos en
los que la fruta, el hojaldre y el franchipán se montan sus *menages à trois*. Esta tarta
se conserva varios días en la nevera y es estupenda para salvar esa larga y solitaria
franja temporal entre el desayuno y el almuerzo. Probad a tamizar por encima un
poco de azúcar glas y servirla con nata montada (¿y un chupito de calvados?).

• 8 COMENSALES •

3 manzanas medianas, peladas, descorazonadas y laminadas
2 cdas. de mermelada de albaricoque para el
glaseado (opcional)

PARA LA PASTA QUEBRADA
150 g de harina normal, y un extra para espolvorear
2 cdas. de azúcar blanquilla
100 g de mantequilla sin sal fría, en cubitos
1 yema de huevo
1 cda. de agua fría
1 cdta. de extracto de vainilla
una pizca de sal

110 g de mantequilla sin sal, ablandada
110 g de azúcar blanquilla
1 huevo batido
1 yema de huevo
1 cda. de calvados
110 g de almendras molidas
2 cdas. de harina normal

1 • Para preparar la pasta, tamizar la harina sobre un bol grande y añadir el azúcar. Ir amasando lentamente con los dedos los cubos de mantequilla con la harina, hasta que la masa adquiera la textura de unas migajas de pan no muy gruesas.

2 • Formar un cráter en el centro de la mezcla y añadir dentro la yema de huevo, el agua, la vainilla y la sal. Mezclar hasta obtener una masa suave y hacer una bola con ella. Recubrir con plástico de cocina y dejar reposar en la nevera al menos 30 minutos.

3 • Para preparar el franchipán, batir la mantequilla con el azúcar en un bol y añadir a continuación el huevo batido y la yema de huevo por separado. Incorporar el calvados. En un cuenco aparte, tamizar la harina sobre la almendra molida y agregar seguidamente a la mezcla de la mantequilla.

4 • Extender la masa sobre una superficie enharinada y formar un círculo de 25 cm de diámetro de unos 3 mm de grosor. Colocar sobre un molde desmontable de 23-25 cm de diámetro y presionar contra el fondo y los bordes. Dejar reposar una vez más, entre 10 y 20 minutos.

5 • Precalentar el horno a 200 °C. Mientras alcanza la temperatura, colocar un trozo de papel de hornear sobre la rejilla.

6 • Extender el franchipán con una cuchara sobre la masa del molde y repartir uniformemente. Disponer las manzanas en espiral, superpuestas de fuera hacia dentro.

7 • Colocar la tarta sobre el papel y hornear durante 15 minutos. Bajar la temperatura a 180 °C y dejar que se haga otros 15-20 minutos.

8 • Para elaborar el glaseado, mezclar la mermelada de albaricoque con un poco de agua y calentar luego a fuego bajo, hasta que se disuelva. Sacar la tarta del horno y repartir el glaseado por toda la superficie con la ayuda de una brocha. Dejar que repose en el molde 5-10 minutos antes de desmoldarla.

VALLE DEL LOIRA

Fueron para nosotros unos días maravillosos, unos días que me habría
gustado que durasen para siempre, nadando en el Loira, cogiendo cangrejos
por los bajíos, explorando los bosques, poniéndonos malos de comer cerezas,
ciruelas o grosellas espinosas, disparándonos con escopetas de patata
y decorando los menhires con los trofeos de nuestras aventurillas.
• JOANNE HARRIS, *Cinco cuartos de naranja* •

EN EL VERANO DE 2012 pasé cinco días recorriendo en
bici el valle del Loira con un amigo. Empezamos nuestro circuito en Tours y acabamos en Angers, pedalean-
do de una famosa región vitivinícola a otra: Touraine,
Chinon, Saumur Champigny, Anjou. Aunque no llegamos a Sancerre ni a Muscadet, creo que os podéis hacer
una idea: esta región de 777 kilómetros cuadrados a
la vera del Loira es conocida en el mundo entero por
sus grandes caldos y por sus característicos sauvignon
blanc, por los exclusivos Vouvrays de chenin blanc y
por dominar una uva tan difícil como la cabernet franc.
Antes de mi viaje no conocía mucho sobre la escena gastronómica del Loira,
pero partiendo de la base de que unos vinos tan buenos debían acompañarse
con una comida igual de rica, no me sorprendió encontrarme con una destreza
culinaria comparable a la de su viticultura.

El respeto por el vino local es fundamental para la cocina de este valle. La
comida y el vino son casi como el yin y el yang, la una para el otro, y muchas de
las salsas con las que acompañan la carne y el pescado llevan vino producido en
las inmediaciones. La emblemática *beurre blanc*, de la que encontraréis una receta al final de este capítulo, es un ejemplo notable.[*] Por utilizar las palabras de
Fernande Garvin en su *The art of French cooking*,[†] «el vino convierte una buena
comida en una sinfonía».

Abadías, castillos, conventos y granjas en tonos pastel salpican el paisaje y

• • • •

[*] Desde luego, cocinar con vino es muy corriente en toda Francia, como se ve en platos como el *boeuf
bourguignon* o el *boeuf en daube*, de Borgoña y la Provenza, respectivamente.

[†] Publicado en 1965, *The art of French cooking* es una delicia en sí, lleno de clásicos de la cocina
francesa como el *coq au vin* o el *croque-monsieur*: platos sencillos y elegantes que impresionan sin
necesidad de complicaciones.

tachonan las orillas del Loira. Este delicado equilibrio entre la naturaleza y la acción del hombre es síntoma de un rasgo nada forzado de la Francia rural: un pintoresquismo cursi, en el buen sentido de la palabra. Los frutales de los que cuelgan manzanas rojas de cuento y ciruelas maduras están a la orden del día, así como los sembrados de girasoles en posición de firmes que semejan soldados risueños. Con más sol que Normandía, anclada en el extremo norte, las frutas como las manzanas y las peras son más dulces y se cultivan más para alimento que para bebida. Pedaleamos entre mosaicos de huertos frondosos, con sus hileras de cebollas, judías verdes y blancas, zanahorias, puerros, champiñones, espárragos, calabazas y *primeurs* (las primeras verduras de la temporada).

El Loira es un río extenso y caudaloso que nace en la región de Ródano-Alpes (véase pág. 33) y recorre Borgoña antes de trazar una curva pronunciada hacia la izquierda para desembocar en el Atlántico. Su valle posee suelos muy variados y ricos en minerales, así como distintos microclimas. Como resultado, tanto la comida como el vino adoptan un carácter muy local; cada ciudad tiene su propia especialidad gastronómica y los atributos de los vinos locales varían radicalmente de un pueblo a otro. Viajar sobre dos ruedas fue para nosotros la forma perfecta de sentirlo en nuestras carnes, porque nos permitía hacer paradas a cada tanto para probar los vinos, la charcutería y los pasteles locales.

Los platos de carne más típicos de la región son tres «rilles» que van de perlas con los vinos blancos secos de la zona: las *rillettes*, una pasta para untar cuyo ingrediente principal es la carne de cerdo y que es originaria de las zonas de Tours y Saumur; los *rillons*, gruesos trozos de panceta conservados en manteca, típicos de Touraine, y los *rillauds*, torreznos cocinados a fuego lento, propios de Anjou. Como veremos cuando lleguemos a Ródano-Alpes, la gastronomía francesa siempre ha defendido el uso de la casquería y los cortes menos nobles de la carne. En Reino Unido esto tal vez nos suena al concepto de «comerse hasta los andares» acuñado por el cocinero y valedor de la cocina británica Fergus Henderson, pero en Francia comerse todo el animal no es un concepto, sino una práctica habitual. Una sopa muy típica del Loira y de Francia occidental es la de cabeza de cerdo, una receta que aparece en el libro de 1929 *Les belles recettes des provinces françaises* (*Las ricas recetas de las provincias francesas*), de una molinera de L'Oie, del departamento de La Vandea, al sur del Loira. Esta señora nos da instrucciones para hervir una cabeza de cerdo en salazón durante unas tres horas, con col rizada, pan duro, granos de pimienta y ajo antes de servir el caldo sobre más pan y comerse la cabeza aparte (con col cocinada en nata). Este tipo de platos siguen comiéndose en los pueblos del Loira. En Gran Bretaña comernos al bicho entero tal vez sea una tradición a la que hemos vuelto, pero en Francia nunca se perdió.

El Loira se me antoja un paisaje de libro de cuentos ilustrado, con caballeros con corceles y ropas coloridas, damiselas de cabello trenzado y galanteos en los laberintos de los inmaculados jardines de los castillos. Imagino a los cazadores medievales que volvían de los bosques directamente a las cocinas del castillo, con sus botines de ciervos y jabalíes, que los cocineros preparaban con setas silvestres y salsas con nata. El buen vino de mesa y las comidas contundentes que se encuentran hoy en la región forman parte de una larga tradición.

Además de la exuberancia de los bosques, el propio río rebosa comida: pescados de agua dulce como el lucio, la trucha, el salmón y la anguila. Están deliciosos en sopas y guisos de tonos pardos como la *matelotte d'anguille* —un estofado de anguila con abundante tinto, coñac y chalotas de la zona—, o servidos con tan solo un poco de *beurre blanc*, una salsa clásica del valle del Loira que se prepara reduciendo mantequilla con chalotas, vinagre y Muscadet, un sencillo vino blanco seco originario de los alrededores de la ciudad de Nantes (elaborado con la uva *melon de bourgogne*).

En el Loira el queso de cabra es el más emblemático, un buen ejemplo de comida local pensada para complementar el vino de la región. Con forma piramidal, recubierto de ceniza y confeccionado con leche cruda de cabra, el *valençay* tal vez sea el más famoso, pero el *chabichou du poitou*, el *crottin de chavignol* y el *pouligny-saint-pierre* (todos de la región de Berry, entre los ríos Cher e Indre) son también muy conocidos. La mayoría de los vinos locales maridan estupendamente con cualquiera de ellos, pero yo tuve una experiencia particularmente extática con un Saint Nicolas de Bourgueil frío y un poco de *valençay*.

Los bizcochos, los pasteles y los dulces aprovechan al máximo las estimulantes frutas del valle del Loira e inspiraron a Joanne Harris en *Cinco cuartos de naranja*.[*] Algunos clásicos franceses como el *chausson aux pommes* (un hojaldre de manzana que mi madre me compraba todos los sábados en su atípica «carrera de la baguette» por Streatham, el barrio donde me crie) y tartas rellenas de crema pastelera y coronadas con fresas llenan los escaparates de las panaderías, junto a algunos de los pasteles favoritos de los golosos como la *tarte tatin*. Se cuenta que esta tarta de manzanas caramelizadas, con la pasta por encima y dada la vuelta, tiene su origen en el hotel Tatin de Lamotte-Beuvron, un pueblo entre el Loira y el Cher. Por su parte, Angers es conocida por su tarta de ciruelas, la *pâté aux prunes*, que se parece a la *tarte aux quetsches*[†], mientras que la ciudad de Tours presume de un rico *nougat* de almendras, cerezas, albaricoques y naranja caramelizada. El Vouvray local, *moelleux* o *doux*, endulzado con podredumbre noble,[‡]

• • • •

[*] El tercer volumen de su trilogía de la comida, en el que los protagonistas tienen todos nombres de frutas o productos derivados de estas: Framboise, Cassis, etcétera.

[†] Una tarta de ciruelas considerada especialidad de Alsacia.

[‡] La podredumbre noble, también conocida como *botrytis*, es un moho gris que crece en la uva madura y con el que los vinicultores infestan deliberadamente sus cosechas para obtener vinos más dulces, como el Sauternes.

combina de maravilla con cualquiera de los anteriores... ¡puestos a darse un capricho con los postres!

Haced acopio de pescados de río, algunas verduras maduras, Muscadet y todo lo necesario para confeccionar una *beurre blanc* en vuestro primer viaje culinario al valle del Loira e imaginaos a la vera de un río: con la bici apoyada en un árbol, la brisa en la cara, licor en el aliento, rodeados de florecillas silvestres... y el tufo de las cebollas. Desde luego, pintoresquismo cursi en el buen sentido de la palabra.

LA DESPENSA • pescados de agua dulce (lucio, trucha, salmón, anguila) • charcutería local (*rillons, rillettes, rillauds*) • quesos locales (*valençay, chabichou du poitou, crottin de chavignol, pouligny-saint-pierre*) • frutas (manzanas, peras, ciruelas, fresas) • verduras (chalotas, zanahorias) • mantequilla de calidad • hojaldre casero

• • •

• SALMÓN CON BEURRE BLANC •

En teoría la *beurre blanc* es fácil de hacer. En la práctica, sin embargo, es algo más engorrosa, pero merece la pena aprender la técnica. Es la salsa típica de la región del Loira y combina a la perfección con pescados de agua dulce como el salmón. Sería una locura no utilizar un vino del valle del Loira (de buena relación calidad-precio) para hacer justicia a la región. Por lo general el Muscadet se consigue a precios decentes, es sabroso y/o inofensivo (todo depende de vuestra opinión sobre este vino... A mí me encanta) y no supone ningún desperdicio utilizarlo para cocinar.

• 4 COMENSALES •

2 chalotas picadas muy finas
15 g de perejil picado
4 filetes de salmón (150 g cada uno)
el zumo de medio limón
sal marina y pimienta negra recién molida

PARA LA *BEURRE BLANC*
1 chalota picada
125 ml de vino blanco del Loira, tipo Muscadet

½ cda. de vinagre de vino blanco
5 g de perejil picado
110 g de mantequilla sin sal en dados
sal marina y pimienta recién molida

1 • Precalentar el horno a 200 ºC.

2 • Cubrir una fuente honda de horno con papel de aluminio y formar un lecho con las chalotas y el perejil. A continuación, colocar encima los filetes de salmón. Exprimir el limón por encima del pescado y salpimentar uniformemente. Por último, recubrir con otra lámina de aluminio, asegurándose de que quede bien recogido para que no se queme.

3 • Asar el pescado 20-25 minutos, hasta que empiece a desprenderse la piel.

4 • Entre tanto, hacer la *beurre blanc*. Para ello, poner en una sartén la chalota, el vino blanco, el vinagre y el perejil y llevar a ebullición; reducir luego a fuego medio. Dejar cocer a fuego lento hasta que la salsa haya reducido considerablemente de volumen (y se haya espesado) y queden unas dos cucharadas de líquido. Bajar el fuego al mínimo e ir agregando la mantequilla muy poco a poco. Salpimentar.

5 • Pasar la salsa por un colador fino sobre un cuenco resistente al fuego. Desechar la chalota, el perejil y otros sedimentos e introducir el cuenco con el líquido resultante en otro cuenco medio lleno de agua hirviendo para mantener la salsa caliente hasta que esté todo listo para servir.

6 • Colocar el salmón, las chalotas y el perejil en platos. Repartir con una cuchara la *beurre blanc* sobre el pescado y servir acompañado de patatas nuevas o arroz.

• TARTA DE CIRUELAS DEL REVÉS •

Desde un principio tuve claro que quería rendir tributo a las frutas del valle del Loira, en particular a las ciruelas, de las que soy una apasionada en todas sus formas y colores: recién cogidas del árbol, en mermelada, compota, bizcochos y, sobre todo, en la obra de arte de mi madre, el hojaldre de ciruelas, en el que empareda ciruelas y franchipán de almendra entre dos hojas de pasta que pinta con huevo. El dulce típico de Angers (la meta de mi viaje en bici por el valle del Loira) se conoce como *pâté aux prunes*, otra confección parecida de ciruelas y hojaldre. Me ha parecido suficiente con la tarta de manzanas normanda para ilustrar los hojaldres franceses, de ahí que me haya inspirado en Angers y haya incluido esta fantástica tarta de ciruelas del libro de Eric Lanlard *Home bake*. *Merci beaucoup*, Eric!

200 g de mantequilla sin sal, y un extra para engrasar el molde
200 g de azúcar blanquilla
5 huevos medianos
200 g de harina con levadura
300-400 g de ciruelas frescas, sin corazón y cortadas
    por la mitad
1-2 cdas. de azúcar moreno
una pizca de especias variadas
50 g de jarabe de caña de azúcar

1 • Precalentar el horno a 180 °C. Engrasar con mantequilla un molde desmoldable no muy hondo, de 22 cm, y recubrir seguidamente con papel de hornear.

2 • Montar en un bol grande la mantequilla y el azúcar hasta que quede una mezcla ligera y esponjosa. Añadir los huevos, uno a uno, hasta que la masa quede bien trabada. Tamizar la harina e ir incorporándola con cuidado.

3 • Colocar las ciruelas en una fuente de horno y rociarlas con el azúcar moreno y las especias variadas. Hornear 15 minutos o hasta que la fruta esté blanda y dulce. Eliminar el exceso de jugo.

4 • Poner las ciruelas asadas sobre la base del molde que se ha preparado anteriormente. Añadir el jarabe y, a continuación, verter la masa de la tarta por encima. Hornear durante una hora o hasta que la tarta esté hecha por dentro. Dejar enfriar en el molde antes de sacarla. Dar la vuelta en una fuente de servir para que la fruta y el jarabe queden arriba.

RÓDANO-ALPES

En un establecimiento hostelero de Lyon puede comerse cerdo frito en manteca de cerdo, sesos de cerdo aderezados con vinagreta de manteca, una ensalada con cremoso tocino de cerdo, un pollo guisado dentro de una vejiga de cerdo cerrada, el tracto digestivo de un cerdo relleno de sangre de cerdo y cocinado como un flan, trocitos de panceta mezclados con lentejas frías al vinagre, un intestino de cerdo hinchado como un globo y relleno hasta los topes de callos de cerdo y una salchicha horneada en un brioche (una versión más elaborada del saladito de salchicha).
Por estas y otras razones Lyon se considera, desde hace setenta y seis años, la capital gastronómica de Francia y del mundo. Y el mundo es mucho mundo...
• BILL BUFORD, *Observer Food Monthly* •

GRAN PARTE DE LA comida francesa que estamos explorando concentra sus energías en la diestra manipulación de la materia prima, o en la materia prima sin más. Tal y como Bill Buford[*] señala, la cosa toma un cariz especialmente carnívoro en este rincón del sudeste de Francia, rodeado por otras cinco regiones francesas, incluidas la Provenza (véase pág. 40) y la Borgoña, así como por Suiza e Italia al este. Bienvenidos a Ródano-Alpes, con capital en Lyon, la segunda ciudad de Francia en tamaño y la patria de la charcutería.

La región de Ródano-Alpes es una confluencia, en el sentido más literal, de dos ríos: el Ródano y el Saona, aunque también es donde se encuentran algunos de los reinos agrícolas y culinarios del país, circunstancia que dota a la región de una amplia gama de ingredientes donde elegir. En *La bonne cuisine des Frères Roux*[†] se cita el ganado vacuno de Charolais, el cordero de Auvernia, la trucha de los Alpes y los lácteos de Bugey y el Delfinado entre las riquezas de la región, a las que yo añadiría las trufas blancas de Le

• • • •

[*] A Buford le gustó tanto Lyon que se mudó allí con su familia y se hizo aprendiz de panadero, unas vivencias que relata en su libro *Calor*.

[†] Michel y Albert Roux fundaron el ya mítico restaurante francés del barrio londinense de Mayfair, Le Gavroche, en 1967 y son el tío y el padre, respectivamente, del actual jefe de cocina del restaurante (y estrella de la versión británica de *Masterchef*), Michel Roux hijo.

Tricastin y Drôme (la gran mayoría de las reservas de trufa francesa), así como productos provenientes del sur de la Provenza (como el pescado y las infinitas hierbas) y del norte de la Borgoña (mostaza de Dijon, queso *époisses* y buenos vinos).

Lyon personifica Francia en todo su esplendor rural, en toda su rudeza perfeccionada, en toda la sencillez bruñida del queso, la charcutería, el pan y el vino compartidos sobre un mantel de cuadros lleno de migas. Es la comida que recuerdo por encima de menús con estrellas Michelin. Suele ser deliciosa, a menudo truculenta y siempre auténtica. La comida local, como algunas de las carnes nombradas por Bill Buford en la cita de arriba, suele disfrutarse en los *bouchons*, las tabernas típicas de Lyon. Productos cárnicos como la *rosette* (salami de cerdo), la *andouille* (un embutido de cerdo ahumado con ajo, vino y cebolla), la *andouillette* (una tripa de intestino delgado rellena de callos), longaniza cocida con patatas o el *Jésus de Lyon* (un salchichón nudoso y duro similar a la *rosette* o a la *andouille* pero con la carne picada más gruesa), son fundamentales en los *bouchons*. También son muy apreciadas las *quenelles*, unos rollitos de pescado o carne picados y trabados con yema de huevo y pan rallado que luego se escalfan. En Lyon es típico rellenarlos de lucio del Ródano y servirlos con una salsa blanca parecida a la bechamel: comida casera en su máximo esplendor local.

Los habitantes de Lyon y de Ródano-Alpes están muy orgullosos de sus productos, muchos de los cuales han recibido denominación de origen,[*] como es el caso del pollo de Bresse (*poulet de Bresse*) —calificado a menudo como el Dom Perignon o el beluga de las aves—, casi un emblema de la bandera tricolor, con sus plumas blancas, su cresta roja y sus patas azules. Muchos cocineros aseguran que es el ave más tierna que existe en el reino animal.

En el valle del Ródano el vino y el queso con denominación de origen van de la mano. Hay varietales syrah como el Crozes-Hermitage y vinos de corte como el Côtes du Rhône (que combinan uvas carignan, mourvèdre y garnacha con syrah), de renombre mundial. La región también produce uvas viognier, de una tersura hermosa, para vinos de corte. El ganado cruzado como el de Abondance, Tarine o Montbéliarde pace en pastos exuberantes. Dada la prominencia de forrajes como las castañas (de Ardèche) o las avellanas y las nueces (de Grenoble) en la cocina de Ródano-Alpes, a nadie sorprende que las

[*] La denominación de origen es una certificación que concede el gobierno a productos de ciertas áreas geográficas protegidas. Esto supone que los productores de espumosos que no son de Champagne no pueden llamar champán a sus vinos, ni los pollos que se crían fuera de la denominación de Bresse pueden etiquetarse bajo ese nombre.

hierbas confieran un marcado sabor a frutos secos en los quesos elaborados con leche de vaca, independientemente de su textura. Quesos como el *vacherin*, el *reblochon* o el *raclette* son algunos de los resultados más apreciados.

El *raclette* —de *racler*, 'raspar'— es un queso duro y amarillo oscuro que suele servirse derretido sobre patatas cocidas y acompañado de embutidos y encurtidos (el antídoto perfecto a un día de frío en los Alpes), mientras que el nombre del *reblochon* deriva del verbo *reblocher*, 'volver a ordeñar', y su origen se remonta a la Edad Media, cuando los granjeros sufrían fuertes impuestos sobre la leche. No ordeñaban del todo sus vacas hasta que el terrateniente medía lo obtenido. El *reblochon* —el queso de las vacas reordeñadas— se elaboraba con ese segundo ordeño. Se conocía asimismo como *fromage de dévotion*, pues era el que daban los campesinos a los monjes cartujanos cuando estos iban a bendecirles las tierras. El *vacherin*, ese maravilloso amasijo de queso apestoso que se vende en cajas redondas de madera, también procede de Ródano-Alpes (aunque existe una versión suiza).

Con estos quesos se elabora un rico abanico de platos como el *gratin savoyard* (de Savoya, al este de la región), que se cocina en caldo de carne con queso duro fresco (a menudo queso suizo como el *gruyère*, justo al otro lado de la frontera; véase la receta de pág. 39). La *fondue* de queso también refleja los aires ligeramente más germánicos de la gastronomía de Ródano-Alpes. La *fondue*, de la que se cuenta que tiene su origen en Suiza pero también es popular en Austria, es una especialidad tanto de Savoya como de Lyon y alrededores. La variedad local puede contener una mezcla de *comté*, *emmental*, *vacherin* o *beaufort*. Tras ensartar el pan en unos tenedores largos, se hunde en una gran olla caliente de queso derretido de la que comen todos los comensales.

Si os cruzáis con alguien que haya vivido una temporada larga en Lyon, es más que probable que os cuente que acabó engordando... y no es de extrañar. Si a todo este queso, carne, nata y vino se le añaden los dulces, las calorías se disparan. Hay *viennoiserie*, bollos y pasteles que, tal y como sugiere su nombre, provienen de Viena, pero que los franceses han perfeccionado en dulces como el *brioche aux pralines* o el *pain au chocolat*. Las castañas de la Ardèche se hacen puré en la *crème des marrons* para usarla en tartas, pasteles y bollería o se glasean con jarabe de azúcar (para obtener *marrons glacés*), que suele utilizarse en púdines como el Mont Blanc (de castañas con nata montada). El mejor *nougat* de Francia es el de Montélimar,[*] y luego, en lugar aparte, está el brioche: una de esas comidas a caballo entre lo salado y lo dulce que son

• • • •

[*] Se cree que el *nougat* llegó a Francia a través de los griegos y hay ejemplos por todo el Mediterráneo y Oriente Próximo, desde el turrón español hasta el *gaz* iraní. Sin embargo, el *nougat* de Montélimar es una modalidad más pura, confeccionado tan solo con miel, huevos, azúcar y almendras.

un lienzo en blanco muy versátil para frutas, nata y pastelitos como el *cocon de Lyon* —unos confites de crema de almendra— pero también para carnes y quesos. Esto confirma mis sospechas de que en Ródano-Alpes nunca se está muy lejos de un poco de carne; es un sitio perfecto para ponerse cerdo (que no para ser cerdo).

LA DESPENSA • charcutería (*andouille, andouillette*) • pollo de buena calidad (si no se puede conseguir *poulet de Bresse* con denominación de origen, basta con comprar el mejor pollo de alimentación ecológica que encontréis, a ser posible de una carnicería de confianza) • *quenelles* • queso (*vacherin, reblochon, raclette*) • mantequilla • aceite de oliva • *brioche* • *nougat* • *marrons glacés* • *crème des marrons* • vino (syrah, viognier)

• • •

• ENSALADA DE LA HUERTA CON VINAGRETA •

Alors! Soy consciente de que este plato no es precisamente exclusivo de Ródano-Alpes pero, dada la proliferación de productos porcinos en la región, esta ensalada sencilla está pensada como un respiro entre carne y carne, además de ser un acompañamiento perfecto para *quenelles* o *andouilles*, sin que falte un buen pan francés. Pocas cosas superan a una ensalada verde bien ejecutada y regada con un aliño de ajo, y me temo que este libro sería una estafa si no os diera instrucciones de cómo hacer una auténtica vinagreta francesa (que se quedará en vuestro aliento todo el día). La que os presento es muy similar a la versión de mi abuela, salvo porque yo he cambiado la mostaza seca marca Colman que usaba ella (siempre fiel a su Norfolk natal, qué duda cabe) por la de Dijon (infinitamente superior a cualquier otra, en mi opinión). Esta mostaza también le da un punto local a este aliño del sudeste de Francia, si no exclusivo de Ródano-Alpes, sí de cerca, a poca distancia al norte de la Borgoña. La ensalada puede ser tan básica o elaborada como se quiera. Prefiero emplear hojas de huerta, evitando el *radicchio* y las lechugas rizadas más del sur de Italia. La lechuga redonda y los canónigos están muy ricos y son muy suaves. Unas rodajas de rabanitos, zanahoria rallada y cebollino picado pueden ser un complemento estupendo.

• 3-4 COMENSALES •

4 cdas. de aceite de oliva virgen extra
1 cda. de vinagre de vino blanco
1 cdta. colmada de mostaza de Dijon
el zumo de medio limón
2 dientes de ajo picados muy finos
un buen pellizco de sal y pimienta recién molida
hojas de ensalada al gusto

1 • Solo hay que limitarse a poner todos los ingredientes, salvo las hojas de ensalada, en un bote de mermelada y mezclarlos con fuerza. La vinagreta madura bien, de modo que puede prepararse por adelantado para que esté más rica.
2 • Echar la vinagreta sobre la ensalada justo antes de servir. (No debe hacerse con mucha antelación o las hojas se quedarán pochas.)

• CASSOULET SUI GENERIS •

Creé esta sencilla receta con *andouille*, el embutido ahumado de Ródano-Alpes, en lugar de pato, más propio de las *cassoulets*. (Caro + grasiento + entrañable = el pato no es mi carne favorita en la cocina.) Por lo demás, lleva el resto de los ingredientes básicos del plato clásico —judías blancas, trocitos de beicon, mucho ajo y laurel— en un guiso que pide a gritos que lo rieguen con uno de los syrah o syrah-garnacha de la región.

• 6 COMENSALES •

400 g de judías blancas (o *cannellini*), en remojo desde
    la noche anterior
200 g de paleta de cerdo troceada
200 g de beicon o panceta cortada en trocitos
2 hojas de laurel

2-3 cdas. de aceite de oliva

1 rama de apio cortada gruesa

1 cebolla picada gruesa

1 zanahoria troceada gruesa

6 dientes de ajo picados finos

1 *bouquet garni* (un hatillo de dos ramitas de tomillo y
    dos de romero)

300 g de *andouilles*, cortadas en rodajas de 1 cm (si no se encuentra
    andouille, utilizar otro embutido ahumado, como el chorizo)

el zumo de medio limón

2 clavos

sal y pimienta negra recién molida

PARA SERVIR

45 g de pan recién rallado tostado

30 g de perejil picado grueso

un chorretón de aceite de oliva virgen extra

1 • Precalentar el horno a 140 °C.

2 • Escurrir las judías, echar en una olla grande y cubrir con agua. Añadir la paleta de cerdo, los trocitos de beicon y las hojas de laurel, llevar a ebullición y luego bajar el fuego para que se cueza a fuego medio entre 15 y 20 minutos. A continuación, colar la mezcla y reservar unos 200 ml del caldo de cocción (hay que quitar la espuma que se haya formado en la superficie).

3 • Calentar el aceite de oliva en una sartén grande a fuego medio y sofreír el apio, la cebolla, la zanahoria y el ajo unos cinco minutos, o hasta que la cebolla empiece a volverse traslúcida. Cuidado con el ajo, que no se queme.

4 • Añadir el *bouquet garni*, la *andouille* y las judías con la carne. Verter por encima el vaso del caldo de cocción que se ha reservado y agua suficiente para cubrirlo todo. Por último, agregar el zumo del limón y los clavos y llevar a ebullición.

5 • Pasarlo todo a una fuente de horno, cubrir con papel de aluminio o una tapadera y hornear durante dos horas y media. Retirar las hojas de laurel, los clavos y el *bouquet garni* y sazonar al gusto. Servir en cuencos con un puñado de pan rallado tostado, perejil y un chorrito de aceite de oliva.

• GRATIN SAVOYARD •

Este plato de patatas para gordis es un apéndice perfecto a los numerosos productos porcinos por los que es conocida la región de Ródano-Alpes, así como a los platos de horno. Está riquísimo, incluso acompañado solo con un poco de ensalada verde. Es originario de la región de Savoya (de ahí su nombre) y, para que sea auténtico, hay que utilizar queso *beaufort*; no obstante, dado que no es precisamente ubicuo, la mayoría de la gente lo hace con gruyère. Yo prefiero utilizar caldo de pollo y añadir siempre nuez moscada, que le confiere una delicada capa de calidez en especia.

• 4 COMENSALES •

1 kg de patatas (preferiblemente nuevas, aunque vale cualquiera para hervir), peladas y cortadas en rodajas de 3-4 mm
1 diente de ajo
45 g de mantequilla
150 g de queso gruyère rallado
½ cucharadita de nuez moscada (opcional)
sal marina y pimienta negra recién molida
150 ml de caldo de ternera o pollo

1 • Precalentar el horno a 220 °C.

2 • Aplastar el ajo con el envés de una cuchara para que desprenda más sabor y frotar con él una fuente ancha de horno. Untar a continuación con un tercio de la mantequilla. Formar una capa con la mitad de las rodajas de patata.

3 • Mezclar en un cuenco el queso, la nuez moscada, la sal y la pimienta. Esparcir la mitad por encima de las patatas. Partir otro tercio de la mantequilla en trocitos. Añadir sobre las patatas y el queso y colocar luego otra capa con las patatas restantes, seguida del resto del queso y el último tercio de mantequilla. Verter el caldo en la fuente.

4 • Este último paso es opcional pero, a quien sea un obseso del ajo como yo, le recomiendo que pique en láminas muy finas lo que ha quedado del diente y lo reparta por encima. Hornear el gratín durante 30-40 minutos y dejar reposar unos cinco minutos antes de servir.

LA PROVENZA

Traspasó las fronteras gastronómicas de todo lo que habíamos vivido
hasta entonces [...] Nos comimos la ensalada verde con picatostes fritos
en aceite con ajo, nos comimos la gruesa corteza del queso de cabra,
nos comimos el pastel de almendras y nata que había preparado
la hija de la casa. Esa noche comimos por Inglaterra.

• PETER MAYLE, *Un año en Provenza* •

LA COCINA provenzal ha sido canonizada por muchos escritores y ha cobrado vida tanto en palabras
como en sabores. Puede que sea cosa mía, pero ya solo
la palabra «provenzal» me da la sensación de resplan-
decer en la página, evocando en mi mente un mar
azul zafiro, ensaladas verdirrojas relucientes de aceite
de oliva y visiones ensoñadas de la Riviera tal como
las conjuraron autores como Scott Fitzgerald. En el
prólogo a *A book of Mediterranean food*, la gran Elizabeth David enumera solo algunos de los rasgos de
la tradición culinaria del Mediterráneo, de la que la
Provenza no es una parte menor: «[...] el azafrán, el ajo, los penetrantes vinos locales, el aroma del romero, la mejorana y la albahaca silvestre secán-
dose en las cocinas». Los ingredientes conforman una paleta luminosa
que, en la mesa provenzal, se utiliza para crear auténticas obras de arte.*

El escritor y cineasta Alain Robbe-Grillet recuerda a su amigo el teórico de
la literatura Roland Barthes diciendo: «En un restaurante lo que a la gente le
gusta consumir de la carta no son los platos, sino su descripción».† Las palabras,

• • • •

*El hotel y restaurante La Colombe d'Or, en el pueblo de Saint-Paul de Vence (a pocos kilómetros
hacia el interior de la Côte d'Azur), es un testigo vivo de la larga historia que tiene la Provenza de
atraer como un imán a pintores, escritores y otros creadores. Es una reliquia de una bohemia des-
vanecida, con obras de Picasso, Miró y Calder colgadas como si tal cosa por las paredes desconcha-
das; los tres artistas se hospedaron allí y pagaron con su arte. En La Colombe d'Or poco ha cambiado con las décadas, y desde luego no la carta de clásicos provenzales: *bouillabaisse, boeuf en daube*
(véase más adelante), *fricassée de volaille* (pechuga de pollo con una cremosa salsa de colmenillas y
arroz en su punto), etcétera. Por no hablar de la materia prima provenzal en su máximo esplendor:
melones naranjas como soles, *crevettes* (gambas), rábanos gigantes, alcachofas y tomates servidos
como *crudités* con *anchoïade* (véase pág. 44).

†De *Por qué me gusta Roland Barthes*, de Alain Robbe-Grillet.

los atrayentes nombres de los ingredientes, los sonidos voluptuosos de las denominaciones culinarias, forman parte de la experiencia gastronómica... y puede que en ninguna otra cocina como en la provenzal. Elizabeth David, que escribió sus obras poco después de la Segunda Guerra Mundial, cuando todavía imperaba el racionamiento, puso esta idea en prosa y consiguió despertar verbalmente la imaginación de los cocineros británicos con un canon de platos que no incluía precisamente huevo en polvo ni carne en lata, sino generosos chorretones de aceite, nueces de mantequilla, ajo, hierbas aromáticas y sabores salados y fuertes, tanto de la tierra como del mar.

En un plano más tangible, la cocina provenzal demuestra lo que puede hacerse con la comida cuando se dispone de buena materia prima. Los ingredientes son una combinación de los que tenemos en nuestra patria pero mejores, más hechos —tomates, hierbas, pescado fresco—, y de los que solo produce el clima mediterráneo, como las alcaparras, las anchoas y el aceite. Esta cocina pondera las mezclas de sabores simples y apreciados y el dominio de la técnica, la manera de conseguir que la carne, el marisco, las verduras y las salsas salgan *au point*. Como es por todos sabido, solo la práctica lleva a la perfección. Espero poder presentaros las técnicas para que al menos empecéis a practicar.

Lo primero es lo primero: hay que tener siempre algunos básicos provenzales en la despensa, como latas de anchoas y aceitunas, botes de alcaparras, un buen aceite de oliva y una plantita de perejil. Unos ingredientes con los que no hay que tirar la casa por la ventana, que no necesitan mucha conservación y que basta con picar y mezclar para obtener una rica *tapenade*. Esta crema es ideal para mojar verduras o pan con unas copitas antes de comer, le va de maravilla al queso y puede acompañar al pollo. Otra cosa muy típica pero sencillísima que podéis probar es intentar mezclar mantequilla, aceite de oliva, zumo de limón, alcaparras y perejil para hacer una clásica salsa polifacética para pescados como la caballa o la dorada.

Si bien no se utilizan en la misma proporción que en el Mediterráneo oriental u Oriente Próximo, las hierbas son esenciales: perejil, tomillo, mejorana, orégano, estragón, albahaca, eneldo y laurel (todas se crían tanto dentro como fuera de Reino Unido). La cocina provenzal entraña una especie de colaboración orquestal entre ingredientes. Si el ajo es el director de orquesta, entonces el vino y el aceite son el chelo y el contrabajo, las proteínas como la carne y el pescado son el violín y las hierbas aportan la percusión con su habilidad para transformar completamente un plato.

Cuando se utiliza en una descripción, «a la provenzal» suele referirse a algo (por lo general, carne o pescado) cocinado en aceite de oliva, ajo y perejil: la tríada esencial de ingredientes provenzales. Entre los platos favoritos de

Elizabeth David que siguen esta fórmula están las perdices, los cangrejos de río, las vieiras, las ancas de rana, los champiñones, los puerros, los tomates... Funciona con casi cualquier cosa y hay muchos otros platos típicos como la *bouillabaisse** o la *bourride* (otra sopa de pescado regional) que son simplemente florituras de esta trinidad subyacente de ingredientes.

El hinojo es una hortaliza importante en la Provenza, en parte porque puede ser tanto un acompañamiento para la orquesta como una interpretación en solitario. Y, por supuesto, también puede funcionar como hierba aromática: tanto las semillas como los tallos ralos, que adornan ensaladas y carnes y que le dan sabor a regaliz y hierba. Un plato clásico es la *grillade au fenouil*: pescado blanco y carnoso como un róbalo o un salmonete embadurnado en mantequilla y hecho a la parrilla con hinojo, que luego se flambea en armagnac, prendiendo este último. En crudo, el hinojo puede comerse acompañado de un montón de verduras locales: rábanos, cebollas rojas, pepino, alcachofa, apio y tomates. Pueden mojarse en *anchoïade*, una crema fría de anchoas, ajo y aceite que penetra en el paladar antes de cualquier comida. Se trata de una crema provenzal muy simple que no cuesta nada hacer en casa; probad con mi receta.

El plato de ternera clásico de la Provenza del que también he incluido una receta es el *boeuf en daube à la niçoise*: chuletas de ternera marinadas durante doce horas en un sustancioso caldo con aceitunas, naranjas enteras, ajo, laurel y enebro en bayas. El *gigot à la provençale* (una pata de cordero que lleva pan rallado, ajo, perejil y tomillo) es también muy típico, así como la *cassoulet* de cordero lechal, cerdo o, en ocasiones, pollo con judías blancas. Similar al cocido español o portugués, es un ejemplo de lo que ahora los modernos denominan «comida campesina» (independientemente de que sea o no lo que come en realidad la gente del campo), y es una comida que puede ser más o menos formal. Tanto el *gigot* como el *boeuf en daube* son platos principales estupendos para un almuerzo de domingo estival. Hay que empezar a cocinarlo bien temprano por la mañana o incluso la noche anterior, y en cuanto estén todos los ingredientes en la cazuela, puede dejarse a fuego lento (removiéndolo de vez en cuando) hasta que se sirve con arroz blanco.

Al valerse de ingredientes familiares y técnicas poco complejas, viajar a la Provenza desde vuestra cocina no os supondrá ningún calvario. Pertrechaos con los ingredientes básicos y los clásicos de despensa que os he sugerido antes y estaréis listos para partir. Como en cualquier viaje, la buena lectura es fundamental, y Elizabeth David os dará el toque extra de inspiración, o magia, para llevar a vuestra mesa una auténtica sinfonía.

● ● ● ●

*Para prepararla se utilizan distintos tipos de pescados y crustáceos, que pueden variar, así como cebollas, tomates, tomillo, hinojo, laurel y peladura de naranja.

LA DESPENSA • hinojo • tomates • vino tinto (para conferir un carácter francés típicamente sureño, buscad vinos del Pays d'Oc de uvas garnacha, carignan y syrah) • hierbas aromáticas (perejil, orégano, tomillo, mejorana, estragón, albahaca, eneldo, laurel) • especias (canela, clavo, enebro)

• TAPENADE •

Me resulta irónico que, dado que siempre había pensado en la *tapenade* como un plato que celebraba la aceituna, su nombre provenga de la palabra en dialecto provenzal para «alcaparras» (*tapenas*). La receta que sigue la creó mi tío Justin, un aficionado al vino con intereses creados por los piscolabis para acompañar a un buen caldo. Os dejo un poco de inspiración, cortesía de Justin, sobre qué beber con esta crema: «Con los vinos franceses yo siempre me inclino por los mejores, pero son vinos que no van bien para esto, así que creo que escogería un Côtes de Gascogne: con el suficiente sabor rústico y festivo consigue un buen contraste con la *tapenade*. No merece la pena desperdiciar una botella de Pouilly o Montrachet, etcétera. ¿Y qué me dices de un pinot noir Louis Latour? ¡Increíble». Y tanto. Yo soy muy quisquillosa con las aceitunas; intentad no usar de lata (aunque valdrían para el caso) y, por supuesto, no se os ocurra echar mano de las deliciosas de Kalamata (¡demasiado griegas!). A mí las que más me gustan para esta receta son esas negras, arrugadas y partidas tan sustanciosas y ricas que venden en los mercados de abasto.

• 10 COMENSALES COMO APERITIVO •

100 g de aceitunas negras partidas de buena calidad

1 lata de anchoas de 50 g en aceite de oliva, de buena calidad, escurridas y picadas gruesas

2 guindillas enteras, despepitadas y picadas

2 dientes de ajo picados gruesos

1 cda. colmada de alcaparras

15 g de perejil, picado

15 g de cebollino picado

2 cdas. de aceite de oliva virgen extra

1-2 cdas. de nata fresca (dependiendo de lo fuertes que sean las guindillas)

1 • Introducir todos los ingredientes en una picadora y triturar hasta que queden como un puré. Pasar a un cuenco, tapar y refrigerar. El frío acentúa la «pegada», según mi tío, de modo que es preferible dejarlo en la nevera (a ser posible, de un día para otro), hasta la hora de servir, con unas rebanadas del mejor pan francés o unas *crudités* frescas.

• ANCHOÏADE •

Para lo rica que está la *anchoïade*, es fea con ganas. Aunque sin duda la cosa cambia cuando te la metes en la boca. Vuestra máxima aspiración ha de ser conseguir una crema suave (bien con una picadora, bien con mortero), si no, puedes terminar con algo parecido a una *tapenade* o a una *bagna cauda* del Piamonte.

• 6 COMENSALES COMO APERITIVO •

1 lata de anchoas de 50 g de buena calidad en aceite de oliva, escurridas y picadas gruesas
2 dientes de ajo picados gruesos
1 cdta. de vinagre de vino tinto
pimienta negra recién molida
150 ml de aceite de oliva virgen extra
pan tostado, perejil picado grueso y *crudités* para acompañar

1 • Triturar las anchoas, el ajo, el vinagre y la pimienta en una picadora hasta que quede una pasta cremosa. Otra alternativa es majar todos los ingredientes en un mortero, aunque supondrá mayor esfuerzo.
2 • Cuando la consistencia de la pasta sea satisfactoria, empezar a añadir el aceite... muy, muy poco a poco. Incorporar a la mezcla, con el motor encendido, en un chorro fino y constante. Debería quedar una pasta espesa. Si se hace a mano, añadir poco a poco el aceite e ir majando a cada chorro.
3 • Untar en pan tostado (con un poco de perejil por encima para adornar) o servir con *crudités*, e intentar regarla con un rosado provenzal fresquito.

• BOEUF EN DAUBE •

En la novela *Al faro* de Virginia Woolf, este guiso provenzal de ternera estofada en vino tinto es la «especialidad» de la criada, que se pasa tres días esclavizada para cocinarlo, en un revoltijo de sabrosas carnes marrones y amarillas según una receta familiar. La primera vez que lo preparé tardé ocho horas en hacer un caldo con huesos de ternera y, aunque el consomé resultante estaba de muerte, si no tenéis todo el tiempo del mundo podéis utilizar un buen caldo de pollo. Eso sí, aseguraos de comprar ternera de calidad y dejarla al fuego todo el tiempo que necesite. Yo no me molestaría en aflojar el monedero para acompañarla: un Côte de Rhône de buena relación calidad-precio o alguno del Pays d'Oc harán un buen apaño. El método que utilizo para marinar la ternera en hierbas, ajo y vino la noche antes de cocinarla no lo utiliza todo el mundo, pero a mí me gusta infundir todo el sabor posible a la carne. Creo que este plato se acompaña muy bien con arroz, aunque unas patatas cocidas o una pasta con mantequilla le van también de maravilla.

• 4–6 COMENSALES •

2 cdtas. de bayas de enebro

2 cdtas. de pimienta negra en grano

6 dientes de ajo

un buen puñado de sal

1 kg de aguja de ternera (o cualquier corte para estofar), limpia y cortada en trozos de 5 cm

2 cdas. de aceite de oliva

10 g de tomillo en rama

10 g de perejil

10 g de romero en rama

1 botella de vino tinto

2-3 cdas. de harina normal

60 g de mantequilla

2 cebollas amarillas o blancas, o 6 chalotas, picadas gruesas

2 zanahorias troceadas gruesas

3 ramas de apio troceadas gruesas

2 tomates pera troceados gruesos

200 g de beicon en dados

2 hojas de laurel

½ litro de caldo de ternera o pollo
2 puñados de champiñones cortados por la mitad
    si son grandes
nuez moscada recién rallada
perejil para servir, picado

1 • Majar el enebro, los granos de pimienta, tres dientes de ajo y la sal en un morte-ro y untar la mezcla resultante en los trozos de ternera con el aceite de oliva.

2 • Hacer un *bouquet garni* (un pequeño atado de hierbas) con el tomillo, el perejil y el romero e incorporar en una fuente honda con la ternera aliñada. Cu-brir la mezcla con vino tinto y refrigerar tapada toda la noche.

3 • Ir sacando los trozos de ternera con una cuchara ranurada y pasarlos por harina. Calentar 50 g de mantequilla en una olla gruesa que valga para fuego y horno (tipo Le Creuset o similares son ideales) y dorar la carne unos 4-5 minutos, por tandas si es necesario. Sacar y dejar reposar.

4 • Sofreír las cebollas, las zanahorias, los apios, los tomates y el beicon en la man-tequilla restante 15 minutos a fuego lento hasta que estén blandas. Aplastar luego los tres ajos que quedan e incorporar junto con las hojas de laurel durante otro par de minutos.

5 • Devolver a la olla la carne marinada y su jugo. Verter asimismo la marinada en la que ha pasado la noche, el *bouquet garni*, el resto del vino y el caldo. Dejar hacer al fuego más bajo posible durante una hora.

6 • Precalentar el horno a 180 °C.

7 • Freír 5 minutos los champiñones en los 10 g de mantequilla sobrantes. Reservar hasta el momento de retirar la cazuela del fuego y echarlos luego por encima. Cu-brir la cazuela con papel de aluminio y hornear dos horas. Comprobar que la carne esté bien hecha: debería ceder entre el pulgar y el índice. El guiso tiene que quedar espeso, de modo que conviene dejarlo otros 20-30 minutos en el horno sin cubrir si la salsa se ha quedado muy líquida.

8 • Antes de servir, desechar el *bouquet garni* y las hojas de laurel, rallar por encima un poco de nuez moscada, salpimentar y espolvorear con el perejil picado.

ESPAÑA

Devoto del sentimiento trágico de la comida, le parecía que los postres no frutales siempre conllevan una reprochable frivolidad y los de repostería terminan por anular los sabores, que uno quisiera eternos, de los platos trágicos.
• MANUEL VÁZQUEZ MONTALBÁN, *La soledad del manager* •

CRIARSE EN EL sudeste de Londres y llamarse Ximena[*] no siempre fue un camino de rosas. Mis compañeros de clase tenían todo un repertorio de pronunciaciones de mi nombre castellano de rancio abolengo, entre los cuales el menos divertido era «eczema». Llevados por el deseo de evitar cualquier asociación entre su hija y un problema de piel, me lo acortaron en Mina, pero, cuando crecí y empecé a ver mundo, Ximena fue tomando sentido. Con el tiempo y mi romance apasionado con España, los españoles y la diáspora hispana, aprendí a querer el nombre que me habían dado.

España es para mí embriagadora, y no solo porque mi nombre esté tan identificado con el país. Esta cultura tiene algo adictivo que siempre te deja con ganas de más. De la comida me gusta lo salado y lo grasiento; del idioma, lo poético expresado con un deje nasal. Me encanta el abanico de músicas españolas, de las guitarras aflamencadas y populares al pop latino edulcorado. Me encanta la energía ilimitada de sus gentes combinada con esa manera de tomarse la vida sin agobios. Y en los hogares me encanta lo del «mi casa es tu casa»: en España las puertas siempre están abiertas.

España tiene un paisaje inmensamente variado y un legado cultural vastísimo, dos rasgos que se reflejan en la comida. He intentado daros a probar de los distintos caracteres de cuatro regiones peninsulares, todas

••••
[*] Para que conste: no soy española aunque en cierto modo me gustaría. Mis padres se pasaron tres semanas discutiendo y varios libros de nombres para ponerse de acuerdo. En tales circunstancias uno podría pensar que estas discusiones sobre nombres podrían haber acabado en algo fácil e inofensivo, tipo Jane, o Lucy incluso. Pero no: me llamo Ximena, como la tía abuela de mi madre, que era tan inglesa como yo.

con sus cualidades propias, a disposición de viajeros voraces: la rebelde y artística Cataluña; la Andalucía de sopas frías y arquitectura mora; el Norte de espíritu independiente y gastrónomo; y la meseta central de España que rodea mi querida Madrid. Cuando se cocinan platos españoles, a menudo basta con tener una buena olla profunda. La técnica para platos como la tortilla de patatas puede parecer simple y a veces incluso rudimentaria, pero ya veréis que tienen su aquel. Probad la receta de tortilla de Javi de la página 67.

María José Sevilla, experta en comida española y encargada de la comida y los vinos de la Spanish Trade Commission de Londres, cuenta que «a la comida española le hicieron dos regalos: los moros y el Imperio romano». Yo añadiría un tercero: el Nuevo Mundo. Si bien, tal y como señala Sevilla, las tradiciones islámica y cristiana son los pilares en los que se asienta la gastronomía española, desde el siglo XVI en adelante se introdujeron ingredientes como las patatas, los pimientos, los tomates y el maíz, llegados de las Américas. Sin ellos muchos de los platos típicamente españoles que conocemos y adoramos hoy en día no existirían.

Tras la expulsión de los moriscos (españoles descendientes de los moros musulmanes que fueron obligados a convertirse al cristianismo) entre 1609 y 1614, los territorios agrícolas de las regiones centrales y meridionales de la meseta española se convirtieron en latifundios. En ellos trabajaba una clase numerosa sin tierras, circunstancia que derivaría en una enorme dicotomía entre ricos y pobres. En el norte del país el modelo de propiedad de las tierras era justo el inverso, los minifundios. En consecuencia la comida que se producía y se comía en los distintos grupos sociales dependía de los respectivos sistemas a los que estaban sometidos, así como de su clase social.

España sigue conociendo severas dicotomías sociales. A mediados del siglo XX, mientras otros países europeos consolidaban sus sistemas democráticos —muchos de los cuales habían nacido hacía cientos de años—, España trocó los resquicios del viejo feudalismo por el fascismo. El régimen franquista gobernó de 1939 a 1975, atrofiando el desarrollo cultural de España en el escenario mundial. Cuando pensamos en España y la comida española, merece la pena recordar que solo hace cuarenta años que se liberaron de la camisa de fuerza del fascismo. Hoy en día la división en la gastronomía española no proviene tanto de la dicotomía latifundio-minifundio como de las creaciones de las superestrellas de la cocina moderna, que se concentran en Barcelona, el País Vasco y Madrid, *versus* la comida (como los cocidos y las tapas) que disfruta la mayoría de la gente por todo el país.

Me apasiona la idea de poder hacer justicia a la hondura y la casta de la gastronomía española, poder aclarar que va mucho más allá de unas patatas fritas con jamón o una tortilla nadando en aceite. Al igual que Nieves Barragán Mohacho, jefa de cocina de los restaurantes Fino y Barrafina de Londres, me gustaría erradicar de una vez por todas los clichés que la tachan de grasienta y sosa. «Yo intento cocinar como lo hacía mi abuela —me dijo Nieves—. Ya nadie lo hace. Para mí el buen comer es una cuchara en una mano y un trozo de pan en la otra. Esa es la esencia de España.» Si receláis de la comida española, con un poco de suerte os haré cambiar de parecer, al igual que hice yo con mi nombre.

PIMENTÓN

...

El pimentón y su gusto ahumado suelen considerarse sinónimos de la comida española, aunque por lo general la gente lo identifica más con un sabor que con un ingrediente en sí. El cocinero, escritor y restaurador afincado en Londres José Pizarro me contó que habían llegado a acusarlo de dar chorizo a vegetarianos cuando en realidad el sabor del plato sin carne que sirvió provenía de una pizca de pimentón. De color rojo intenso, suele espolvorearse en platos como el pulpo a la gallega justo antes de servir, moteando con pecas rojas el pulpo cocido y las patatas. Es también un ingrediente básico en muchos platos nacionales como los cocidos o el chorizo, al que le da el característico color rojo y las notas ahumadas y fuertes. El pimentón se produce tanto en Murcia como al sur de Extremadura a partir de distintas variedades de pimientos rojos que se secan en naves industriales antes de molerse para obtener el polvo ahumado. Los pimientos *capsicum* los introdujo en España en el siglo XVI Cristóbal Colón, quien volvió de sus aventuras por el Nuevo Mundo con un puñado de ingredientes, como las patatas y los tomates, que cambiarían sin remisión la comida española. Hay distintas variedades de pimentón, de dulce a picante, aunque siempre con notas ahumadas; estas son especialmente intensas en el pimentón de la Vera, con denominación de origen.

Es un ingrediente obligatorio en la despensa si estáis interesados en preparar comida española: es corriente en todo el país salvo en Cataluña (véase pág. 50). En mi alacena nunca falta una latita de pimentón, bien para espolvorearlo sobre una creación española, bien para realzar con un toque ahumado sopas sencillas, embutidos o quesos.

...

CATALUÑA

La actitud que demostraban hacia la comida, como la del resto de tenderos del mercado, era de una intensa seriedad; no era algo que hubiesen aprendido o de lo que les hubiesen hablado: lo llevaban en la sangre, en los ojos cuando te miraban...

• COLM TÓIBÍN, *Homage to Barcelona* •

LOS CATALANES TIENEN espíritu independiente y unas marcadas señas de identidad. Esto se refleja en casi todas las facetas de la vida catalana, desde el idioma (un híbrido sorprendente de castellano, francés e italiano) hasta el arte y la arquitectura —de una originalidad[*] mareante—, y, como es natural, la gastronomía. En la cita que precede estas líneas, Colm Tóibín alude al saber intrínseco de los tenderos del mercado de la Boqueria sobre la comida local (en ese caso concreto, del pato): una pista comestible de lo orgullosos que están los catalanes de todo lo procedente de su región. Sus conocimientos sobre el pato local no son ninguna patochada...

En el terreno político el separatismo catalán se remonta ya al siglo XVII y sigue gozando de muy buena salud.[†] Esta sensibilidad separatista ha impregnado la cultura gastronómica, como no podía ser de otra manera. Pese a las similitudes con otras gastronomías españolas, sobre todo con la de la zona central y la andaluza, también hay diferencias significativas con la comida esencialmente castellana (véase pág. 63). El pimentón, la especia española por antonomasia, que adereza innumerables platos, no tiene presencia en la cocina catalana, lo que reporta mayor sutileza a sus creaciones: sin este

• • • •

[*] Las joyas arquitectónicas más famosas de Cataluña son posiblemente los edificios de Gaudí, como la Sagrada Familia, mientras que, en pintura, las obras de Salvador Dalí y Joan Miró son buenos ejemplos de la excepcional creatividad catalana.

[†] Sucesivos tratados entre Francia y España hicieron que Cataluña pasase de manos francesas a españolas y que su identidad se moldease según a qué reino pertenecía en cada época, lo que inevitablemente derivó en la creación de un espacio que se diferenció de ambos estados-nación. El nacionalismo catalán partió de esta base y se intensificó con la llegada del régimen franquista (1939-1975), que supuso una ofensiva contra el uso del catalán en las instancias oficiales y que avivó, como resultado, la determinación de los catalanes por reivindicar su individualidad cultural.

sabor dominante, que es fuerte, tal como sugiere su color rojo intenso, el paladar puede captar otras cosas. Un ejemplo es la butifarra, un embutido curado típico de Cataluña en el que destacan especias como la canela y la nuez moscada, así como los sabores del propio cerdo. La butifarra se come en toda Cataluña, sobre todo con alubias blancas[*] y cebollas, aunque también sola o en *escudella i carn d'olla* —o *escudella* para los amigos—, una sopa de carne que se sirve en dos platos distintos.

Plato tradicional de Navidad y muy reparador en los fríos meses de invierno, la *escudella* lleva albóndigas especiadas (llamadas «*pilotes*»), butifarra, huesos y cualquier corte de carne que se tenga a mano, todo cocinado en un caldo de verduras de temporada como zanahorias o col. El caldo se cuela más tarde y se hierve con pasta para servirse de primero. La carne y la verdura se comen aparte. Es una forma sencilla y barata de servir una comida con una estructura civilizada pero salida de una única olla.

La cocina catalana se parece a la provenzal por el uso que hace de las mezclas de hierbas secas de monte como el tomillo, el romero o el laurel, así como por algunos platos. La *samfaina*, por ejemplo, es una reducción de cebollas, ajo, berenjena, calabacines y pimientos casi idéntica al *ratatouille* provenzal.

La base de casi todos los platos catalanes es el *sofregit*, el equivalente regional al más conocido sofrito. En esencia son unos cimientos suaves y dulces sobre los que añadir otros ingredientes (véanse págs. 74-75). El *sofregit* es fundamental en la cocina catalana, con su combinación de cebollas blancas doradas a fuego lento con el doble de tomate y aceite de oliva. Los cocineros catalanes siempre lo tienen de reserva, incluso preparado de antemano para cualquier receta que lo necesite. Hay muchos platos catalanes que empiezan por el *sofregit*, de modo que ¡a ponerse las pilas ya! No hay ninguna razón para no hacerlo en grandes cantidades y congelarlo para tenerlo listo siempre que os apetezca daros un paseíto por la cocina catalana.

Las salsas son parte esencial de la comida catalana, el complemento perfecto a ingredientes locales como el pescado y el marisco. El romesco, originario del barrio marinero del Serrallo de Tarragona, es una salsa de pimientos asados muy versátil que le da un toque dulce y mediterráneo al pescado (para el que está expresamente pensada), así como a platos de carne. En una combinación de almendras y avellanas picadas, pan tostado, pimientos asados y *sofregit*, es un condimento denso y delicioso. Pasa lo mismo con la picada, una pasta de frutos secos picados, pan tostado, chocolate, perejil y

● ● ● ●

[*]Los catalanes son más de alubias blancas que de garbanzos, tanto en ensaladas como en guisos parecidos a los cocidos de la España central.

azafrán que se utiliza para espesar y rematar guisos. El estadounidense Colman Andrews, escritor y experto en gastronomía catalana, dijo que el *sofregit* y la picada eran los «sujetalibros» de la cocina catalana. Este majado recuerda el regusto a frutos secos y la combinación de dulce y salado que encontramos en platos mexicanos como los moles (véanse págs. 318 y 321). Mientras el romesco es por definición más un condimento, con presencia visible en un plato, la picada funciona más como un aliño que se incorpora antes de servir.

Otra salsa catalana muy sencilla y versátil es el *allioli*, una emulsión de ajo y aceite de oliva con la que se acompañan platos de caza, carnes blancas o pescados. Agregar huevo (una práctica no tradicional) o no al *allioli* es fuente de un debate encendido en Cataluña. Conseguir montar aceite y ajo hasta obtener una sedosa salsa blanca es un arte complicado que se hace más fácil al añadir yema de huevo, aunque la salsa acaba pareciéndose más a la mayonesa. (¡Como si la mayonesa no fuese ya difícil de por sí!)

A un tiro de piedra de la «huerta de España», Navarra (véanse págs. 58-61), la rica variedad de frutas y verduras de Cataluña hace que en la región las influencias medievales y moras hallen una expresión distinta que en Andalucía, una tierra más de secano. (Estoy pensando en platos como el pato con peras, los melocotones rellenos de carne picada o peras rellenas de ternera, cerdo, cebolla, canela y chocolate.*) El entorno verde da unas verduras estupendas: como habéis visto, las cebollas y los tomates son básicos en la cocina. Para mí uno de los platos catalanes más típicos es el *pa amb tomàquet*, una rebanada de pan crujiente ligeramente tostada a la que se le frota ajo, un chorrito de aceite y un tomate entero, que se estruja y se vacía de la piel hasta que queda una especie de papilla roja ligera. En su imprescindible libro sobre la cocina catalana Colman Andrews dice estas bellas palabras sobre la importancia de este plato para la identidad catalana: «El *pa amb tomàquet* despierta una gran pasión nostálgica, grandes oleadas proustianas de recuerdo sensual. Es comida casera catalana: es a la identidad cultural catalana lo que a nosotros el pan con mantequilla»[†].

Las berenjenas, los pimientos y los calabacines también son fundamentales en la cocina catalana, otro eco de la cocina provenzal. La *escalivada*, una

• • • •

* El chocolate puede parecer un extraño aderezo para un plato salado pero enriquece salsas como esta con un amargor terroso y una textura espesante, originando platos de una complejidad maravillosa. No os cortéis y utilizadlo de vez en cuando en la cocina, tanto en algo tan sencillo como una salsa de tomate para pasta como para darle vidilla a una carne roja o un plato de caza.

† Durante un tiempo escribí entradas en mi blog sobre comida inspirada por las novelas que leía. Cuando terminé *Nada* de Carmen Laforet, la famosa novela ambientada en Barcelona, hice *pa amb tomàquet*. Fue el primer plato que me vino a la cabeza al pensar en Cataluña, la imagen de ese pan ligeramente colorado, salado y empapado, inseparable de mis propios recuerdos de la ciudad.

ensalada de tiras de pimientos y berenjenas asadas, es una guarnición típica para carnes (incluso me he encontrado con butifarras en las que la carne se había mezclado con una fina *escalivada* para endulzarla). A los catalanes también les gusta combinar las berenjenas con productos como la miel, las pasas o los piñones, ingredientes que recuerdan a la cocina marroquí (véase pág. 287) y que suponen un guiño al legado culinario moro.

Fueron los romanos quienes introdujeron el garo, el aderezo que se hace a partir de pasta de pescado fermentado, muy representativo del Lacio (véase pág. 87), y que aún hoy sigue teniendo presencia en la cocina catalana actual, aunque adaptado en una crema de boquerones y aceitunas. Los boquerones se comen de muy diversas formas: desde fritos para picar o en forma de anchoa con verduras como las berenjenas. El extendido uso del *bacallà* desalado (véase pág. 83) es también producto de antiguos hábitos gastronómicos. Se sirve en distintas formas: con *samfaina*, patatas fritas o en puré con verduras. Pese a la riqueza de las costas catalanas, los productos conservados como el *bacallà* eran muy recurrentes para días en que la pesca era mala e incluso, tal vez, durante la Cuaresma, cuando el consumo de carne estaba prohibido.

Cataluña tiene numerosos guisos de pescado que aúnan muchos de los productos distintivos de la región. Tal vez el mejor ejemplo sea el *suquet*, una clásica sopa marinera con rape, dorada y lubina hechos en un caldo de *sofregit* y picada que se come por toda Cataluña. La experta en comida catalana Rachel McCormack ha contribuido con una receta fantástica que os urjo a probar cuando podáis conseguir buen pescado blanco, fresco y carnoso.

Tossa de Mar, a unos cien kilómetros al norte de Barcelona, tiene su propio guiso de pescado y patatas, que además suele comerse con alioli. La *sarsuela* es mucho más elaborada. Se hace con langosta, gambas, calamares, almejas y los peces más exquisitos que tengáis a mano —como un lenguado, por ejemplo—, todo cocinado con una base de *sofregit*, una mezcla de especias (pimienta, canela, laurel) y ron. Si la *sarsuela* es la *vedette* de los platos catalanes —exagerando un poco—, os invito a que la abracéis. Al fin y al cabo Cataluña tiene mucho que ver con celebrar las diferencias.

LA DESPENSA • pescado fresco (rape, dorada, boquerones) • bacalao desalado • butifarra • huevos • hierbas aromáticas (perejil, orégano, tomillo, mejorana, estragón, albahaca, eneldo, laurel) • alubias blancas • miel • pasas • piñones • ingredientes para el sofrito (tomate, cebolla y aceite de oliva)

• • •

• SOPA MARINERA CATALANA •

Por lo general flanqueada por los «sujetalibros» del *sofregit* de partida y la picada del final, esta fantástica sopa de pescado —amenizada con vino blanco (preferentemente local)— es un ejemplo de la cocina de la que se enorgullecen los catalanes. Rachel McCormack nos recuerda que las medidas son aproximadas: se trata más de una forma de cocinar que de un plato que se basa en una técnica o unas cantidades precisas.

• 4 COMENSALES •

5 cdas. de aceite de oliva

1 cebolla grande picada fina

3 dientes de ajo picados finos

2 guindillas despepitadas y picadas

5 tomates pelados y picados

750 g de pescado blanco sin piel ni raspas (preferentemente rape, eglefino, bacalao, lubina o carbonero, aunque valdría cualquier pescado)

50 g de harina para rebozar

250 g de patatas nuevas, peladas y cortadas en rodajas finas

500 ml de caldo de pescado

175 ml de vino blanco seco

200 g de langostinos crudos pelados

300 g de mejillones crudos y limpios, en su concha

75 g de almendras molidas

2 cdtas. de perejil picado

1 • Sofreír la cebolla en una olla con dos cucharadas de aceite de oliva unos diez minutos. Añadir seguidamente el ajo picado y sofreír otros 3-4 minutos, o hasta que quede casi transparente. Incorporar el tomate y los pimientos picados, bajar el fuego al mínimo y rehogar, sin tapar, durante una media hora.

2 • Echar la harina en un plato hondo y sazonar ligeramente. Calentar otras dos cucharadas de aceite de oliva a fuego fuerte en una sartén grande (que tenga tapa). Rebozar los trozos de pescado y freír brevemente, por tandas si es necesario, 2-3 minutos, dando la vuelta con frecuencia. Sacar de la sartén y reservar.

3 • Añadir las rodajas de patatas a la sartén con las cucharadas de aceite restantes y saltear 7 minutos. Incorporar la salsa de tomate, 125 ml del caldo de pescado y el vino blanco y cocerlo todo entre 15-20 minutos, hasta que las patatas estén blandas. Añadir el pescado frito, los langostinos, los mejillones y el resto del caldo, tapar la sartén y dejar hacer unos cinco minutos, hasta que el pescado esté en su punto y los mejillones se hayan abierto. Incorporar las almendras picadas y el perejil y rectificar de sal antes de servir.

• SOPA DE AVELLANAS CON CROCANTE DE AVELLANAS Y HELADO •

Esta receta de una «sopa» de avellanas riquísima, otra contribución de la experta en comida catalana Rachel McCormack, está inspirada en una que probó en el restaurante Morros de Torredembarra, un pueblo de Tarragona conocido por su abundante producción de avellanas.

• 6 COMENSALES •

500 ml de helado de vainilla
500 g de avellanas escaldadas
250 g de azúcar blanquilla
80 g de mantequilla con sal
80 g de nata para cocinar
800 ml de agua

1 • Tostar 5 minutos las avellanas en una sartén grande a temperatura media, moviendo la sartén con frecuencia para que se doren uniformemente. Apartar del fuego y dejar enfriar completamente.

2 • Precalentar el horno a 180ºC.

3 • Para hacer el crocante, echar en una picadora 100 g de las avellanas tostadas ya frías y picar un minuto, hasta que queden bien finas. Poner las avellanas picadas, 100 g de azúcar, la mantequilla y la nata en una sartén y calentarlo todo, removiendo constantemente, hasta que se derrita la mantequilla y los ingredientes se liguen.

4 • Cubrir una bandeja de horno grande con un tapete de silicona o cualquier papel antiadherente y extender la mezcla de avellanas en una capa fina. Hornear de 10 a 12 minutos, hasta que esté ligeramente dorada, cuidando de que no se queme: el crocante se derretirá aún más y se extenderá por la bandeja. Sacar del horno y esperar a que se enfríe y se endurezca.

5 • Para preparar la sopa, poner en la picadora las avellanas restantes tostadas enteras, el resto del azúcar y el agua y picarlo todo un minuto hasta que las avellanas queden bien finas. Tamizar por un colador fino, presionando para que pase todo el líquido posible, y desechar las sobras de avellanas. Echar la sopa colada en una jarra, cubrir y refrigerar al menos cuatro horas o, preferiblemente, de un día para otro.

6 • Para servirla, poner una bola de helado en un cuenco y regar con la sopa de avellana por encima. Romper el crocante en trozos grandes y repartir por encima de la sopa.

NORTE DE ESPAÑA

Es el otoño gallego, y la lluvia cae silenciosa y lenta sobre el verde dulce de la tierra.
A veces entre las nubes vagas y soñolientas se ven los montes llenos de pinares.
• FEDERICO GARCÍA LORCA, *Impresiones y paisajes* •

EL NORTE DE España, desde Aragón al este hasta el reducto occidental de Galicia, encajada sobre Portugal, es un paisaje agrícola y culinario de ensueño. Pequeñas granjas —los antiguos minifundios— recubren las tierras septentrionales, que son de una variedad impresionante: de los exuberantes pastos verdes a los bosques concurridos de caza, y de las montañas de picos nevados tapizadas de tojos al que tal vez sea el litoral más rico de Europa. Cada región del norte de España tiene su propio conjunto de ingredientes, platos e identidad gastronómica: La Rioja, famosa en el mundo entero por sus tintos de tempranillo; Navarra, conocida como «la huerta de España»; y la popular cultura del *pintxo* del País Vasco.

Con todo, pese a la riqueza de paisajes, productos y tradiciones culinarias, no puedo evitar la sensación de que se lo conoce más por otras cosas: Santiago de Compostela, el destino de miles de peregrinos católicos que van todos los años a pie a visitar la tumba de Santiago; o Pamplona, donde en julio se corre por callejuelas empedradas delante de toros en los famosos Sanfermines; o por las lenguas regionales (en el País Vasco y Galicia) y las tensiones políticas.

En las últimas décadas el País Vasco (y por extensión el norte de España en su conjunto) se ha hecho famoso por la «nueva cocina», la respuesta española a la *nouvelle cuisine*. Al estar muy cerca de la vecina Francia, la *haute cuisine* francesa ha tenido una influencia inevitable en la cocina más elitista del País Vasco español. Sin embargo a mediados de la década de 1970 se plantaron las primeras semillas de algo exclusivamente español, que recurría a ingredientes locales y a técnicas tanto clásicas francesas como modernas. Naturalmente hoy en día corren ríos de tinta sobre las superestrellas de la alta cocina vasca —en restaurantes como Arzak, Mugaritz o Elkano—, pero a menudo eclipsan la tradición culinaria vasca, que es fantástica de por sí. Si bien la «nueva cocina» es un producto del norte de España, es evidente que no es representativa de la comida que la gente consume a diario.

El clima y la temperatura del norte de España es ideal para las manzanas, las peras, los melocotones y las cerezas, más que para los cítricos del sur del país; entre las legumbres, las alubias o *fabes* son más comunes que los garbanzos, mientras que se cultivan más alcachofas, espárragos o guisantes que almendras o pistachos. Las variedades de aceitunas también cambian. Por estos lares se cría la arbequina en los terrenos calizos que rodean el río Ebro, una variedad que soporta bien las temperaturas extremas de una estación a otra.*

En *The food of Spain* Claudia Roden describe la comida del norte como «pescado, marisco y púdines de leche», mientras que otros califican la región como «el país del queso y las manzanas». Las vastas extensiones de pasto ofrecen una rica fuente de alimento para el ganado, lo que revierte en una leche de gran calidad. El predominio de los lácteos —mantequilla y nata— y la influencia francesa en las cocinas del norte (en particular la vasca) hacen que las salsas con nata sean más frecuentes que en el resto de España. Platos que por lo general asociaríamos con Francia, como las quiches o la bechamel, son más corrientes de lo que podríamos pensar. Entre los «púdines de leche» a los que se refiere Roden se incluyen las natillas, el arroz con leche y la leche frita, así como flanes de huevo cocinados a fuego lento que guardan cierto parecido con la crema catalana. La práctica aún viva de las corridas de toros nos recuerda lo importante que es el ganado en el norte de España. Se crían vacas tanto para carne como para lácteos. Según el cocinero José Pizarro, la del norte es la mejor ternera de España, con cortes como el chuletón que van de maravilla con la sidra local.

En esa zona los quesos no son una cuestión baladí, y menos aún en Asturias, la región emparedada entre Galicia y Cantabria que en España se conoce como «el país de los quesos». Caracterizados por su fuerte personalidad agreste, algunos quesos se curan en cuevas habitadas por murciélagos en rincones recónditos de los Picos de Europa.† El cabrales es el más conocido, un queso azul elaborado con leche de vaca sin pasteurizar y curado durante varios meses. Rugoso y apestoso, con una textura que se desmenuza fácilmente, marida de maravilla con las sidras de la región.‡ Otros quesos importantes son el tresviso de Cantabria (otro queso azul de vaca más suave) y el gallego de tetilla, cuyo nombre le viene de la forma cónica de pecho que tiene, pezones en punta incluidos. Conforme nos acercamos al País Vasco y Navarra, abundan más los

• • • •

*En la árida Andalucía se crían mucho mejor variedades como la picual.

†Cordillera que se extiende por Asturias, Cantabria y Castilla y León.

‡Los vinos del norte de España están muy en boga en nuestros días. La uva seca albariño se da muy bien en Galicia, por sus suelos minerales y su clima extremo. Hasta no hace tanto el vino era el abanderado del noreste —con La Rioja como máximo exponente—, mientras que el noroeste se concentraba más en las sidras caseras y las cervezas locales.

quesos duros de oveja. El idiazábal y el itsasegi, ahumados y sin pasteurizar, poseen aromas a hierbas dulces y clavo, reflejo de los pastos consumidos por el ganado.

El marisco es sinónimo de Galicia; las vieiras, por ejemplo, que pueden encontrarse a menudo arrastradas por la corriente en las playas del Atlántico, se han convertido en el símbolo de la peregrinación jacobea. En cuanto al pescado, desde la merluza, el pulpo y las tellinas (o coquinas) hasta otros menos conocidos como las quisquillas (las gambas, que en el Barrafina se retuercen vivas sobre un lecho de hielo) y los singulares percebes,[*] la costa del norte está llena de un pescado de una calidad excepcional. Para mí el plato más estimulante de toda España —y uno de mis favoritos del mundo— es el pulpo a la gallega, pulpo hervido varias veces y servido con una sencilla guarnición de patatas hervidas y pimentón por encima.

Lorca habló de la «llovizna eterna de Galicia», que se aplica igualmente a Asturias y Cantabria. Materia prima de estas regiones, es fuerte y asalvajada, fruto de un tiempo impredecible y de temperaturas más frescas. Las manzanas crecen por doquier y se utilizan en la producción local de sidra, así como en postres como las empanadas de manzana. Las patatas, las fabes, el maíz, las castañas y las nueces son algunos de los ingredientes locales que se utilizan ahora como guarnición de carnes y pescados, pero que probablemente constituyeron la base de la dieta de los campesinos durante siglos.

A lo largo de la historia Galicia ha padecido una pobreza galopante. En «Un hospicio de Galicia» Lorca describe a los asilados como «niños raquíticos y enclenques», en un lugar donde «se huele a comida mal condimentada y pobreza extrema». Roden, fascinada por el tema, dice que en la Galicia del siglo XIX «la única manera de salir de la pobreza era emigrar». Por esta razón platos locales como el pulpo cocido, los pimientos del Padrón,[†] las empanadas de carne (véase pág. 327) e incluso los guisos de patatas y alubias llegaron allá donde se exiliaron los gallegos: por toda España e Hispanoamérica.

Cuanto más al este nos dirigimos, más comunes se hacen las verduras verdes, las setas e incluso la trufa blanca. También se nota más la influencia de la tradición francesa, de los vinos riojanos y de la historia cortesana de Aragón y Navarra. La combinación de estos elementos da como fruto unas deliciosas salsas para acompañar carnes rojas como las chuletillas de cor-

• • • •

[*] Se encuentran casi exclusivamente a lo largo de la Costa da Morte (llamada así por haber sido escenario de numerosos naufragios), y se cosechan en invierno —con gran peligro para los *percebeiros*— para los festines navideños. Los percebes, de cuerpos alargados y color corteza, acaban en puntas que parecen picos. Se chupan directamente de la concha y, en palabras de Nieves Barragán Mohacho, son como «tomarte un sorbito de mar».

[†] Pequeños y verdes, estos pimientos son originarios del pueblo de Padrón. Suelen freírse en aceite de oliva y sal y son muy adictivos, sobre todo acompañados de una copita de albariño.

dero, o de caza como el conejo. Con todo, ya lo decía Cervantes en *Don Quijote*: «La mejor salsa del mundo es el hambre». Y tenía toda la razón. Mejor que tengáis hambre cuando os embarquéis en este viaje: hay mucho terreno rico que recorrer.

LA DESPENSA • pescado y marisco (percebes, pulpo, cigalas, navajas, calamares) • queso (cabrales, tresviso, tetilla) • *fabes* • castañas • nueces • vinos varietales de uva albariño (Galicia) y tempranillo y vinos de corte de tempranillo (La Rioja)

• • •

• PIMIENTOS DEL PADRÓN •

Esta es la receta más fácil del libro. Requiere del mínimo esfuerzo y es un plato riquísimo y cien por cien gallego. Aunque parezcan chiles verdes, en su mayoría son inofensivos, con una dulzura complementada por el crujiente de la sal marina y el sabor del aceite de oliva de calidad. Ya se sabe que, a grandes rasgos, uno de cada diez pica, produciendo un estallido de picor en la boca. Comerlos es una especie de ruleta rusa para glotones.

• TANTOS COMENSALES COMO SE QUIERAN •

1-2 cdas. de aceite de oliva virgen extra
pimientos del Padrón al gusto
un buen puñado de sal marina

1 • Echar el aceite en una sartén de fondo grueso y esperar a que esté bien caliente. Mantener una distancia prudencial.

2 • Ir echando uno a uno los pimientos en la sartén (una vez más, a cierta distancia) y freír hasta que se ennegrezcan ligeramente y les salgan pompas. Menear la sartén con regularidad para que se frían uniformemente.

3 • Cuando los pimientos tengan pompas y estén chamuscados por todos los lados, apartar del fuego y pasar a una fuente. Poco a poco se irán desinflando. Sazonar con un buen pellizco de sal y servir calientes.

• GAMBAS AL AJILLO CON ESPÁRRAGOS •

Aunque se trata de un plato que puede comerse en toda España, es posible que encaje mejor en este capítulo porque combina las extraordinarias verduras de la huerta navarra y de su clima templado con los mariscos de las costas del norte. Esta receta es de José Pizarro, quien asegura que la clave de este plato está en utilizar gambas sin cocer, para que no se queden demasiado tiernas tras la cocción. También es esencial un buen aceite de oliva, así como cierto gusto por cantidades ingentes de ajo poco hecho. Puede añadirse un toque cítrico con un chorrito de zumo de limón antes de servir. ¡Buen provecho!

• 4 COMENSALES COMO ENTRANTE •

6 espárragos
6 cdas. de aceite de oliva virgen extra
10 dientes de ajo picados finos
20 gambas grandes crudas, peladas
1 guindilla seca desmenuzada
15 g de perejil picado
un buen puñado de sal marina en escamas
limón para servir

1 • Lavar, secar los espárragos y cortar los extremos leñosos. Seccionar en diagonal, en trozos del tamaño de las gambas. Escaldar un minuto en agua hirviendo con sal. Escurrir y secar con papel de cocina.
2 • Calentar el aceite en una sartén grande a fuego vivo y añadir el ajo picado. Remover y agregar las gambas y los espárragos antes de que el ajo tome color. Rehogar un minuto. Las gambas empezarán a tomar un color rosado. Darles la vuelta, añadir la guindilla y cocinar otro minuto, hasta que las gambas estén completamente rosadas.
3 • Agregar el perejil, la sal en escamas y un chorrito de limón y comer inmediatamente con mucho pan para rebañar el delicioso caldo.

ESPAÑA CENTRAL

Una olla de algo más vaca que carnero, salpicón las más noches,
duelos y quebrantos los sábados, lentejas los viernes, algún palomino
de añadidura los domingos.
• MIGUEL DE CERVANTES, *Don Quijote* •

CONFORME uno se aleja de Madrid en tren, una crinolina grisácea de arrabales urbanos se va fundiendo en el horizonte con una vasta extensión de campo, donde ocurre más bien poco, más allá del viento que mece los sembrados. La vida es sencilla en la mayor parte de la meseta central, al contrario que el desenfreno que encontramos en Madrid, donde el pulso político y el latido hedonista laten con más fuerza.

Muchos escritores han evocado la aridez de este paisaje de cielos enormes —asfixiante en verano y helado en invierno—, por no hablar de películas como *Jamón, jamón* de Bigas Lunas, en la que una Penélope Cruz con unos aires muy noventeros no es más que un punto en el ingente horizonte reseco y ondulado. El toro que de vez en cuando encumbra una loma aquí y allá recuerda al visitante que está en España, mientras el huero paisaje amarillo pasa volando por la ventanilla.

Su cocina es menos variada que la del resto del país, y se nota. Conquistada a los moros en 1212, tras la batalla de las Navas de Tolosa, se trata de una amplia extensión de tierra que estuvo gobernada por una élite reducida. No hace tanto que esta seguía impidiendo que la mayoría del pueblo accediese a algunos alimentos. Por tradición la carne siempre ha sido un lujo. Entre las *delicatessen* carnívoras se cuentan el cochinillo, la caza (pichón, codorniz, perdiz, conejo y jabalí, que a veces se conjugan en un guiso y se comen con una variedad local de pan plano hecha con harina de garbanzo) o el cordero local. Sin embargo algunos de los productos que mejor definen los sabores españoles, como el pimentón (véase pág. 50) y el azafrán, tienen su origen en el centro de España. Es una gastronomía en la que sigue acechando la influencia tanto de moros como de judíos.

A pesar de ser la ciudad más grande de España, Madrid es un lugar pequeño y compacto. La población del área metropolitana (de unos seis millones y medio de personas) casi dobla en número a la del centro de la ciudad, que puede recorrerse en media hora a pie. En 2009 viví por Fuencarral, cerca de la parada de metro de Bilbao, un medio de transporte que prácticamente ignoré porque prefería atravesar el rincón bohemio de Malasaña para llegar al centro. En mi ruta surcaba la ajetreada Gran Vía, pasaba por delante de las atribuladas caras de las chicas que buscaban clientes por la calle Montera y llegaba a la palpitante plaza del Sol, donde se manifiesta el pueblo y se arremolinan los turistas. Y más allá, la plaza de Santa Ana, donde los artistas callejeros atraen a los turistas, las grandes galerías de Huertas, el siempre soleado parque del Retiro y La Latina, donde los domingos la cultura de la tapa sale a la superficie con toda su energía.

Aunque pequeña en tamaño, Madrid es un lugar especial que da la sensación de tener posibilidades infinitas (mis únicas frustraciones eran no poder encontrar humus bueno y mi talla de sujetador). Incluso en medio del bullicio de españoles y turistas ruidosos, de noches y tráfico desenfrenados, puedes hallar paz. Y aunque acabé haciendo mi propio humus (sin muchas penalidades, la verdad), Madrid puede presumir de tener algunas de las mejores comidas de España. Gustan mucho las comidas regionales, algo que salta a la vista en cualquier paseo dominical por la calle de la Cava Baja de La Latina, una callecita que se convierte (extraoficialmente) en peatonal los domingos a mediodía, cuando tanto turistas como lugareños van saltando de bar en bar, especializados en comida canaria, gallega, andaluza o catalana.

Cabría esperar que estando tan lejos del mar la calidad el pescado no fuera la mejor. Sin embargo tiene el que puede considerarse el mejor mercado de pescado de España, el de San Miguel, donde clásicos como las gambas y la trucha conviven con especialidades más regionales como los percebes y el pulpo gallegos.

Con todo y con eso, pese a la concentración de buena comida, Madrid no tiene mucho que reclamar como suyo. La excepción es el cocido madrileño: un guiso hecho a fuego lento que lleva garbanzos, patatas, varios tipos de carne, como chorizo y morcilla, magro de cerdo, pecho de ternera, jamón serrano y en ocasiones pollo. Se dice que este plato proviene de los judíos sefardíes y ciertamente guarda ciertos parecidos con la adafina, un guiso de cocción lenta que se prepara para el sabbat judío.[*] Las influencias hebreas son notables en la cocina del centro y el sur de España: desde el uso de los garbanzos y la berenjena hasta los generosos puñados de ajo, almendra o miel en los postres. La comida autóctona de Madrid se parece mucho a la que encontramos por toda la meseta: guisos con legumbres y cortes modestos de carne, pan, queso de oveja manchego y jamón. La España central hará las delicias de los amantes de los platos únicos de cuchara: sabores rústicos concentrados en sopas o cocidos sencillos y calientes (como en Portugal, véase pág. 76). Si saben manejarse los ingredientes

• • • •

[*] A instancias de la Inquisición española, unos 40.000 judíos conversos —y deseosos de parecer integrados— empezaron a comer cerdo: de ahí su rol preeminente en el cocido madrileño y las diferencias con la receta original de la adafina.

básicos —pimentón, ajo y sal—, es fácil recrear estos platos en casa, o al menos servirán de inspiración para preparar comidas con aires españoles.

Claudia Roden puso un acertado subtítulo a su capítulo sobre el centro de España: «Pan y garbanzos», dos alimentos que consumía toda la sociedad de la región, del campesino al príncipe. En la meseta, con un suelo ligero y reseco y largos veranos calurosos, se crían bien cereales como el trigo y la cebada y legumbres como los garbanzos y las lentejas. Los garbanzos son un buen lienzo en blanco para que se luzcan otros sabores: chorizo o cortes modestos de carne, pimentón para sopas y cocidos. Se trata de un ingrediente barato y nutritivo, base de platos contundentes.[*]

Las migas son un acompañamiento sencillo pero sustancioso para todo tipo de comidas y pueden comerse con chorizo, panceta, ajo, pimentón y verduras como pimientos. Un clásico plato de pobre —de los granjeros trashumantes que recorrían la meseta con sus rebaños—, las migas se comen en toda España y hace un tiempo que se han ennoblecido y se han hecho un hueco en las cartas de los restaurantes. Las torrijas (fritas con canela, cardamomo y peladura de limón o naranja) suelen comerse sobre todo en Semana Santa. Sencillas pero satisfactorias, estas comidas —el cocido, las torrijas y las migas— hacen que la cocina de España central pueda describirse, en palabras del cocinero José Pizarro, como «comida que alimenta el alma».

José, propietario de los restaurantes londinenses José y Pizarro, es originario de Extremadura. Cuenta que, si bien el ascetismo tradicional y la pobreza extrema de la región se reflejan en la comida, la sencillez resultante amplifica los sabores locales: «La comida española, sobre todo la de Extremadura y Castilla y León, se basa ante todo en dejar que los ingredientes hablen por sí mismos». Esta afirmación es más cierta que nunca cuando se aplica a Extremadura, donde se producen algunos de los mejores jamones y quesos del país, resultado de la nutritiva dieta de bellotas y hierbas silvestres de la dehesa,[†] donde pacen cerdos y ovejas por igual.

El centro de España es famoso en todo el mundo por su jamón, curado entre un año y medio y cuatro años. Adopta diversas formas, desde el jamón serrano (más joven, ligero y rosado, curado a grandes altitudes por toda España) al jamón ibérico (de cerdos negros que se alimentan de bellotas, es más oscuro y está más bueno que su primo serrano; en mi opinión, lo mejor es

• • • •

[*] Abundan también las lentejas y diversos tipos de judías, que se utilizan igualmente para guisos y sopas, junto a cantidades pequeñas de carne para ensalzar los sabores.

[†] La dehesa es un ecosistema de pastos exclusivo del centro de la Península Ibérica y está poblada por alcornoques, hierbas silvestres, caza, setas, ovejas y cerdos. En Extremadura ocupa gran parte del territorio, donde los cerdos de pata negra se ponen las botas con las bellotas, que le dan a sus jamones un sabor más intenso a frutos secos que dura lo suficiente para comerse de año en año.

comerlo solo). Cuanto más tiempo se cura, más rico está. La matanza se realiza entre diciembre y marzo, y se utiliza hasta el último trozo del cerdo: sangre, intestinos y huesos, todo vale para caldos y embutidos como la morcilla. Una combinación de jamón ibérico y pollo a la parrilla me hizo sucumbir a los ardides del omnivorismo. Ándense con ojo los vegetarianos.

LA DESPENSA • pimentón • hierbas aromáticas (cilantro, laurel, tomillo, pere-jil) • jamón ibérico • queso manchego • tomates • garbanzos • judías • lentejas • almendras • chorizo • morcilla

• • •

• CREMA DE CALABACINES •

Esta sopa es tan fácil que casi da vergüenza. La receta que os doy es de un amigo mío, Javi. Se prepara en un santiamén, de entrante para una cena, o incluso para un buen almuerzo en cualquier época del año. Si queremos que sea auténtica hay que utilizar queso manchego, aunque también podría irle bien un cheddar.

• 4 COMENSALES COMO ENTRANTE O 2 COMO PRINCIPAL CON PAN •

2 calabacines grandes (unos 500 g), en rodajas gruesas
1 puerro troceado grueso
1 patata grande, pelada y cortada en gajos gruesos
50 g de queso duro, picado o rallado
20 g de mantequilla
150 ml de leche
aceite de oliva virgen extra
sal al gusto

1 • Poner en una olla grande los calabacines, el puerro y la patata y cubrirlo todo con agua. No hay que pasarse con el agua (con 500 ml debería bastar). Llevar a ebullición a fuego medio y cocer 20-25 minutos, hasta que las patatas estén tiernas.
2 • Apartar del fuego y, todavía en caliente, añadir el queso, la mantequilla, la leche y un chorrito de aceite. Batir hasta que tenga una consistencia cremosa y sazonar al gusto antes de servir en el momento.

• TORTILLA •

La mejor tortilla, en mi opinión, es la que tiene patatas oscuras, casi caramelizadas, y cebolla, con una parte central más viscosa de huevos casi sin hacer. Así es como la preparan en Juana la Loca, un restaurante del barrio de La Latina de Madrid. Mi amigo Javi me enseñó a hacer la tortilla perfecta. Su técnica es arriesgada, de estilo libre, y requiere muchos tacos, pero, después de hacerla con él más veces de las que puedo recordar, creo que esta receta es una guía estupenda.

• 4 COMENSALES •

1 kg de patatas nuevas (rojas como las desirée van bien), peladas, cortadas a la mitad y luego en rodajas gruesas
1 cebolla blanca en rodajas finas
500 ml de aceite de oliva suave
6 huevos medianos
½ cucharada de sal
aceite de oliva para freír

1 • Calentar el aceite suave en una sartén honda a fuego medio-fuerte unos 5-10 minutos. Incorporar las patatas y la cebolla en el aceite y rehogar hasta que empiecen a dorarse (que no quemarse). En realidad, las patatas y la cebolla deben cocerse en el aceite, que ha de burbujear con brío. Remover de tanto en tanto para que no se pegue. Puede llevar unos 20 minutos. Colar el aceite y guardalo para la próxima vez que tengáis antojo de tortilla (puede reutilizarse de dos a tres veces).

2 • Batir en un bol grande los huevos y la sal. Incorporar a continuación las patatas y la cebolla escurridas, asegurándose de mezclarlas bien con el huevo. Aplastar un poco los ingredientes cuidando de que no pierdan el aspecto grumoso.

3 • Calentar un chorro de aceite de oliva en una sartén hasta que empiece a humear. Subir al máximo y agregar la mezcla de los huevos con las patatas. A los treinta segundos bajar el fuego. Dejar haciéndose hasta que la tortilla empiece a despegarse ligeramente de los bordes de la sartén y esté dorada por debajo, entre 3 y 5 minutos. Ha llegado la hora de darle la vuelta.

4 • Coger un plato grande y volcar la tortilla encima sin que se escurra por los lados: la parte cruda ha de quedar contra el plato. A continuación devolver la tortilla a la sartén de modo que la parte sin hacer quede en el fondo. Cocinar un minuto aproximadamente. Volver a volcarla en el plato y servir.

ANDALUCÍA

Hablamos de cosas de hombres, de caballos, navajas y cuerdas, de cosechas, riegos, caza y vinos. María trajo a la mesa platos con pimientos y carnes. Pedro me llenó el mío hasta arriba con los mejores trozos. Después se sirvió mientras María se apretujaba a su lado y pizcaba del plato de su marido.

• CHRIS STEWART, *Entre limones* •

EL PAISAJE ANDALUZ es un cofre del tesoro de belleza e ingredientes naturales: olivares y bancales de ajos, almendros, granados, naranjos y, por supuesto, limones, por nombrar solo algunos cultivos. Este escenario deslumbra desde las páginas de las memorias de Chris Stewart (escritor, agricultor y miembro fundador de Genesis, el grupo de música pop). Es una tierra encantada de frutos secos, verduras, frutales y ganado feliz bajo la luz dorada del sol. Y todo eso sin hablar de las huellas de la humanidad: la Alhambra de Granada, el califato de Córdoba y las avenidas flanqueadas de naranjos de Sevilla.

Este entorno opulento se combina con una cocina sin artificios. Los andaluces abordan la comida sin complicaciones; cuando se tiene una materia prima tan buena, ¿quién necesita retos? «Comida de campesinos» es sin duda una expresión demasiado trillada en esta época que vivimos de encumbramiento de la comida casera, pero en gran parte de Andalucía hablamos de la genuina: una gastronomía fundamentada tanto en la tierra como en la necesidad de alimentar a una vasta fuerza de trabajo.[*] Sustanciosa y práctica, estaba pensada para sobrellevar los veranos achicharrantes y la luz deslumbrante y recurría a ingredientes siempre disponibles. Con el tiempo esta comida simple y asequible se integró en el canon andaluz como un todo y ya hace mucho tiempo que no solo la come la clase campesina.

La famosa tríada de refrescantes sopas andaluzas son un buen ejemplo: el gazpacho (de Sevilla), el salmorejo (la versión más densa de Córdoba, a menudo con una guarnición más elaborada de huevo duro) y el ajoblanco. Otro son

• • • •

[*] Los latifundios crearon una cultura en la que una pequeña minoría privilegiada era responsable de extensiones ingentes de tierra agrícola y una obra de mano campesina para trabajarlas (véase pág. 48).

las papas a lo pobre. Stewart describe a un campesino que le preparó unas papas a lo pobre delante de él: friendo en dos tazas colmadas de aceite de oliva un par de cebollas, una cabeza de ajos entera, sin pelar, unas gruesas rodajas de patata, pimientos verdes y rojos enteros, tomillo y lavanda.

Sevilla, hasta donde el Guadalquivir es navegable, era la primera parada de las mercancías provenientes del Nuevo Mundo (véase «Con un poco de azúcar y...», págs. 158-159). Fue por tanto el punto de entrada de ingredientes como las patatas, los tomates, los pimientos y chiles, el chocolate y la vainilla, todos actualmente integrados a la perfección en las cocinas española y europea. Algunos derivados esenciales de dichos ingredientes como el pimentón y clásicos básicos de la cocina española como las patatas bravas, así como el sofrito[*] base de tantos platos, también fueron posibles gracias a productos que entraron en Europa a través de Andalucía.

La cocina andaluza combina muchos de los rasgos de la comida de la España central —el jamón, el pimentón, los garbanzos— y de Cataluña, con su pescado y su marisco, a menudo frito y degustado con salsas catalanas como la romesco o el *allioli*. Claudia Roden va más allá y afirma que «los andaluces son los que mejor saben freír el pescado del mundo», y es posible que tenga razón. Recuerdo una ocasión en que me comí unos buñuelos de bacalao y unas gambas rebozadas en un callejón a espaldas de la plaza de la Constitución de Málaga y, resguardada a la sombra, con una caña de cerveza y una ensalada de tomates bien maduros, tuve la sensación de que la vida poco podía mejorar.

Mientras en el centro de España y en Cataluña hay retazos de las influencias moras en distinto grado, Andalucía sigue siendo mora por definición. El propio nombre de la región ya la une etimológicamente con Al Ándalus, el reino musulmán que ocupó gran parte de España y Portugal durante más de 700 años.[†] Los invasores árabes (y más tarde bereberes) encontraron en ella un terreno ideal para sus ingredientes autóctonos, como las aceitunas, los frutos secos y los cítricos, y exportaron su gusto por la carne cocinada con frutas, berenjenas y miel, así como por los hojaldres con almendras y especias. Con la punta más meridional de España en Tarifa, a solo catorce kilómetros de Tánger, Andalucía sigue siendo hasta la fecha la puerta de entrada al norte de África. La inspiración culinaria musulmana no se terminó con la expulsión: continúa moldeando la gastronomía andaluza actual. Pensad en queso rebozado bañado en miel, en pescado asado a la sal con salsa de canela y pi-

• • • •

[*] Más información en el cuadro explicativo del sofrito en págs. 74 y 75.

[†] El reino de Al Ándalus varió en tamaño durante este periodo, en el cual las diversas guerras con los reinos cristianos vieron cómo se conquistaban y se devolvían tierras a los musulmanes. El nombre describe partes de la Península Ibérica gobernadas por los musulmanes entre 711 y 1492.

mienta, tarta de almendras y la adorada paella, cuyos principales ingredientes, el arroz y el azafrán, son básicos en la cocina del norte de África. Roden asegura que «en ninguna otra región se capta igual el encanto de la presencia de los antiguos musulmanes», una afirmación que puede aplicarse tanto a la gastronomía como a la arquitectura. A su vez este encanto se exportó al Nuevo Mundo y se entrevé en las losetas, los patios y las iglesias de los asentamientos coloniales de América Latina.

Andalucía es también la cuna del jerez, ese vino dulce pero con carácter y graduación alta de la ciudad que le da nombre. La forma de ver el jerez en Gran Bretaña ha cambiado casi de la noche a la mañana, pasando de ser «la copichuela de la abuela en Navidad» a una alternativa sofisticada al vino. Las cartas de vino de numerosos restaurantes españoles de Londres (muy exitosos, por lo demás) están inundadas de jereces; hay incluso bares temáticos de jerez. Y con la floreciente popularidad de los cócteles que combinan licores con vino, el jerez también se ha hecho un hueco en las cartas de bares y restaurantes. Lo hay en diversas formas, desde el fino y el amontillado, más ligero y seco, hasta el oloroso, más oscuro y también seco, el palo cortado, dulce y oscuro, y el pedro ximénez (probad a echarle un chorrito de este último a un helado de vainilla... exquisito). Menos conocido, tal vez porque muchos lo encuentran empalagoso, es el equivalente malagueño, el moscatel. Son también vinos oscuros e increíblemente dulces y, con entre 17 y 18 grados, bastante fuertes. Lo de tomarse un moscatel y picotear unas almendritas bajo el sol del mediodía no es siempre una gran idea. Podéis creerme, lo sé por experiencia.

Si vuestro próximo destino gastronómico es Andalucía, no dudéis en ser creativos. Podéis probar las recetas de Nieves o José, o imaginar fusiones de las tradiciones culinarias españolas y árabes y ver qué sale. Tal vez tome forma de paella, que se presta a la adaptación libre. Jugad con las especias y sus cantidades —canela, comino, azafrán, pimentón— y aseguraos de tener en la alacena algunos ingredientes típicamente mediterráneos como naranjas, miel o frutos secos. Os sugiero que cocinéis con una copita de manzanilla fresca en una mano, unas almendritas tostadas para picar y, si os sentís lolailos, una banda sonora de los Camarón.

LA DESPENSA • granadas • cítricos • tomates • especias (azafrán, canela, comino) • huevos • hierbas (perejil, romero) • marisco • bacalao en salazón • jerez (manzanilla, fino, oloroso, amontillado, pedro ximénez)

• GAZPACHO •

Mientras escribo estas líneas hace un calor horrible en Londres, y el gazpacho es el paraíso en sorbos. Por esta misma razón los españoles del sur comen (¿o beben?) litros y litros de esta emulsión de tomate, verduras y aceite de oliva durante todo el largo y caluroso verano. José Pizarro, que contribuyó con esta receta de su libro *Seasonal Spanish food*, cuenta que su familia siempre tiene una jarra de gazpacho en la nevera: es la comida ideal, ligera y refrescante, para los veranos de 40 grados. Además, es facilísimo de hacer. Solo hay que asegurarse de añadir el aceite muy lentamente y repartirlo uniformemente entre el resto de ingredientes. El jamón y el melón son opcionales pero están tan ricos... La materia prima de calidad es fundamental, porque como bien dice José, «no hay donde esconderse». Comprad los mejores ingredientes que encontréis y ya veréis como querréis comerlo durante todo el año, diluvie o haga calor. A mí me pasa.

• 4 COMENSALES •

1 kg de tomates bien maduros
½ cebolla
¼ de pepino pequeño
½ diente de ajo
½ pimiento verde
2 rebanadas de pan duro
1 cda. de vinagre de jerez, al gusto
        (un pedro ximénez, a poder ser)
3-5 cdas. de aceite de oliva virgen extra
sal y pimienta negra recién molida
40 g de jamón curado, preferiblemente ibérico,
        en daditos (opcional)
40 g de melón dulce (bien maduro), en trocitos (opcional)

1 • Solamente hay que poner todas las verduras, el pan y el vinagre en la batidora. Luego, con el motor en marcha, ir añadiendo el aceite. Si queda demasiado espeso, agregar un poco de agua para aligerarlo. Dejar enfriar cuatro horas. Justo antes de servir, salpimentar y rectificar de vinagre en caso de ser necesario. Incorporar los dados de jamón y de melón si se desea.

• BUÑUELOS DE BACALAO CON SALSA TÁRTARA •

Según se cuenta estos buñuelos fritos tienen su origen en los moriscos (descendientes de los musulmanes españoles obligados a convertirse al cristianismo en el siglo xv) y hacen gala de un carácter de lo más andaluz: debilidad por el pescado frito y rebozado y un guiño al reino histórico de Al Ándalus. Que no os desanime la larga lista de ingredientes: la mitad son para la salsa tártara, que es opcional (aunque exquisita). Por lo demás, aunque una freidora siempre ayuda, tampoco es esencial. Solo hay que calentar bien el aceite en una sartén honda. La que sigue es una de las espectaculares recetas de Nieves Barragán Mohacho: estáis aprendiendo de la mejor.

• 4-6 COMENSALES COMO TAPA •

PARA LOS BUÑUELOS
500 g de bacalao en salazón
300 ml de leche
250 ml de agua
100 g de mantequilla en cubos
150 g de harina
4 huevos medianos
2 dientes de ajo picados muy finos
25 g de perejil picado
el zumo de 1 limón
sal y pimienta
1 litro de aceite para freír

PARA LA SALSA TÁRTARA
2 yemas de huevo
2 cdas. de mostaza de Dijon
125 ml de aceite de oliva de sabor ligero
125 ml de aceite vegetal
1 chalota picada fina
20 g de alcaparras escurridas y picadas
20 g de pepinillos de cóctel escurridos y picados
el zumo de ½ limón
1 huevo duro picado fino
15 g de perejil picado fino

1 • Poner en remojo el bacalao salado en agua fría y refrigerar veinticuatro horas, cambiándole el agua al menos tres veces. Escurrir, secar con papel de cocina y cortar en cubos de 3 cm.

2 • Colocar el bacalao en una sartén honda y ancha y cubrir con la leche y 300 ml de agua. Llevar a ebullición a fuego lento y sacar luego los trozos de bacalao con una espumadera. Dejar que se enfríen un poco y a continuación desmenuzar con cuidado los trozos y desechar las raspas y la piel.

3 • En una sartén distinta, de tamaño mediano, calentar 250 ml de agua y la mantequilla hasta que se derrita. Llevar a ebullición y apartar luego del fuego. Añadir al punto la harina y remover hasta que se mezcle bien. Volver a poner la sartén en la hornilla y calentar a fuego muy bajo diez minutos, removiendo con frecuencia. Cuando se haga, apartar la sartén del fuego y dejar enfriar 10 minutos. El siguiente paso es batir los huevos uno por uno. Agregar el bacalao, el ajo, el perejil y el zumo de limón. Mezclar y sazonar. Pasar la mezcla a un cuenco y dejar enfriarse, cubrir luego y refrigerar durante al menos dos horas.

4 • Para preparar la salsa tártara, batir las yemas de huevo y la mostaza en un cuenco. Mezclar los aceites en un bol aparte e ir luego incorporándolos gradualmente a las yemas, sin dejar de batir para obtener una emulsión con una consistencia espesa parecida a la de la mayonesa. Cuando haya admitido todo el aceite, añadir la chalota, las alcaparras y los pepinillos. Agregar el zumo de limón, mezclar bien y por último incorporar el huevo duro y el perejil y salpimentar. Refrigerar hasta la hora de servir.

5 • En el momento de freír los buñuelos sacar la mezcla de la nevera y hacer bolas de 3-4 cm con la ayuda de dos cucharas o con las manos, lo que resulte más cómodo. Calentar el aceite a 180°C en una freidora o en una sartén grande y honda. Freír los buñuelos en tandas pequeñas unos 3-4 minutos o hasta que estén bien dorados y crujientes, removiéndolos de vez en cuando con una espumadera. Sacar del aceite, escurrir sobre papel de cocina, salpimentar y servir inmediatamente con la salsa tártara.

CIMIENTOS FRITOS

...

El sofrito es una base de verduras rehogadas que se utiliza en muchos platos, a menudo estofados o guisos, y está presente en numerosas cocinas, aunque con distintos ingredientes (y ortografías). La palabra proviene del verbo español «sofreír», freír por encima. En Francia, sin embargo, se lo llama «mirepoix» (por el aristócrata de Languedoc del siglo XVIII cuyo cocinero inventó la receta). En las cocinas criolla y cajún del sur de Estados Unidos se conoce como la «Santa Trinidad» de ingredientes.

Los ingredientes difieren según el terreno y la cultura gastronómica en cuestión. Estos cócteles fritos forman los cimientos del sabor —con la dulzura de la cebolla o el picor de unas guindillas, por ejemplo— de muchos platos típicos y suelen prepararse con antelación. En Cataluña, por ejemplo, el *sofregit* de cebolla blanca, tomate y aceite de oliva se fríe lentamente y luego se conserva en la nevera para tener siempre a mano (véase pág. 52). En la siguiente página veréis un gráfico con algunas de las variantes regionales más importantes. Recordad: al igual que con los productos de la cocina, no existen las normas rígidas y hay muchos cocineros que hacen su propia versión del sofrito. La que sigue es una guía en bruto de cómo se ponen estos cimientos en los distintos países y regiones.

COCINA	INGREDIENTES
FRANCIA	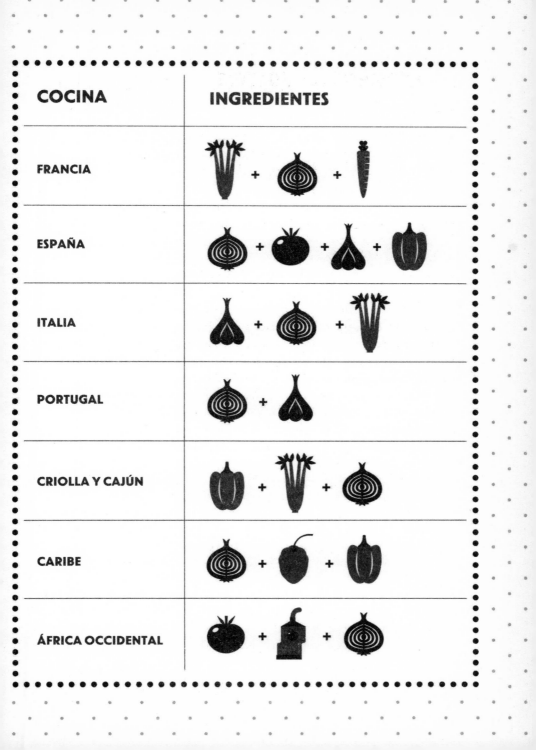
ESPAÑA	
ITALIA	
PORTUGAL	
CRIOLLA Y CAJÚN	
CARIBE	
ÁFRICA OCCIDENTAL	

PORTUGAL

> El viaje nunca acaba [...] Hay que ver lo que ya se vio, ver en primavera
> lo que se vio en verano, ver de día lo que se vio de noche, con sol donde
> antes caía la lluvia, ver el sembrado verde, el fruto maduro, la piedra
> que cambió de sitio, la sombra que no estaba ahí.
> • JOSÉ SARAMAGO, *Viaje a Portugal* •

NINGÚN VIAJE es el mismo dos veces, dijo el Nobel portugués José Saramago, pues existen muchas variantes que afectan la naturaleza del mismo: las estaciones, la gente, los intereses de cada uno, los gustos y las percepciones. He ido muchas veces a mis sitios favoritos (al fin y al cabo es la familiaridad lo que los cimienta como favoritos), del bosque de Streatham Common a la costa norte de Norfolk, del centro del parque del Retiro de Madrid a lo alto del Campanile de Berkeley. El viaje ha sido distinto en cada ocasión, moldeado por quién estaba conmigo, lo que comí, la época del año en que fui y mi ánimo vital.

A este respecto cocinar es como viajar: la comida no puede clonarse. Rayaría en lo imposible intentar reproducir al dedillo un plato, cuando la comida depende de la calidad y el origen de los ingredientes, de las preferencias de su creador en un día determinado, del agua, del fuego y de los utensilios disponibles. Por el contrario lo que sí podemos hacer cuando cocinamos nuestro plato favorito es reavivar las ascuas de nuestros recuerdos de otros lugares y tiempos, transportándonos al pasado a través de los sabores y las texturas.

Nuno Mendes es muy ducho en este tipo de viajes proustianos. «Aventurero gastronómico», tal y como se describe a sí mismo, el jefe de cocina del restaurante Viajante de Londres abandonó su Portugal natal para recibir su educación formal como cocinero en Estados Unidos porque «en Portugal todos los restaurantes eran locales de "papá y mamá". Necesitaba irme para desarrollar mi propio estilo». Desde entonces Nuno ha cimentado un estilo muy peculiar de *nouvelle cuisine* en su Viajante —como una leche de cangrejo cuajada con vegetales de costa, para que os hagáis una idea— y rezuma amor cuando rememora los platos con los que se crio. Aunque también los recrea en su restaurante, es en su casa donde hace más a menudo platos como la *açorda à alentejana* (véase la receta más adelante). Cuando habla de esta sopa rústica —una elaboración sencilla de caldo de *bacalhau*[*], cilantro, ajo, aceite de oliva y pan remojado, rematada con un huevo pochado—, Nuno recuerda a la amiga de su abuela, Maria Luisa, a la que pasó muchas horas observando en su cocina del Alentejo. También hacía una sopa de tomate demoledora muy parecida, con un huevo pochado sobre un caldo de pollo con tomate, cebolla, ajo, laurel y hierbabuena. Solo hablar de esta comida lo transporta de vuelta no solamente a momentos de comidas felices sino también a la rala aridez, las colinas onduladas y las sopas de campesinos de los veranos de su niñez en el Alentejo.

De esta región surgen muchos de los elementos básicos de la cocina portuguesa: sabores, ingredientes, espíritu. Por una parte se trata de comida comunal enraizada en el espíritu de compartir (un rasgo que Portugal legó sin duda a sus territorios coloniales, como se ve en las *paneladas* brasileñas, en págs. 338-340). Por otra el Alentejo es un paisaje ideal para la introspección, «un espacio donde uno se imagina descansando, leyendo y comprendiendo las estaciones», en palabras de Nuno. El terreno es muy similar al de Andalucía, con zonas de desierto ralo y colinas onduladas, una especie de tierra de nadie. Como vecino que es de la Extremadura porcina, no es de extrañar que encontremos tanto cerdos de pata negra alimentados con bellotas como extensiones de olivares. Los jamones y las aceitunas conforman la base de la gastronomía regional, así como los panes locales hechos a la leña; estos suelen presentar dos formas, una más grande que otra, y están bastante salados, con una base granulada, cortezas ahumadas y gruesas e interiores ahuecados. Aparte de ser un ingrediente de muchas sopas alentejanas, en todo Portugal se come pan con casi todas las comidas.

Fieles al espíritu del compartir, los guisos también son omnipresentes en Portugal, donde se los llama «cozidos». La cocina portuguesa aprovecha al máximo la riqueza porcina que ofrece el país. Un plato clásico es el *cozido à portuguesa*, que lleva ternera, pollo, salchichas con ajo, *chouriço* y tubérculos como patatas, nabos y zanahorias. Otros ejemplos carnívoros son la *feijoada*, un guiso de judías y cerdo que surcó los mares con el Imperio portugués (véase Brasil, pág. 337) o el *leitão* (lechón hecho sobre ascuas).

La carne tiene un papel destacado en la cocina del norte del país, donde los platos de pollo, ternera, cordero y cerdo maridan de maravilla con los famosos vinos de la región. El arroz también es fundamental en el norte. Ambos forman pareja en un par de platos de reminiscencias gore como son el

••••

[*] El bacalao, sobre todo en su encarnación seca y salada, es un ingrediente básico de la cocina portuguesa (y española). Aunque en su origen se importaba de Escandinavia, hoy en día se produce en Portugal. Se utiliza por igual como condimento y base de platos.

arroz de cabidela (con sangre de pollo) y el *arroz de sarrabulho* (con sangre de cerdo), en los que el arroz se cuece en la sangre del animal.

Es muy común freír cortes enteros de carne, como puede ser un lomo de cerdo, a veces adobado previamente en una pasta de pimentón o *massa de pimentão*. Pero el plato de cerdo más fascinante de Portugal es la *carne de vinha d'alhos*, una receta tradicional hecha a fuego lento, con hinojo, comino, canela y vino tinto que se sirve con pan frito, naranjas y perejil. Es el estofado que inspiró el *vindaloo* de Goa, ese curry picante del sur de la India que se hace marinando por la noche la carne en vinagre, azúcar, especias y chiles picantes. No cabe duda de que el plato mutó sustancialmente en tierras indias, hasta llegar a convertirse en ese curry abrasador que conocemos hoy.

Gran parte de Portugal está rodeada de costa. Lisboa es la única capital europea donde el sol se pone sobre el mar (¡un buen dato para el trivial del pub!), de modo que no dudéis en pedir unas sardinas a la brasa o unas empanadas de calamares fritos si andáis por allí. El pescado y el marisco son muy importantes en la cocina nacional, tanto frito como a la parrilla, en platos simples como las *amêijoas à Bulhão Pato* (almejas con ajo y cilantro) o más historiados, en *cozidos* marineros como la *caldeirada* (una cazuela de pescado blanco y aceitoso con patatas, tomates y cebollas) o *en cataplana*, un plato que recibe su nombre del papillote[*] de acero o cobre en que se cocina en el horno. Un plato típico de *cataplana* puede llevar *chouriço*, calamares, vieiras y almejas, toda una demostración de lo que son capaces de hacer los portugueses con cerdo y marisco. La concha metálica al vacío que es esta olla intensifica los sabores al cocinarlos en el horno y les da a los ingredientes una ternura increíble.

Tanto en el Alentejo como en el Algarve gustan de mezclar el marisco con la carne. Ya hemos visto el ejemplo de la *cataplana*, pero también está la *carne de porco alentejana*, que combina el solomillo de cerdo con almejas, patatas, pimentón, vino blanco, cilantro y naranja. En las Azores, aunque a menudo beben de la tradición gastronómica continental, utilizan una técnica poco habitual en cocina por la que se hace un guiso a fuego lento en un hoyo en la tierra, a veces durante doce o quince horas. Aprovechan el calor volcánico del archipiélago para aunar los aromas de la carne, la sangre, el ajo, las salchichas, las vísceras y la col en un guiso de sabor muy potente: el *cozido das furnas*.

••••

[*] Cocinar en papillote —a menudo pescado— consiste en envolver la comida en algo —tradicionalmente papel de hornear— y meterlo al horno. Al someter al pescado a este proceso, se cuece muy lentamente al vapor, lo que hace que se quede muy tierno y se impregne de los sabores de los ingredientes que lo acompañan. El pescado a la *cataplana* se hace en una olla en forma de concha, con dos mitades metálicas unidas por una bisagra, dentro de la cual los ingredientes se hacen al vapor.

En el Algarve, al sur, abundan los higos, las naranjas y las almendras. Estas últimas son una especialidad de la zona, donde nació la *amarguinha*, un licor de almendras amargas. El mazapán, introducido por los musulmanes, también se utiliza mucho en los postres. Los sabores de muchos bizcochos portugueses no desentonarían en el norte de África u Oriente Próximo, con sus combinaciones dulces de frutos secos, nueces y cítricos.

Sin embargo la base de muchos postres portugueses son la yema de huevo y el azúcar: desde el *toucinho do céu*, cuya receta he incluido más adelante, a los *sonhos* (buñuelos); de los *papos de anjo* (o papadas de ángel, un dulce típico de convento, con una masa parecida a la del flan), pasando por las *trouxas de ovos* (otro clásico de los conventos de la región de Caldas da Rainha: las yemas con azúcar se enfrían sobre unas finas láminas de hojaldre que luego se enrollan en bocaditos), a los clásicos *pastéis de nata* (esas riquísimas tartaletas del puerto lisboeta de Belém). Tras la Revolución Liberal de 1820 los monjes y monjas fueron expulsados del antiguo monasterio de Belém. Según cuenta la historia, en un intento por sobrevivir, el monasterio (que estaba al lado de una refinería de azúcar) empezó a vender estas tartaletas, que pronto se hicieron un nombre propio. Al parecer la receta apenas ha cambiado en los casi doscientos años desde que se inventó, y para mí una de las mejores cosas que pueden hacerse en Lisboa es tomarse un pastel de Belém a media tarde (o a medianoche... o, vale, venga, incluso por la mañana temprano) y bajarlo con una *ginjinha*, el licor de guindas típico de la capital. Degustar en medio de una calle adoquinada esos dos baluartes de la gastronomía portuguesa supone una experiencia que no ha sido mancillada por los desarrollos modernos de la cocina: son recetas añejas de tradiciones que han perdurado.

Si bien otras cocinas de Europa occidental como la española y la francesa son famosas tanto por su alta cocina como por la casera, la «comida campesina» de Portugal sigue dominando su gastronomía: guisos, sopas y platos con panes que celebran la materia prima. Lo bueno del asunto es que la comida portuguesa es muy fácil de hacer en casa, en vuestra cocina. Aunque requiere cierta práctica, antes de daros cuenta estaréis haciendo sopas como las de Maria Luisa, todavía en el recuerdo de Nuno Mendes.

• • •

• CALDO DE BACALAO SALADO •

Si se sirve en un cuenco de arcilla esta sopa de pan migado, bacalao salado, huevos y cilantro, parecerá la bandera portuguesa. Moteada de verde y con la yema del huevo pochado sobresaliendo por encima del pan y el caldo, es el plato por antonomasia de la cocina campesina portuguesa, que logra que se le hagan los ojos chiribitas hasta al cocinero más vanguardista, Nuno Mendes (el creador de esta receta). Conviene utilizar huevos buenos, a ser posible camperos, para que tengan una yema muy naranja y un sabor potente; también es fundamental un pan de calidad.

• 4 COMENSALES •

3 dientes de ajo sin el brote central
15 g de cilantro separado en ramas y hojas y picado
un buen pellizco de sal marina
6 cdas. de aceite de oliva virgen extra
100 g de bacalao salado remojado 24 horas en agua fría
   (refrigerado y con el agua cambiada tres veces)
4 huevos
1 cda. de vinagre de vino blanco
8 rebanadas gruesas de pan blanco crujiente de buena calidad
   (no de masa madre)
sal marina y pimienta recién molida

1 • Majar en un mortero dos dientes de ajo, los tallos del cilantro y la sal al gusto hasta conseguir una pasta fina. Añadir cuatro cucharadas de aceite de oliva y mezclar bien. Debe despedir mucho aroma.
2 • Llevar a ebullición el bacalao salado en un litro de agua y cocer 15 minutos.
3 • Añadir el majado al bacalao. Cocinar otros 5 minutos a fuego medio.
4 • Pochar 3 minutos los huevos en un cazo aparte de agua hirviendo con vinagre.
5 • Tostar u hornear ligeramente el pan y frotar el diente de ajo restante por todas las rebanadas, junto al aceite de oliva y unas hojas de cilantro picadas.

6 • Cubrir el fondo de cuatro cuencos hondos de sopa con el pan. Colar el caldo en una jarra y desechar el bacalao, el ajo y los tallos de cilantro y verter sobre el pan.

7 • Poner un huevo pochado en cada cuenco, rociar con el cilantro picado restante, salpimentar y servir en el momento.

• PASTEL DE ALMENDRAS •

Con un buen puñado de almendras, huevos (en concreto sus yemas) y peladura de naranja, este pastel es un ejemplo perfecto de dulce portugués. También se conoce como «tocinillo de cielo» porque en su origen se elaboraba con manteca de cerdo. Con esta receta se consigue un pastel esponjoso que se riega generosamente y que llena con un solo bocado. Las almendras molidas sustituyen a la harina y la cantidad ingente de azúcar, yemas de huevo y licor de almendra (yo recomiendo encarecidamente el *amaretto*) hacen de este dulce tanto un bocadito para picar como un postre con todas las de la ley. Probadlo con un poco de yogur o nata montada.

• 8 COMENSALES •

175 ml de agua
400 g de azúcar blanquilla
200 g de almendras molidas
60 g de mantequilla sin sal, a temperatura ambiente
2 huevos
5 yemas de huevo
1 cda. de extracto de almendra (o amaretto)
la peladura de ½ naranja
azúcar glas para adornar

1 • Precalentar el horno a 150°C. Untar un molde metálico cuadrado con mantequilla y espolvorear con harina. Colocar un trozo de papel de hornear sobre la base.

2 • Poner el agua con el azúcar y la sal en una olla a fuego medio. Agregar las almendras molidas en cuanto rompa a hervir. Bajar a fuego medio-bajo y seguir removiendo la mezcla 5-6 minutos hasta obtener una pasta de almendras suave y espesa.

3 • Añadir la mantequilla en nueces a la mezcla y ligar conforme se vaya derritiendo.

4 • Batir ligeramente los huevos y las yemas de huevo en un bol. Incorporar la pasta de almendras y el extracto de almendras (o el *amaretto*) y la peladura de naranja y remover para que se liguen bien los ingredientes. Verter la masa en el molde de tarta y hornear entre 40-50 minutos, o hasta que el pastel esté firme y marrón dorado por encima.

5 • Dejar enfriar en el molde antes de retirar el papel de la base, adornar con un poco de azúcar glas y servir.

BACALAO SALADO

...

El *bacalhau* se elabora con bacalao del Atlántico (y, desde hace poco, con otros peces blancos como el abadejo o la pescadilla). Después de destripar el pescado, se cortan los lomos, se salan y se secan para crear una capa crujiente que conserva el producto durante un par de años, convirtiéndolo en una fuente de proteína tan práctica como económica.

Antes de utilizarlo hay que dejarlo en remojo y hervirlo en agua para rehidratarlo.

Aunque suele asociarse con la cocina portuguesa, en realidad es originario de países del Atlántico norte como Noruega, Islandia y partes de Canadá. Sin embargo el *bacalhau* tiene una importancia extraordinaria en la cocina portuguesa, donde tiene miles de usos, como los buñuelos (*bolinhos*), el *bacalhau à minhota* (frito con patatas, aceitunas y cebolla, de la región septentrional del Minho) y el *bacalhau à Gomes de Sá* (una cacerola de patatas, huevos, aceitunas y bacalao salado), que me ha parecido de recibo citar aquí. También tiene un papel importante en otras cocinas del Mediterráneo como la española (véase la receta de buñuelos de bacalao de la página 72) y zonas de Italia como el Véneto, donde se conoce como *baccalà*.

El bacalao salado fue un producto importante en el comercio entre el Nuevo y el Viejo Mundo. Si bien muchos ingredientes que ahora son parte esencial de las gastronomías europeas tienen su origen en el Nuevo Mundo —desde el arroz a las especias, las guindillas, las patatas y los tomates—, a la inversa el bacalao salado europeo se ha convertido en parte esencial de cocinas de África Occidental y de América, en platos que se comen todo el año en todas partes (como el seso vegetal con pescado salado, véase pág. 325).* Tiene una fuerte presencia en las cocinas de las antiguas colonias portuguesas como las de Brasil, Filipinas, Macao y Goa.

◆◆◆

••••

*Se cuenta que Russell Norman le dio el puesto de jefa de cocina de su aclamado Polpetto del Soho a Florence Knight por su habilidad en la confección del *baccalà mantecato*, un famoso plato veneciano de elaboración peliaguda: bacalao salado reducido en una salsa de leche, cebollas y laurel que se bate para obtener una mousse.

ITALIA

Sacar tiempo para comer como lo hacen los italianos forma parte
de su don inagotable para hacer de la vida un arte.
• MARCELLA HAZAN, *The essentials of classic Italian cooking* •

LA FIGURA DE LA MADRE es la reina absoluta de la cocina italiana. Durante siglos la gastronomía se ha desarrollado, mantenido y perpetuado por matriarcados, de *mammas* y *nonnas*. En Italia la comida es prácticamente sinónimo de familia. Las fuentes de pasta se riegan con amor y se sazonan con calidez maternal: ¿quién puede culpar al clásico hijo de mamá italiano que vive en casa hasta bien entrados los treinta años? Desde siempre han sido las amas de casa quienes han tenido las claves de las mejores comidas italianas.

Jacob Kenedy, propietario del londinense Bocca di Lupo, habla del «problema de la *nonna*» en Italia, en referencia al estatus hegemónico de las madres en la cocina. La comida italiana lleva mucho tiempo viviendo una tensión poco afortunada entre sus raíces domésticas y la oportunidad de convertirse en una gastronomía más glamurosa o sofisticada. La auténtica comida italiana puede parecer demasiado rústica, verse como el fruto de las apetencias pasajeras de un cocinero concreto o de lo que hay en la nevera ese día, lo que tal vez le haya impedido hacerse un hueco en las guías Michelin. Quienes han llevado la comida italiana a una experiencia gastronómica superior en Londres —Giorgio Locatelli, Jacob Kenedy o Francesco Mazzei— han honrado la sencillez de la auténtica cocina italiana —las regiones, las estaciones, la figura materna— en restaurantes elegantes con un concepto muy claro de lo que quieren ofrecer. Para Kenedy, del Bocca di Lupo, esto supone platos de tamaño modesto, pensados para compartir y que los comensales tengan así la oportunidad de probar especialidades de todas las regiones de Italia. El propio Francesco Mazzei (véase el capítulo de Calabria en pág. 101) describió la cocina de su restaurante, L'Anima, como «comida de *mamma* con gorro de cocinero».

La cocina italiana juega malas pasadas al cocinero de fuera. Dejadme que os ponga un ejemplo: todos sabemos que la comida italiana es sencilla, pero yo me tiré años y años intentando conseguir la salsa de tomate perfecta para la pasta. Hoy los espaguetis con salsa de *pomodoro* son mi comida casera favorita; los como en casa y en restaurantes, para asombro de muchos de mis acompañantes: «¡Pide algo más interesante! ¡Eso te lo puedes hacer en casa!», me increpaban. Pero el caso era que no podía, o al menos no con esa intensidad, con esa riqueza, dulzura o perversidad que enmascara una bondad curativa. ¿Por qué no me salía? Lo intenté todo: con y sin ajo; con cebolla en juliana, picada, sin cebolla; con semillas de hinojo, con aceite de mejor calidad, con leche (por consejo de Nigella Lawson), con nata (por recomendación de Martha Stewart), con orégano, azúcar... de todo.

Con el tiempo descubrí a la difunta cocinera y escritora italoamericana Marcella Hazan, conocida por haber llevado los secretos de la cocina italiana a las cocinas de habla inglesa con libros como *The essentials of classic Italian cooking*. Las instrucciones de Hazan consistían en vaciar una lata de tomates en una sartén con dos mitades de cebolla hacia abajo y una nuez generosa de mantequilla, taparla y dejar hacerse a fuego lento, con la llama más pequeña del mundo, durante 45 minutos. A los veinte minutos empecé a oler lo que se estaba cociendo... ¡Lo había conseguido! Estaba haciendo la salsa de pomodoro perfecta con solo cuatro ingredientes (la sal se echa al final). Después de todo el lío resultó que solo hacía falta mantequilla, la dulzura de la cebolla y una cocción muy lenta para que los tomates brillaran en todo su esplendor.

Pero la comida italiana es muy diversa, y eso es lo que pretendo ilustrar en los capítulos que siguen. Si bien no he abarcado todas las regiones culinarias más destacadas —Nápoles, la Toscana o el Piamonte son ausencias notables—, he intentado daros un interesante muestrario de los estilos culinarios italianos: desde las cocinas de fusión mora de Calabria y Sicilia, hasta las reminiscencias eslavas del Véneto, pasando entremedias por zonas selectas de comida esencialmente italiana, como la Emilia-Romaña y el Lacio.

No sé cuál será vuestro caso, pero en el mío los ingredientes italianos forman parte integral de mi dieta diaria. (¿Alguna vez os han preguntado qué cocina elegiríais si solo pudierais comer una durante el resto de vuestra vida? Según mi experiencia casi todo el mundo escoge la italiana.) Ahora me parece increíble que, cuando mis padres eran jóvenes, la pasta y el queso parmesano aún fuesen una novedad, que se prefiriera la mantequilla al aceite de oliva y que mi madre no probase una pizza hasta los veintilargos. Es muy asequible preparar comida italiana en casa, tanto en lo económico como en lo práctico. Nunca me falta un paquete de pasta seca y una botella de aceite de oliva virgen extra en la despensa: son mis ingredientes de guerrilla. Pero aparte de este enganche casi diario a la comida italiana, también existen cocineros que elaboran platos innovadores y de calidad para que nunca nos aburramos de ella. Lo mejor de la comida italiana es su largo alcance: es polifacética y ofrece posibilidades casi infinitas para viajar desde la cocina.

Dada la popularidad actual de la comida casera, que se ejecuta cuidando el más mínimo detalle, por no hablar de lo romántico del misterio en torno a las recetas familiares, el problema de la *nonna* tampoco es para tanto. Las recetas que he incluido en este viaje por la cocina italiana no requieren de una técnica extraordinaria, pero hacerlas bien depende de tener ingredientes frescos de gran calidad y, en un plano menos tangible, respeto por la comida y su capacidad para ser el centro de la vida familiar. Quien posea ambas cosas tendrá todas las papeletas para cocinar como una auténtica *mamma* italiana o incluso una *nonna*. De modo que *andiamo!*

LACIO

Roma: la ciudad de la historia a flor de piel, donde el pasado de todo
un hemisferio parece avanzar en un cortejo funerario de extrañas
imágenes ancestrales y trofeos cosechados en tierras lejanas.
• GEORGE ELIOT, *Middlemarch* •

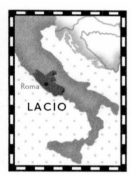

ES POSIBLE QUE esperéis que la comida de la región italiana donde está Roma sea buena... sobresaliente, incluso. Y así es. Es posible que esperéis que los platos sean un escaparate de esa «historia a flor de piel» de la que hablaba George Eliot. Y así es. Pero para mí lo mejor de la comida del Lacio es lo discreta que es: comida con humildad. A pesar de la alta cultura y el cosmopolitismo con la que se la relaciona, la cocina romana del Lacio sigue dando la sensación de ser una joya oculta.

En el Lacio abunda la comida hermosa de todos los días. Jacob Kenedy, propietario y jefe de cocina del Bocca di Lupo, dice que es algo de lo que los romanos son plenamente conscientes: «No ha habido muchos que hayan intentado poner de moda la cocina del Lacio, como ha podido pasar en otras partes de Italia. La comida no está homogeneizada, conserva raíces, y los romanos se enorgullecen de que sea así.» Los sabores vienen a rachas —límpidos, concisos y francos—, y la cocina es tan terrenal que parece que esté en contradicción con el estatus de Roma como capital.

Sin embargo la comida del Lacio es versátil debido a su situación geográfica. Encontramos los típicos platos italianos (pizza y pasta, ambas con su carácter regional, como es de esperar); un pan estupendo que rivaliza con el del sur (me comí el mejor bocadillo de mi vida en la ahora legendaria panadería Forno Campo de'Fiori, con un pan plano local muy ligero relleno de pecorino y rúcula); hortalizas estimulantes como las hojas verdes amargas; quesos de postal y carnes pesadas como las de más al norte, en el Piamonte. Es inevitable que la comida de todas las regiones viaje a Roma cuando la gente visita o emigra a la gran ciudad. «El Lacio está en un incómodo punto medio: dado de lado tanto por el sur como por el norte, en un país donde reina una división general entre norte y sur», dice Kenedy. Pero, lejos de plagiar la cocina de otros lugares, o perderse en el borrón de su «intermediedad», la comida romana tiene un carácter fuerte y una historia de la que enorgullecerse. Es casi como el «rico venido a menos» de las cocinas: el equivalente culinario, tal vez, al aristócrata que conduce un maltrecho Volvo y viste pantalones sport raídos.

La influencia de los antiguos romanos sigue siendo fuerte y se nota en la riqueza de sabores, así como en el uso de ingredientes como el garo, la salsa de pescado fermentado elaborada con salmonetes, mújoles o caballas. Era el aderezo por antonomasia de la Roma imperial, que añadía sal y umami a todo —un uso parecido al de la salsa de pescado asiática— y que sigue utilizándose a modo de condimento, como en Inglaterra la salsa Worcestershire o el kétchup.

En la mayoría de platos romanos los sabores, aunque no son numerosos, están potenciados al máximo, y hallar un equilibrio entre ellos tiene su intríngulis. Esto se nota en la forma de utilizar la verdura: un producto como el hermoso romanesco —mitad brócoli, mitad coliflor— se hierve hasta que está totalmente blando y luego se sazona con los sabores fuertes y diáfanos del limón, el ajo y la guindilla. La pasta *cacio e pepe*, un clásico de la región, también pone el acento en un equilibrio delicado de sabores. No es ni más ni menos que una combinación de *rigatoni* (un tipo de pasta muy romano: tubos gruesos y estriados ideales para transportar bien la salsa en su travesía del plato a la boca), queso pecorino romano y pimienta. Puede que los ingredientes por separado parezcan baratos, fuertes y campestres, pero juntos conforman algo simple a la par que sofisticado.

El limón, el ajo y la sal son los aliños más importantes del Lacio, mientras que las hierbas suelen limitarse al laurel y el romero. Como ocurre en el resto de Italia, la clave está en la calidad de la materia prima. En los mercados de abastos de Trionfale o Piazza Vittorio los compradores estudian minuciosamente los puestos de altas pirámides de calabacines locales, alcachofas y *puntarelle*, la Medusa de la familia de la achicoria, con esas lanzas plumosas verde intenso que surgen disparadas de una raíz blanca central; se trata de una verdura que difícilmente crece fuera de Italia y que combina a la perfección con la *bagna cauda*, una salsa de anchoas y ajo (de la que he incluido una receta con radicchio a la plancha en el capítulo del Véneto de la página 118).

Al sur de Roma encontramos una zona especialmente fértil: las Lagunas Pontinas. Marismas infectadas de malaria hasta mediados del siglo pasado, cuando Mussolini las drenó para construir un canal,[*] estas lagunas proporcionan un caldo de cultivo lozano y limoso para frutas y verduras. También está el lago volcánico de Bracciano, alrededor del cual crecen frutos silvestres como guisantes, ciruelas, manzanas, frambuesas y fresas. Cuando tienen el punto perfecto de maduración y se acompañan con limón y guindilla, estas fresas son un postre sencillo y equilibrado.

• • • •

[*] La «Batalla de las Lagunas» se inició en 1922 en un esfuerzo por drenar las Lagunas Pontinas para poder sembrar en sus tierras fértiles. El canal resultante recibió el nombre de Canal Mussolini.

El pecorino romano es el famoso queso de oveja local, salado y utilizado de forma muy parecida al parmesano: se ralla para pasta, pizzas, salsas como el pesto y recetas tradicionales de habas. La calidad de la mozzarella también empieza a aumentar en el Lacio y mejora conforme nos acercamos a la Campania.[*] Tanto el pecorino como la mozzarella son ingredientes básicos de la pizza romana, que tiene los bordes más finos (y el centro más grueso) que su homóloga napolitana. En consonancia con el carácter de la comida del Lacio, los ingredientes para la pizza son también sencillos: con tan solo salsa de tomate, por ejemplo, o pizza *bianca* (sin tomate) con flor de calabacín y embutidos.

La pasta tiene un papel predominante en la cocina romana. Los *bucatini* (espaguetis más gruesos y horadados por el centro), los *spaghettini* (más finos que los espaguetis) y la pasta corta como los *tortelloni*, los *ditali* y los *ditalini* son todos protagonistas de los platos de pasta del Lacio, así como los *rigatoni* gordinflones de toda la vida. La pasta también está presente en caldos como *pasta e fagioli* o *pasta e ceci*, las famosas sopas espesas de *ditalini* (macarrones cortos) con judías y garbanzos respectivamente. Ambas llevan cebolla y ajo muy picados, así como apio y zanahoria. Es comida campesina de pura cepa: barata, nutritiva y con ingredientes que se crían en cualquier parte y se conservan bien. Si queréis curraros una versión exprés, podéis utilizar judías de lata, haciendo que el camino a Roma desde vuestra cocina sea tan rápido como directo. Rachel Roddy, la autora de un recetario y un estupendo blog de comida romana, Rachel Eats, ha aportado su deliciosa sopa de *pasta e ceci*, incluida al final de este capítulo.

Otras salsas romanas para pasta son la clásica carbonara, una cuidada combinación de *guanciale*[†] (careta de cerdo sin ahumar) o panceta, huevos, mantequilla, queso y pimienta negra con *rigatoni* o espaguetis. La frescura es clave en la carbonara y os insto a que busquéis una buena receta (probad la que recomienda Jacob Kenedy en su *The geometry of pasta*) y la hagáis en casa: veréis que es muy distinta de la versión genérica de los restaurantes o, peor aún, la de los supermercados, que se corta tan fácilmente. Los *rigatoni* pueden comerse también con salsa de tomate y *pajata*, en un plato que fusiona la debilidad de los romanos por la pasta y la carne de guerrilla. La *pajata* no es para pusilánimes: con aspecto de salchicha de queso, se trata en realidad de intestino de cordero lechal relleno de quimo lácteo (la leche de su madre, sin digerir). No es broma.

Los romanos dejan poco a la imaginación cuando se trata de comer carne

• • • •

[*] La región que sigue al Lacio por la costa occidental de Italia, donde se hace la mejor mozzarella de búfala del mundo.

[†] La *guancia*, o careta de cerdo, es emblemática de la región y es la carne que hay que utilizar en la carbonara romana, lo que la diferencia del resto de carbonaras de Italia, que utilizan una panceta más genérica.

y suelen entregarse a sus placeres con el aderezo mínimo. El *abbachio alla romana* es un buen ejemplo: cordero lechal con ajo, anchoas y sal. En el otro extremo del espectro están los platos de vísceras como la *trippa alla romana*, callos en salsa de tomate, vino blanco, pecorino, laurel y *mentuccia* (menta silvestre). Todo esto y más puede encontrarse en el Testaccio, al sur de Roma, el barrio de los mataderos del Lacio hasta 1975. Sigue siendo un centro neurálgico de carnicerías con una cocina muy localizada que privilegia los cortes poco nobles de la carne, o «quinto cuarto»[*], entre los que se incluyen la *testarella* (cabeza, normalmente asada), la *milza* (bazo, a menudo guisado o a la parrilla), la *coda* (rabo, en guisos y salsas para pasta) y la *coratella* (corazón, pulmones y esófago que suelen acompañarse de alcachofas moradas).

Los habitantes de la comunidad hebrea de Roma, de rancio abolengo pero tradicionalmente pobres, confinados hasta 1888 por un muro en el barrio o *rione* de Sant'Angelo (todavía conocido como «el Gueto»), eran consumidores habituales de estos cortes baratos del «quinto cuarto». Platos como la *coda di bue* (rabo de buey estofado) o la *pagliata al pomodoro* (intestino de ternera troceado con salsa de tomate) son una muestra del uso que le daban a las vísceras. Sin embargo, tal vez el plato de vísceras judío-romano más emblemático sean las tripas o los sesos fritos de cordero con *carciofi* (alcachofas), otro hito de la cocina del gueto que se sirve en diversas formas, tanto como guarnición de carne como por su cuenta, fritas, en las *carciofi alla giudia*. Aderezadas tan solo con sal y un poco de pimienta, comerse estas alcachofas fritas es una experiencia casi obscena, un acto de destape gastronómico. Empezad por desechar las crujientes hojas de color caramelo —con una textura parecida a la de los cardos— y penetrad en su interior para descubrir su tierno corazón blanco. Comparto con vosotros aquí la aclamada receta de las alcachofas judías de Jacob Kenedy, de modo que poned a punto la freidora.

El freír no se limita a las alcachofas del gueto: el *fritto misto*, las flores de calabacín y el *baccalà* son los beneficiarios más apreciados de esta técnica. Por último —mientras escribo estas líneas estoy comiéndome un trozo de *jalá* (pan dulce del sabbat hebreo) que he comprado en Golders Green—, las panaderías tienen un papel destacado en el gueto romano. Una en concreto, el Boccione Limentani de Via di Portico Ottavia, es toda una institución y ofrece todo tipo de exquisiteces como empanadas rellenas de ricota, *treccia* (el hojaldre de los viernes en forma de trenza, con cerezas y azúcar) o *pizzarelle* de miel (unos buñuelos con masa de *matzá* —pan ácimo—, pasas y miel) durante la Pascua judía.

• • • •

[*] El quinto quarto se refiere a la carne que no se le daba ni a la nobleza, ni al clero, ni a la burguesía ni a los militares (que recibían los primeros cuatro cuartos, los mejores cortes) en el siglo XIX. Se reducía básicamente a las vísceras, destinadas al escalafón más bajo de la sociedad, que, llevado por la necesidad, desarrolló una rica cocina local basada en estos cortes indeseables.

La cocina romano-hebrea tiene entidad propia pero también se mezcla con otras tradiciones culinarias más extendidas de la ciudad. Se ha llegado a decir que no es tanto que la comida del gueto observe las costumbres culinarias judías como que se inspire en ellas[*], al igual que ocurre con la gastronomía de la Roma antigua: al fin y al cabo los judíos llegaron antes que la cristiandad a la ciudad.

George Eliot llamó a Roma «la ciudad de la historia a flor de piel», y tenía razón: las fuentes, platos y ollas de las cocinas romanas hacen gala de una historia rica y variada. Lo mismo puede decirse del Lacio en su conjunto; la región es el punto de encuentro entre el norte y el sur de Italia y combina el cosmopolitismo de su capital con sus rincones rurales, que se enorgullecen de sus propias micrococinas. En el Lacio siempre hay territorios culinarios nuevos por explorar, sea una sencilla y nutritiva sopa de *pasta e ceci* o unas alcachofas fritas, recetas ambas que encontraréis más abajo.

Esté en Roma o simplemente de visita desde mi cocina, me encanta hacer lo que hacen los romanos. Aunque puede que me abstenga de la *pajata*...

LA DESPENSA • anchoas • pecorino romano • alcachofas • ricota • vísceras • panceta • laurel • menta silvestre • garbanzos • judías • pasta (*rigatoni, bucatini*) • albahaca • mozzarella • guisantes • brócoli • achicoria

• • •

• SOPA DE PASTA Y GARBANZOS •

En su blog Rachel Eats, Rachel Roddy dice de la *pasta e ceci* que es «la Steve Buscemi de las sopas, una especie de leyenda que pasa desapercibida si no te fijas bien, pero que es mucho más adorable que cualquiera de los fanfarrones que acaparan el centro de atención». La *pasta e ceci* puede pasar desapercibida: pasta y garbanzos ensalzados con un *soffritto* dulce de cebolla, apio y zanahoria, un buen aceite de oliva, un poco de parmesano y una pizca de romero. Al lado de la definición de «alimento para el alma» podría buenamente aparecer la fotografía de este plato: para el alma no por el capricho (es demasiado barato para serlo), sino por la calidez. Comparable, si me permitís, con permitirse una noche de juerga y alcohol y

• • • •

[*] No todos los restaurantes son estrictamente *kosher*, por ejemplo, y hay muchos platos que se solapan con la comida romana corriente, como la *pasta e ceci* y la *pasta e fagioli*.

volver a casa para un asado familiar. De hecho en Roma es un plato familiar. Roddy describe el olor de los garbanzos cociéndose por todo el barrio del Testaccio los viernes, cuando suele comerse este plato como entrante, antes del *baccalà*, para recibir el fin de semana. Fueron estos caldos de legumbres y pasta, como su prima la *pasta e fagioli* (con judías *borlotti* o *cannellini*), las que me sustentaron durante un largo invierno de escritura. Elaborados con clásicos de despensa, son platos baratos, rápidos y honestos que alivian la soledad de mi barriga.

• 8 COMENSALES COMO ENTRANTE O 6 COMO PRINCIPAL •

6 cdas. de aceite de oliva virgen extra
1 zanahoria mediana troceada fina
1 rama de apio troceada fina
1 cebolla blanca picada fina
2 cdas. de puré de tomate
1 ramita de romero
300 g de garbanzos secos, en remojo la noche anterior y
        hervidos luego dos horas, hasta que estén tiernos,
        o 2 botes de 400 g de garbanzos hervidos
corteza de parmesano
sal y pimienta negra recién molida
225 g de pasta corta tubular
        (macarrones o rigatoni, por ejemplo)

1 • Calentar en una olla grande el aceite a fuego medio y añadir luego las verduras troceadas y una pizca de sal. Saltear, removiéndolas con regularidad, hasta que queden blandas y doradas, lo que puede llevar unos 15 minutos.

2 • Agregar el puré de tomate y el romero, remover e incorporar a continuación dos tercios de los garbanzos hervidos. Volver a remover y cubrirlo todo con 1,5 litros de agua (conviene utilizar el agua de cocción de los garbanzos, en caso de haberla conservado). Añadir la corteza de parmesano. Llevar a ebullición, bajar el fuego y dejar a fuego lento unos 20 minutos.

3 • Desechar la corteza de parmesano y el romero y pasarlo todo por la batidora para obtener un puré cremoso.

4 • Incorporar el resto de garbanzos hervidos y sazonar al gusto. Volver a llevar a ebullición y agregar la pasta. Hay que removerla con regularidad mientras se hace la pasta —entre 10 y 15 minutos— para que no se pegue.

5 • Cuando la pasta esté hecha al dente, retirar la olla del fuego. Dejar reposar 5 minutos antes de remover y servir con un chorrito de vuestro mejor aceite.

• ALCACHOFAS ENTERAS FRITAS •

Mi amiga Sophie estaba obsesionada con las alcachofas cuando estábamos en el instituto. Cuando tuvo que revivir a regañadientes el espíritu de Damient Hirst, por insistencia de nuestro maestro de dibujo, metió una alcachofa en una pecera y la dibujó en bonitos tonos pastel... una obra que acabó titulando, en una broma homofónica, *Art-I-Choke* («alcachofa» o «arte que ahogo»). Con el tiempo Sophie se fue a vivir a Italia y, más concretamente, pasó gran parte de su tiempo comiendo alcachofas fritas a la romana. La delicada hortaliza de pétalos verdes pasó de ser una musa odiada a una comida adorada. Con tan solo tres ingredientes, estas *carciofi alla guidia* exigen cierta maestría en la técnica. Hay que ser meticuloso: elegid las alcachofas más grandes que encontréis (6-8 cm de diámetro, con las hojas bien ceñidas al cuerpo) y lavadlas bien antes de cocinarlas. Empezad por cortarles la parte dura y oscura de las hojas (que debería desprenderse como «si saliera de un sacapuntas» según la receta de Jacob Kenedy, que es la que sigue), el tallo y la punta afilada de la alcachofa. Debería quedar como «un capullo de rosa claro». Lavad concienzudamente y sumergidlas a continuación en agua acidulada con zumo de limón para que no se oscurezcan.

• 4 COMENSALES COMO ENTRANTE •

8 alcachofas
el zumo de 1-2 limones
sal
unos 2 litros de aceite de girasol

1 • Lavar y arreglar las alcachofas (véase arriba) y dejar en agua acidulada con zumo de limón hasta que vayan a utilizarse.

2 • Escurrir bien las alcachofas —secándolas con un trapo—, sazonar generosamente con sal y freír en una profundidad de al menos 5 cm de aceite de girasol a 130-140 °C (unos dos litros de aceite en una sartén de 20 cm) durante 15 minutos a fuego medio, hasta que estén tiernas al pincharlas con un mondadientes por el centro pero sin llegar a desmenuzarse. Sacar de la sartén y dejar enfriar.

3 • En el momento de comer recalentar el aceite de freír hasta que humee (190 °C). Esta es la temperatura más alta que debe alcanzar: ideal para freír en un visto y no visto. Abrir las alcachofas introduciendo el pulgar por el centro y despegando las hojas como si fueran un crisantemo abierto. Freír unos minutos vuelta y vuelta en el aceite (conviene incorporarlas con cuidado, cerca del aceite, para que no se den la vuelta), hasta que las hojas tomen un marrón otoñal. Escurrir bien las alcachofas. Como el aceite puede quedarse entre las hojas, es mejor sacudirlas con unas tenazas al sacarlas de la sartén y luego ponerlas bocabajo sobre papel de cocina. Sazonar y servir inmediatamente.

• LA SALSA DE TOMATE DEFINITIVA •

Hay pocas cosas que prefiera echarle a la pasta en lugar de esta gloriosa pulpa roja equilibrada. Os ofrezco aquí mi versión de la salsa de tomate de tres ingredientes con la que vi la luz. Hay quien retira la cebolla una vez que ha desprendido su dulzura en los tomates, pero a mí me gusta comérmela también: las capas de su blanca carne suave son un acompañamiento ideal para la pasta.

• 4 COMENSALES •

2 latas de tomates pera enteros de 400 g cada una
2 cebollas blancas o amarillas, por la mitad
5 cdas. de mantequilla sin sal
sal al gusto
400 g de pasta seca (prefiero los espaguetis
    o los linguine, pero vale cualquiera)
pimienta negra recién molida y parmesano rallado al servir

1 • Es así de fácil: colocar las cebollas bocabajo en una olla grande. Echar los tomates por encima, añadir la mantequilla, tapar la sartén y dejar hacerse a fuego lento 45 minutos. Remover de vez en cuando para mezclar la mantequilla derretida y aplastar ligeramente los tomates enteros para obtener la textura deseada.
2 • Hacer la pasta siguiendo las instrucciones del paquete con cuidado de que no se pase. Escurrir y devolver a la olla.
3 • Sazonar la salsa al gusto, echar por encima la pasta y mezclar bien. Servir en cuatro platos hondos, repartiendo las cebollas equitativamente, y rociar con la pimienta negra y el parmesano al servir.

EMILIA-ROMAÑA

En Romaña tanto las familias de bien como los campesinos hacen matanza
en sus casas, ocasión en que se dan a la buena vida más de lo habitual
y los niños se lo pasan en grande.

• PELLEGRINO ARTUSI, *La Scienza in cucina e l'Arte di mangiar bene* •

EMILIA-ROMAÑA ES en cierto modo la Normandía de Italia: repleta de una materia prima excelente que se exporta y se consume por todo el mundo, pero con una amplitud de miras gastronómica como no existe en otras regiones de Italia. A pesar de que algunos de los ingredientes italianos más conocidos provienen de Emilia-Romaña, es sorprendente lo poco que sabemos sobre este fructífero rincón de Italia, encajado entre el Véneto, la Lombardía y la Toscana. Lo de darse a la buena vida y pasarlo en grande con ocasión de la matanza de un cerdo puede dar un poco de grima, pero no es una cuestión de sed de sangre, sino de una tradición venerada que nos proporciona el jamón de Parma.

La Emilia-Romaña, que corta el mapa de Italia de una costa a otra, hace de parachoques entre el norte alpino y el sur mediterráneo. Le faltan pocos kilómetros para unir la costa del Adriático al este con el mar de Liguria al oeste, y posee una superficie de más de 22.000 kilómetros cuadrados, la mitad de los cuales son llanos (el resto son colinas, montañas y litoral adriático).

La agricultura y la producción alimentaria son asuntos serios: muy desarrolladas e industrializadas, su contribución es fundamental para el alto índice per cápita del PIB de la región. Teniendo en cuenta su tamaño, el número de ciudades hermosas y famosas (como Bolonia o Rávena) y la proliferación de buena comida, es sorprendente que Emilia-Romaña no sea una marca consolidada como pueden serlo la Toscana o Sicilia. Tal vez sea porque, en lo que a nombre se refiere, trabe demasiado la lengua. En cualquier caso abundan tanto los ingredientes familiares como otras cosas con las que trabar la lengua. El *prosciutto di Parma*, la mortadela, el parmesano y el vinagre balsámico proceden de esta región, y se cuentan entre los ingredientes italianos más famosos del mundo. También son forofos de la pasta, y de hecho algunas de las formas más exportadas provienen de la Emilia-Romaña: los tagliatelle, los tortellini y la lasaña.

Sin embargo, en lo que a platos se refiere, solo se conocen algunos de pasta. La producción de grandes ingredientes eclipsa la cocina más «elaborada», y tal vez la razón histórica sea la abundancia de tierra de labranza, que la convirtió en un destino menos turístico que, por ejemplo, su vecina, la glamurosa Toscana. Los productos de la Emilia-Romaña son espectaculares y casi con toda seguridad habréis oído hablar de lugares como Módena, Bolonia o Parma.

Prosciutto[*] es un término genérico para el jamón curado, como en España el serrano, pero es especialmente conocido el de Parma, la denominación de origen de esta región. Posee un sabor característico gracias a la dieta única que siguen los cerdos de la zona: castañas y suero de leche. Aunque los cerdos del norte de Italia que se crían en las faldas de los Apeninos suelen comer castañas,[†] al añadir a su alimentación el suero líquido extraído del queso parmesano, los jamones adquieren un sabor rico en proteínas y de un salado inimitable. La mortadela es otro embutido local: redonda y rosada, con lunares de grasa blanca y granos de pimienta verde. De pequeña estuve muchas veces calibrando los «y si» y los «por qué no» de hacerme vegetariana, pero cada vez que me sentía preparada para dar el gran salto, la mortadela me ponía ojitos desde la vitrina de los embutidos.

La región también es conocida por sus grandes quesos, sobre todo por el parmesano (o *parmigiano-reggiano*, por darle su nombre completo). Me acuerdo perfectamente de esa cosa ya rallada y aspecto enfermizo con la que se cubría la pasta cuando yo era pequeña. Hasta que no viajé a Italia por primera vez siendo adolescente no descubrí lo de cortar trozos de parmesano de una cuña fresca y comerlos solos, más allá de utilizarlos para aderezar la pasta. Nunca he vuelto la vista atrás. Para mí hay pocos placeres a la altura de un trozo de parmesano con una copa de tinto, pero sus usos van mucho más allá de su forma más pura. La pasta es un marco perfecto para que el parmesano se luzca.

Una alternativa más barata también proviene de Emilia-Romaña: el grana padano, de la ciudad de Piacenza. Yo lo suelo emplear como sustituto del parmesano: tiene el mismo mordiente salado y textura vidriosa,

• • • •

[*] A su vez se divide en dos amplias variedades: el *prosciutto crudo* y el *prosciutto cotto*, o cocido.

[†] En España y Portugal, en cambio, se alimentan de las bellotas y las hierbas silvestres de la dehesa (véase pág. 65).

aunque por lo general se diferencia solo por el aspecto. Al grana padano, más suave, blando y joven, le falta la madurez y la sofisticación del parmesano (que, en cuña, tiene un hermoso aspecto nudoso, como un anciano de rostro curtido de una fotografía en blanco y negro).

El vinagre balsámico, la variedad dulce y oscura de la Emilia-Romaña, se ha convertido en un ingrediente básico para aliñar ensaladas y mojar pan. También me gusta añadir una gotita a mis salsas de tomate para darle un contrapunto de dulzor ácido. El balsámico no dista mucho del vinagre de malta que se le echa al *fish and chips*, y la clave está en el nombre, que deriva del *balsamum* latino, una sustancia con propiedades curativas. Hecho a partir de la reducción concentrada de uvas trebbiano y madurado durante más de doce años, el balsámico no se parece al vinagre cenagoso que podáis usar normalmente. Al igual que el jamón de Parma y el parmesano, con el que suele ir de la mano en el antipasto, tiene el refinamiento de la edad.

Los italianos son muy suyos a la hora de escoger el tipo de pasta adecuado para una salsa concreta.[*] Tal vez la mayor afrenta para un lugareño sería el concepto de «espagueti boloñesa». ¿Por dónde empezar? El ragú clásico de Bolonia se come con tagliatelle (tan largos como los espaguetis pero de medio centímetro de anchura) y, al contrario que la mayoría de las interpretaciones británicas, es naranja, no rojo. Y otra cosa importante: la boloñesa es un ragú, no una salsa. Aunque recubre la pasta, es seca, no líquida, y lleva trozos de carne de cerdo, ternera o venado... y mucho aceite, que recubre la pasta con sus sabores intensos: laurel, vino, una pizca de panceta y esencia de *soffritto* (la base de todo ragú, con cebolla, apio y zanahoria picados muy finos). Es comida casera opípara, pero muy distinta de la palangana de espaguetis rojos que tanto nos gusta en Gran Bretaña. Incluyo aquí la fantástica receta de Jacob Kenedy y os insto a que la probéis: es posible que no la reconozcáis como boloñesa, pero nunca volveréis la vista atrás...

Todas las pastas de la región se elaboran siguiendo una receta tradicional llamada *sfoglia*. Con una sencilla masa de huevo y harina que se amasa a mano hasta dejarla fina como el papel y ligera como una pluma, el nombre proviene de «moldear con los pulgares». Si os paráis a mirar un tortellini, tiene todo el sentido: da la impresión de que se ha ido moldeando la pasta rellena (por lo general de cerdo, jamón de Parma y parmesano)

• • • •

[*]Para más información consúltese el estupendo libro de Caz Hildebran y Jacob Kenedy *The geometry of pasta*.

hasta conseguir una delicada pieza de orfebrería. Otras formas más simples como las de los tagliatelle o incluso las placas lisas de lasaña se hacen también con la receta de la *sfoglia*. Pulgares por dentro y ¡hacia arriba!

Puede dar la impresión de que el producto vitivinícola más famoso de la Emilia-Romaña merme su grandeza culinaria. El Lambrusco, un vino espumoso rojo y dulce que los británicos consideramos a la altura del Babycham, es muy diferente en Italia y tiene diversos grados de sabor, de más dulce a más seco. Si bien hay otros vinos que escogería antes que un Lambrusco —me vienen a la cabeza un Barolo o un Cannonau sardo—, cualquier vino italiano combina sin mucho problema con la comida de la Emilia-Romaña, que, elaborada con poco esfuerzo para los resultados impresionantes que se consiguen, es ideal para amenizar un encuentro entre amigos o un picnic de adultos: pan rico, jamón exquisito, queso maravilloso y un vinagre balsámico sin igual para un picoteo perezoso pero delicioso.

LA DESPENSA • jamón de Parma • mortadela • parmesano • vinagre balsámico • carne de ternera picada • pasta (tagliatelle, tortellini) • laurel • Lambrusco

• • •

• ENSALADA INSPIRADA EN LA EMILIA-ROMAÑA •

Esta ensalada aúna algunos de los ingredientes más celebrados de la región. Los grandes almuerzos veraniegos se hacen con comida así: perfecta con un buen pan para rebañar y un buen vino para bajarla.

• 4 COMENSALES •

100 ml de vinagre balsámico de Módena
25 g de azúcar moreno
8 lonchas de jamón de Parma
4 higos frescos a cuartos
un puñado de almendras enteras
pimienta negra recién molida

1 • Preparar primero un glaseado balsámico poniendo un cazo a fuego medio con el vinagre y el azúcar. Llevar a ebullición, sin dejar de remover, y cocer luego 15 minutos a fuego bajo para que se disuelva todo el azúcar. Reservar.

2 • Disponer en una fuente el jamón de Parma, los higos y las almendras (que pueden tostarse antes ligeramente... al gusto del consumidor) y luego, al más puro estilo Jackson Pollock, regar con el glaseado balsámico en zigzag. Moler un poco de pimienta negra por encima y servir.

• TAGLIATELLE A LA BOLOÑESA •

Olvidaos de toda asociación con la palangana de espaguetis que os ponían en el comedor del colegio. Como dice Jacob Kenedy, que contribuye con esta receta de su estupendo *The geometry of pasta*, la boloñesa: «Es naranja, no roja; y es más aceitosa que acuosa, delicada, aromática, cremosa y sutil». Dado que proviene de la capital italiana de los ingredientes, no dejéis de invertir en buena materia prima y honra a la Emilia-Romaña. Y no utilicéis espaguetis, ¡por lo que más queráis! La pasta adecuada para el ragú boloñés son los tagliatelle.

• 8 COMENSALES •

100 g mantequilla
60 ml de aceite de oliva virgen extra
1 zanahoria troceada
2 ramas de apio troceadas
1 cebolla mediana picada
4 dientes de ajo picados
100 g de panceta (no ahumada) cortada a tiras
500 g de carne picada de cerdo
500 g de carne picada de ternera
100 g de higadillos de pollo bien picados (opcional)
375 ml de vino blanco
600 ml de leche
1 lata de 400 g de tomates troceados
250 ml de caldo de pollo o ternera
        (opcional; si no, otros 250 ml de leche)

800 g de tagliatelle secos o 1 kg de frescos
mantequilla aparte para servir
50 g de parmesano rallado para servir

1 • Derretir en una sartén grande la mantequilla con el aceite a fuego medio. Añadir la zanahoria, el apio, la cebolla, el ajo y la panceta, así como un buen pellizco de sal, y saltearlo todo 10-15 minutos hasta que se ablande.

2 • Subir el fuego y agregar la carne en cuatro o cinco tandas para que vaya evaporándose el agua que eche. Remover y desmenuzar los trozos gruesos con la cuchara. Esperar hasta que la sartén chisporrotee ligeramente, bajar entonces el fuego a temperatura media y freír, removiendo de tanto en tanto, hasta que la carne se dore, entre 15-20 minutos.

3 • Desglasar la sartén con el vino y pasarlo a una olla con la leche, los tomates y el caldo, así como pimienta molida en cantidad y más sal al gusto. Cocinar a fuego muy lento, sin tapar, unas cuatro horas hasta que la salsa se espese y tenga una consistencia más aceitosa que acuosa (conviene agregar un poco más de caldo o agua en caso de que se seque mucho o demasiado pronto). Al terminar debe quedar tan espesa como nata para montar, y al removerla debe parecer una especie de gachas. Rectificar de sal y pimienta una última vez.

4 • Cocer la pasta siguiendo las instrucciones del paquete. Escurrir cuando le falte un poco para estar en su punto e incorporar a la salsa para que termine de hacerse, unos 20 segundos, con un par de nueces de mantequilla. Servir con parmesano rallado por encima.

CALABRIA

En Calabria un viajero tiene que superar un gran número de rutas tortuosas,
como quien sigue el camino impredecible de un laberinto. Quebrada
por esos torrentes de cuestas pronunciadas, Calabria no solo difiere
de una zona a otra sino que esconde bruscas metamorfosis en el paisaje,
en el clima y en la composición étnica de sus habitantes.
• GUIDO PIOVENE, *Viaggio a Italia* •

CALABRIA ES LA MARGINADA gastronómica de
Italia, como la típica protagonista de serie de adolescentes de los noventa —despampanante en realidad
bajo un pelo horrible y gafas de culo de vaso—, con
un gran potencial idiosincrático que solo ahora empieza a reconocerse. En la punta de la bota de Italia,
Calabria es una región que parece meter la pata
todo el tiempo, aislada del resto. Tiene un porte físico impresionante —azotada por los vientos en la
costa, cincelada por montañas, voluptuosa en su
lozanía— y las imperfecciones del escarpado monte seco solo sirven para
ensalzar su belleza. Esta gran variedad de terrenos produce ingredientes
que se traducen en un espectro de gustos único en Italia.

Calabria es salvaje, y como tal, un vergel de comida silvestre, de la caza
y el marisco a los champiñones y los cítricos. Esta diversidad natural es
resultado directo tanto de la variedad geográfica como del consecuente desafío que supone la labranza a gran escala. Con días calurosos y noches
frías, por no mencionar la combinación de suelos ricos en minerales y fondos marinos rocosos, sus campos son únicos.

La gastronomía calabresa se parece más a la siciliana que cualquier
otra (véase pág. 107). La mezcla étnica de la Europa occidental y musulmana se manifiesta también en los nombres de comidas como la *n'duja*, la
n'cantarata o la 'Ndrangheta, la mafia calabresa. A pesar de tener menos
fama internacional que su equivalente siciliana, la 'Ndrangheta es una de
las pocas cosas por las que Calabria es famosa.

En un emparedado entre mar y montaña, lejos de las brillantes luces de
Nápoles o Palermo, las capitales más cercanas, la cultura calabresa está

muy viva, aunque es cerrada y apenas se ha exportado. Su cocina es igual de tímida, centrada más si cabe en la familia, los amigos y la autogestión regional que en otras partes de Italia donde hace tiempo que despuntaron las posibilidades inherentes de la capitalización de la comida. Seguramente habréis oído hablar de la pizza napolitana, de los risottos venecianos o la salsa boloñesa, por ejemplo, o de ingredientes famosos como el queso parmesano y el vinagre balsámico, pero puede que no os pase lo mismo con la *n'duja*, las cebollas de Tropea o algunas recetas calabresas que vamos a estudiar aquí. Preparaos para daros un gustazo.

El cocinero Francesco Mazzei, calabrés de pro, regente de L'Anima, un restaurante del sur de Italia ubicado en Londres, está decidido a aumentar la popularidad de Calabria en el extranjero. El nombre del restaurante expresa para Francesco la forma de vida tan terrenal y comunal de su región. Una cocina en torno a la familia, que produce sus propios ingredientes, con tradiciones culinarias heredadas: la marca de la «*mamma* cocinando con gorro de cocinero» a la que aludía antes. Mazzei utiliza recetas que han pasado por herencia a los genes calabreses, y rituales como preparar el almuerzo juntos, en familia, el domingo por la mañana.

Calabria es la única región donde está extendido el picante. Francesco cuenta que su padre cogía las guindillas *capischina*, ricas en antioxidantes, y se las comía en crudo. Las semillas de esta planta también se emplean para añadir picor a la comida, en particular a la *n'duja* —la sobrasada picante calabresa— y la salsa picante *n'cantarata*, de pimentón y miel. Originaria de la ciudad meridional de Spilinga, la *n'duja* es la versión calabresa de la sobrasada pero en picante. Se unta fácilmente en el pan y puede agregarse a las salsas de pasta. (Es uno de esos ingredientes que no me extrañaría que dentro de poco copase las cartas de los restaurantes cosmopolitas, una alternativa picante al chorizo que marida de maravilla con mariscos como las vieiras, como veréis más adelante.) Otros platos picantes incluyen el *morzeddu*, un potente guiso de entrañas de cordero que suele compartirse de un mismo plato, y el ragú calabrés, que no se hace con carne picada (como es habitual en Bolonia) sino con trozos grandes de carne de cordero o cerdo... y mucha guindilla. Como cualquier región italiana que se precie, Calabria tiene su propia modalidad de pasta: los *filei*, una especie de macarrones aplastados y retorcidos con los que se acostumbra a servir este ragú contundente.

Pocos son conscientes del abanico de carnes y pescados que ofrece Calabria, y que va desde el chivo y la caza hasta el pez espada, las vieiras, la langosta o el atún. En realidad la geografía regional la convierte en una fuente inagotable de lo que se llama «mar y montaña»: es muy habitual servir carne y pescado en un mismo plato, en particular en el antipasto *marimonte*, una montaña de marisco, embutidos y encurtidos que se come en las bodas y otras grandes ocasiones. Las vieiras con *n'duja* y salsa verde son otro ejemplo de cocina popular.

Quizás el aspecto más estimulante de la gastronomía calabresa sea la variedad de sabores autóctonos, silvestres e insólitos. Es uno de los pocos sitios del mundo donde la bergamota, un cítrico de un aroma exquisito que se utiliza para el té earl grey y algunos perfumes, es un fruto silvestre. En la cocina de la región la bergamota se emplea para aliñar las aceitunas locales o para poner una nota cítrica, refrescante y compleja en platos como una ensalada de sepia, unas sencillas chuletas de cerdo a la brasa o unos dulces.

Calabria alberga el único museo del mundo del regaliz, ubicado en el pueblo de Amarelli, donde un negocio familiar lleva produciendo la famosa raíz de regaliz desde mediados del siglo XVIII. Aparte de como dulce, el regaliz calabrés se encuentra en licores y se añade a marinadas de carnes de caza, casando especialmente bien con el ciervo.

El orégano silvestre se encuentra por doquier y se utiliza en muchos platos, tanto como sabor dominante como para guarnición penetrante de ensaladas y platos de carne, entre ellos la *tiella*, una empanada de carne con capas de patatas *lisetta* (una variedad con un amarillo muy particular y rica en almidón), tocino, pecorino, orégano, tomillo y boletus de la meseta de la Sila. Las setas crecen abundantemente en los bosques y los montes de Calabria, y pueden recogerse hasta bien entrado diciembre. (Al norte de Italia, donde el clima es más frío, lo normal es recolectarlas entre abril y octubre, pero en Calabria, con su calidez, su humedad y su lluvia, las setas crecen felices.) Francesco prepara una ensalada sencilla con los boletus blancos (*porcini bianchi*) de Calabria, que necesitan pocos adornos: los corta en rodajas y los aliña tan solo con aceite de oliva virgen extra y zumo de limón. Placeres sencillos de la vida...

A los calabreses les encantan las salsas, los condimentos y las marinadas, que suelen tener como ingrediente de base la aceituna local. Francesco me contó con orgullo que, aparte de que el 36 por ciento de la cosecha de aceituna italiana proviene de Calabria, él solo utiliza en L'Anima el aceite de su abuela. Se trata de un aceite intenso y oscuro que en nada se parece a los que pueden comprarse en un supermercado, ni posiblemente en ninguna parte de Reino Unido. Las salsas y las marinadas suelen ensalzarse con garo, al que Francesco llama «el kétchup de los romanos», un aliño de pescado que se hace majando y fermentando las entrañas, los hígados y las cabezas de pescados azules como los boquerones, las sardinas o la caballa. Intensifica lo salado y el umami (véase pág. 262). También puede utilizarse como salsa contundente para mojar.

Al término de nuestra conversación un orgulloso Francesco me manda a casa con una mermelada de guindilla dulce, una confitura de cebolla roja y una crema de pecorino[*], tres productos que sin duda representan bien los ingredientes autóctonos, sobre todo la *capischina* y las cebollas de la región; de un púrpura intenso y una dulzura extrema —las cebollas de Tropea son un clásico de la cocina calabresa en toda Italia y se utilizan hasta para hacer *gelato*—. En la misma línea el helado de vinagre balsámico es un invento estupendo, con el fuerte dulzor natural del vinagre en una combinación sorprendente y seductora de sabores que respalda mi impresión de que Calabria tiene un potencial idiosincrático que solo ahora empieza a reconocerse. Igual que la chica de la serie de adolescentes de los años noventa.

LA DESPENSA • bergamota • regaliz • cebollas de Tropea • garo • *n'duja* • semillas de *capischina* • pescado y marisco (langosta, atún, pez espada, sepia) • *baccalà* • patatas lisetta • boletus • trufa • espárragos • alcachofas • pecorino

• • •

• VIEIRAS CON N'DUJA •

Este plato de Francesco Mazzei es un espejo de Calabria en todo su esplendor: un *mare e monti* autóctono gracias a la sobrasada picante de la región, la *n'duja*. No es de extrañar que esté en la punta de Italia: ¡el sabor se te queda en la punta de la lengua!

• • • •

[*] Como en gran parte del sur de Italia el pecorino —ese queso de oveja duro con sabor a frutos secos— es el más apreciado, a menudo especiado con pimienta o semillas de guindilla o en una crema para untar en pan que está para morirse.

12 vieiras crudas con sus valvas
1 cda. de aceite de oliva virgen extra

PARA EL ALIÑO
70 g de *n'duja* sin la tripa exterior
50 g de pecorino
1 diente de ajo picado grueso
25 g de albahaca picada
25 g de perejil picado
el zumo de ¼ de limón
sal marina y pimienta negra recién molida

1 • Precalentar el horno a 190°C.

2 • Majar en un mortero los ingredientes del aliño hasta que quede bien ligado y cremoso.

3 • Calentar el aceite de oliva en una sartén y sellar las vieiras a fuego fuerte, 1-2 minutos por cada lado. Una vez hechas, dejar enfriar un poco.

4 • Extender la pasta de *n'duja* por encima de cada vieira y hornear 4-5 minutos. Servir muy calientes.

• POLLO PICANTE A LA CALABRESA •

Este es un clásico ejemplo de «cocina de la *mamma*» calabresa que lleva muslos de pollo, *n'duja*, hierbas de monte y guindilla. Es una receta que forma parte de las especialidades de aires familiares de Francesco Mazzei y puede prepararse en apenas media hora.

• 4 COMENSALES •

8 muslos de pollo con su piel
harina normal, sazonada, para rebozar
1 cda. de aceite de oliva virgen extra
1 chalota muy picada
100 g de *n'duja*
6 pimientos (2 rojos, 2 verdes, 2 amarillos), despepitados y en dados

100 ml de *passata* de tomate
300 ml de caldo de pollo
1 cdta. colmada de mejorana picada
   (si no encontráis, probad con orégano)
1 cdta. colmada de cebollino picado
1 cdta. de perejil picado
1 guindilla roja grande, sin semillas y muy picada
sal marina y pimienta negra recién molida

1 • Precalentar el horno a 190°C.

2 • Rebozar los muslos de pollo en una fina capa de harina sazonada. Calentar el aceite en una sartén grande a fuego medio y dorar bien los muslos (a tandas, si es necesario) por ambos lados. Debería llevar entre 5-6 minutos por lado.

3 • En una olla que sirva para horno, freír las chalotas y la *n'duja* unos minutos, removiendo para desmenuzar la carne hasta que empiece a derretirse y mezclarse con las chalotas. Agregar los dados de pimiento, la *passata* y el caldo de pollo y llevar a ebullición. Incorporar el pollo, las hierbas y la guindilla. Rectificar antes de hornear 20-30 minutos.

4 • Servir caliente con patatas cocidas y aceite.

SICILIA

Llevamos al menos veinticinco siglos soportando sobre nuestros hombros el peso de magníficas civilizaciones heterogéneas, todas llegadas de fuera, ninguna germinada por nosotros, ninguna a la que podamos llamar nuestra [...] Esta violencia del paisaje, esta crueldad del clima, esta tensión continua en todos los aspectos, incluso estos monumentos del pasado, magníficos pero incomprensibles porque no los edificamos nosotros, que nos acechan como hermosísimos fantasmas mudos [...] todas estas cosas han conformado nuestro carácter, que ha acabado así condicionado por una fatalidad externa y una insularidad de ánimo aterradora.
• GIUSEPPE TOMASI DI LAMPEDUSA, *El gatopardo* •

SICILIA ES UNA ISLA desorientada, mareada por la inspiración de una multitud de conquistadores internacionales tras miles de años de cambiar de manos. Fue el relevo que se pasaron en una carrera de 3.000 años en pos del dominio de Europa: los primeros en conquistarla fueron los griegos, a los que siguieron luego romanos, árabes, normandos, españoles y franceses. Por supuesto en la actualidad forma parte del país con forma de bota. Regresó a manos italianas cuando Garibaldi promovió su proyecto de unificación, que empezó con la conquista de Sicilia en 1860. Sin embargo, conserva afinidades con tantos países mediterráneos que casi pareciera que no tiene afinidad alguna.

Giuseppe Tomasi di Lampedusa parece en *El gatopardo* un hombre que se debate entre la identidad con su patria y una violenta alienación de sus emblemas culturales. Es lo opuesto a la hiperbólica aseveración de Goethe cuando dijo: «Haber visto Italia sin ver Sicilia es no haber visto Italia, pues Sicilia es la clave de todo». Más cerca de Túnez y Grecia que del norte del país, no es la Italia genérica de los manteles de cuadros y los palillos alargados de pan. Pero es, tal vez más que ninguna otra región, el Mediterráneo en estado puro.

La cocina siciliana se fundamenta en los ingredientes que ofrecen su tierra y su mar aunque al mismo tiempo despliega innumerables combinaciones derivadas de la cultura siempre cambiante de la isla. El terreno fértil y los cálidos mares que la rodean proporcionan una rica paleta de sabores y productos naturales. La comida siciliana también se ha definido por sus ingredientes estacionales, desde las flores de calabacín en primavera a las aceitunas aliñadas del otoño, así como la presencia perenne de sus magníficos cítricos.

«Los griegos se dieron cuenta de que bastaba con dejar caer una semilla para que brotara», dice Giorgio Locatelli, un italiano del norte que lleva años enamorado de Sicilia, la isla de la pasta al horno y el pescado carnoso. Durante los últimos diecisiete años Locatelli ha pasado un mes al año en Sicilia y ha ido conociendo poco a poco su historia, sus ingredientes, sus platos y sus idiosincrasias. Para él no es solo el «vergel de Europa»: su paisaje y su gastronomía no pueden compararse con otros de Italia... ni el resto del mundo, ya puestos. Dice que por toda la isla —desde la capital a los rincones rurales más remotos— encontramos una variedad de alimentos que en otras regiones solo hallamos en grandes metrópolis. Los higos, las aceitunas y las uvas (y por ende el vino) que llevaron los griegos; el trigo duro que plantaron los antiguos romanos, que sigue caracterizando el pan de Sicilia, así como el cordero, el cabritillo y el cerdo; las berenjenas rellenas, de ecos árabes; el cuscús del norte de África; y una pasta gloriosa que grita «Italia» a los cuatro vientos. Todo esto «define una dieta que es muy particular, muy marcadamente siciliana», cuenta Locatelli.

Todas estas influencias suelen coincidir en los platos de pasta. He incluido una receta de pasta de una sencillez asombrosa en la que los *gemelli* («gemelos», dos tiras de pasta enroscadas entre sí, de tamaño parecido a los fusilli) se cubren con una riquísima cocción aceitosa de pasas, piñones, pan rallado y alcaparras.

Sicilia es una isla de grandes dimensiones que casi dobla en tamaño a la región de Calabria, a solo tres kilómetros por mar, de ahí que a nadie le extrañe la cantidad de productos regionales que posee. Hacia el centro, *salumi* (embutidos varios); los pistachos de Bronte en el noreste; los antiguos arrozales del río Verdura;[*] los *arancini*, originarios de Palermo, unas bolas fritas y rellenas de arroz y queso, presentes ahora en toda la isla; el pan negro de Castelvetrano, al oeste; el cuscús del puerto suroccidental de Mazara del Varo; las naranjas de la denominación de origen de Ribera Vanilla, al sur, y toda la flora silvestre que rodea el Etna, el volcán activo más grande de Europa, con seis variedades distin-

• • • •

[*]Los árabes introdujeron el arroz en Sicilia alrededor del siglo IX d. C. La facilidad con la que se cría hizo que pronto se convirtiera en ingrediente inherente de su gastronomía, presente en los *arancini* por ejemplo. Sin embargo, tras la unificación italiana a principios del siglo XIX, se dejó de cultivar arroz en Sicilia, al parecer por el interés del primer ministro Camillo Benso por reducir la competencia a los cultivadores de arroz de su región, el Piamonte, hasta el punto de que tuvo que importarse para suplir la demanda local. Esta situación empeoró con la orden de Mussolini de drenar los arrozales para construir urbanizaciones nuevas (como hizo en las Lagunas Pontinas del Lacio). Hasta hace poco tiempo no se volvió a plantar arroz en Sicilia, donde se utiliza un sistema de semirregadío (húmedo siempre pero nunca inundado) para contrarrestar la tierra drenada. Pronto los *arancini* volverán a ser cien por cien sicilianos.

tas de salvia. Todo pueblo o aldea parece tener su propia pasta y su manera de hacer el pan. Sicilia sigue siendo un mosaico de gastronomías locales.

Muchos ingredientes, no obstante, son ubicuos. A pesar de cambiar según la región, el pan y la pasta son omnipresentes, elaborados con trigo duro y harina de semolina, en lugar de con la harina suave del norte de Italia, donde domina la pasta al huevo. Los garbanzos, que en la Italia continental solo se dan por las costas, se crían de forma natural en toda la isla y son básicos en sopas y ensaladas. *Ceci* en italiano, son fundamentales en platos de influencia mora como el cuscús y los *panelle*, unos buñuelos fritos de garbanzo y polenta que constituyen un aperitivo callejero riquísimo.

En Sicilia no hay vacas, aunque en los supermercados puede comprarse ternera importada (de Francia u Holanda). Los lácteos son, por tanto, de cabra y de oveja. Locatelli llama a la ricota «la madre de la cocina siciliana». Elaborada con leche de oveja, la ricota *di pecora* es una especialidad que se disfruta en diversas formas: en su resbaladizo estado original, sobre pan; mezclada con zumo de limón y con parmesano gratinado; combinada con pastas y pimienta negra;[*] en *gnocchi* o lasañas; o en postres con chocolate y frutas escarchadas. El más conocido de estos postres son los *cannoli*: discos de hojaldre dulce que se pliegan en cilindros, se fríen y luego se rellenan con ricota, helado, fruta, mermelada, nueces o chocolate. Los *cannoli* se han convertido en un símbolo de Sicilia para contrarrestar las pistolas de los mafiosos. Como le dice Peter Clemenza a Rocco en la película *El padrino*: «Dejen las armas y cojan los *cannoli*». El padrino de todos los postres, sin duda.

Los pescados grandes de aguas calientes como el bonito, el pez espada y el atún, que se pescan por toda la costa siciliana, dan unos filetes suntuosos. En las aguas de Mesina, al noreste, habita un pez espada especialmente rico. Se captura con arpón entre mediados de primavera y mediados de otoño y se prepara a la parrilla o al horno, con salsas sencillas como el *samoriglio*, cuyos ingredientes —aceite de oliva, limón, perejil, orégano y ajo— son un compendio del territorio siciliano. Algo más compleja, aunque no por ello menos mediterránea, es la salsa *ghiotta*, que lleva alcaparras (habituales por todo el sotomonte siciliano), aceitunas, tomates, cebollas y piñones.[†] Los atunes sicilianos dan unos filetes

• • • •

[*]Uno de los platos de pasta por los que es conocida Sicilia es el *timballo*, una pasta al horno con berenjenas que tiende a quedarse demasiado seca. No hay nada que temer cuando se tiene a mano ricota fresca: sus grumos cubren la pasta con una exquisitez cremosa y dejan un charco de suero residual para rebañar con pan.

[†]Hay que destacar que en Sicilia también se utiliza la guindilla, a menudo como aderezo de salsas como las mencionadas arriba. No están tan extendidas como en Calabria, pero sí mucho más que en cualquier otra parte del país.

con un color borgoña tan intenso que casi irradian reflejos azules. En el recetario *La cucha de plata*[*] se da una receta de atún con miel, patatas y piñones de fuertes reminiscencias árabes. Estas últimas son especialmente marcadas en el suroeste de la isla, en torno a Mazara del Varo y Sciacca, donde Locatelli compra el pescado. Los navegantes tunecinos repostan sus barcos por estas costas, donde hay estupendos restaurantes de ese origen. El pez espada y el atún son solo dos ejemplos de la riqueza marítima de Sicilia: el pulpo, las gambas y las sardinas son también de máxima calidad y hay boquerones a espuertas.

Una gran variedad de verduras y hierbas que consideraríamos de primera calidad crecen asimismo por toda la isla. Las alcachofas, la achicoria, las alcaparras y el hinojo se venden a precios irrisorios, por no hablar de los omnipresentes tomates, brócolis, berenjenas y calabacines. La gastronomía es también muy rica en hierbas: el perejil es la más importante, seguido del orégano de monte (que, según me cuenta Locatelli, tiene una fragancia intensa y una esencia a medio camino entre el orégano y el tomillo), la hierbabuena, el hinojo silvestre y, en menor medida, la albahaca. La *caponata*, un popular antipasto de verduras y hierbas suavizado con aceite de oliva, vinagre de vino y otros aliños, combina todo este esplendor hortícola.

Sicilia es una tierra llena de cítricos que le hace dura competencia a Sevilla en lo que a cultivo de naranjas se refiere. Se cuenta que las naranjas sanguinas se dan en la isla gracias al monte Etna, cuyas variaciones de temperatura volcánica cambian el color de la pulpa de la fruta. Las mandarinas también abundan, así como los limones, las granadas y, no en menor medida, las uvas.

En la actualidad el vino siciliano goza tanto de la luz del sol como de la de los focos, con uvas como la *nero d'avola*, que se ha ganado una fama sin precedentes en el mundo de los vinos. No es que el cultivo de la uva sea reciente, pero hace poco que ha empezado a embotellarse en la isla, y a granjearse así el reconocimiento internacional. Antes de eso el vino siciliano se trasportaba en garrafas por toda Italia, para salvar los déficits que hubiera en otras cosechas regionales más reconocidas. Por citar de nuevo a Locatelli, «los viticultores están tomando las riendas de su destino al hacer que los aficionados al vino comprendan que estos caldos intensos, equilibrados y suaves —con todo lo bueno del sol, el azúcar y buena cantidad de taninos— son una expresión de Sicilia tan válida como un *arancino* o un *cannoli*. Son todos ellos productos de esa tierra de belleza «magnífica pero incomprensible» que se retrata en *El gatopardo*.

• • • •

[*] Publicado en 1950, es el recetario más popular de Italia, un maravilloso compendio de cientos de platos italianos regionales. Si os interesa la comida italiana, os recomiendo que os hagáis con un ejemplar, que os permitirá hacer pequeños viajes culinarios por toda Italia.

LA DESPENSA • almendras • pez espada • atún • pecorino • ricota • pasas • alcaparras • pasta (*gemelli*) • hierbabuena • hinojo silvestre • achicoria • perejil • aceitunas • piñones • garbanzos

• • •

• GEMELLI CON SARDINAS, PASAS Y PIÑONES •

Se trata de un plato clásico de pasta que puede encontrarse por toda Sicilia, aparte de una receta estupenda cuando hay que tirar de despensa, una inyección de sabores exóticos desde lo más remoto de la alacena. Por supuesto puede prescindirse de algunos ingredientes, según lo que se tenga en casa y los gustos de los comensales, o en función de la potencia que se le quiera aportar. Con frecuencia a mucha gente (o al menos para los que suelo cocinar) no le gustan ni las anchoas ni las alcaparras (¡necios!), por ejemplo.

• 4 COMENSALES •

400 g de *gemelli* secos o fusilli
    (reservar 2-4 cdas. del agua de cocción de la pasta)
80 g de pan recién rallado
50 g de piñones
4 cdas. de aceite de oliva virgen
2 dientes de ajo bien picados
1 cda. de semillas de hinojo
4 anchoas picadas gruesas
2 latas de sardinas de 95 g sin raspas, escurridas
    y picadas gruesas
100 g de pasas
3 cdas. de alcaparras
175 ml de vino blanco tipo vermentino
la peladura de ½ limón y un chorreón de zumo
15 g de hierbabuena picada
15 g de perejil picado
sal marina y pimienta negra recién molida

1 • Cocer en agua salada la pasta siguiendo las instrucciones hasta que esté al dente.

2 • Mientras, tostar el pan rallado y los piñones a fuego medio 5-6 minutos, removiendo constantemente. Reservar.

3 • Calentar el aceite en una sartén honda a fuego medio y añadir el ajo y las semillas de hinojo. Rehogar un minuto sin dejar de remover para que se desprendan los sabores y las semillas se ablanden un poco, pero sin que el ajo tome demasiado color. Agregar las anchoas, las sardinas, las pasas, las alcaparras, el vino blanco y la peladura de limón y reducir 2-3 minutos.

4 • Una vez hecha la pasta, escurrir, reservar 2-4 cucharadas del agua de cocción e incorporar a la salsa (la cantidad de agua depende de lo espesa que se desee). Añadir la pasta a la salsa y echar por último el pan rallado, los piñones y las hierbas. Y salpimentar al gusto.

• PEZ ESPADA AL ESTILO DE MESINA •

Un glorioso pez espada carnoso guisado con aceitunas, vino blanco y anchoas: productos que no pueden ser más de Mesina, la tercera ciudad en tamaño de la isla y el punto más cercano al continente. Es un plato siciliano de manual que canta las bondades del Mediterráneo central, ideal para un día soleado o para prepararle a un buen partido. Aseguraos de tener un buen pan para rebañar la salsa. Muchas gracias a Giorgio Locatelli.

• 4 COMENSALES •

10 aceitunas negras enteras en salmuera

1-2 cdas. de aceite de oliva virgen extra

4 filetes de pez espada de 140 g

sal marina y pimienta negra recién molida

2 cebolletas picadas

2 dientes de ajo bien picados

20 g de alcaparras lavadas y bien escurridas

una pizca de guindilla seca molida

4 filetes de anchoas en aceite

70 ml de vino blanco

1 lata de tomates troceados de 400 g

100 ml de passata de tomate

15 g de perejil picado para servir

1 diente de ajo bien picado para servir

1 • Practicar tres o cuatro cortes longitudinales en cada aceituna y extraer seguidamente el hueso con el máximo cuidado.

2 • Calentar el aceite en una sartén, añadir luego el pescado, sazonar y sellar por ambos lados (unos 2 minutos por cada lado). Sacar y reservar. Añadir las cebolletas, el ajo, las alcaparras, las aceitunas, la guindilla y los filetes de anchoas a la sartén y rehogar hasta que estas últimas se desmenucen en el aceite y la cebolleta quede traslúcida.

3 • Agregar el vino blanco y reducir hasta que se evapore el alcohol. A continuación, incorporar los tomates y la passata. Mezclar bien, tapar y dejar cocer 30 minutos a fuego muy bajo. Añadir el pescado en los últimos 10-12 minutos, o hasta que se haga bien por dentro. Servir con perejil y ajo por encima.

• MELOCOTONES EN VINO BLANCO •

Estos melocotones «borrachos» son un postre de verano estupendo y se hacen en un visto y no visto. El dulzor de la fruta chorrea en el vino mientras que la carne del melocotón se empapa de buen licor italiano. Con un toque de canela, azúcar y hierbabuena fresca, que realza el sabor, es una especie de macedonia (de hecho pueden añadirse otras frutas, como cerezas, melón o fresas) con un toque distinto. ¿Os atreveréis a comeros el melocotón, como Alfred Prufock? Me juego lo que sea a que sí.

• 4 COMENSALES •

4 melocotones sin hueso y partidos en mitades
1 botella de vino blanco (yo suelo utilizar uno italiano de buena relación calidad-precio, tipo vermentino o soave)
1 cdta. de canela molida
2 cdas. de azúcar
hojas de hierbabuena picadas para servir
helado de vainilla para servir (opcional)

1 • Cortar cada mitad de melocotón en dos o tres rodajas y poner el equivalente a dos mitades en una copa bonita, una por persona.

2 • Calcular cuánto vino hará falta para sumergir los melocotones y verter esa cantidad en una jarra. Añadir suficiente para todas las porciones. Mezclar bien la canela y el azúcar con el vino.

3 • Cubrir los melocotones con la mezcla, tapar y refrigerar mínimo tres horas (o más).

4 • Esparcir por encima la hierbabuena fresca antes de servir con helado (en caso de que seáis unos gordis redomados).

VÉNETO

Reinaba una sordidez odiosa por los callejones. El aire era tan denso que los numerosos olores salían de casas, tiendas y fondas: olores a aceite, perfume y demás acechaban por lo bajo, como exhalaciones, sin disiparse...
• THOMAS MANN, *Muerte en Venecia* •

A LO LARGO DE LOS siglos han sido muchos los que se han dejado seducir por la intensidad de Venecia, entre ellos, numerosos escritores. Nos hablan de amores florecientes, lujuria desbordada, locura y corrupción con un telón de fondo de arquitectura clásica en ruinas y bocanadas de olor a canal: desde Shakespeare en *El mercader de Venecia* a la poesía de Byron, las obras de Henry James, John Ruskin o Thomas Mann.

Venecia tiene una decrepitud embriagadora que se te mete en la piel. Como muchos, Thomas Mann se enamoró de su decadencia, esa que le da a la ciudad flotante ese aire etéreo de «inalterada desde los tiempos de los bardos». Es un museo viviente, que se va pudriendo lentamente y caerá en el olvido cuando el nivel del mar suba. No se me ocurre otro sitio de Europa donde se contemplen unas aguas marrones y apestosas con semejante entusiasmo romántico.

La región del Véneto se encuentra en el noreste del país, con su punta más septentrional rozando Austria y su litoral oteando la costa oeste de Croacia. Está en el punto de unión de la Europa oriental y la occidental. Existe una paleta culinaria fantástica (para los que tengan apetito voraz) pero hay que hurgar profundo: sobre todo en la capital. A simple vista Venecia puede parecer un destino gastronómico más bien pobre. Las hordas de turistas se encuentran a cada recodo del camino con canelones pochos y tristes pizzas, comida que los lugareños no reconocerían como suya. En Venecia he tenido a veces la penosa sensación de que podría comer pizzas mejores, risottos más ricos y pasta más sabrosa en Londres.

Pero hay mucho más por descubrir. En toda la región y en la ciudad, moteando discretamente los callejones a los que aludía Thomas Mann, hay *bàcari*, locales propios de la zona donde se sirven *ciccheti* (tapas venecianas como bocaditos de polenta coronados con carne o pescado) con una copa de vino llamada *ombra* («sombra»). Y por si todos estos nombres pintorescos no bastaran, los *bàcari* suelen estar llenos de lugareños que charlan en voz alta y en dialecto veneciano.[*]

Desde luego los *ciccheti* no son el único rasgo distintivo de la comida veneciana pero, como ocurre con muchas cocinas italianas, se pone mucho énfasis en el tiempo que pasan juntos comiendo y bebiendo, una cultura que se desarrolla en el escenario de los *bàcari*. Y al igual que mucha comida italiana, la del Véneto es engañosamente sencilla y se basa en una materia prima de una riqueza increíble. El secreto de la personalidad culinaria de la región reside a menudo en el arte para saber combinar esta riqueza con resultados sobresalientes.

La pasta cede terreno a otros carbohidratos, sobre todo a la polenta blanca y a una variedad de arroz llamada *vialone nano*, del valle del Po, un grano más ligero y largo que el más extendido arborio. A pesar de tener una importancia menor, existe una variedad de pasta que se hace con harina de trigo sarraceno y se conoce como *bigoli*, una especie de tallarines largos y gordos que parecen gusanos. Como veremos más adelante, esta particularidad deriva de la proximidad de la región con el centro y el este de Europa, con los que comparte un sutil intercambio de sabores e ingredientes.

Russell Norman, director de la cadena londinense de restaurantes Polpo, asegura que la principal diferencia entre las cocinas del norte y el sur reside en la elección de la grasa de base. Al hallarse lejos de la cuenca mediterránea, el norte de Italia no estaba en la ruta directa del comercio con Oriente Próximo y productos del norte de África como las aceitunas. En lugar de aceite, los venecianos y otros norteños como los milaneses han recurrido a lo largo de la historia a la mantequilla clarificada, una cuestión que puede parecer menor pero que entraña diferencias sustanciales entre ambas cocinas. La mantequilla clarificada es, por ejemplo, la responsable de los cremosos risottos del Véneto, con su consistencia caldosa. El *risi e bisi* (arroz con guisantes y una pizca de hierbabuena) es un plato típico que se elabora, desde el siglo XV, para celebrar el día de San Marcos.[†]

Las *brassicas* (como la col y la mostaza) y las hojas amargas son verduras típicas del Véneto, así como ciertas coles (la berza, la rizada, la verde y la lombarda) que se emplean en platos como la sopa de *cavolo verza* (con judías y berza) o la col verde salteada al estilo de Vincenza, con panceta, ajo y caldo de verduras. Todo pueblo parece tener su propio radicchio. El *treviso tardivo* es quizás el más famoso, una variante regional con bordes ondulados de esa brillante y amarga hoja púrpura que parece más bien un pulpo vegetal. No es ninguna coincidencia, por tanto, que Russel Norman (cuyo restaurante se

• VÉNETO

115

• • • •

[*] El véneto tiene muchas similitudes con el italiano y también se parece al istriano de la cercana Croacia.

[†] La fiesta del patrón de Venecia se celebra el 25 de abril.

llama Polpo, pulpo en italiano) asegure que el radicchio de Treviso sea «casi un símbolo» de Venecia. Aunque solemos asociar el radicchio con ensaladas, donde pone notas acres, en Venecia las *brassicas* suelen guisarse, macerarse en cerveza, freírse o simplemente aliñarse con mucho aceite, pasarse por la plancha o asarse (con un sabor que combina muy bien con carnes fuertes como las de caza o unas buenas salchichas).[*]

La tercera en la exquisita trinidad de verduras moradas son las alcachofas. Puede comprarse una variedad local en el mercado de Rialto conocida como *castraure* (castrada) porque se le corta el tallo. Las alcachofas pueden estofarse y aliñarse con zumo de limón y aceite, aunque también se rellenan (pan rallado, pecorino, perejil) o se añaden a risottos cremosos con toques de limón.

Otras verduras populares son las calabazas otoñales, el ingrediente principal del *risotto di zucca*: un reconfortante plato dulce y naranja ocre que simboliza a la perfección la estación. También se comen muchos guisantes, así como hinojo, tanto fresco como en semillas para condimentar. Russell Norman recomienda cortar esta hortaliza fresca y comerla con aceite de oliva, limón y unas avellanas tostadas. Otras hierbas como la albahaca, el perejil y la hierbabuena están a la orden del día en la cocina veneciana.

Venecia fue el punto de encuentro entre el este y el oeste durante el siglo xv,[†] recibía todas las especias que entraban en Europa a través de la Ruta de la Seda, que se extendía por toda Asia, Oriente Próximo y África. Por irónico que parezca, los malolientes canales de Venecia son un recordatorio de su riqueza histórica. Las góndolas se usaban para descargar los productos recién llegados del Imperio bizantino y más allá. La utilización de especias exóticas como el cardamomo, el clavo, el azafrán y la canela en la cocina veneciana contemporánea es una lección sobre la historia del comercio en la Ruta de la Seda.

Una visita al mercado de Rialto supone un recordatorio seguro de la historia mercantil de Venecia. Aunque en la actualidad la economía de la ciudad depende más del turismo y no tanto de la producción comercial, sigue siendo un núcleo neurálgico de comerciantes de alimentos. Rialto está ahora dividido en zonas especializadas: las *specializi*, de especias, por ejemplo, la *naranzeria*, de naranjas o la *pescheria* techada del pescado. Es el lugar más auténtico para comprar pescado fresco local, una afirmación refrendada por la historia que cuenta Russell: cuando le preguntó a Luca, el dueño del conocido restaurante de pescado veneciano Alle Testieri, cómo era posible que no abriese la mitad del fin de semana este le respondió: «¿Cómo quieres que abra un domingo o un lunes? ¡Pero si no hay mercado!». Para los días de cierre, siem-

••••

[*] Yo a veces le echo al radicchio o a la achicoria roja *bagna cauda*, una mantequilla con ajo y anchoas típica del Piamonte, que se desliza entre sus hojas ceñidas. Véase mi receta en pág. 118.

[†] Junto con Génova, la capital de la Liguria, en el otro extremo del norte de Italia.

pre podemos contar con el *baccalà* —indispensable en las despensas venecianas—, posiblemente rehidratado y en crema en el *baccalà mantecato*, una mousse de pescado con ajo, aceite de oliva y laurel. Puede comerse untado en pan o en trozos de polenta asada.

En Rialto hay todo tipo de pescado local; las diversas preparaciones componen un repertorio de los diferentes sabores y técnicas venecianas. Con el caché que le da tener solo dos cosechas cortas al año, el cangrejo de concha blanda es muy popular, tanto en el *fritto misto* como de guinda rebozada para una ensalada con zumo de limón. Después están los *gò*, los nadadores feos y menudos que habitan el lodo de la laguna veneciana. Son el principal ingrediente del *risotto buranello* (llamado así por la colorida isla vecina de Burano). También hay almejas de todos los colores —conchas finas, navajas y demás— que como mejor saben es solas a la plancha o hervidas con jengibre. Los boquerones se utilizan en el plato de pasta más típico de la región, los *bigoli in salsa*, con espaguetis de trigo sarraceno o normal, boquerones, cebolla y perejil.

La proximidad de la región con el centro de Europa explica los muchos solapamientos culinarios entre Italia y otros países que, de entrada, parecen muy distintos. La *strudel*, que yo misma suelo asociar sobre todo con Austria y Alemania, se come en los Dolomitas, y también es conocida la debilidad de los venecianos por lo agridulce, presente en los sabores fuertes y avinagrados tan comunes en Europa central y oriental [*] (véase pág. 121). En platos venecianos clásicos como el *fegato alla veneziana* se perciben fuertes ecos de la cocina eslava: hígado bien picado y endulzado con rodajas de cebolla que, a simple vista, recuerdan al chucrut. El vinagre y la salvia suelen añadirse para dar fuerza y notas acres. El hígado de pato es también popular y, con pasta y salvia, se presenta en un plato llamado *bigoli con l'anatra*.

Estos sabores —y platos como las sardinas en *saor* [†] o a la salsa *agrodolce* [‡]—, dan buen ejemplo de la fascinación de la región por la comida agridulce. Dada la belleza turbia de Venecia, su podredumbre y su romanticismo, los sabores agridulces parecen muy apropiados para representar el esplendor decadente de la ciudad, y tal vez de la región en su conjunto. ¿No le parece, Thomas Mann?

• • • •

[*] En sentido contrario, existen platos de carbohidratos como los *spatzle* en sitios como Hungría, no muy lejos de la capital mundial de la pasta, al oeste.

† Sardinas agridulces, típicas de Venecia. Se enharinan, se fríen y se sirven con una reducción de cebollas fritas en vinagre, azafrán, clavo, laurel, pasas sultanas y piñones.

‡ Presente en toda Italia, es una salsa agridulce que se hace principalmente con azúcar y vinagre y a la que a menudo se le añaden frutas y verduras. Combina muy bien con el pepperoni, el pescado y... con casi todo.

LA DESPENSA • arroz para risotto (sobre todo arborio) • radicchio • achicoria • *baccalà* • boquerones • sardinas • calabaza • alcachofas • hinojo • guisantes • hierbas aromáticas (perejil, hierbabuena, albahaca) • especias selectas (azafrán, cardamomo, canela) • pasta de trigo sarraceno

• • •

• RADICCHIO CON BAGNA CAUDA •

La *bagna cauda* es una salsa de mantequilla con ajo y anchoas que hoy en día se cree que es originaria del Piamonte. Aun así se come profusamente en todo el norte de Italia y, dada la proliferación de anchoas y radicchio en la región, este plato representa bien los sabores y los ingredientes venecianos. Es un entrante muy rico o un plato más de un surtido variado y sumario de ensaladas y embutidos. Probad a hacerlo con achicoria en lugar de radicchio.

• 4 COMENSALES COMO GUARNICIÓN •

3-4 cabezas de radicchio en cuartos
100 ml de aceite de oliva virgen extra,
más un chorreón para freír
1 lata de anchoas de 50 g con su aceite
4 dientes de ajo muy picados
100 g de mantequilla sin sal en cubos

1 • Calentar en una sartén grande un chorreón de aceite a fuego medio-alto y añadir los cuartos de radicchio. Darle la vuelta con frecuencia para que se hagan uniformemente. Al cabo de 5-7 minutos se habrán ablandado y dorado ligeramente.

2 • Preparar la *bagna cauda* en una sartén aparte. Calentar los 100 ml de aceite a fuego medio, añadir las anchoas y el ajo y rehogar 1-2 minutos, removiendo constantemente, hasta que las anchoas se desmenucen y se disuelvan en la salsa. Agregar la mantequilla y esperar a que se derrita.

3 • Disponer el radicchio sobre una fuente, con los lados cortados hacia arriba, y regar por encima con la *bagna cauda*. Servir al instante.

• RISOTTO DE GUISANTES •

En este libro encontraréis dos recetas de arroz con guisantes de muy distinto pelaje. En Venecia el risotto de guisantes se come tradicionalmente en la festividad de San Marcos, el patrón de la ciudad, que se celebra el 25 de abril. Conocido como *risi e bisi*, es más un risotto caldoso que normal, con un condimento sencillo de abundante mantequilla y penetrante parmesano, aunque también puede hacerse más carnívoro con trozos de *prosciutto* y caldo de pollo. Los dos ingredientes principales tienen gran simbolismo: el arroz de la abundancia y los guisantes de la primavera. Si los guisantes con hierbabuena os vuelven locos, añadid esta hierba al aderezo o pasad directamente del perejil y sustituidlo por hierbabuena.

• 4-6 COMENSALES •

200 g de guisantes pelados (reservar las vainas)
1 litro de caldo de verduras o pollo de calidad
100 g de mantequilla
2 cebollas blancas o 4 chalotas bien picadas
100 g de dados de jamón curado tipo *prosciutto* (opcional)
200 g de arroz arborio
parmesano para rallar en cantidad
sal marina y pimienta negra recién molida
perejil o hierbabuena para servir, picados

1 • Pelar los guisantes y reservar. Llevar el caldo a ebullición en una olla grande, incorporar las vainas y hervir hasta que se ablanden. Sacar las vainas y pasarlas por la batidora (si el puré queda muy grueso, puede colarse con un colador para eliminar las partes más leñosas) antes de devolverlo al caldo. El líquido resultante tiene que parecer una sopa de guisantes. Reservar.
2 • Derretir la mantequilla en una sartén grande y saltear las cebollas o chalotas a fuego medio. Al cabo de un minuto agregar el jamón (en caso de usar) y seguir rehogando unos 8-10 minutos, hasta que las cebollas estén traslúcidas y empiecen a dorarse.
3 • Añadir el arroz y los guisantes pelados y cubrir con la mezcla de mantequilla y cebollas. A continuación ir añadiendo poco a poco el caldo verde hasta que el arroz lo absorba bien, entre 10-15 minutos. El arroz tiene que quedar al dente. Si sigue teniendo forma granular, añadir más agua.
4 • Rallar por encima el parmesano, rectificar de sal y pimienta al gusto y rociar con perejil o hierbabuena al servir.

EUROPA DEL ESTE

Para ella la comida no es comida: es terror, dignidad, gratitud, venganza, alegría, humillación, religión, historia y, por supuesto, amor. Era como si las frutas que siempre nos ofrecía las hubiera cogido de las ramas arrasadas de nuestro árbol familiar.
• JONATHAN SAFRAN FOER, *Comer animales*[*] •

PARA LA ABUELA POLACA del escritor Jonathan Safran Foer las comidas no solo estaban dotadas de historia sino también de una sensación de buena fortuna por el simple hecho de que hubiera comida en la mesa. Foer describe cómo escapó su abuela del Holocausto, cómo se escondió unas patatas en los pantalones y se refugió con un granjero ruso que le ofreció un plato de cerdo. Pese al hambre voraz, se negó a comerlo porque la ley kosher se lo prohibía.

La diáspora judía askenazí —esto es, de los judíos cuyos ancestros eran originarios de Europa Central y del Este, entre los que se contaba la abuela del autor— le da una enorme importancia a las tradiciones y los sistemas de creencias en torno a la comida, muchos de los cuales siguen observándose hoy en día. Como escribe Safran Foer: «Los jueves hacíamos pan, *jalá* y bollos que duraban toda la semana. Los viernes tocaban tortitas. Los sabbats siempre comíamos pollo y sopa con fideos».

En ocasiones la comida judía askenazí puede parecer inextricable de la de Europa central y oriental. Se debe probablemente al éxodo masivo al que se vieron sometidos los judíos europeos antes y durante el Holocausto, que hizo que su cocina se expandiera de forma natural. El *gulash* y el *borscht*,[†] por nombrar solo dos platos eslavos conocidos, se han popularizado en su nombre judío. Me sorprende que, si bien las citas de Safran Foer sin duda describen la experiencia de los judíos de Europa del Este, en realidad el énfasis en la grati-

• • • •

[*] En el libro *Comer animales* su autor cuenta las razones que le llevaron a dejar de comer carne, que he de admitir que me resultaron bastante convincentes. Eso sí, la exploración que hace de su educación judía askenazí es aún más estremecedora.

[†] Dos sopas o guisos típicos de Centroeuropa y Europa del Este. El primero es un guiso con carne, pasta y verduras aderezado con alcaravea y pimentón. El segundo es una sopa de remolacha. Más adelante encontraréis la receta de ambas.

tud, la historia y el amor está presente en todas las culturas del este de Europa, un rasgo que impregna asimismo la actitud que tienen hacia la comida.

He agrupado a los países del este de Europa —entre el mar Negro, el Báltico y el Adriático, al este de Alemania y Austria y al oeste de Rusia— de un modo un tanto rudimentario, basándome en las fuertes similitudes de sus cocinas. La historia común de regímenes comunistas de estos países ha dejado una marcada huella en la cocina, tanto para bien como para mal: restringieron el suministro de alimentos al tiempo que protegieron las tradiciones de las arremetidas de la modernización culinaria. La cocinera búlgara y escritora gastronómica Silvena Rowe apunta que «pocas cosas buenas sacamos del aislamiento que supuso el comunismo, pero sin duda una positiva es que podemos presumir de que los cimientos de las cocinas nacionales nunca se adulteraron por los cambios de las modas culinarias que barrieron Europa durante esos años». No puede tener más razón, y por eso mismamente es por lo que la comida del «Bloque del Este» puede resultarnos extraña: sabores intensos, nuevos e inesperados que ponen a prueba el paladar. Como todo lo que se prueba por vez primera, comer buena cocina eslava es una experiencia ensalzada por la novedad. Parecería un error dedicarnos a una sola cocina, de modo que vamos a hacer un viajecito por Hungría, Polonia y la República Checa y detenernos en algunos de los rasgos comunes de sus cocinas.

Aunque en su conjunto no fueron «adulteradas por las modas culinarias», sí que se produjo cierta mezcla entre las cocinas nacionales individuales. El mestizaje culinario entre los antiguos países del Bloque del Este hizo que muchos platos típicos de una región determinada acabasen elaborándose en todas, como es el caso del *goulash*, que, aunque originario de Hungría, se ha adoptado como plato típico de países como la República Checa. Otros clásicos de la comida del Bloque del Este son las sopas, los guisos, los raviolis, todos con tubérculos (remolachas, zanahorias, patatas), carne (en grandes cantidades y aprovechando todo el animal), encurtidos, cereales, frutas, frutos secos y especias como el pimentón, la alcaravea y el eneldo: mandan los sabores intensos.

Centroeuropa y Europa del Este mantienen un vínculo evidente con las tradiciones culinarias de Escandinavia (véase pág. 137) y Alemania (véase página 129), así como con las de Oriente Próximo (véase pág. 162). Sabores como la nata agria, el eneldo, el pescado encurtido, la alcaravea y el pimentón se dan la mano con las clásicas combinaciones agridulces de los mundos árabes y persas[*]. En *Feasts*, su libro sobre las comidas comunes de Centroeuropa y

● ● ● ●

[*] Recetas persas, por ejemplo, como el *joresht-e-mast* —pollo con yogur, naranja y bayas de agracejo (pág. 193)— o platos sirios como el kebab con cerezas.

Europa del Este, Silvena Rowe nos da a conocer recetas de la zona, como un guiso de cordero con granadas y calabaza o pato en salsa de almendras y granada, que me recuerdan los platos que exportaron los moros al sur de España y que siguen preparándose en nuestros días. El *bigos*, el plato nacional polaco, un guiso de ternera, cerdo, salchichas, chucrut, champiñones, manzanas y ciruelas bebe de las mismas fuentes. Por su parte, platos como el *papricas*, un famoso estofado húngaro de carne de magro, pimentón, tomate, pimiento y nata agria, tienen un toque más germánico o, al menos, menos mediterráneo. Flanqueados por dos tradiciones culinarias más conocidas —la escandinava y la de Oriente Próximo—, los platos de Europa del Este, como el *papricas* y el *bigos*, son expresiones comestibles de su geografía.

Los siglos de escasez y la llegada posterior del comunismo han definido el desarrollo de estas cocinas, cimentadas en ingredientes sencillos pero con una buena dosis de sabores punzantes. Las sopas y los guisos son fundamentales: alimentos baratos, de olla única, que sacan mucho partido de un poco de carne o de tocino. Un ejemplo clásico es el *borscht*. Descubrí esta maravillosa sopa de remolacha a los nueve años, cuando nos la preparó la abuela polaca de mi amiga Emilia Brunicki. Recuerdo entrar en el recargado pasillo de su piso del sur de Londres y sentirme embargada por el aroma a remolacha, caldo de carne y bondad a fuego lento. Éramos demasiado pequeñas para acompañarlo con vodka pero ahora veo claramente el maridaje, en una combinación que debe arropar el cuerpo con calor y combustible para las largas noches del invierno. Cuando la abuelita Brunicka no nos hacía *borscht*, preparaba una sopa de pollo con fideos riquísima. No se parecía a ningún plato de pollo que hubiese probado, y me recuerdo devorando las diferencias: las zanahorias, cocinadas horas y horas hasta quedar dulces y blandas, los trocitos dorados de pollo y el sentirme saciada y reconfortada por dentro.

Desde entonces he comprendido que esa sensación que me provocaban las sopas de la abuela Brunicka —de ser reparadoras y nutritivas— no era casual. A la sopa de pollo se le da el apelativo cariñoso de «penicilina judía» y se ha convertido en la comida típica de los sabbats para muchos judíos, en particular los de ascendencia askenazí. Cada familia parece tener su propia versión, aunque todas tienen un caldo dorado oscuro, ligero y con burbujitas de grasa en la superficie. Suele contener zanahorias y apio y a menudo *kneidlach*, pequeñas albóndigas hechas con harina de *matzá*, huevos y manteca de pollo. La gente acude en bandadas al Deli de la Segunda Avenida de Nueva York, un restaurante fundado en la década de 1950 por inmigrantes polacos, en busca de la auténtica sopa de pollo. El recetario del establecimiento contiene nada menos que ¡seis recetas de sopa de pollo!

En el centro y el este de Europa la gama de sopas va de las campesinas más rudimentarias (y en este caso el adjetivo tiene su razón de ser, no es solo un calificativo de moda para platos calientes y contundentes) como la *soup mit nisht* («sopa con nada», un caldo de patata y col) a las básicas de tomate o champiñones, pasando por las de centeno agrio, pepino agrio, callos o las sopas frías de frutas del bosque como arándanos o fresas silvestres.

Los guisos gozan de la misma popularidad, si bien son más espesos y llevan más carne que las sopas de la región. El gulash se considera por lo general húngaro, y así es, pero también es verdad que muchos de los países vecinos cuentan con su propia versión. Mi amiga checa Klara Cecmanova le añade a veces comino y salchichas tipo frankfurt, aunque lo habitual es que lleve ternera, cebolla, ajo, alcaravea, tomate y verduras como pimientos y patatas. Es un plato contundente, pensado para que los granjeros y pastores húngaros sobrellevaran el clima frío. Lo que tienen en común estos guisos, aparte de ser económicos y sustanciosos, es que se mantienen muy bien. Pueden estirarse añadiendo más agua, y al parecer duran hasta una semana en el frigorífico.[*] Estos guisos suelen acompañarse de pasta de huevo regional conocida como *spatzle* —más rotunda que la alternativa italiana y parecida a macarrones gigantes—, así como pan de centeno y puré de patatas.

La pasta rellena también está muy extendida por toda Europa del Este, bien como guarnición bien como plato principal. Pueden ser de huevo (como los *galuska* húngaros) o de patata (como los *pierogi* polacos) y se sirven solos para acompañar guisos o con rellenos más elaborados como queso cremoso, champiñones, chucrut o higaditos de pollo.

El pescado curado suele utilizarse para poner el toque agridulce. Los arenques, el eglefino, el salmón e incluso el caviar marinados son muy comunes y se utilizan a menudo como base de intrincados aperitivos con pan de centeno y nata agria, o empanados y fritos como plato principal. El pescado fresco es un lienzo en blanco igual de bueno para otros sabores agridulces, complemento ideal de pepinos salados y vinagretas intensas con limón y eneldo.

La col, de cultivo rápido y muy rica en vitamina C y betacarotenos, es otro ingrediente fundamental en toda la región. El chucrut es un clásico de la dieta de todo el norte —de Alemania a Ucrania— y se utiliza en muchos guisos y sopas, así como en rellenos de pastas. Sin embargo la preparación más famosa tal vez sean las *goblaki* polacas, hojas de col rellenas de carne

• • • •

[*] Según Silvena Rowe era tradición conservar el *gulash* en un estómago de oveja: puede que no sea el método más apetecible de conservar algo fresco, pero no podemos negar que es ingenioso.

picada, salchichas, arroz y hierbas: otro ejemplo de los vericuetos culinarios de la región que evitan grandes desembolsos.

La cerveza del este de Europa tiene una fama excelente —la República Checa produce unas lagers claras especialmente buenas, tipo pilsner, como la Budvar y la Staropramen, que se distribuyen por todo el mundo—, mientras que el vodka es un pilar de la cultura polaca. Se destila de patata, centeno o trigo (motivo de discordia este último) y su producción es barata por tratarse de cultivos muy extendidos. No me cuesta comprender su razón de ser en los inviernos fríos, otro puntal reconfortante para acompañar guisos, sopas y postres deliciosos.

Y hablando de estos últimos, los componentes más comunes son los bizcochos, los hojaldres, los frutos secos, las semillas y las frutas del bosque. Rollitos rellenos de mermelada o semillas de amapola, *strudels*, tortitas (*palacsinta*) con mermelada y mi favorito: el *bábovka*, un bizcocho checo con forma de rosco. Mi amiga Petra Rychnovska, que vivió una temporada en casa de mis padres cuando yo era adolescente, sigue siendo hoy en día lo más parecido que tengo a una hermana. Cuando su madre venía de visita llegaba cargada de cajas de *strudel* envuelto en papel aluminio y con una *bábovka*, una hermosa corona de bizcocho denso, jugoso y marmolado que hacía en Praga la abuela Rychnovska. Pasábamos los días siguientes deleitándonos con estos dulces en todas (y digo bien, todas) las comidas y, aunque la madre de Pet no hablaba inglés, las sonrisas elocuentes que compartíamos sobre la mesa iban más allá del lenguaje verbal. La *bábovka* hablaba por nosotros y nos unía en dos cosas: el amor por la comida y el amor por su hija

LA DESPENSA • pimentón picante • alcaravea • laurel • eneldo • enebro • pimienta negra • mejorana • orégano • cebollino • nata agria • remolacha • col • pasta (fideos para sopas y *spatzle* de guarnición para guisos) • *matzà* para pastas rellenas • pescado curado y marinado • pasteles con semillas de amapola

• • •

• BORSCHT •

La abuela polaca de mi amiga Emilia, Halina Brunicka, ya fallecida, hacía esta sopa con frecuencia, y yo tuve la gran suerte de comerla. Cuando le pregunté a Emilia si le gustaría darla a conocer, me contó que siempre había estado en la cabeza de su abuela, que la hacía siempre de memoria. Lo que sigue, por tanto, es el resultado de la tormenta de ideas de la familia Brunicki, en la que intentaron recordar todos los pasos y las medidas con la mayor fidelidad posible. Aunque nunca llegaremos a hacerla como la abuela, es un honor para mí daros la receta más parecida posible: la versión de su nieta. Podéis ensalzar vuestro *borscht* con un chorrito de nata agria o normal y un poco de eneldo, bien para una cena con amigos, bien para tomarlo en su forma más pura en una fría noche de domingo. Si no encontráis un corte de ternera con hueso en la carnicería, también vale cualquiera para guisar. La versión vegetariana puede hacerse prescindiendo de la ternera y sustituyendo el caldo de ternera por el mismo volumen de consomé de verduras.

• 4 COMENSALES •

1,5 litros de caldo de calidad (la abuela utilizaba de ternera)
1 jarrete de ternera (de unos 750 g con su hueso)
1 cebolla blanca o amarilla a cuartos
6 remolachas grandes, la mitad ralladas, la mitad picadas
3 zanahorias cortadas gruesas
1 patata pelada y troceada
5 champiñones laminados
½ cabeza de col pequeña, en juliana
1 cda. de pimienta de Jamaica
1 cda. de azúcar
1-2 hojas de laurel
zumo de ¼ de limón (y más al gusto, si es necesario)
50 ml de vodka (opcional)
sal marina al gusto

PARA SERVIR
nata fresca
un puñadito de eneldo picado
pierogi o palitos de queso

1 • En una cacerola grande llevar a ebullición el caldo de ternera con el jarrete y la cebolla, bajar luego el fuego y cocer entre 1,5 y 2 horas. Retirar del fuego y dejar enfriar. Entre tanto extraer toda la carne del hueso del jarrete y desechar el hueso, la grasa y el tendón.

2 • Al cabo de unas horas, cuando la grasa se haya enfriado lo suficiente para poder quitarla bien, espumar y añadir la remolacha, las zanahorias, la patata y los champiñones. Llevar a ebullición, reducir el fuego y dejar cocer 30 minutos.

3 • Añadir la col, la pimienta de Jamaica, el azúcar, el laurel y el zumo de limón y dejar hacerse hasta que la col esté tierna. Incorporar el vodka en caso de usarlo. Es conveniente preparar este plato el día de antes de consumir para que los sabores se liguen y se asienten. A la hora de servir solo hay que llevar a ebullición una vez más.

4 • Hay quienes prefieren colar la sopa y tomarse solo el caldo. A mí me gusta dejar los trozos de carne, remolacha y champiñones para añadir textura, de modo que ¡al gusto del consumidor! Servir caliente con *pierogi* o palitos de queso, una gotita de nata fresca y una pizca de eneldo picado.

• SOPA DE POLLO •

La sopa de pollo es la respuesta definitiva a los resfriados y la gripe («penicilina judía», como os decía). De hecho yo recomendaría prepararla en cantidad y guardarla en el congelador para tenerla siempre a mano durante el invierno. En las comunidades de judíos askenazíes el caldo de pollo se come tradicionalmente con *kneidlach*, o albóndigas de *matzá* (con grasa de pollo), sobre todo en la Pascua Judía. Esta sencilla sopa de pollo prescinde de las *kneidlach* y saca buen partido de sobras de carne, como la carcasa de un pollo asado del día anterior. En mi casa es un clásico de los lunes después del asado de los domingos, en una fácil receta de cuchara. Si queréis darle un toque más aromático, probad con salvia o tomillo frescos.

• 4 COMENSALES •

50 g de mantequilla

1 cebolla blanca o amarilla picada gruesa

2-3 ramas de apio en rodajas gruesas

1-2 puerros grandes en rodajas gruesas

3-4 zanahorias troceadas gruesas

3 dientes de ajo laminado fino

3 dientes de ajo enteros, sin pelar

1 carcasa entera de pollo, con los jugos del asado

1,5 litros de caldo de pollo de calidad
1 hoja de laurel
un puñadito de granos de pimienta negra
sal marina
50 g de fideos cabello de ángel
perejil, picado grueso, para servir
pimienta negra recién molida

1 • Calentar la mantequilla en una cacerola grande y rehogar 3-4 minutos la cebolla, los puerros, el apio y las zanahorias a fuego lento. Agregar todo el ajo y rehogar otro minuto.

2 • A continuación incorporar la carcasa de pollo y cualquier resto —trozos de piel, huesos, jugo o salsa del asado—, cubrir con el caldo de pollo y añadir el laurel y los granos de pimienta. Sazonar.

3 • Dejar hacer a fuego lento una hora. En el momento de comer, colar la sopa para desechar la carcasa de pollo, el laurel y los dientes de ajo enteros (reservar, véase más abajo) y los granos de pimienta y volver a pasar el caldo a la sartén.

4 • Echar los fideos y dejar cocer al dente. A mí me gusta pelar antes de servir los ajos enteros y pasarlos por un colador fino sobre la sopa removiendo bien.

5 • Servir la sopa con perejil recién picado por encima y un poco de pimienta negra molida.

• BÁBOVKA •

Si mi metabolismo pudiera soportarlo, la comería por la mañana, a mediodía y por la noche. Vaya mi agradecimiento por esta receta a la fabulosa Klara Cecmanova (quien sin duda tiene un metabolismo que aguanta ingestas regulares de *bábovka*). Klara se apresura a recalcar la importancia de la harina checa, que puede adquirirse en algunas tiendas polacas o por Internet —si vivís en el suroeste de Londres, os recomiendo la tienda Halusky, en Richmond, donde ella misma la compra—, pero si no la encontráis, sustituidla por harina normal. Aunque en algunos supermercados venden azúcar vainillado en bote, es muy fácil prepararla en casa para tener siempre en la despensa: basta con introducir en un tarro 2 o 3 vainas de vainilla sin semillas con medio kilo o 1 kg de azúcar blanquilla y dejar que se impregne al menos una semana. También puede sustituirse con 20 g de azúcar blanquilla y 2-3 gotas de esencia de vainilla. Se necesita un molde con forma de rosco. A mí personalmente me parece que la *bábovka* está mejor sola pero, si queréis animarla un poco, probad a echarle una cucharada de ron, zumo de limón, pepitas de chocolate o fruta deshidratada.

200 g de mantequilla sin sal, a temperatura ambiente,
más un poco para engrasar el molde
170 g de azúcar lustre
20 g de azúcar vainillado (véase en la página anterior)
4 huevos, claras y yemas separadas
225 g de harina checa (*polohrubá mouka*) o harina normal
½ cucharadita de levadura
2 cdas. de cacao en polvo
azúcar glas para adornar

1 • Precalentar el horno a 180°C. Untar con mantequilla un molde de rosco de 24-46 cm de diámetro, espolvorear un poco de harina por los lados y eliminar lo que no se pegue al molde.

2 • Batir la mantequilla en un bol grande con aproximadamente dos tercios del azúcar lustre y de la vainillada. Incorporar lentamente las yemas de los huevos y mezclar bien. Añadir la mitad de la harina y la levadura y seguir batiendo. Agregar a continuación el resto del azúcar lustre y la harina. A partir de este punto no deben mezclarse demasiado o la masa se quedará muy pegajosa.

3 • Montar las claras de huevo en un bol aparte hasta que le salgan picos. Añadir luego poco a poco al otro bol. No hay que mezclar demasiado: la masa tiene que desprenderse en grumos de la cuchara, no como una pasta líquida. Dividir en dos la mezcla y ponerla en dos boles distintos. Echar el cacao sobre uno y mezclar bien. Dejar la otra mitad blanca.

4 • Formar capas en el molde, con la ayuda de un cucharón, de masa clara y oscura. Pasar un tenedor por el centro, como pintando un remolino, para crear un efecto marmóreo. Hay que rellenar dos tercios del molde.

5 • Hornear 30-40 minutos o hasta que, al meter un cuchillo por el centro, salga limpio. Dejar reposar 10 minutos, dar la vuelta al molde y adornar con un poco de azúcar lustre antes de servir.

ALEMANIA

Me llena verdaderamente de felicidad que mi corazón sea capaz de sentir el mismo placer simple e inocente que el campesino cuya mesa está repleta de comida de su cosecha, y que no solo disfruta de su comida, sino que recuerda con deleite los felices días y las soleadas mañanas que pasó plantándola, las apacibles tardes en que la regó y el placer que experimentó viéndola crecer día a día.
• JOHANN WOLFGANG VON GOETHE, *Las tribulaciones del joven Werther* •

PARA MUCHOS británicos como yo la comida alemana está vinculada con los muñecos de madera y la música de acordeón de los mercadillos de Navidad que adornan las plazas de nuestros pueblos en invierno. Cuando estudiaba en Leeds, todos los años corríamos en bandada a la plaza Millennium para tomarnos un *glühwein* y unas *bratwursts* y soñar despiertos con las navidades del norte de Europa: noches muy oscuras, montañas nevadas, artesanías y comida hogareña. Era mágico pero más por ser una gustosa tradición navideña que como experiencia gastronómica para el recuerdo. Y aunque sin duda mi visión está moldeada por mis preferencias y prejuicios, dudo que muchos eleven los perritos calientes a la categoría de hallazgo culinario.

Si existe una cocina carente de glamour, esa es la alemana. Las salchichas, la col agria, el pan de centeno e insípidos quesos duros hacen que la percepción internacional considere la comida alemana pesada o, peor, indigesta. Por supuesto en su momento este tipo de comida cumplió una función muy valiosa, sustentando a una población de obreros manuales en la rauda industrialización vivida por el país durante los últimos dos siglos.

Hace unos años unos amigos y yo decidimos ir en bici de Londres a Berlín en once días. Una empresa disparatada, sin duda, pero lo conseguimos, y no en menor medida gracias a carnes vigorizantes, guisos de patatas con mucha alcaravea y enebro o salchichas de carne de caza con chucrut, todo ello regado con la cerveza de malta de la tarde. Estos platos tradicionales siguen sirviéndose en restaurantes de toda Alemania, pero, aunque son deliciosos cuando están bien elaborados, no están muy emparentados con el concepto de dieta equilibrada (baja en carbohidratos y grasas, por ejemplo). Aun así, pese a no ser muy moderna, la comida alemana es una expresión tan deliciosa como fascinante del país y su historia.

Es el país de la tarta Selva Negra y de Hansel y Gretel, los hijos de los Hermanos Grimm que se perdieron en un bosque lleno de tentaciones comestibles muy peligrosas: «leche y tortitas, con azúcar, manzanas y nueces» y la casa de una bruja malvada «construida con pan y cubierta de pasteles [...] las ventanas de azúcar cristalizado». Mucha de la comida que asociamos con Alemania, como las setas silvestres y la remolacha, las manzanas recién cogidas o la calabaza y las pipas de girasol, parece haber sido recién cosechada, recolectada del bosque o sacada del suelo. Las semillas y cereales, desde el trigo a la avena pasando por el centeno y el *pumpernickel*, son fundamentales para el amplio surtido de panes y *pretzels* alemanes, de distintos colores y sabores múltiples.

Durante siglos la tierra que hoy conocemos como Alemania formó parte del bloque de Europa central conocido como Sacro Imperio Romano, que, a grandes rasgos, se extendía por las actuales Austria, Alemania, la Borgoña francesa, Italia y gran parte de Europa oriental (conocida como Bohemia). Como a mi padre le encanta decir, es cuestionable si realmente tuvo algo de «sacro», de «romano» o de «imperio», y cuando se desmoronó en 1648, tras la guerra de los Treinta Años, Alemania se dividió en numerosos estados, entre ellos Prusia, Baviera y Sajonia. Más tarde, en 1871, se unificarían en el Imperio germano.

Esta lección abreviada de historia nos enseña dos cuestiones importantes: en primer lugar Alemania es en realidad una recién llegada, en comparación con otros países europeos, de ahí que podamos afirmar que esté aún formando su identidad culinaria; en segundo lugar no es de extrañar que muchas de las comidas que consideramos alemanas en realidad sean austriacas: el *wiener schnitzel*[*] (de Viena, como su propio nombre indica), el *strudel* de manzana o la tarta Sacher (la tarta austriaca de chocolate), por nombrar solamente tres ejemplos. Que solo exista una distinción sutil entre «alemán» y «germánico» también es importante.

La comida tradicional alemana ha cambiado muy poco en las últimas décadas.[†] Sería poco inteligente por nuestra parte cuestionarnos si los

••••

[*] El *wiener schnitzel* es un filete empanado. Aunque por tradición se hacía con ternera, es muy común encontrarlo de cerdo, una alternativa más barata.

[†] En el otro extremo del espectro, en las grandes ciudades y los hoteles caros abundan los cocineros alemanes que imitan meticulosamente las técnicas francesas y españolas en nombre de la «Nueva Cocina Europea».

acontecimientos de mediados del siglo XX no siguen siendo determinantes en la evolución de la cocina autóctona. Mientras los paisajes culinarios de los Estados Unidos y Gran Bretaña se comercializaron y la Europa mediterránea siguió en su línea —rica en materia prima de climas cálidos, cada pueblo con su horno artesano, y las tradiciones culinarias árabes, judías y cristianas desempeñando cada una su papel—, la política interior de Alemania se orientó hacia el nacionalismo, que renegó de toda influencia. En 1945, con el fin de la guerra y la caída del nazismo, las potencias internacionales restringieron la producción alemana con el fin de frustrar nuevos militarismos. Si a esto le añadimos un mestizaje étnico relativamente escaso, tenemos que la evolución de la cocina alemana en el siglo XX fue más bien exigua.

La división en Alemania Oriental y Occidental en 1949 propició diferencias amplias entre ambas culturas gastronómicas. Alemania Federal permaneció fiel a sus raíces y, al abarcar toda la zona sur del país (incluida Fráncfort, la capital de las salchichas), se convirtió en la abanderada de las *wursts*. Por su parte Alemania Oriental se vio inevitablemente influida por países vecinos como Polonia y Rusia y heredó su debilidad por lo salado, los encurtidos y hierbas como el eneldo (véase pág. 121). La *solyanka* (una espesa sopa rusa con una base de carne, pescado o verduras, con mucha sal, pepino, col y nata agria) se popularizó en Alemania Oriental y es un claro reflejo de la paleta de ingredientes de la región.

Pese a las limitaciones de la cocina alemana en la historia reciente, la variedad de comida va en aumento. La población turca, por ejemplo, de cuatro millones de habitantes, conforma la minoría étnica más numerosa de Alemania. He comido unos kebabs estupendos en Kreuzberg, el barrio bohemio de moda en Berlín, donde restaurantes turcos y camionetas ofrecen comida rápida pero más saludable que las *wursts* autóctonas y las cebollas grasientas.

También existe un vivo movimiento ecológico en Alemania, que deja a la altura del betún nuestros esfuerzos en Reino Unido.[*] Es fácil adquirir productos hortícolas de temporada —como la col (*kraut*, la verde o la lombarda) y los espárragos (la variedad blanca, típica de Alemania, llamada *spargel*). La gente está más por la labor de comprar en tiendas pequeñas y especializadas que en Reino Unido, y en la mayoría de las ciudades hay mercados semanales de productores. Ir a hacer la compra en bici, con el pan y la verdura frescos

••••

[*]Es principalmente el Öko Institut, el Instituto de Ecología Aplicada, quien abandera este movimiento. Es una entidad privada dedicada a la vida ecológica, las energías renovables y la biodiversidad.

en la cesta, es común en Alemania. En mi última visita tuve la impresión de que se trata de una nación más saludable de lo que las adoradas *bratwursts* podrían hacernos creer.

Las hierbas y especias confieren personalidad a la comida alemana, que no pica. La alcaravea, el cebollino, el eneldo, el perejil y el tomillo aportan sabor y preparan el paladar para gustos más intensos cuando uno va camino de Polonia, Rusia o el este de Europa. La guindilla es una rareza y, al igual que el ajo, llegó a Alemania a través de comunidades de inmigrantes como la turca o la italiana. El picor lo ponen, sin embargo, las mostazas y los rábanos picantes, que pueden tener un papel protagonista en salsas para carnes o pescados de agua dulce (como la trucha) o usarse como condimento. Suelen ser intercambiables y ambos aderezan las carnes pesadas y los sabores encurtidos que con tanta frecuencia encontramos en las cocinas alemana y eslava. Las tres ces —el cardamomo, la canela y el clavo—, tres especias que combinan bien con sabores dulces, son muy comunes en los postres y dulces alemanes como las galletas especiadas —parecidas a las que encontramos en Escandinavia (véase pág. 137)—, el pan de jengibre o las tartas de frutas.

En último lugar, aunque no por ello menos importantes, cuando hablamos de *wursts* nos referimos a salchichas, tanto frías como calientes. En Alemania existen más de 1.500 variedades. Parecen tomarse en todas las comidas, frías con queso y pan para desayunar, en perritos calientes o con chucrut o ensalada de patatas durante el resto del día. La *bockwurst* y la *wollwurst* (que mezclan ternera y cerdo, la última frita después de hervida); la *knackwurst* (corta, de cerdo y ajo), la *landjager* (embutido de ternera y cerdo, aliñado y seco), la *frankfurter*, la de sangre o la blanca (*weisswurst*, principalmente de ternera, originaria de Baviera) son solo algunas de las más conocidas. El periodista estadounidense H. L. Mencken podría rellenar los huecos que faltan con su prodigiosa descripción de las mil y una *wurst*: «Van desde las pequeñajas, tan pálidas y frágiles que parece un crimen comérselas, a las piezas de tamaño formidable, que semejan obuses de artillería pesada. Y en sabor, van desde las más delicadas a las más ásperas; en textura, de las que parecen plumas atrapadas en telarañas a las de linóleo; y en forma, desde las cilíndricas a las ricuras rizadas y en espiral».

Para mí el mejor momento para tomar comida alemana es cuando tengo mucha hambre, al llegar a casa tras una noche de tráfico infernal en invierno, o después de haber hecho mucho ejercicio... todo ello regado con una pinta. En realidad la cerveza es uno de los productos culinarios más respetados que ha dado Alemania. Aunque estamos más familiarizados con las jarras enormes de lagers alemanas como la Bitburger, la Becks, la Erdinger o la

Paulaner, cuando fui en bici hasta Berlín cada pueblecito por el que pasábamos parecía tener su propia marca, desde las de trigo blanco a las pálidas, ámbar o cervezas negras de malta o lúpulo. El vino alemán, por su parte, no goza de la misma reputación. De pequeña mis padres me adoctrinaron sutilmente para que me alejara de las espigadas botellas de vino que llevasen etiquetas de dulzones *rieslings* y *gewürztraminers*. Sin embargo, por experiencia (si bien tan solo formada en la última década), Alemania produce unos vinos de una delicadeza fantástica y gran calidad como los *rieslings* del valle del Mosela. Cuidado, sin embargo, con la clasificación de los vinos alemanes, que es a menudo confusa: el término «*Prädikat*», por ejemplo, indica que un vino es de calidad superior, así como su nivel de dulzor; tal vez estéis familiarizados con etiquetas como *Spätlese* (última cosecha) o *Eiswein* (vino de hielo), dos de las seis posibles clasificaciones. Recomiendo leer *Drink me!* de Matt Walls para más información. Tampoco debemos olvidar los *schnapps*, esos licores fuertes y dulces, de cereales o frutas, originarios de Alemania.

Aunque no la escogería para llevármela a una isla desierta, creo que la cocina alemana ofrece acompañamientos estupendos para alimentos que comemos con frecuencia. Yo, por ejemplo, suelo preparar un par de recetas de col cuando hago un asado en casa. La lombarda es la especialidad de mi abuela y (sí, no es ninguna novedad) va de maravilla con salchichas y puré de patata, mientras que la berza con alcaravea es uno de los clásicos de mi tía Mary: la comemos todas las Navidades con el pavo. Si sabéis escoger los productos alemanes en pequeñas cantidades, más que abrumaros con su indigestión, realzarán vuestras comidas diarias con sabores potentes. A continuación encontraréis recetas de la mejor comida alemana y la más salchichera... (Lo siento, no he podido resistirme.)

LA DESPENSA • col blanca • lombarda • salchichas • patatas • setas silvestres • pan de centeno y *pumpernickel* • mostaza • rábano picante • alcaravea • cebollino • tomillo • bayas de enebro • anís estrellado • cardamomo • canela y clavo para bizcochos

◆ ◆ ◆

• BERZA CON ALCARAVEA •

Tengo la impresión de que la col es una verdura infravalorada. A mí me encanta, como a los alemanes, y si probáis alguna (o todas) de las tres recetas siguientes veréis por qué. Este plato es esencial en mi mesa de Navidad, así como las coles de Bruselas, aunque también es una verdura ideal para acompañar carnes (sobre todo el pollo y otras aves, o unas salchichas con puré de patatas) durante todo el año.

• 4-6 COMENSALES COMO GUARNICIÓN •

50 g de mantequilla
1 cebolla blanca o amarilla bien picada
2 cdtas. de alcaravea en grano
1 berza (unos 800 g-1 kg), sin el corazón y en juliana
sal marina y pimienta negra recién molida

1 • Derretir la mantequilla en una sartén grande a fuego medio, añadir la cebolla y la alcaravea y sofreír 5 minutos, removiendo con frecuencia. Agregar la col y rehogar 2-3 minutos más.

2 • Añadir 200 ml de agua y tapar. Dejar hacerse 5 minutos, quitar la tapadera y remover un poco más para que el sabor de las semillas se distribuya uniformemente y la col se encoja sin perder del todo su textura crujiente. Tal vez haga falta más agua, según el tamaño de la col. Salpimentar antes de servir.

• LOMBARDA BRASEADA •

Mi abuela por parte de madre no era la cocinera más entregada del mundo pero tenía mano. Cuando mi madre y mis tíos eran pequeños comían lombarda con faisán asado —como hijos de granjeros que eran— pero por toda Alemania acompaña muchos tipos de carnes, salchichas, rollitos y purés de patata.

• 4-6 COMENSALES COMO GUARNICIÓN •

1 cda. de aceite de oliva
1 cebolla picada fina
175 ml de vino tinto
1 manzana roja, descorazonada y en trozos pequeños
1 lombarda mediana, sin corazón y en juliana

4 cdas. de vinagre de vino tinto

2 cdas. de azúcar

200 ml de caldo de verduras

sal marina y pimienta negra recién molida al gusto

1 • Calentar en una sartén el aceite de oliva y rehogar las cebollas 10 minutos hasta que estén traslúcidas.

2 • Añadir la mitad del vino tinto, la mitad de la manzana, la mitad de la col en juliana, la mitad del vinagre de vino tinto y la mitad del azúcar y remover bien. Repetir la operación con la otra mitad de ingredientes.

3 • Recubrir con el caldo y dejar cocer unos 30 minutos, removiendo de tanto en tanto, hasta que la col esté tierna. Sazonar al gusto, más ácida o más dulce, según se quiera: en tal caso añadir vinagre o azúcar respectivamente.

• CHUCRUT •

El chucrut o *sauerkraut* es justo lo que se ve en la lata salvo porque, a diferencia de la receta anterior de lombarda, el amargor no lo pone el vinagre, sino la fermentación. Es la respuesta alemana al *kimchi* (véanse págs. 256, 258), si se me permite la comparación. No es del gusto de todos: puede ser demasiado fuerte y creo que precisa una carne sabrosa para contrarrestarlo. Pero va de perlas con cualquier carne, caza, ternera, o salchichas.

• 4-6 COMENSALES COMO GUARNICIÓN •

1 col del tipo que se prefiera, sin corazón y en juliana

2 cdas. de sal de mesa

6 bayas de enebro majadas

1 • Mezclar en un bol la col con la sal, asegurándose de que la col queda bien recubierta. Trabajar la mezcla para extraer la humedad de la col, en la que se fermentará. Añadir las bayas de enebro.

2 • Pasar a una olla grande y cubrir con un trapo húmedo. Poner un plato encima y algo de peso para prensar la mezcla y extraer la salmuera de la col.

3 • Guardar la olla en un lugar cálido y seco (pero no demasiado cálido, para no estropear el sabor), como una alacena, y dejar allí un mes. Apretar el plato con el peso todos los días para extraer toda la humedad posible de la col.

4 • Al cabo de un mes, cuando se quiera comer chucrut, llevar a ebullición en una sartén pequeña a fuego medio y guardar en botes esterilizados para conservar o servir directamente en el plato.

• BRATWURSTS CERVECERAS CON CHUCRUT •

A continuación encontraréis las instrucciones para preparar un estereotipo alemán comestible —salchicha, cerveza, chucrut—, así como una oportunidad para usar vuestra receta de este último. En Internet es fácil conseguir *bratwursts* auténticas, así como en supermercados bien surtidos (dependiendo de vuestro lugar de residencia).

• 6 COMENSALES •

6 *bratwursts*
1 litro de cerveza alemana (tipo Erdinger o Paulaner)
6 bollitos de pan blanco de calidad
mantequilla
6 puñados de chucrut (véase pág. 153)
mostaza (a mí me gusta la de grano entero)

1 • Pinchar cada salchicha varias veces con un tenedor. Ponerlas seguidamente en una sartén, cubrir con la cerveza y llevar a ebullición. Tapar, bajar el fuego y dejar hacerse 15-20 minutos hasta que las salchichas pierdan el tono rosado.
2 • Encender la plancha. Apartar las salchichas de la sartén, desechar la cerveza y pasar por la plancha unos minutos por cada lado hasta que estén doradas.
3 • Untar los bollitos con la mantequilla y poner en cada uno una salchicha, un puñado de chucrut y una cucharadita de mostaza. Devorar.

ESCANDINAVIA

Levanta siempre
con una comida temprana,
pero come hasta hartarte antes de un banquete.
Si tienes hambre
no tendrás tiempo de hablar en la mesa.

• Los *Hávamál*** •

HASTA NO HACE TANTO Dinamarca, Suecia, Noruega y Finlandia —el conjunto de países escandinavos que parecen una tosta entre el mar del Norte, Alemania, Rusia y el Báltico— eran un enigma para el resto del mundo, asociado vagamente en la mente de muchos con el diseño minimalista y los dulces daneses. Sin embargo, la comida de la región bebe de un buen conjunto de influencias así como de un abanico amplio de ingredientes autóctonos que evocan los pinares, el litoral gélido, los largos inviernos y las noches oscuras. De hecho, últimamente, Escandinavia es la comidilla del momento (tanto literal como figuradamente).

Sí, el mundo está experimentando una especie de epifanía nórdica, de la que la comida es tan solo una parte. En literatura, la novela negra nórdica ha inundado la cultura popular con descripciones que son tan inquietantes como atractivas. Escritores como el noruego Jo Nesbø o el sueco Stieg Larsson o series de televisión danesas como *Forbrydelsen* o *Borgen* han cautivado a lectores y espectadores por igual y —por irónico que parezca para ser género negro— han contribuido a arrojar luz sobre Escandinavia.

La comida escandinava —conocida en el pasado por los hojaldres pochos, el beicon barato y las albóndigas de IKEA— está surgiendo de la penumbra con sus sabores nítidos y coloridos. Manjares salados, encurtidos y curados, panes integrales y carnes sustanciosas, tartas de frutas, lácteos

• • • •

* Conforman un poema épico vikingo que se escribió entre los siglos IX y XIII. Es un compendio de aforismos con consejos sobre la vida.

contundentes y especias en panes y bollos, productos todos estos que hasta la fecha habían tenido poca difusión. No cabe duda de que el célebre cocinero danés René Redzepi ha desempeñado un papel fundamental a la hora de atraer ojos epicúreos hacia Escandinavia con su Noma, votado mejor restaurante del mundo en 2010, 2011, 2012 y 2014 en los premios de restauración San Pellegrino, que eligen los 50 mejores restaurantes. Aunque utiliza muchos ingredientes autóctonos, a menudo poco conocidos, su cocina es una fusión modernista: una versión nórdica de lo que hizo Ferran Adrià en El Bulli.

Es probable que el renovado interés de Gran Bretaña por elaborar panes y dulces en casa también haya sido un factor decisivo en nuestro redescubrimiento colectivo de la comida escandinava, especialista en el arte de hornear. El pan y la repostería escandinava han inyectado una dosis de novedad en nuestra forma de entenderlos, lo que, en consecuencia, ha derivado en una apreciación más honda de estas gastronomías, con sus *smörgåsbords*, sus carnes ahumadas y en salazón, su pescado curado, sus encurtidos y sus ensaladas en juliana. La repostería escandinava utiliza frutos secos y especias importados, productos lácteos y montones de frutos amargos. Me encanta el concepto del *fika*, una tradición sueca por la que se hace una pausa en el día para compartir dulces y café. Si bien el *fika* es cosa de los suecos, el amor por el pan, las tartas y los bollitos es común a todas las culturas nórdicas. Solo hay que pensar en los panes oscuros y de sabor intenso que combinan de maravilla con pescado, carnes y queso y forman la base de las famosas tostas escandinavas. Las tartas, las galletas y los adorados bollitos de canela se comen por toda la región, aunque en Finlandia son más comunes los pasteles recubiertos de frutos del bosque y en Noruega y Suecia los bizcochos con nueces y la *toscakaka*, o tarta de almendras. La costa occidental de Noruega tiene una repostería muy particular de fuertes influencias judías, como consecuencia del comercio con Alemania.

Conforme avanzamos hacia el este de la región, los sabores van cambiando sutilmente. La comida danesa tiene fuertes reminiscencias alemanas (como el consumo abundante de cerdo o el uso de hierbas como la salvia), mientras que, en el otro extremo, en la ecuación finlandesa se cuelan los sabores rusos: sabores más intensos y terrenales como la alcaravea, el eneldo, las remolachas, la carne de caza y, por supuesto, el vodka (en definitiva comida rotunda y licor fuerte para ahuyentar el frío). Las gastronomías sueca y noruega son difíciles de distinguir en muchos aspectos, y las diferencias estriban principalmente en la materia prima de cada país: la abundancia de setas silvestres en los campos suecos, por ejemplo, frente a un uso más extendido del marisco y el pescado en Noruega.

En líneas generales los escandinavos hacen panes rústicos con alto contenido en fibra a partir de cereales locales como el centeno, la avena, la espelta o las semillas de lino. También es común el gusto por los encurtidos y las conservas, que se comen con casi todas las comidas y suelen elaborarse a partir de productos locales como las moras de los pantanos (una especie naranja y amarga con aroma a almizcle que al parecer vuelve locos a los noruegos), o el más común arándano rojo,[*] al que el cocinero y escritor noruego Signe Johansen le otorga el título de «la baya de Escandinavia».

En estas cocinas, pescados como la trucha, el bacalao, las sardinas y el salmón tienen un papel destacado, y fueron esenciales para la dieta de los largos inviernos en épocas en que había poco más que llevarse a la boca. La necesidad histórica del pescado curado se ha convertido en el corazón y el alma de la cocina escandinava. Los arenques y el salmón marinados (este último conocido como *gravadlax* cuando lleva eneldo,[†] véase la receta más adelante) están presentes en toda Escandinavia, mientras que Noruega es la principal productora de bacalao, ese pescado tan viajado (véase pág. 83). El bacalao salado y secado,[‡] base de la economía noruega durante siglos, adopta dos formas principales: el *lettsaltet torsk* (ligeramente salado) y el *klippfisk* (bacalao salado curado al aire libre).

De la cita de los *Hávamál* que abre el capítulo se desprende cierto pragmatismo vikingo, un proverbio muy sensato para el guerrero hambriento. Tal vez sea este sentido de lo práctico —esa manera en que la comida refleja la tierra y conecta con el estilo de vida de la gente— lo que ha apuntalado la popularidad de la cocina escandinava en los últimos años. Es comida que casa sorprendentemente bien con la actual pasión por la dieta saludable y equilibrada sin tener que renunciar al sabor o la personalidad. Es evidente que la proteína y la fibra se tienen en alta estima, como puede verse por la combinación de cereales nutritivos, carne de temporada, condimentos muy locales y pescado recién capturado. Se trata asimismo de

● ● ● ●

[*] El arándano rojo crece en arbustos perennes muy abundantes en los bosques de toda Escandinavia. No muy distinto de los azules, aunque más pequeño y jugoso, tiene un sabor ácido y se prepara en una mermelada que se toma con carnes rojas como la ternera, el hígado o la caza.

[†] Aunque las hierbas no se utilizan profusamente, el eneldo es un sabor básico en la mesa nórdica. Signe Johansen lo describe como «el ajo del norte».

[‡] Si bien el bacalao es más famoso por su presencia en las cocinas portuguesa, española e italiana, es originario de Escandinavia, en concreto de Noruega, por mucho que hoy en día se produzca en países como Portugal y China.

una gastronomía que se ha mantenido fiel a una ética sostenible, local y estacional, con los salazones de bacalao y de arenque para compensar en épocas de escasez. A la luz de lo expuesto, ¿a alguien le extraña que la comida escandinava esté surgiendo de la penumbra?

LA DESPENSA • especias (pimienta de Jamaica, nuez moscada, canela, cardamomo) • eneldo • salmón • arenque • bacalao salado • venado • panes integrales (centeno y *pumpernickel*) • col blanca • lombarda • pepinillos encurtidos • remolacha • fruta en lata y en conserva (cerezas, ciruelas, albaricoques, arándanos rojos)

• • •

• GRAVADLAX •

Antes de renunciar al vegetarianismo, siempre que iba a comer a casa de alguien o a un bar me ponían un filete de salmón (hablo de antes del auge de la lubina). Me harté del salmón... mucho. El *gravadlax* me salvó del hastío marinero, al curar (en todos los sentidos) la flacidez del salmón y revestirla con un traje delicadamente especiado, dulce y con aroma a eneldo. Probad a hacer esta receta típicamente escandinava para servirla como entrante o en pequeños bocados de pan de masa madre a modo de canapé y asistid con vuestros propios ojos a la transformación de un humilde salmón. (Solo hay que tener en cuenta que lleva un par de días marinarlo en la nevera, de modo que debe prepararse con antelación).

• 10-15 COMENSALES COMO PARTE DE UN *SMÖRGÅSBORD* •

1 lomo de salmón entero, sin raspas y cortado en dos filetes

1 cda. de pimienta blanca en grano

2 cdas. de cilantro en grano

100 g de azúcar moreno de caña

100 g de sal de roca
90 g de eneldo

PARA LA MARINADA DE ENELDO
45 g de eneldo
3 cdas. de aceite vegetal
3 cdas. de vino blanco
3 cdas. de azúcar moreno de caña
3 cdas. de mostaza francesa
sal marina

1 • Una vez comprobado que no quedan raspas en el salmón, colocarlo con la piel hacia abajo en una fuente. Poner los granos de pimienta y el cilantro en un mortero y majar con el azúcar y la sal. Picar la mitad del eneldo y frotar con fuerza en la parte carnosa del pescado. Untar a continuación el majado de especias por encima.

2 • Poner un filete encima de otro de modo que la mezcla de especias y el eneldo quede en el centro. Untar lo que haya quedado de mezcla por las partes de carne que miran hacia fuera, envolver después el pescado en plástico de cocina, apretándolo bien, y colocarlo en una fuente o una bandeja de horno. Refrigerar cuarenta y ocho horas.

3 • Para hacer la salsa basta con mezclar todos los ingredientes.

4 • Al cabo de un par de días, retirar el plástico de cocina del pescado, desechar el líquido de la mezcla y secar bien. Signe Johansen recomienda presionar el eneldo fresco que queda sobre la parte sin piel de cada filete, pero sin llegar a desmenuzar el pescado. A continuación cortar cada filete en láminas finas, en diagonal. Servir sobre pan de centeno o de masa madre con un chorreón de la salsa por encima.

• ENSALADA DE PEPINO ENCURTIDO •

Aunque esta receta se elabora en toda Escandinavia, los ingredientes varían de una cocina a otra. Los tres elementos básicos son el pepino (elemental) y un equilibrio delicado de azúcar y vinagre de vino blanco. Hay a quienes les gusta especiarlo un poco más con alcaravea o semillas de apio, pero yo prefiero no añadir más, solo la mezcla de pimienta negra y blanca. En cuanto a las hierbas el eneldo es el caballo ganador, aunque si se come con *gravadlax* tal vez resulte repetitivo y prefiera utilizarse perejil en su lugar.

2 pepinos
3 cdas. de vinagre de vino blanco
3 cdas. de azúcar blanquilla
un buen pellizco de sal marina
½ cucharadita de pimienta blanca en grano
½ cucharadita de pimienta negra en grano
15 g de eneldo o perejil, sin ramitas y con las hojas picadas
zumo de limón (opcional)

1 • Para preparar los pepinos, cortar las puntas y pelar toda la piel que se desee; pueden dejarse unas cuantas tiras de piel verde o eliminarla por completo: es solo una cuestión de estética. Cortar el pepino en rodajas muy finas.

2 • Mezclar los ingredientes que quedan —incluyendo el zumo de limón si se quiere dar un toque más ácido— y reservar un poco de hierbas para servir.

3 • Disponer los pepinos en un bol, verter la salsa por encima y refrigerar media hora aproximadamente para que los sabores liguen bien y el pepino se impregne, sin que llegue a ablandarse demasiado.

4 • A la hora de servir esparcir por encima el resto de hierbas y comer la ensalada con platos de pescado como el *gravadlax* o salmón pochado.

• DROMMEKAGE DANESA •

La receta de *drommekage* (o tarta de sueño) de mi madre —que se la birló a una amiga danesa en los años noventa— está garabateada en un viejo cuaderno de recetas de tartas. Llevo comiéndola desde pequeña aunque es cierto que hacía un tiempo que no la preparaba. El nombre le viene al pelo porque los recuerdos de este bizcocho blanco tan rico como fácil de preparar y recubierto con una capa de coco y azúcar moreno, han adquirido un aire de ensoñación. Y sin duda es un sueño hacerla y comérsela.

350 ml de leche entera
80 g de mantequilla sin sal, ablandada
5 huevos grandes
350 g de azúcar blanquilla

450 g de harina normal tamizada
3 cdtas. de levadura
2 cdtas. de extracto de vainilla

PARA LA COBERTURA
125 g de mantequilla sin sal
100 g de coco deshidratado
200 g de azúcar moreno moscabado
50 ml de leche entera

1 • Precalentar el horno a 180°C. Untar un molde hondo y desmontable de 24 cm de diámetro y recubrir la base y los lados con papel de hornear.

2 • Echar la leche y la mantequilla en una sartén pequeña y fundir a fuego medio, removiendo con frecuencia. Dejar enfriar.

3 • Mientras tanto batir en un bol grande los huevos con el azúcar blanquilla entre 8-10 minutos, hasta que queden ligeros y espumosos. Añadir a continuación la harina, la levadura y el extracto de vainilla y batirlo todo hasta que la masa quede muy suave.

4 • Incorporar la leche con la mantequilla y verter la mezcla en el molde. Hornear sobre una bandeja de horno (puede salirse líquido del molde) de 35 a 40 minutos.

5 • Poner todos los ingredientes de la cobertura en una sartén pequeña y remover a fuego lento hasta que liguen. Cuando el bizcocho esté listo, sacar del horno y extender al instante la cobertura uniformemente.

6 • Subir el horno a 200°C e introducir la tarta con la cobertura otros 5 minutos. Sacar del horno y dejar enfriar en el molde antes de darle la vuelta; comer una vez que la cobertura se haya asentado.

REINO UNIDO

¡Emparedados de lengua con lechuga, huevos duros para acompañar el pudin de pan y mantequilla, grandes pegotes de queso blanco recién hecho, paté de carne, tomates maduros del invernadero del hermano de la señorita Lucy, bizcocho de jengibre y melaza recién sacado del horno, *shortbread* escocés, una gran tarta de frutas con almendras por encima, galletas de todo tipo y seis emparedados de mermelada!
• ENID BLYTON, *Cuarto grado en Torres de Malory* •

LA COMIDA BRITÁNICA no gozó de buena prensa en el siglo xx. Abundan los comentarios denigrantes (a menudo de boca de personalidades estadounidenses) sobre la comida de nuestro reino, que se ha llevado una colleja tras otra. La comediante Jackie Mason dijo en cierto monólogo que «Gran Bretaña es el único país del mundo donde la comida es más peligrosa que el sexo», mientras que se rumorea que el sumiller estadounidense Bill Marsano (que sin duda podría haberse callado) comentó una vez: «El Imperio británico se creó como resultado de generaciones y generaciones de ingleses que vagaban desesperados por el mundo en busca de comida decente». Incluso Laurie Colwin, que se ha declarado devota de la comida inglesa, escribe en *Home cooking* que hay que «armarse de valor para confesar que te gusta la comida inglesa» y que la gente «suele poner mala cara».

Semejantes comentarios podrían describirse mejor como chascarrillos de patio de colegio que como ataques deliberados, pero el caso es que la mala comida británica a la que Mason y Marsano se refieren seguía imperando cuando yo iba a la escuela, perpetuando un declive de la gastronomía británica que empezó con las dos guerras mundiales. Las cocineras de la escuela nos servían patatas de bote, raviolis pastosos y verduras medio desintegradas[*] en unas bandejas que hacían que los jóvenes británicos nos cuestionáse-

••••

[*] Si por alguna razón os sentís intrigados por conocer la comida escolar cuando vayáis a Londres, los restaurantes Stockpot (Soho y Chelsea) sirven en sus platos las miserias nostálgicas de muchos jóvenes británicos por un precio económico muy apropiado. No es una experiencia epicúrea pero a mí ya me conocen por ir a darme de vez en cuando un caprichito de bizcocho de sirope y natillas.

mos la grandeza culinaria de nuestra nación.[*] Como hija de una familia con inquietudes culinarias, con una madre y una abuela que cocinaban sin productos elaborados, yo era una de las pocas afortunadas que sabían lo que podía ofrecer de bueno la comida británica.

Gran Bretaña tiene una larga tradición de hacer comida fantástica, de los pastos al plato. De embutidos de cerdo como las gruesas rodajas de jamón en salmuera, las empanadas de cerdo o los huevos escoceses,[†] al recio cordero norteño o el asado dominical con ajo y romero, del estofado de Lancashire al pastel del pastor, y de algunos de los mejores quesos duros del mundo (¡el cheddar!, ¡el wensleydale!, ¡el stilton!) a un rico litoral de riquezas marinas y tubérculos voluptuosos, producimos materia prima de calidad competitiva y tenemos un rico legado de platos sustanciosos: todos productos de un clima frío. Es la clase de comida sobre la que la famosa señora Beeton[‡] daba recetas e instrucciones a las amas de casa victorianas en su *Book of household management*: pata de cordero, nabos en salsa blanca, calabacines fritos y otros.

Gran Bretaña se conoce, más que cualquier otra cocina, por las comidas completas: el desayuno inglés, el asado del domingo, el té de la tarde, el picnic. Son nuestras instituciones culinarias y, tal vez a excepción del té de la tarde (que es menos compatible con la vida moderna), son instituciones que seguimos visitando con una regularidad considerable. Mi familia sigue congregándose en torno a la mesa de mis padres los domingos (y si no, en algún pub), y las resacas inglesas serían un infierno si no fuera por los huevos, el beicon, las salchichas, las *beans*, los champiñones y los amigos. Es más, la cita de Enid Blyton[§] que abre el capítulo me recuerda la tradición británica

• • • •

[*] La calidad —y el valor nutricional— de las comidas de las escuelas es un tema que el cocinero televisivo Jamie Oliver ha tratado de frente en programas como *Jamie's school dinners*.

[†] Adorados por muchos, son huevos duros que se rodean de carne picada, se empanan y se asan o se fríen. Hay versiones más modernas y aburguesadas de este clásico del picnic que utilizan huevos pasados por agua, y de las que he de admitir que soy muy partícipe.

[‡] Isabella Beeton fue un ama de casa del siglo XIX que suele considerarse la primera escritora gastronómica de Reino Unido. Publicó el *Book of household management* (Libro del gobierno de la casa), un compendio de consejos para llevar una casa para mujeres de clase media de su época. Conocida como «señora Beeton», está enterrada en el cementerio de West Norwood, justo al lado de donde me crie en el sudeste de Londres.

[§] Enid Blyton, famosa por los libros infantiles con personajes recurrentes como Noddy, los Cinco o los Siete Secretos, escribió sus obras a mediados del siglo XX. Mis padres se criaron leyendo sus libros, así como mi generación, y siguen siendo una lectura fundamental para los niños británicos, con evocaciones de las décadas de 1930, 1940 y 1950, una época pasada en la que los placeres eran simples. Proporcionan un punto de referencia interesante en materia culinaria: anterior a la introducción de la cocina y los ingredientes mediterráneos, la comida a la que hace referencia Blyton es eminentemente británica, el tipo de platos que está reviviendo Tom Kerridge con sus libros, sus programas de televisión y sus restaurantes.

de los picnics, que aúna un abanico de comidas frías, sencillas y autóctonas que se meten en una canasta. Estas comidas, que se comparten sobre una manta (¿será por eso por lo que en inglés utilizamos la palabra «*spread*», colcha, para referirnos a una mesa puesta?), forman parte de los recuerdos de infancia británicos. Cuando murió mi abuela, la carta de condolencias más memorable que recibió mi padre fue la de un amigo que recordaba los sándwiches de mi abuela de tomate «con arena» que comían de pequeños en una playa ventosa de Blakeney Point, en la costa de Norfolk. Desafiando al mal tiempo y decidida a pasar un buen rato, hacía comida práctica de las circunstancias menos prácticas.

Por cierto, los sándwiches son también una creación británica, llamada así por el cuarto *earl* epónimo de Sándwich, John Montagu, del siglo XVIII. Montagu, un tahúr redomado, quiso buscar una manera de que los naipes no se llenaran de grasa después de comer carne con las manos. ¿La solución? Colocar la carne entre dos trozos de pan, dos rebanadas. Lo cierto es que los panaderos británicos tienen una larga historia de ser pioneros en técnicas para hacer pan. Tenemos nuestros panes tradicionales, como el de grano grueso, el integral y el de corteza blanca, que apuestan por los cereales autóctonos como el trigo (aparte del centeno y la espelta) o la cebada, así como variedades regionales como el de trigo irlandés o el *soda bread* (pan de bicarbonato). Pese a ser un método antiguo, la masa madre, resultado de fermentar masa con levaduras naturales durante más tiempo que en otras variedades de panes, ha vivido también un renacer en Reino Unido durante los últimos años. Este resurgimiento del pan artesano tiene mayor importancia si consideramos que los británicos somos los (¿brillantes?, ¿vergonzosos?) responsables del pan de molde, o lo que Nigella Lawson llama «pan de plástico». En 1961 se creó el proceso Chorleywood, también conocido como el «método santiamén», con el fin de hacer pan en poquísimo tiempo con un trigo de menor calidad y en cantidades grandes y baratas. El pan Chorleywood es un ejemplo más del bajón que sufrió la comida británica a mediados del siglo XX, y hoy en día constituye el ocho por ciento de la producción nacional de pan.

Pero ¿qué le pasó a la comida británica? ¿Por qué las bromas de patio de colegio de otras naciones? Por desgracia, por muy buena que sea su cocina autóctona, para una isla la guerra supone un mal trago importante para la comida. Con el estallido de la Segunda Guerra Mundial en 1939, Gran Bretaña empezó a importar la mayoría de su comida, incluida la provisión de carne e incluso de queso y fruta. El racionamiento se fue imponiendo con cada vez más fuerza en el transcurso de los seis años que duró el conflicto y, hacia el final de la contienda, apenas se permitía un huevo y 57 g de mantequilla por cabeza a la semana. Ingredientes que antes de la guerra no se valoraban por su abundancia escasearon, cuando no eran directamente imposibles de encontrar, y al prolongarse el racionamiento hasta mediados de la década de 1950, muchos británicos crecieron —o se acostumbraron— a una despensa limitada, y, como consecuencia, adquirieron un paladar mermado.

Tom Kerridge es el dueño y jefe de cocina de un pub con dos estrellas Michelin, el Hand and Flowers, del condado de Buckinghamshire. Su trabajo, que incluye una exitosa serie de televisión y un libro, *Proper pub food* (Comida decente de pub), está consagrado a la celebración de todo lo que hace bien la cocina británica: platos poco pretenciosos pero sustanciosos que pueden vestirse de largo o de informal. En opinión de Kerridge, Reino Unido perdió de vista el objetivo y cayó presa de una distracción de cincuenta años como consecuencia de la austeridad de la guerra. Primero fue el racionamiento, después la incorporación de productos enlatados insípidos y luego, en los años sesenta y setenta, el auge de los paquetes vacacionales por el Mediterráneo, que expusieron a los turistas británicos a cocinas de climas más cálidos. La imitación se convirtió en un problema. Aislados en nuestro islote y hartos de las restricciones impuestas por la geografía, quisimos sentirnos parte del escuadrón del aceite de oliva. Kerridge señala a Spaghetti House (cuyo primer establecimiento abrió en 1955), la cadena de restaurantes con la pasta menos auténtica del mundo, como un claro exponente de esta circunstancia. Es más, en su libro *Mediterranean food*, la gran escritora británica Elizabeth David espoleaba el apetito nacional por la comida mediterránea,[*] e incluso explicaba dónde encontrar en Londres los ingredientes básicos para recrearla. Kerridge, sin embargo, habla de otro desafío: la ética del trabajo de los británicos. «En este país trabajamos muy duro, lo que hace que estemos en una posición económica más estable que los países mediterráneos. Pero la buena comida requiere su tiempo y nuestra cocina se ha visto afectada por esa circunstancia.»

Apenas hace diez años que Gran Bretaña se ha dado cuenta de su potencial culinario. Algunos de nuestros restaurantes más renombrados —como L'Enclume de Simon Rogan en Cumbria, el restaurante Nathan Outlaw de Cornualles, por no hablar del Hand and Flowers de Tom Kerridge— ensalzan los ingredientes británicos, producto de nuestro clima frío. En la actualidad se vive una especie de luna de miel entre los británicos y sus ingredientes

• • • •

[*] En el prólogo a la segunda edición (1955) de su libro *Mediterranean food*, David da cuenta del declive del racionamiento en la Gran Bretaña de la década de 1950 y da instrucciones sobre dónde encontrar ingredientes que, en muchos casos, se han hecho imprescindibles en las despensas de mi generación: «En comparación con hace solo dos años la situación de la comida es hoy tan sorprendentemente diferente que no creo que haya un ingrediente, por exótico que sea, que mencione en este libro que no pueda comprarse en algún punto de nuestro país, aunque sea solo en una o dos tiendas».

autóctonos y platos tradicionales, en un redescubrimiento de la comida con la que se criaron nuestros abuelos y sus antepasados. En los últimos años los cocineros han hallado inspiración en lo que Kerridge llama el «efecto Redzepi»: «De repente nos hemos dado cuenta de que somos un país del norte de Europa y de que tenemos un clima frío. Que el Noma, uno de los mejores restaurantes del mundo, sirva cocina de clima frío resulta inspirador. También nosotros tenemos un legado culinario del que estar orgullosos. ¡Sí, las coles pueden estar riquísimas!».

Entonces ¿cuáles son nuestros puntos fuertes según Kerridge? Los tubérculos —nabos, zanahorias, patatas— y las carnes, curadas, ahumadas, braseadas o en embutidos, en una gama de platos familiares con la que mi hermano y yo, y nuestros amigos, y nuestros antepasados, se criaron. Se utilizaban todos los cortes del animal, un rasgo que se refleja aún hoy en platos populares como la empanada de hígado; además los británicos saben reutilizar las sobras mejor que ninguna otra nación. ¿A quién no le encanta el *«bubble and squeak»* (véase mi receta en pág. 153), un puré frito con patatas cocidas y col, o incluso el curry de pavo?

Si uno de los problemas de la comida británica ha sido la tendencia a la imitación durante la segunda mitad del siglo XX, el otro ha sido la percepción de sí misma. Colwin escribió que «incluso los ingleses le tienen ojeriza a su cocina por culpa del "temido rancho" de la comida de la escuela», mientras que Jane Grigson[*] escribió en *English food* (1974): «Los ingleses nos adaptamos fácilmente. La cocina inglesa —tanto por historia como en los paladares— es mucho más variada y rica que lo que nuestro temperamento masoquista nos permite pensar». Somos un pueblo que se autofustiga, con una retórica que puede ser tan divertida como enojosa. El lavado de cara que necesitaba la comida británica pasaba más por convencer a los británicos de su valía que por demostrársela al resto del mundo. Pasa por abrazar nuestras tartas de melaza y nuestros púdines de pan y mantequilla (véase pág. 154), entender que son «sustanciosos» y no «pesados» y darnos cuenta de que la buena comida no tiene que servirse por definición en un enorme plato blanco o acompañada de parmesano rallado. La cita de Enid Blyton que abre el capítulo capta el placer sencillo característico de la comida británica sin envilecer.

Para ser una isla pequeña tenemos una diversidad regional sorprendente. De entrada en la variedad de acentos: el deje de Liverpool no puede ser más distinto del soniquete del estuario del Támesis o de

●●●●

[*] Jane Grigson fue una gastrónoma británica conocida por su interés por la comida inglesa (escribió un libro sobre el tema), así como (ante todo) por la fruta, la verdura y las hierbas de la huerta inglesa (por no hablar de su humor cáustico y su tono de voz).

Cornualles, y eso sin entrar en las diferencias entre Escocia, Gales e Irlanda del Norte.[*] Es de esperar, pues, que nuestras comidas varíen en consonancia. Destacan platos de pescado del suroeste, que defienden cocineros como Mitch Tonks y Nathan Outlaw,[†] con ostras que rivalizan en calidad con las del norte de Francia y pescados blancos carnosos en rebozados dorados y guarnecidos con patatas igual de carnosas, en la adorada institución británica del *fish and chips*. [‡] En Escocia también tenemos el salmón ahumado y los arenques en escabeche —platos que evocan la latitud del país y que recuerdan a clásicos escandinavos elaborados con los mismos ingredientes—, así como el *haggis*, ese plato de vísceras de oveja embutidas en el estómago del animal que se sirve con *neeps and tatties* (nabos y patatas). Es exquisito el cordero del norte del país, donde las ovejas pacen a veces por pendientes peligrosas, en condiciones climáticas más duras que las del sur. La carne es atlética y magra. Tenemos el pudin de Yorkshire (una masa horneada de huevos y harina que se sirve con *roast beef*, patatas y verduras como parte del asado dominical), las empanadas de Cornualles (hojaldritos de carne picada, colinabo, patata, cebolla y aliño), los pasteles galeses (redondos y especiados, con pasas) y, originario de la tierra de mi familia, Norfolk, el famoso buey de mar de Cromer.

Y luego tenemos las cocinas que hemos adoptado como nuestras, en particular la india. El curry, una porción muy pequeña del conjunto de la cocina india pero su encarnación más popular en Reino Unido, se conoce ya como uno de los platos nacionales británicos, al mismo nivel que el *roast beef* y el *fish and chips*. Nuestro apetito por el curry sigue siendo insaciable. Pre-

• • • •

[*] Reino Unido está formado por Gran Bretaña (Inglaterra, Escocia y Gales) e Irlanda del Norte. En este capítulo empleo la palabra «británico» para englobar a todo Reino Unido y no en su sentido literal (en alusión a Gran Bretaña pero no a Irlanda del Norte).

[†] Dos restauradores y cocineros británicos especializados en el pescado de la costa meridional. Tonks regenta el Seahorse de Darmouth, mientras que Outlaw es el dueño y jefe de cocina del restaurante Nathan Outlaw de Rock (Cornualles).

[‡] Como muchas otras tradiciones británicas esta comida, de clase obrera por tradición, consistente en eglefino o bacalao rebozado con patatas aliñadas con vinagre y sal (y a veces guisantes blanduzcos), que antes se envolvía en periódicos viejos, se ha aburguesado en las últimas décadas. Ambos componentes se mencionan varias veces en las obras de Charles Dickens (un «puesto de pescado frito» en *Oliver Twist* y unas «patatas gordas» o fritas en *Historia de dos ciudades*), pero no se sabe cuándo los unió el periódico. Cuando era pequeña íbamos todos los viernes al *chippie* del barrio (el nombre que reciben los típicos locales de *fish and chips*, con sus tarros de huevos y cebolletas encurtidas sobre la barra de formica). De hecho el «viernes del pescado» es un ritual familiar en el calendario cristiano (no se come carne los viernes, el día del sacrificio de Cristo), aunque en mi familia imagino que era más que nada por darle un descanso a mis fatigados padres al final de la semana laboral.

sumimos de tener 12.000 restaurantes que acogen a dos millones y medio de parroquianos todas las semanas y sirven 43 millones de raciones de pollo *tikka* al año. En otoño celebramos la Semana Nacional del Curry y, desde que la prensa anunció una «crisis» del curry (falta de cocineros para alimentar a las masas arriba mencionadas), se habla de lanzar nuestra propia escuela británica. Con el tiempo han aparecido versiones *british* de la comida del norte de la India (sobre todo de la región de Punjab): el pollo *tikka* con salsa *masala*, el *korma* y el *dopiaza*, platos de influencia persa creados por los mogoles que se asentaron en el norte central, alrededor de Delhi y Lucknow; el *jalfrezi*, un clásico del Raj británico de Bengala, con sobras de carne y verduras salteadas; y el más famoso, el *balti* (que significa «cubo»). Este último es una invención exclusivamente británica, un plato de carne o verduras marinadas en una salsa ligera que se sirve en una fuente parecida a un wok. Originario de Birmingham, entre cuyos puntos de interés se incluye el Triángulo del Balti, el plato se ha consolidado como parte del paisaje culinario. La cocinera April Bloomfield del Spotted Pig de Nueva York, nacida en Birmingham, tiene una receta llamada «Mi curry» en su libro *A girl and her pig*: «Mi vida en Inglaterra estaba llena de curry [...], está especialmente rico con una cerveza a las tantas de la mañana después de una noche de discoteca». Denota un sentido de identidad: ese «curry» —no «comida india»— es tan parte de su ciudad natal como otros pilares culturales, la cerveza o las discotecas del norte.

Por último tenemos los púdines y tartas tradicionales —con mucha fruta, hojaldre y jarabe—, que Laurie Colwin califica como «insuperables». Y así es. El *crumble* de moras y manzana o el de ruibarbo son fáciles de hacer y son buenos ejemplos de los placeres simples que proporcionan las distintas estaciones británicas. La fruta se cocina con azúcar, se cubre con una mezcla de harina, azúcar y mantequilla, se hornea y luego se come con natillas amarillas bien espesas. Los bizcochos Victoria, los *scones*, los púdines de pan y mantequilla, la tarta de melaza, el pegajoso pudin de *toffee*, el *spotted dick*, el pudin de Navidad... y una larga lista más. Un ingrediente interesante, aunque tal vez alarmante, de nuestros púdines al vapor, como el *spotted dick* o el de Navidad, era el sebo, la grasa cruda que rodea el hígado del cordero o la vaca. El sebo tiene un punto de fusión alto, lo que supone que, durante el largo y lento proceso de cocción al vapor, aporta humedad sin que el pudin quede demasiado denso. Aunque no suene especialmente apetecible, el sebo da un punto muy inglés, recuerda a los púdines que se comían en tiempos de Dickens para combatir el frío de los inviernos británicos. Me gusta pensar en los personajes de mis novelas de época favoritas —*Orgullo y prejuicio* o *Un cuento de Navidad*— comiendo de la despensa tradicional británica, incluido el sebo, antes de que se introdujeran las tentaciones mediterráneas de posguerra.

Así es: la comida británica es mi amante que surgió del frío.

LA DESPENSA • tubérculos (patatas, colinabos, nabos, zanahorias, puerros, cebollas) • carnes y vísceras • pescado (bacalao, platija, boquerones, arenques) • marisco (mejillones, ostras, gambas, vieiras, langostinos, cangrejo) • quesos duros y azules (los más famosos cheddar, double gloucester, wensleydale, stilton y shropshire blue) • empanadas • repostería (de panes a tartas, galletas y *scones*) • condimentos (mostaza, salsa Worcestershire, *brown sauce*, kétchup, chutneys)

• • •

• COTTAGE PIE •

La tradición dicta que este delicioso pastel de carne se haga con todas las sobras de un asado. Sin embargo hoy en día somos más dados a utilizar carne picada, que aun así es una de las modalidades de carne más baratas y menos glamurosas, y para mi gusto conviene realzarla con vino y un buen puñado de especias y aliñarla sin pudor. Regad una porción con una copa de tinto en una noche de invierno y sentid cómo desaparecen las penas propias de la estación. Si se hace con carne de cordero, se obtiene un pastel del pastor (*shepherd's pie*).

• 4-6 COMENSALES •

PARA EL RELLENO
2 cdas. de aceite de oliva
600 g de carne magra de ternera picada
    (también puede ser carne de cordero)
2 cebollas blancas, picadas finas
1 zanahoria grande, pelada y troceada fina
2 ramas de apio picadas finas
4 dientes de ajo
4 cdtas. de puré de tomate
100 ml de vino blanco seco
250 ml de caldo de ternera
1 cdta. colmada de azúcar granulado
½ cdta. de nuez moscada molida
1 ramita de salvia fresca
una pizca de sal
pimienta negra recién molida

PARA LA COBERTURA
1 kg de patatas grandes, peladas y cortadas gruesas
30 g de mantequilla
75 ml de leche entera
½ cdta. de nuez moscada molida
una buena pizca de sal
pimienta negra
75 g de cheddar rallado

1 • Precalentar el horno a 190ºC.

2 • Calentar el aceite de oliva en una sartén grande y honda, dorar la carne picada (por tandas, de ser necesario), retirar de la sartén y reservar.

3 • Añadir a la sartén el aceite restante y rehogar 3-5 minutos las cebollas, la zanahoria y el apio, removiendo con frecuencia. Agregar seguidamente el ajo y rehogar otro minuto. Incorporar la carne dorada, el puré de tomate, el vino, el caldo, el azúcar y las especias, salpimentar y cocinar 15 minutos a fuego lento, removiendo con frecuencia. Apartar del fuego, pasar a una fuente grande y dejar enfriar.

4 • Entre tanto hervir las patatas en una olla grande con agua fría y sal hasta que estén tiernas sin llegar a desmenuzarse (unos 15 minutos). Escurrir, devolver a la olla, añadir la mantequilla, la leche y las especias, salpimentar y aplastar hasta que quede cremoso. No pasa nada si quedan algunos grumos.

5 • Cuando se haya enfriado la carne, echar el puré de patatas por encima y esparcir el cheddar rallado. Hornear 15 minutos, bajar la temperatura a 160 ºC y hornear otros 20 minutos, o hasta que el queso se dore y la salsa burbujee por los bordes del relleno. Servir caliente con una ensalada y muchos condimentos, como mostaza y chutney ingleses.

• BUBBLE AND SQUEAK •

Otro clásico británico que eleva a arte las sobras, sobre todo las del asado dominical, y que se popularizó durante la época del racionamiento, cuando la presión por utilizar hasta el último reducto de comida era acuciante. El nombre, algo excéntrico, es onomatopéyico y responde a los sonidillos que hacen los ingredientes al burbujear y chisporrotear en la sartén («bubble» y «squeak» respectivamente). Aunque en los Estados Unidos lo llaman *hash* y en Irlanda *colcannon*, en última instancia, independientemente del nombre, todas las recetas utilizan las patatas y las verduras que sobran de comidas anteriores, de modo que ninguno burbujea ni chisporrotea igual que otro. También pueden hacerse unos huecos en la mezcla antes de darle la vuelta y echar unos huevos dentro, una alternativa muy apropiada para el *brunch*: la respuesta inglesa, si me lo permitís, a la receta de la *shakshuka* israelí (véase pág. 186).

patatas en un puré grueso (punto esencial)
col, zanahorias, guisantes, coles de Bruselas (o lo que tengáis),
    en juliana gruesa y a temperatura ambiente
30 g de mantequilla con sal
sal y pimienta
mostaza, kétchup o *brown sauce* para servir

1 • Mezclar en un bol las patatas con las verduras en juliana y reservar.

2 • Derretir la mantequilla en una sartén antiadherente a fuego medio y, una vez caliente, pasar la mezcla de verdura y patatas a la sartén y freír 10-15 minutos, aplastando mientras con una espátula.

3 • Cuando esté dorada y crujiente por los bordes y la base, volcar en una fuente y devolver a la sartén por el otro lado. Cocinar 10 minutos más o hasta que se forme una bonita costra por encima. Servir con muchos condimentos.

• PUDIN DE PAN Y MANTEQUILLA •

Decid hola a mi pudin favorito... ¡y adiós a cuidar la ingesta de carbohidratos! La que sigue es una receta de lo más clásica, aunque la belleza de este bizcocho típico de los *bed and breakfast* reside en su adaptabilidad. Muchas veces lo hago con panettone en lugar de pan blanco, otras le añado agua de rosas y cambio la peladura de limón por la de naranja en un guiño a Oriente Próximo. Tal vez queráis añadir pepitas de chocolate, frutos secos o sabores más vistosos como unas habas *tonkas* ralladas, que son mi último descubrimiento gracias a la cocinera neozelandesa Anna Hansen, del restaurante Modern Pantry de Londres.

• 6 COMENSALES •

100 g de mantequilla ablandada
1 ½ cdtas. de canela molida, y algo más para espolvorear
    por encima
1 ½ cdtas. de nuez moscada recién rallada, y algo más
    para espolvorear por encima

la peladura de 1 limón

8-9 rebanadas de pan blanco, con corteza

100 g de pasas sultanas y normales

350 ml de leche

250 ml de nata líquida

100 g de azúcar blanquilla, y algo más para espolvorear
   por encima

3 huevos

1 cdta. de extracto de vainilla

1 • Precalentar el horno a 180°C y untar una fuente mediana para horno.

2 • Mezclar en un bol la mantequilla con media cucharadita de canela molida, media de nuez moscada y media de peladura de limón y extender luego la mezcla sobre las rebanadas. Formar una capa con el pan en el fondo de la fuente de modo que quede bien apretado. Echar por encima las pasas y reservar.

3 • Batir en un bol la leche, la nata, el azúcar, los huevos y la vainilla con lo que queda de peladura de limón, canela y nuez moscada, y añadir sobre el pan de la fuente.

4 • Esparcir un puñadito de azúcar blanquilla, nuez moscada y canela por encima y hornear 30-40 minutos, o hasta que esté dorado por encima y la corteza del pan quede marrón.

ORIENTE

PRÓXIMO

CON UN POCO DE AZÚCAR Y...

...

Nuestras vidas apenas serían las mismas sin azúcar, especias y el resto de ingredientes aromáticos que aparecen en este mapa (por no hablar de nuestras dosis de dulce diarias). Con el tiempo los ingredientes que se muestran se han vuelto indispensables en cocinas de todo el globo terráqueo, y el uso de las especias en concreto define muchas gastronomías y las distingue entre sí según las variedades, las cantidades y las mezclas empleadas. Aparte de la breve historia del azúcar y de la Ruta de las Especias en las páginas que siguen, este mapa muestra los orígenes de algunos de mis ingredientes dulces y aromáticos favoritos y cómo desde entonces se han cultivado y utilizado en los hogares de todo el mundo, a menudo lejos de su lugar de origen.

EE.UU. Y CANADÁ
Jarabe de arce

MÉXICO
Vainilla

CENTROAMÉRICA MAYA
Chocolate

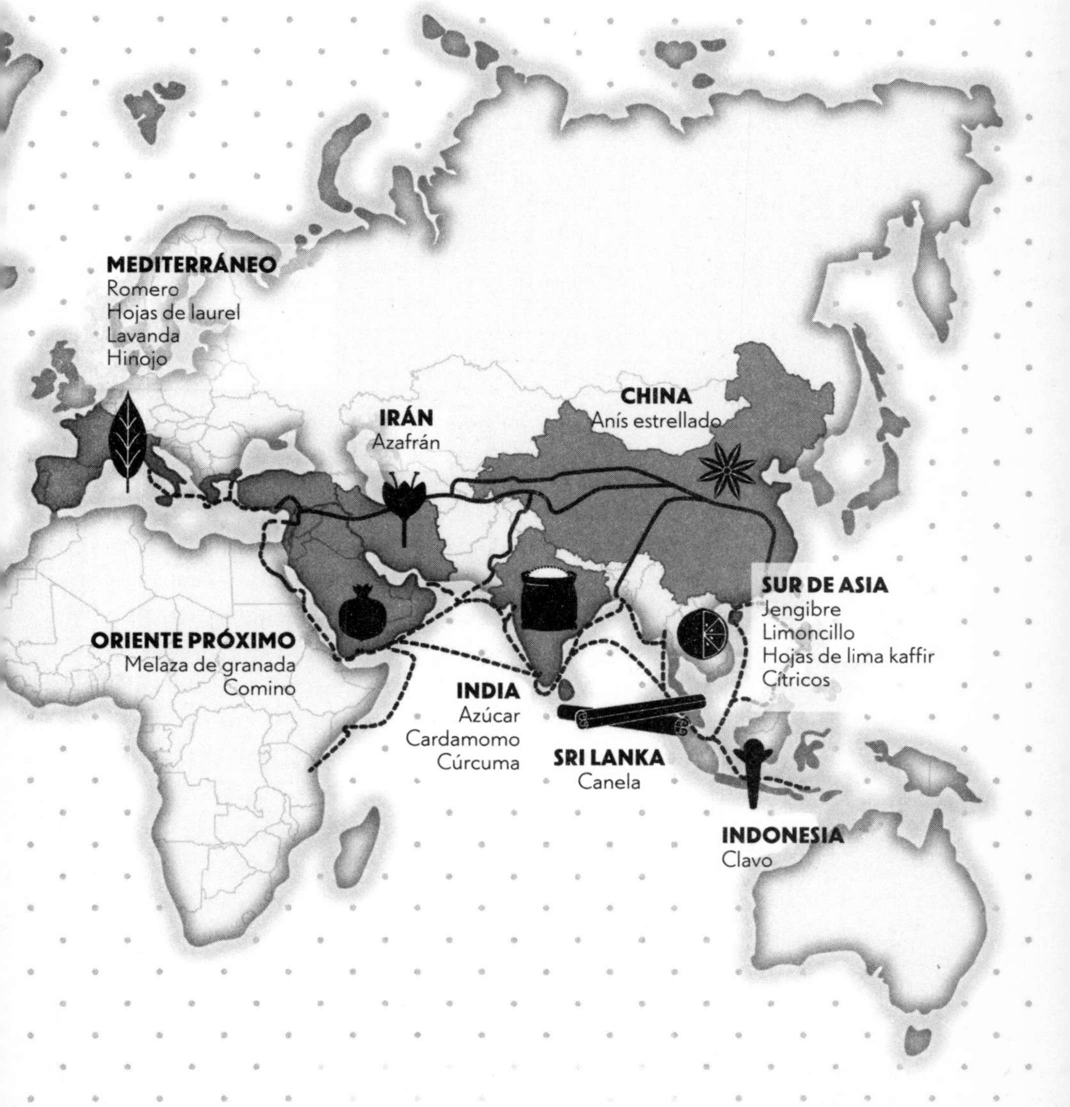

MEDITERRÁNEO
Romero
Hojas de laurel
Lavanda
Hinojo

IRÁN
Azafrán

CHINA
Anís estrellado

SUR DE ASIA
Jengibre
Limoncillo
Hojas de lima kaffir
Cítricos

ORIENTE PRÓXIMO
Melaza de granada
Comino

INDIA
Azúcar
Cardamomo
Cúrcuma

SRI LANKA
Canela

INDONESIA
Clavo

• LA RUTA DE LAS ESPECIAS •

A lo largo de la historia las especias han sido moneda de cambio, tanto económica como diplomática. No solo supusieron un buen flujo de dinero entre Oriente y Occidente, sino que la Ruta de las Especias (ilustrada en las páginas anteriores) definió las relaciones entre países e imperios durante siglos. El auge del Imperio otomano, que se hizo con el dominio del escenario mundial, por ejemplo, coincidió con la conquista de la Ruta de las Especias al Imperio bizantino en 1453 (véase pág. 163). En el mapa se señalan las supuestas «patrias» de algunas de las especias más importantes y más utilizadas del mundo, la mayoría de las cuales se localizan en puntos del subcontinente indio y de Oriente Próximo. Cuando Cristóbal Colón descubrió el Nuevo Mundo en 1492 en realidad iba buscando una nueva ruta para llegar a Catai —o Asia—, porque los otomanos y los portugueses dominaban las dos rutas existentes. Creyó que había llegado a la India (de ahí términos como «indios americanos» o «Indias Occidentales»), cuando en realidad había desembarcado en una tierra rica en mercancías de muy diversa índole: desde los chiles o guindillas (véanse págs. 270-273), pasando por el maíz, las patatas y los tomates (véase pág. 330), hasta el chocolate y la vainilla (véase más adelante).

• LA TRAVESÍA DEL AZÚCAR •

El azúcar también tiene su origen en Oriente, supuestamente en la India, donde se refinó por primera vez. Sin embargo fueron los chinos —la gran potencia imperial de la época en Asia— quienes primero cultivaron el azúcar en el siglo VII. Poco a poco fue emigrando hacia Oriente Próximo, donde se convirtió en el ingrediente fundamental de los dulces, a menudo combinado con especias como el cardamomo y la canela. En el siglo XII las Cruzadas introdujeron el azúcar en Europa desde Tierra Santa, hasta que en el siglo XV llegó a América con Colón. En los trópicos del Nuevo Mundo, desde los estados meridionales de los actuales Estados Unidos hasta el centro del Caribe y Sudamérica, los colonizadores europeos fundaron plantaciones de azúcar durante los siglos XVIII y XIX. Y así empezó la expansión, y al cabo de poco tiempo se convirtió en la necesidad culinaria que en la actualidad conocemos y amamos... para bien o para mal.

• CHOCOLATE •

 El chocolate es originario de la región de Centroamérica que se vincula con los mayas, comunidades cuyo apogeo se dio entre el año 250 y 900 d. C. y que residían en las actuales México, Guatemala, Belice y Honduras. La palabra proviene del término maya «chocolatl», que se traduce por «agua caliente», lo que sugiere que en un principio se tomaba como bebida caliente —si bien amarga (no tenían azúcar)—, un uso que se remonta al año 100 a. C. Esta bebida de cacao pasó a aderezarse con ingredientes como la vainilla y el chile cuando los aztecas se hicieron con el control de Mesoamérica en el siglo XV, aunque fue la llegada de los europeos lo que precipitó la popularidad internacional del chocolate. En poco tiempo surgieron por doquier plantaciones de cacao, que se mezcló con el azúcar para crear lo que hoy en día reconocemos como chocolate.

• VAINILLA •

 A diferencia del caso del chocolate, el origen de la vainilla puede localizarse en un área muy específica de México, en el actual estado de Veracruz. Fueron los totonacas, un pueblo establecido en dicha región durante el siglo XV, quienes primero la utilizaron, pero pronto se extendería por Europa con la llegada de los conquistadores, quienes la bautizaron como vainilla o «vaina pequeña». Hoy en día es uno de los aderezos más populares de chocolates, postres y bebidas. Su mayor productor es Madagascar, seguido de cerca por México, su patria chica.

TURQUÍA

El color es el toque del ojo, la música para el sordo, la palabra en plena tiniebla.
• ORHAN PAMUK, *Mi nombre es rojo* •

LA PALABRA «COLOR» abarca todo lo que me embelesó de Estambul. Orhan Pamuk, el escritor turco contemporáneo de mayor fama, capta toda su esencia en una única frase sencilla. Estambul es un fantástico barullo de esplendor visual. Desde el sobrecogedor interior de la Mezquita Azul, el Bósforo reluciendo en el ocaso y las lámparas vidriadas, que crean siluetas tornasoladas en los muros del Gran Bazar, hasta las montañas de frutos secos y las colinas de especias de vivos colores, Estambul es un festín para la vista.

Por suerte también lo es para la nariz, la boca y el paladar, donde los fascinantes colores de los tenderetes del mercado diario son meras pistas de los sabores que ofrece Turquía: pirámides de canela y capullos de rosa, pasas doradas y avellanas garrapiñadas, higos secos y relucientes aceitunas gordas de muchos colores, miel que gotea y cubetas de yogur fresco, puestos de frutas con manzanas rojo fuerte, berenjenas del morado más intenso, granadas y la ocasional piña. Estambul parece un museo vivo dedicado a la comida turca, tanto antigua como moderna.

Mi experiencia en Estambul es la pura definición del «turismo gastronómico». Nos pasamos el día comiendo, caminando hasta la siguiente oportunidad para comer y vuelta a comer. Vagamos del yogur fresco, la miel y las nueces en el desayuno a la *pide* del almuerzo, pasando por unos bocaditos de *lokum* (delicias turcas) y *baklavá* y cerveza Efes y raki para bajar guisos y kebabs por la noche. Tenía la barriga llena todo el rato pero no soy de las que rechazan oportunidades de probar cosas nuevas: ¡y es que todo parecía y sabía tan apetecible a mi paladar de Europa occidental...!

Turquía es un país de setenta millones de personas y cincuenta comunidades étnicas distintas, un país en el vértice del cristianismo y el islam, de Europa y Oriente Próximo. Estambul está en el centro de dicha división, una ciudad que se extiende por tres esputos de tierra escupidos desde el continente: dos en Europa y el otro, al este, en Asia. El estrecho del Bósforo separa ambos continentes. Mientras que para los europeos Estambul puede dar la sensación de ser tan poco familiar como cualquier otra ciudad cosmopolita musulmana (como Beirut o Marrakech), está igualmente separado de sus vecinos árabes con un gobierno laico y una lengua muy distinta. No está cómoda ni en Europa ni en Asia: no es casual, por tanto, que la península de Anatolia fuese conocida en otros tiempos como «Asia Menor».

Si he escogido explorar la comida de Estambul frente a las de otras zonas de Turquía, no ha sido solo porque considero que es una auténtica sección de corte de la comida turca, como lo son muchas capitales, sino también porque era la sede del palacio de Topkapi, donde se desarrolló la cocina otomana durante siglos. La herencia del dominio internacional de los otomanos moldeó la cocina turca contemporánea, y precisamente ese moldeado es lo que pretende ilustrar este capítulo, así como iluminarlo con algo del color que evoca Orhan Pamuk.

Durante siglos —623 años, para ser más exactos— las actuaciones del poderoso Imperio otomano marcaron la política europea. Cuando los otomanos conquistaron Bizancio[*] en 1453, se apoderaron de la Ruta de las Especias (véase pág. 166), una jugada que extendió la influencia otomana hasta bien lejos, pero que también llevó inspiración de fuera a suelo anatolio.[†] Destellos de platos que podríais identificar con otras zonas —las *mezes* de humus y cremas de yogur, las verduras rellenas, los pasteles, el agridulce— son en realidad originarios de Turquía y fueron los otomanos quienes los difundieron. Al mismo tiempo las distintas especias cosechadas en la Ruta de las Especias, de la India a Marruecos, volvían a la capital del Imperio: de Persia llegaron el azúcar, los dulces (como el *gaz* —véase pág. 35—, que bien podrían ser el origen del *lokum* actual),[‡] y el arroz; el vino griego y los kebabs y las carnes a la brasa por las que Turquía es posiblemente más conocida en el extranjero son un reflejo de la vida nómada que llevaron muchos cruzados otomanos.

En la actualidad las parrillas turcas y las tiendas de kebabs llenan las aceras del este de Londres, aunque las hay por todo el país: *beity, schawarma*

• • • •

[*] Gobernado por grecoparlantes y centrado en torno a la actual Estambul (por entonces llamada Constantinopla), el Imperio bizantino fue una continuación del Imperio romano en el Mediterráneo oriental.

[†] Con Anatolia nos referimos a la parte asiática de Turquía. Si bien Estambul está a caballo entre la Turquía europea y la asiática, esta última abarca el 97 por ciento del país.

[‡] El *lokum*, o delicia turca, es junto al *baklavá* una especialidad que las tiendas de Estambul han convertido en un arte: es casi como entrar en una pinacoteca de belleza comestible. Estas delicias turcas no se parecen a nada que hayáis visto: olvidaos de la cosa rosa pegajosa que os resulta familiar e imaginad unas delicadas bolitas con agua de rosas y avellanas, dátiles, peladura de limón o hierbabuena por dentro, todo ello rematado por una fina capa de azúcar.

y *shish* son algunas de las variedades que pueden resultarnos familiares. En Turquía hay muchas más variantes regionales, como la *adana* y la *urfa*, y la mayoría pueden encontrarse en Estambul. Bautizadas con el nombre de sus ciudades de origen (al sur y sureste de Turquía, respectivamente), tanto la *adana* como la *urfa* se elaboran con una mezcla de carne de cordero picada, grasa de cola[*] y bulgur a la que se da forma de albóndiga alargada y luego se pasa por la parrilla y se guarnece con ensalada y yogur. Los kebabs *adana* tienen un aderezo intenso de *pul biber*,[†] la guindilla picante que adorna con sus copos muchos platos turcos. Mi experta en Estambul, Rebecca Seal —que publicó un libro sobre las delicias culinarias de la ciudad titulado simplemente *Istanbul*—, me contó que también las vísceras se devoran por doquier y en muy diversas formas: fritas, rebozadas, a la plancha, con cebollas o en pitas. Son comidas que reflejan el estilo de vida nómada tanto de los pastores como de los cruzados otomanos. Algunos ejemplos son el *kokoreç*, intestino de cordero especiado y ensartado en un espeto que se hace a la brasa, o el *mumbar*, intestino relleno de carne picada, bulgur y cebolla. Ambos suelen comerse con pan y lechuga en juliana.

El legado de la cocina otomana sigue siendo relevante en la gastronomía contemporánea, y también debería serlo en vuestra cocina. Tenemos la suerte de que los ingredientes con los que se prepara son fáciles de adquirir y es posible incluso encontrar los más especializados en buenas tiendas de alimentos internacionales. Para empezar hay que aprovisionarse de hierbas frescas, especias aromáticas, copos de pimienta de Alepo, yogur y cordero y pollo de calidad. Sería de gran ayuda contar con una buena parrilla y una hornilla con fuego para conseguir las auténticas carnes y verduras a la parrilla que caracterizan los banquetes otomanos.

La cocina de Anatolia, la actual Turquía, se desarrolló tanto en la patria como en los campos de batalla y las rutas comerciales. Al igual que en Marruecos (véase pág. 287), la cocina turca actual tiene mucho que agradecerle a su legado regio: muchos de sus pilares básicos, como la pasta filo, los pilafs, las pitas y los platos con yogur, se crearon y se perfeccionaron en las cocinas del palacio de Topkapi. Según algunas fuentes, había hasta mil cuatrocientos cocineros internos en la corte, quienes, debido a las leyes que regulaban la caducidad de los alimentos, se especializaron en ingredientes

• • • •

[*] La de cola es una base de grasa con mucho sabor y muy popular en Oriente Próximo que proviene de las ovejas awassi, que se crían con este fin. Al parecer pueden llegar a almacenar hasta 12 kilos de grasa en la cola.

[†] Conocida también como pimienta de Alepo (una denominación siria que puede inducir a confusión).

frescos. Hasta la fecha las verduras y las frutas maduras, la carne recién sacrificada, el pescado recién capturado y los lácteos, los hojaldres y las masas recién elaborados, son elementos inamovibles de las cartas turcas: las conservas son una rareza. Además el yogur es un invento turco. Cuando me enamoré por primera vez de la comida de Oriente Próximo y de la India, tal vez la mayor revelación fue el uso del yogur. Como muchos británicos me crie comiéndolo como postre, pero ahora lo veo como un ingrediente mucho más polifacético para platos salados, que casa de maravilla con carnes y cereales por su ligera textura cremosa y sus deliciosas notas agrias.

Podría decirse que los turcos han perfeccionado el arte del hojaldre mejor que cualquier otra nación, con sus rollos de pasta filo, conocida como *yufca*, en capas finas como membranas. Cuando se pone por capas queda crujiente como ninguno y sirve como lienzo en blanco para platos salados y dulces: el *borek*, un triangulito de pasta filo frito y relleno de carne picada, queso, patatas y espinacas es una *meze* muy común; el *baklavá*, conocido y apreciado en el mundo entero, un hojaldre endulzado con capas de frutos secos (pistachos, almendras, avellanas) y jarabe de miel. En tiendas especializadas se vende en cuadrados, rectángulos, círculos y triángulos decorados con diversos frutos coloridos: su belleza es innegable. El hojaldre es otra delicia turca que ha conocido mundo. Hoy se come en todo el planeta, y donde más, en el mundo musulmán, con versiones como la *pastela* de Marruecos o el *kadaif*, un dulce palestino que se elabora en los países del Levante e Israel (véase pág. 173).

Los *dolmas* (cualquier cosa rellena) y los *pilafs* (un plato de arroz o cereales mezclados con otros ingredientes)[*] son omnipresentes no solo en Turquía sino en todo el mundo musulmán. Este libro está lleno de ejemplos de verduras rellenas —desde el Líbano y Sicilia hasta el sur de España—, así como de platos de arroz —*pilau* en la India o *polow* en Irán— que tienen su origen en prácticas culinarias comunes en Oriente Próximo. Una vez más se trata de recetas que se perfeccionaron en Topkapi: los clásicos pilafs esponjosos y los platos rellenos, con un punto seco para que no se deshagan pero lo suficientemente jugosos para pasar al recuerdo. El continente pueden ser berenjenas (la verdura estrella de la cocina turca), alcachofas, calamares e incluso melón. Todo esto se rellena con una mezcla de arroz o bulgur, carne picada y especias. Los *midye dolma* son una especialidad de Estambul: mejillones en su concha, rellenos de un aromático pilaf con pasas, ajo, piñones y hierbas.

Otra comida siempre presente en Turquía es el *simit*, el pan trenzado o re-

• • • •

[*] El pilaf puede hacerse con arroz, bulgur u otros cereales, condimentado y combinado con legumbres como los garbanzos. Otro plato típico con base cereal es el *kisir*, que suele tomarse como guarnición: bulgur con pasta de tomate, perejil, cebolla y las notas agridulces de la melaza de granada.

torcido que se empapa en melaza de granada y se rocía con sésamo. En todas las esquinas hay un vendedor de *simit* y, aunque lo típico es comerlo en el desayuno con yogur o mermelada, se consume durante todo el día, haga sol o llueva. Está emparentado con los *pretzels*, mientras que el *pide* y el *lahmacun* son versiones de pan plano con reminiscencias de pizza a los que se añade por encima carne picada, encurtidos, verduras a la plancha y hierbas.

Como cabría esperar de una ciudad rodeada de costa, Estambul tiene un pescado estupendo. Recién capturado en el Bósforo y el mar de Mármara, reluce por las noches en los puestos del mercado del barrio de Kumkapi, iluminado por unas bombillas peladas que destacan sus escamas azules, rosas y grises y sus aletas chorreantes. El atún y el bonito, la caballa y las sardinas, el pez espada y —sobre todo— los boquerones (*hamsi*, que pueden ser de hasta 15 cm de largo) tienen un papel destacado en la cocina. Estos últimos, fritos y rebozados en una mezcla de maicena conocida como *hamsi tava*, son todo un clásico y se sirven formando una estrella o un abanico sobre la fuente (véase mi receta al final del capítulo). El *balik dolma* (pescado relleno) es muy común, al igual que el *pilaki*, para el que se cocina el pescado en una salsa dulce de verduras, con cebollas, tomate, aceite de oliva, zanahorias y azúcar. El pescado se prepara de múltiples maneras —frito, a la brasa o pochado— y la elaboración más sencilla es con limón y perejil o en sopas o estofados.

La gente suele imaginarse la gastronomía otomana —incluida la turca— en blanco y negro: la comida de un tiempo pasado. Como Musa Dagdeviren, uno de los cocineros más reputados de Turquía, bien dice,[*] sería imposible recrear con veracidad la comida otomana, y los restaurantes que afirman hacerlo lo único que pretenden es engatusar a los turistas que ansían probar un bocado de la colorida historia turca. Los gremios otomanos eran famosos por el secretismo con el que protegían sus métodos de trabajo, si bien podemos especular y unir los puntos entre los territorios de la Ruta de las Especias que controlaban los otomanos. De esta forma creamos un perfil, una línea trazada que podemos colorear con el estimulante espectro de lo que nos ofrece la cocina turca hoy, y que Estambul tan hermosamente aúna y muestra para el viajero hambriento. Por tomar prestadas una vez más las palabras de Orhan Pamuk, el color es realmente, en este sentido, «la palabra en plena tiniebla».

• • • •

[*] Musa se ha propuesto desentrañar la intrincada maraña de la cocina de su país, y no solo señalando las diferencias regionales, sino desenterrando platos que parecían haber desaparecido en el tiempo. Se cuenta que la comida de su restaurante Ciya Sofrasi, en la parte asiática de Estambul, ha hecho llorar a ancianas, tal que evocaciones proustianas de tiempos pasados.

LA DESPENSA • melaza de granada • pasta de pimiento rojo • yogur • comino • zumaque • *pul biber* • pimentón • perejil • hierbabuena • eneldo • frutos secos (pistachos, avellanas, nueces, almendras) • pasta filo • cítricos • carne picada (cordero y pollo) • agua de azahar • agua de rosas

• • •

• BOQUERONES REBOZADOS •

Este plato de boquerones frescos del Bósforo rebozados es una auténtica delicia turca. Suelen disponerse formando una estrella sobre la fuente, acompañados de cuñas de limón para empapar sus pieles rebozadas y crujientes. Son como los que se comen en España pero más grandes y sabrosos.

• 6 COMENSALES •

500 ml de aceite de girasol o vegetal para freír
100 g de harina normal
un buen puñado de sal marina y pimienta negra recién molida
20-30 boquerones frescos (o 20 espadines)
cuñas de limón para servir
perejil para servir

1 • Calentar el aceite en un wok o una sartén honda (unos 4-5 cm) y comprobar que está listo para freír con un trozo de pan: echar para ver si sisea y se dora. Si es así, ¡ya podéis freír!
2 • Mientras el aceite se calienta, poner la harina en un plato hondo, salpimentar generosamente y enharinar el pescado a conciencia.
3 • Una vez que el aceite esté listo para freír, desechar el exceso de harina e incorporar el pescado a la sartén por tandas. No deberían tardar más de 2-3 minutos en dorarse, momento en el que hay que sacarlos de la sartén con una espumadera y ponerlos sobre papel de cocina para que absorban la grasa sobrante.
4 • Disponer en forma de estrella sobre una fuente redonda, formando un abanico

con el pescado desde un punto central. Repartir las cuñas de limón, el perejil y la pimienta negra por encima.

• KOFTE DE TERNERA •

Estas albóndigas de ternera son una buena muestra de cómo se combina el yogur con la carne en Turquía y los países aledaños. También suponen un refrescante cambio frente al cordero omnipresente de Oriente Próximo. Rebecca Seal, que nos cede esta estupenda receta de su libro *Istanbul*, dice en su introducción que en Turquía existen muchas variedades de *kofte*, y anima a sus lectores a que ejerzan alguna licencia creativa al hacer sus versiones: en otras palabras, que jueguen con ingredientes y cantidades. Para acabar añadiría que, si bien el zumaque es opcional, yo lo recomiendo por el ímpetu a limón que le confiere y porque casa de maravilla con la ternera y el yogur.

• 2-4 COMENSALES •

PARA LAS ALBÓNDIGAS
3-4 cdas. de pan rallado
300 g de carne de ternera picada
¼ cebolla picada muy fina
1 diente de ajo picado muy fino
15 g de perejil picado muy fino
1 cdta. de zumaque, y algo más para adornar (opcional)
1 cdta. de comino
1 cda. de pasta de tomate turca o 2 cdtas. de tomate
    triturado concentrado
¼ cdta. de pimienta negra recién molida
½ cdta. de sal
1 huevo
aceite vegetal para freír

PARA EL YOGUR CON AJO
175 ml de yogur tipo griego o turco sin azúcar
½ diente de ajo picado muy fino (o más, al gusto)
15 g de perejil, picado muy fino

1 • Si se usa pan rallado fresco, tostar ligeramente en una sartén sin aceite. Mezclar en un bol la carne con el ajo, la cebolla, el perejil, las especias, la pasta o el tomate triturado, los condimentos y las tres cucharadas de pan rallado.

2 • Añadir el huevo a la mezcla rápida pero concienzudamente. Si se queda muy líquida, agregar el pan rallado restante y volver a mezclar. Dividir la masa resultante en 12 y dar forma de albóndigas,

3 • Para preparar la salsa de yogur, mezclar este con el resto de ingredientes, probar y rectificar de sal y ajo. Refrigerar hasta el momento de servir.

4 • Calentar el aceite hasta que un trozo de pan duro sisee y se ponga dorado en 30 segundos y a continuación bajar el fuego. En caso de no tener freidora (como sabéis, para mí es un lujo), recomiendo utilizar un wok (sí, ya sé que no pega mucho), que calienta el aceite muy rápido. También vale una sartén honda. Freír las albóndigas por tandas, 4 minutos cada una, o hasta que la carne del centro esté hecha y el exterior esté dorado. Sacar con una espumadera y escurrir sobre papel de cocina. (Otra opción es aplastarlas para hacer medallones y freír en menos aceite, 3 minutos por cada lado hasta que se doren y se hagan por dentro.)

5 • Servir inmediatamente con la salsa de yogur y espolvorear el zumaque por encima para adornar.

LEVANTE MEDITERRÁNEO

Por naturaleza, un cuentacuentos plagia. Todo lo que se va encontrando —sea
un incidente, un libro, una novela, un episodio de vida, una historia, persona o
recorte de periódico— es un grano de café que se machacará, se molerá y se
mezclará con un toque de cardamomo, a veces un pellizquito de sal, hervido tres
veces con azúcar y servido como un cuento que echa humo.

• RABIH ALAMEDDINE, *El contador de historias* •

HAKAWATI ES LA palabra que designa en árabe al
cuentacuentos, y en la novela de Alameddine, es el abuelo del narrador quien practica este oficio. El autor compara el proceso de contar historias —de absorber información de distintas fuentes y adornarla— con el de
hacer café árabe, fuerte y especiado. Es una analogía
elegante que me recuerda toda la mezcla culinaria que
se da en un espacio pequeño pero muy poblado, dividido
a su vez en varios países apiñados.

Por Levante mediterráneo nos referimos a la zona de
Oriente Próximo que abarca el Líbano, Siria, Jordania,
Israel y los Territorios Palestinos. Es la Tierra Santa, donde se eleva el Monte de
los Olivos, la tierra por la que corren la miel y la leche y en la que el sol brilla en
la Escalera de Jacob por encima de colinas escarpadas que los rayos de luz suavi-
zan en malvas y ocres al converger y aparecer entre las sombras. Pese al esplendor natural, por desgracia el Levante no es una región con muy buena prensa
que digamos, entre las disputas territoriales y las fricciones religiosas que cada
tanto acaparan nuestros titulares. Sin embargo, para ser un lugar tan azotado
por los conflictos, la comida tiene una habilidad impresionante para unir a la
gente, una capacidad encarnada en la cultura de las *mezes*, con sus tapas com-
partidas, aunque también la cantidad de platos que tienen en común países y
comunidades religiosas. Es casi imposible que no os gusten los sabores intensos
y con pegada de platos como el tabulé o el *baba ganush*, que se comen en los cinco
países que abarca el Levante. La buena comida es universal. Cuando las comunidades están divididas en la mente y el corazón, a veces el estómago consigue
unirlas: al fin y al cabo todos estamos hechos de carne y hueso.

En Oriente Próximo, sin embargo, existe un importante conflicto desestabi-
lizador de naturaleza epicúrea. Esta batalla —entre el Líbano e Israel— se libra

por el humus. Ambos países reclaman la invención de esta crema de garbanzos, pero, dada la relativa juventud de la nación-estado hebrea, parece más sensato afirmar que el humus proviene de las comunidades que habitan esta masa de tierra conocida como Levante. Por lo demás, aunque no me gustaría perpetuar la división, también parece sensato hacerlo desde el punto de vista culinario, de ahí que mantenga a Israel separada de las cocinas árabes de Levante. Con tantas influencias en juego, la cultura gastronómica de Israel ha florecido en una cocina fusión compleja y rica que justifica su propio tour culinario.

La cocina árabe que cabría explorar en primer lugar sería la del Líbano, cuyos sabores frescos se han exportado con éxito por todo el mundo. En Londres los restaurantes libaneses ya no se confinan en Edgware Road: están surgiendo como setas por toda la ciudad, para satisfacer las necesidades de los fanáticos del falafel y los yonkis de la *kofta*. Pero si bien existen muchas similitudes entre las cocinas del Líbano y Siria —más aún si tenemos en cuenta que formaron parte del mismo país, la Gran Siria, hasta mediados del siglo XX—,[*] la siria tiene más matices. De mayor tamaño que su vecina, Siria ofrece variaciones regionales muy interesantes, como la cocina de Alepo, a la que mi amiga Anissa Helou, cocinera y escritora de la región, denomina «la capital gastronómica de Oriente Próximo». Aparte de repasar el Líbano y Siria he incluido algunas recetas palestinas, entre ellas una que se ha convertido en plato nacional de Jordania, donde residen en la actualidad dos millones y medio de palestinos.

Anissa, cuyo libro de reciente aparición *Levant* es una auténtica biblia (o el texto religioso que se prefiera) de recetas levantinas, se crio en el Líbano pero veraneaba en Siria con la familia de su padre. Esta autora llama la atención sobre los puntos en común entre las cocinas: los productos crudos, el uso de hierbas como ingredientes (y no solo adorno), los sabores agrios, las especias dulces, los frutos secos, las legumbres y los cereales, el pan plano, la importante distinción entre la pimienta blanca y la negra y el aceite de oliva. Pero también hay diferencias cruciales. Mientras que la comida libanesa se basa en la sencillez y la frescura —muchas ensaladas, zumo de limón, aceite de oliva, ajo—, los sirios añaden complejidad con más grasas y elementos agridulces.

En líneas generales las técnicas de cocina y la manera en que se come son muy similares por todo el Levante. La cultura de las *mezes*, por la que la gente comparte comida que se come con los dedos, como cremas, ensaladas, encurtidos o falafel fritos, es omnipresente. Los panes planos (conocidos como *khobez*) son el utensilio comestible que se emplea para llevar la comida a la boca, sobre todo en los platos más cremosos, para rebañar el humus, por ejemplo (mientras

• • • •

[*] «Gran Siria» era la denominación que aglutinaba a las actuales Siria y el Líbano bajo el dominio del Imperio otomano. La Liga de Naciones la dividió tras la Primera Guerra Mundial.

que en Etiopía se utiliza la *injera*; en África Occidental el *fufu* y en Asia el arroz). El relleno también es una elaboración común, tanto de panes (como los rollos de *halloumi* o *labneh* con carne), comparables a bocadillos, como de verduras, con arroz, cordero, tomates y menta.

La comida levantina le debe su frescura a la utilización de una materia prima de una calidad impresionante y de origen local. El abrasador sol de Oriente Próximo madura las frutas y las verduras hasta sacar lo mejor de ellas; con ingredientes de tal calidad el trabajo está casi hecho y cocinar es más una cuestión de esmero que de elaboración. Cosa que dista mucho de ser baladí. La combinación sencilla de una ensalada fresca con otros sabores locales —aceite de oliva, zumo de limón, hierbas verdes frescas, pimienta blanca— exige inspiración. La *fatush*, la ensalada árabe por antonomasia, por ejemplo, combina canónigos con pepino, tomate, rábano, pan de pita tostado, perejil y hierbabuena con un aliño sencillo.

Un rasgo clave de la comida levantina es su forma de utilizar las hierbas, que se niegan a hacer de simples coristas como en la mayoría de las cocinas occidentales y prefieren llevar la voz cantante en muchos platos (ocurre lo mismo en la cercana Irán, donde se coloca en medio de la mesa un cuenco de hierbas frescas, *sabzi khordan*, para acompañar casi todas las comidas, véase pág. 190). El tabulé, otro clásico muy conocido, es toda una *jam session* de hierbabuena y perejil picados muy finos en la que el bulgur, las cebolletas y el tomate marcan el ritmo. Para mí una de las mejores cosas de descubrir estas cocinas levantinas fue conocer la otra cara de ingredientes que en su mayoría me eran familiares: los componentes para las ensaladas, el bulgur o las hierbas, por ejemplo. Sin mucho embrollo (excepto para localizar cosas como la melaza de granada y la tahina, que tal vez tengáis que comprar por Internet si no vivís en una ciudad grande), fui capaz de dar vida a muchos ingredientes aparentemente mundanos en platos que sabían a novedad y que intrigaban a aquellos para quienes los cociné.

Los frutos secos y las semillas también son recurrentes por todo el Levante, aunque quizás el caso más flagrante sea el del humilde sésamo, cuya presencia en muchos platos de la zona es fundamental pero a menudo se infravalora. El sésamo suele utilizarse para aderezar panes, falafel, ensaladas o galletas dulces y forma parte de la *za'atar*, la clásica mezcla de especias levantina.[*] Es también la base de la tahina, un aceite denso y oscuro que se extrae del sésamo tostado, tiene textura melosa y se añade al humus y al *baba ganush*, entre otros platos. (Si se le

• • • •

[*]La *za'atar* es una mezcla de hierbas de monte secas como el orégano y la mejorana, zumaque, sésamo y sal (véase pág. 202). La *baharat*, que se traduce simplemente como «especia» es la mezcla estándar del Levante, utilizada en numerosas recetas como el *kibbeh*, y combina canela, nuez moscada, granos de pimienta de Jamaica y de pimienta negra. El zumaque es un ingrediente de la *za'atar* y también se utiliza por separado para añadir un sabor alimonado y agrio: rociada por encima del humus o en la *fatush*. Se encuentra por todo Oriente Próximo y es el fruto de una planta subtropical cuyo nombre en árabe significa «rojo», por su intenso color rojo tierra.

quiere dar un toque arabesco barato y fácil a un pescado blanco como el bacalao, o a unas verduras, como la berenjena o la calabaza violín, nunca os equivocaréis si le echáis tahina de bote mezclada con zumo de limón, agua y sal y la rematáis con un poco de perejil fresco y una pizca de *za'atar*).

Los piñones y los pistachos son asimismo populares en platos salados y dulces. Uno de mis ejemplos favoritos es el *kadaif*, un postre palestino que combina el hojaldre con suave queso blanco bañado en agua de rosas o jarabe de azahar y recubierto de frutos secos. Pocas veces me ha hipnotizado más la majestuosidad visual de una comida que cuando estuve en Habibah, un barrio de Amán, y pasé por una panadería palestina especializada en *kadaif*. Estaba llena de grandes bandejas redondas con diversas variantes y decoraciones de *kadaif*: con pistachos espolvoreados por encima, por ejemplo, o en formas geométricas con sésamo y nueces, queso *nablusi* y el jarabe de azúcar en el que estaba empapado y que al cortarse formaba hilos finos como telarañas de dulzor.

En cuanto a los garbanzos, son los responsables del plato más reconocible del Levante: el maravilloso humus. A los garbanzos les tengo mucho cariño: fueron casi mi único sustento cuando era una estudiante vegetariana sin blanca. Y no, no me cansé de ellos. Son muy versátiles, sobre todo cuando se combinan con otros elementos de la despensa levantina: los más conocidos son el humus y el falafel pero también se emplean en ensaladas como la *balilah* (que los combina con cebolleta, limón, ajo y perejil), y se comen con el grasiento cuscús levantino o en *fatteh* (pan de pita tostado y recubierto con garbanzos especiados y salsa de yogur). En algunos casos pueden sustituirse por habas o garrofones. Las habas constituyen la base de la famosa crema egipcia con ajo, el *fuul* —que se ha popularizado por todo Oriente Próximo—, mientras que los garrofones verdes sirven para aderezar cualquier sopa o ensalada, con aceite de oliva, limón, ajo y hierbas.

En Oriente Próximo los lácteos no son una entidad rica y contundente como lo son en la cocina occidental. Los quesos como el feta o el *haloumi* se elaboran con leche de cabra o de oveja. Hay algunos curados —conocidos como *kashk* o *kishk*— que se hacen separando el suero y la cuajada del yogur y cubriendo los cuajos ya espesados con mezclas de hierbas que se dejan curar varios días. La misma técnica se aplica cuando se hace el *labneh*, un yogur espeso que se tamiza con una estameña y se come como *meze* con aceite de oliva sobre pan de pita, condimentado a veces con hierbas y especias. Anissa hace su propio yogur de cabra con cilantro y ajo, y lo acompaña con calabacines rellenos y albóndigas de cordero o ternera. Así y todo, puede que mi receta favorita de yogur sea el *mansaf*, un plato jordano: cordero cocinado en una salsa de yogur seco o *jameed* y servido con bulgur o arroz, piñones y almendras. Probadlo: Yotam Ottolenghi ha aportado su espectacular receta de *mansaf* en la página 179.

Los cereales son otro elemento importante en la cocina levantina, y el bulgur el más importante. Se hace a partir de trigo cocido, secado y molido y tiene un papel protagonista en platos clásicos libaneses como las *kibbeh* (albóndigas, fritas, asadas o como *kibbeh nayyah*, con cordero crudo, de las que he incluido la receta de Anissa) o el tabulé. Marrón o blanco, y en tres texturas distintas (grueso, fino y muy fino), el bulgur es enormemente versátil y su uso está muy extendido por todo Oriente Próximo. El trigo verde, conocido como *freekeh*, sin embargo, es más sirio y tiene un sabor a fruto seco casi ahumado.[*]

La cocina siria añade complejidad a los ingredientes, los sabores y las técnicas de la región. Es un país de múltiples climas —con desiertos, montañas, llanuras y costa, lo que supone una gran diversidad de ingredientes con los que jugar— y rodeado por otros países con cocinas ricas y antiguas. Al norte limita con Turquía, mientras que sus puntos más orientales llegan casi a Irán: es más que habitual verse asaltado por destellos de la cocina otomana y persa ante una mesa siria. Algunos ejemplos son la cocina de la carne con la fruta, como en los kebabs con cerezas (típicos de Alepo), la presencia de los pistachos en el norte y el uso del *ghee* (mantequilla clarificada, que mucha gente tiene por la grasa base de la comida india). Mientras que en el Líbano abundan la verdura y la fruta fresca, los sirios igualan la apuesta y presumen además de una estimulante gama de conservas. Escarchan frutas como los albaricoques, los higos, los higos chumbos, las nueces e incluso las berenjenas; secan verduras para rehidratarlas luego, como los calabacines, el quimbombó y, una vez más, la berenjena, la niña mimada de las verduras levantinas (véase mi receta de *baba ganush* más adelante).

El ingrediente que más a menudo se asocia con la cocina siria es la melaza de granada y, si se os hace la boca agua con la cocina levantina y persa, os recomiendo que os hagáis con una botellita. Suele encontrarse en las secciones especializadas de los supermercados. Es tan fuerte que solo se utilizan pequeñas cantidades y añade con su amargor oscuro un toque agridulce a muchos platos, sobre todo a los originarios de Alepo. La antigua ciudad al norte del país goza de una ubicación privilegiada en la Ruta de la Seda, lo que la convertía en un centro neurálgico de ingredientes coloridos y especias exóticas, así como en una parada esencial de aprovisionamiento entre el norte de África, Europa y Oriente.

Siria también se diferencia del Líbano por hacer un mayor uso de hierbas y especias, como el estragón (que se añade a veces al *labneh*) y la pimienta de Alepo, una capsicum afrutada y seca de picor medio que da un sabor distintivo a platos de Alepo como la *muhammara*, una crema de pimientos rojos asados, nueces, melaza de granada, ajo, aceite de oliva y zumo de limón.

Es un incordio encontrar algunos ingredientes levantinos y tal vez haya que comprarlos por Internet, aunque conforme la popularidad de la cocina va en aumento, también lo hace la disponibilidad de ingredientes como la *za'atar*. Aun

• • • •

[*] El trigo pasa por un proceso similar al del bulgur pero se cosecha antes, para que esté más verde.

así, en la mayoría de los casos las recetas son fáciles de reproducir en casa. Como muchas de las gastronomías de este libro, la reproducción fiel depende de la calidad de los ingredientes que compréis. Una vez que superéis la incoherencia de mezclar melaza con pimientos y frutos secos o comer cordero crudo especiado, vuestros ojos se abrirán a un abanico de sabores jóvenes, saludables y con garra, que placerán tanto como desafiarán vuestro paladar. Podéis confiar en que plagiar esta cocina os asegurará un par de historias que contar: como el más versado de los *hakawatis*.

LA DESPENSA • limones • encurtidos • sésamo • lácteos amargos y frutas amargas • aceitunas • tahina • carnes (cordero, chivo, pollo) • garbanzos • habas • bulgur • hierbas (perejil, hierbabuena, estragón) • especias (pimienta de Jamaica, nuez moscada, canela, *za'atar*, zumaque) • yogur (fresco y seco) • *labneh* • queso blanco tipo feta

• • •

• FATUSH •

Esta es mi ensalada favorita por su combinación de crujiente pan de pita tostado y deliciosas verduras maduras, hierbas y un estimulante aliño nada complicado de aceite de oliva virgen de buena calidad, zumo de limón y zumaque. Si las proteínas no son lo vuestro, podéis tomarlo como plato único, aunque por supuesto va de maravilla con carnes a la brasa, falafel y cremas.

• 4 COMENSALES •

3 panes de pita
2 lechugas pequeñas cortadas gruesas
un puñado de canónigos picados gruesos
4 tomates grandes maduros cortados en medias lunas
1 pepino en medias lunas
8 rábanos cortados gruesos
1 pimiento verde cortado fino
6 cebolletas en rodajas finas
15 g de hierbabuena picada fina
15 g de perejil picado fino

un buen chorreón de aceite de oliva virgen extra
el zumo de 1 limón
1 cdta. de zumaque
una pizca de sal marina

1 • Precalentar el horno a 180°C. Cortar la pita en tiras finas y cubrir con aceite de oliva y sal marina. Hornear unos 20 minutos, dándole la vuelta con frecuencia, hasta que esté crujiente y dorada.

2 • Mezclar la verdura cortada y agregar casi toda la hierbabuena y el perejil. Aliñar con el aceite de oliva extra más oscuro e intenso que encontréis, el zumo de limón, el zumaque y la sal antes de desmenuzar la pita por encima. Rociar con la hierbabuena y el perejil restantes a la hora de servir.

• TABULÉ •

Cuando se hace tabulé lo más importante es equilibrar bien la proporción de hierbas y bulgur. Esto supone poner el perejil y la hierbabuena en el centro de atención y no pasarse con el bulgur (evitad la tentación de usarlo como si fuera cuscús). La palabra árabe *tabil* (de la que deriva tabulé) significa «aderezo», un elemento primordial en esta ensalada de sabor tan intenso. Vuestro tabulé debe parecer un mar de verde, con algunos islotes de tomate y arrecifes de bulgur.

• 4 COMENSALES •

40 g de bulgur
el zumo de 3 limones
20 g de perejil picado fino
20 g de hierbabuena picada fina
4 tomates grandes, troceados gruesos y escurridos
3 cebolletas en rodajas finas
4 cdas. de aceite de oliva virgen extra
una pizca de canela molida
una pizca de sal marina y pimienta negra
un poco de lechuga para servir

1 • Remojar el bulgur varias veces en agua y dejar que se empape durante 10 minutos en el zumo de un limón. Ahuecar con un tenedor y escurrir.

2 • Mezclar los tomates, las hierbas y las cebolletas en un bol. Echar el bulgur por encima y aliñar con el resto del zumo de limón, el aceite de oliva virgen extra, la canela, la sal y la pimienta.

3 • Servir con unas cuantas hojas de lechuga remetidas por los bordes del bol. Pueden utilizarse para comer, a modo de cucharas.

• BABA GANUSH •

El nombre de esta crema ahumada significa «el amor de su padre», o la crema de la niña mimada, como me gusta llamarla a mí. Los secretos de un *baba ganush* perfecto son el equilibrio y el ahumado: no dejéis que la cantidad de ingredientes os amilane y chamuscad las berenjenas a fuego vivo, no con el grill del horno. El ahumado es fundamental para que salga bien. Si tenéis una hornilla eléctrica, me temo que tendréis que encender la barbacoa y sujetar las berenjenas con unas pinzas. Vale la pena.

• 4 COMENSALES •

3 berenjenas grandes
1 cda. de tahina
1 cda. de yogur natural
el zumo de un limón
2 dientes de ajo picados finos
una pizca de sal y pimienta negra
1 cda. de aceite de oliva virgen extra
una pizca de *za'atar* (véase pág. 202)
pan de pita para servir

1 • Con un tenedor o unas pinzas, perforar la parte de arriba de cada berenjena y ponerlas sobre una llama todo lo viva posible hasta que estén negras por todo alrededor. Lleva entre 15-20 minutos, y las berenjenas tienen que tener un aspecto chamuscado, flojas y blandas.

2 • Retirar la piel de la carne y reservar. Quedará algo de piel negra pegada pero hay que procurar que sea la mínima. Triturar la pulpa con un cuchillo y un tenedor o, mejor, con un aplastapatatas. No debe caerse en la tentación de pasarla por la batidora: es conveniente conservar algo de textura. Pasar a un escurridor y dejar 5-10 minutos sobre el fregadero para escurrir el exceso de líquido.

3 • Mezclar la carne escurrida con la tahina, el yogur, el zumo de limón y el ajo. Algunas recetas no incluyen yogur pero yo lo prefiero así para contrarrestar la fuerza del sésamo de la tahina con algo de cremosidad. Salpimentar al gusto.

4 • Por último echar un chorreón de vuestro mejor aceite de oliva por encima hasta que se formen pequeños charquitos entre los grumos de berenjena. Espolvorear con *za'atar* y comer con un buen pan de pita de calidad.

• MUHAMMARA •

Esta crema es originaria de Alepo y es famosa por su estupenda combinación de sabores agridulces: pimientos rojos churruscados, melaza de granada, limón, ajo y nueces. La *muhammara* suele comerse con pan de pita como *meze*, pero también es una buena salsa para carnes a la brasa (debe quedar con una consistencia parecida a la del pesto) si no sois unos puristas acérrimos. La *muhammara* mejora si se deja reposar y se madura en el frigorífico unas horas antes de servir: así se rebaja el ajo y los sabores se ligan mejor.

• 4 COMENSALES •

3 pimientos rojos grandes
100 g de nueces, más un puñado para servir
½ cebolla blanca picada fina
1 diente de ajo picado fino
1 cda. de melaza de granada
60 g de pan rallado fresco
un chorreón de aceite de oliva virgen extra
una pizca de guindilla
el zumo de ½ limón
una pizca de sal marina
pan de pita, para servir, ligeramente tostado

1 • Precalentar el horno a 200 °C.
2 • Asar los pimientos en una bandeja de horno con un chorreón de aceite y un poco de sal y pimienta hasta que estén negros y ligeramente arrugados (puede llevar media hora).
3 • Poner las nueces en una bandeja de horno y tostar en el horno 6-7 minutos, removiendo con regularidad. Deberían desprender su aroma a aceite y frutos secos sin llegar a quemarse.
4 • Sacar los pimientos del horno y, una vez fríos al tacto, quitar el rabo y las pepitas. Poner la carne de los pimientos en una picadora con las nueces, la cebolla, el ajo, la melaza de granada, el pan rallado, el aceite, la guindilla y el zumo de limón. Batir bien hasta que se liguen. Probar y rectificar el equilibrio de sabores: tiene que estar tan dulce como agria.

5 • En el momento de servir, poner la *muhammara* en un cuenco con un chorrito de aceite de oliva y echar por encima las nueces que quedan. Ha de comerse con un buen pan de pita.

• MANSAF •

Descubrí el *mansaf* en Jordania, de cuya comunidad beduina procede. Es el plato nacional del reino hachemí y siempre se comparte de fuentes grandes, con panes de pita a ambos lados, sobre los que se extiende este guiso de cordero, yogur, arroz y nueces. Hay hasta cadenas de comida rápida especializadas solo en este plato. El *mansaf* es un estupendo ejemplo de cómo se combina en Oriente Próximo el yogur con la carne y otros ingredientes salados, provocando un efecto de una exquisitez sorprendente, al tiempo que se añade un toque de umami, que tan poco familiar es a los paladares europeos. En este caso el yogur es el *kashk*, una variedad fermentada y seca propia de la cocina persa (conocida como *kishk* en Levante) de la que Yotam Ottolenghi —que ha sido tan amable de contribuir con esta esplendorosa receta— dice que se parece al suero de leche y puede comprarse tanto en líquido como en seco para rehidratar con agua. En caso de no poder conseguirlo, Yotam recomienda sustituir el *kashk* y el yogur griego con 500 g de yogur de leche de cabra o 250 g de nata agria mezclados con 250 g de nata fresca, tres cucharadas de parmesano bien rallado y cinco anchoas bien picadas. Se sirve con una ensalada de hoja verde y granada.

• 4 COMENSALES •

2 cdas. de aceite de oliva
4-8 chuletitas de cordero (1 kg en total)
3 hojas de laurel
1 cdta. de pimienta de Jamaica en grano
¼ cda. de pimienta negra en grano
1 cebolla a cuartos
250 g de *kashk* líquido
250 g de yogur griego
1 huevo
una pizca de azafrán
250 g de arroz basmati
45 g de mantequilla sin sal
1 bote de garbanzos de 400 g escurridos
60 g de almendras laminadas

1 cdta. de guindillas secas de Alepo
    (o cualquiera de picor medio)
1 cdta. de zumaque
3 panes planos grandes, ligeramente calentados
    (las *chapatti* indias van bien, al igual que el *lavash*)
1 cda. de zumo de limón
25 g de perejil picado
sal marina

1 • Calentar una cucharada de aceite en una sartén grande a fuego medio-alto. Añadir las chuletillas y sellar 4 minutos por cada lado, para que cojan color. Verter 600 ml de agua y añadir el laurel, la pimienta de Jamaica, la negra, la cebolla y media cucharadita de sal. Llevar lentamente a ebullición y dejar hacerse, tapado, unos 70 minutos, hasta que la carne esté tierna del todo. Una vez en su punto, retirar la grasa de la superficie.

2 • Batir el *kashk* con el yogur y el huevo y añadir dos cucharadas del caldo de cocción caliente. Incorporar poco a poco esta mezcla al cordero, removiendo conforme se echa, y añadir al final el azafrán. Dejar cocer a fuego muy lento —si la temperatura sube demasiado la salsa puede cortarse— y cocinar 20 minutos, removiendo con cuidado de tanto en tanto, hasta que la salsa se espese un poco.

3 • Entre tanto verter un poco de agua hirviendo sobre el arroz y dejar en remojo 20 minutos. Escurrir, limpiar y volver a escurrir bien. Derretir 30 g de mantequilla y el aceite restante en una olla mediana y agregar el arroz, así como ¾ cucharadita de sal. Añadir 300 ml de agua, llevar a ebullición, remover una vez, bajar el fuego al mínimo, tapar y dejar que se haga 20 minutos. Apartar del fuego, incorporar los garbanzos, rectificar de sal y pimienta al gusto y tapar la sartén.

4 • Mientras se hace el arroz, poner las almendras en una sartén con la mantequilla restante, la guindilla y una pizca de sal. Dorar unos cinco minutos a fuego medio-alto, removiendo a menudo, hasta que las almendras estén bien tostadas. Apartar del fuego y añadir el zumaque.

5 • Disponer el pan plano en una bandeja grande y redonda metálica o de cerámica, asegurándose de que la cubra por completo. Extender por encima el arroz y los garbanzos, dejando hueco por los bordes del pan, y exprimir el limón por encima del arroz. Echar sobre el arroz el cordero y toda la salsa que se quiera, dejando las hierbas en la sartén. Esparcir por encima las almendras y el perejil y servir.

ISRAEL

Donde la vida era caos, porque eso es la vida. Donde el pasado era turbio y trágico y al futuro había que agarrarlo por el gaznate. Donde terminaba Europa y empezaba Oriente y la gente intentaba vivir dentro de esa contradicción tan peculiar como disparatada.

• LINDA GRANT, *Cuando viví en la modernidad* •

TODAS LAS COCINAS están en estado de cambio permanente, pero tal vez ninguna como la israelí, que, como el propio país, es un caleidoscopio en evolución de lo antiguo y lo moderno, de lo judío y lo árabe, de las tradiciones halal y kosher... Una «contradicción tan peculiar como disparatada», ¡y tanto!

La costa occidental de Israel mira al Mediterráneo, mientras que sus otras fronteras son Egipto, Jordania, el Líbano, Cisjordania, Gaza y Siria, países y territorios con los que comparte muchas materias primas, con fuertes reminiscencias de la cocina árabe. Desde 1948 en adelante los judíos askenazíes y sefardíes que han echado raíces en Israel durante las últimas cinco décadas —primero en bloque, tras la Segunda Guerra Mundial, y más adelante, en menor medida, entre las décadas de 1970 y 1980— llevaron consigo sus propias tradiciones culinarias, lo que generó una gastronomía híbrida a la par que completamente nueva.

Los cocineros israelíes han definido la cocina nacional imprimiendo nuevos giros a componentes antiguos. Yotam Ottolenghi dice que su ciudad natal, Jerusalén, es un «potaje», su versión del crisol de civilizaciones, que es también una buena analogía para la cocina israelí en su conjunto. Si los tres ingredientes básicos son un sofrito de las tradiciones árabe, judía askenazí y sefardí, el resto de ingredientes del potaje lo van añadiendo continuamente los recién llegados. El propio Ottolenghi es un testimonio vivo de esto: de ascendencia italo-germana, nacido en Jerusalén y criado y afincado en Londres. Con sus aclamados libros de cocina y sus restaurantes, ha sido clave para la popularización de las recetas e ingredientes de Oriente Próximo en el extranjero, recurriendo a los sabores con los que se crio para crear un estilo propio único.

Ottolenghi cuenta la historia de la cocina israelí como la de unos inmigrantes que se mezclaron entre sí y abrazaron la tierra: con un planteamiento, un nudo y un desenlace todavía sin cerrar. Si digo «sin cerrar» es porque él se apresura a subrayar la apertura de miras de la cocina israelí contemporánea, que está aún tomando forma e intentando encontrar su sitio.

La historia empieza a finales del siglo XIX, cuando las ideas sionistas florecieron en el este de Europa. Con el inicio de los pogromos instigados por el propio gobierno ruso en la década de 1880, un gran número de judíos rusos emigraron a Palestina (aunque fueron más quienes se dirigieron a los Estados Unidos). A partir de 1909 llegó otra oleada de inmigración judía a la Tierra Prometida que fundó la ciudad de Tel Aviv en tierras compradas a los árabes locales. Desde 1948 en adelante llegaron masivamente, llevando consigo la clase de comida judía que asociamos con los delis neoyorquinos: *schnitzels*, *knish*, sopa de albóndigas de *matzá* y queso quark.

Con el tiempo los inmigrantes judíos empezaron a adoptar algunas tradiciones e ingredientes árabes de la región, probablemente por una cuestión de necesidad: alimentar a las decenas e inclusos los cientos de obreros de los kibutz[*] de forma rápida y barata requería utilizar los recursos más a mano. La clásica ensalada israelí, con dados de tomates y pepinos muy picados, aceite de oliva y zumo de limón (y a la que puede añadirse rábanos, pimiento rojo, cebolla, cebolleta, perejil y cilantro) es un ejemplo de esa adaptación. En la cocina israelí contemporánea se sirven guisos dulces y sabrosos de verduras frescas con todas las comidas, desde el desayuno, con huevos y pan plano, hasta en rollos y en menús variados. Tengo un amigo, Zac Frankel, oriundo de Melbourne, de ascendencia egipcio-judía, fan de Claudia Roden y experto en hacer humus (su receta se incluye al final de este capítulo), que estuvo viviendo seis meses en un kibutz vegetariano. El desayuno consistía en verduras crudas, huevos duros, queso blanco tipo feta y pan de masa madre casero. Para almorzar comían guisos calientes como la *matbuja* (de tomates y berenjenas) o la *mujaddara* (lentejas con arroz). Las cenas consistían en ensaladas sencillas como el tabulé, salvo los viernes por la noche, cuando marcaban la llegada del sabbat[†] comiendo

••••

[*] Un kibutz es una comunidad israelí que sigue, en la mayoría de los casos, un modelo económico de autogestión basado en la agricultura. La cultura de los kibutz surgió a principios del siglo XX como un medio para cultivar el duro y seco paisaje del valle de Galilea, pero, conforme fueron pasando las décadas, se convirtió en un modelo utópico de vida judía en Tierra Santa.

[†] El sábado es el sabbat judío (*shabbat*). Se inicia con una cena los viernes por la noche en la que siempre se come *jalá*, una especie de brioche judío.

pan *jalá* con tahina, pescado en una salsa yemení de tomate y aceitunas negras, berenjenas marinadas y a la plancha y arroz blanco.

Desde la década de 1970 en adelante empezaron a llegar en mayor número judíos sefardíes del norte de África, de otros puntos de Oriente Próximo (en particular de Irak e Irán) y del Mediterráneo oriental. La utilización de las especias y las legumbres por parte de los sefardíes ha influido visiblemente en la comida israelí actual. Por poner un ejemplo, ingredientes de Marruecos y Túnez como el cuscús, la miel de dátil o la *harissa* se utilizan en platos como el *jraime* (un guiso sefardí de pescado muy popular durante el Rosh Hashana,[*] con guindilla y alcaravea), así como en tajines y en la *shakshuka*, una especie de pisto tunecino de pimientos rojos y tomates, especiado y dulce, que se toma para desayunar con huevos pochados. Egipto, el vecino de al lado, también ha inspirado platos típicos israelíes como el *fuul* (la crema de habas con ajo y aceite) y el *koshari*, lentejas con arroz, pasta, cebollas, tomates y ajo.

Y así fue como la cocina israelí se convirtió en un movimiento culinario coherente. En palabras de Yotam Ottolenghi, «el reconocimiento de una "comida israelí" como tal vino de la mano de la intcorporación de la tradición culinaria sefardí, que era más alegre, colorida, sabrosa y mucho más afín al clima y al terreno que la askenazí».

Tal vez la mayor influencia que ha recibido la comida israelí haya sido la de los árabes palestinos con los que la población judía comparte la tierra. Algunos platos son prácticamente inextricables de los que descubrimos en el Levante: el humus, por ejemplo, que los cocineros israelíes han llevado a cotas de perfección altísimas; las *kibbeh* (albóndigas de carne picada, cebolla picada y bulgur); un sinfín de verduras rellenas y hojaldres de queso. Yotam cuenta que, en la década de 1990, los *schnitzels* y otros platos askenazíes pasaron a considerarse de repente «comida de abuelos», al tiempo que la gastronomía palestina local adquiría un nuevo atractivo. Los israelíes recién llegados empezaron a utilizar ingredientes de esta cocina.

Entonces, ¿Israel ha colonizado la comida árabe? Es posible. Ottolenghi, sin embargo, apunta en su libro *Jerusalem* que Israel es un sitio donde «las culturas culinarias se pasan por la batidora y se fusionan en un puré en el que es imposible distinguirlas unas de otras». Nadie puede reivindicar rotundamente un plato —sea el humus o cualquier otro—, de la misma manera que es difícil separar cada uno de los ingredientes de una sopa.

● ● ● ●

[*]El Año Nuevo judío se celebra en septiembre y se cree que conmemora el aniversario de la creación de Adán y Eva.

Como nación judía Israel tiene una relación muy particular con la carne y el pescado. Las leyes de la alimentación kosher[*] dictan que solo los animales con pezuñas unguladas que además «mastican el bolo alimenticio» son aptos para el consumo humano. Los cerdos son los animales más manifiestamente sucios (aunque tienen pezuñas, no comen hierba). Los pescados sin aletas ni escamas también son sucios. Esto descarta seres como las anguilas, los crustáceos como la langosta y las gambas o los moluscos como los mejillones y los calamares. Si bien muchos jóvenes israelíes tienen una actitud más liberal a la hora de observar las leyes kosher, sigue prevaleciendo en la cultura hostelera y dicta lo que puede comprarse en las tiendas y lo que no. El cordero, el chivo y el pollo, que se crían muy bien en las escarpadas laderas de Tierra Santa, se comen abundantemente, a la plancha, estofados o picados en guisos ricos de sabores locales. Por regla general, sin embargo, las cocinas de Oriente Próximo están especialmente bien surtidas de platos vegetarianos. Todo aquel que quiera comer menos carne haría bien en inspirarse en las cocinas de Israel, el Líbano y Siria. Si bien la carne sigue siendo importante en dichas gastronomías, son muy habituales los platos sin nada de carne.

La despensa israelí es prácticamente idéntica a la levantina. Para emularla, aseguraos de tener en casa un buen aceite de oliva virgen extra, limones en cantidad y un buen abanico de hierbas frescas y especias secas como el perejil, la menta, la za'atar y el zumaque, con las que, como buenos ladinos, podréis dar un sabor intenso a ensaladas y mezes.

LA DESPENSA • limón • perejil • hierbabuena • pimienta blanca • encurtidos • sésamo • lácteos agrios y frutos agrios • aceitunas • tahina • carnes (cordero, chivo, pollo) • garbanzos • habas • bulgur • hierbas (perejil, hierbabuena, estragón) • especias (pimienta de Jamaica, nuez moscada, canela, za'atar, zumaque) • yogur (fresco y seco) • labneh • queso blanco

• • •

• • • •

[*] Si bien son complejas, las reglas básicas dictaminan que los animales tienen que sacrificarse siguiendo los rituales kosher (un tajo limpio en el gaznate) y la carne, la leche y el vino deben producirse en condiciones supervisadas y conservarse y prepararse cada uno por su lado.

• HUMUS •

El mejor humus casero que he probado en mi vida —y con «casero» me refiero a uno preparado a mano por alguien que conozco— es el de mi querido amigo Zac Frankel, quien vivió seis meses en un kibutz israelí. Por esa razón sentimental, más que por una rigurosamente culinaria, he incluido esta receta en el capítulo de Israel. Zac dice que, aunque lo de remojar los garbanzos secos y después pelarlos pueda parecer una pedantería, este método merece mucho la pena. Si bien utilizar garbanzos de bote con su piel puede ahorrar un tiempo, la sencillez fundamental del humus exige perfeccionismo a la hora de conseguir la textura ideal. Este método más elaborado da una crema tan suave como auténtica. En Israel el humus suele servirse con ingredientes adicionales en medio del cuenco, como *ful medames* (habas guisadas), por ejemplo, huevo duro o champiñones salteados, así como verduras encurtidas y ensalada de guarnición. Os animo, por tanto, a que probéis cualquiera de estas variedades para añadir un poco más de autenticidad.

• 4 COMENSALES •

300 g de garbanzos secos
1 cda. de bicarbonato sódico
4 dientes de ajo, picados gruesos
230 g de pasta de tahina
el zumo de 2 limones
1 ½ cdtas. de sal
pimentón para servir

1 • Dejar los garbanzos en remojo por la noche. Pueden pelarse una vez hervidos pero creo que es más lento y engorroso. El truco que yo utilizo es, después de ponerlos en remojo y escurrirlos, escalfarlos con agua hirviendo y dejarlos reposar unos minutos. De esta manera la piel se desprende de los garbanzos, que toman un tono más pálido. Si no es así, volver a escurrirlos y repetir la operación. Después voy cogiendo cada garbanzo entre el pulgar y el índice y apretándolos hasta que salen y se me queda la piel en los dedos. Sí, es laborioso, pero cuando el proceso termina, ya está hecha la mitad de la receta.

2 • Poner los garbanzos en una olla, cubrir con agua, añadir el bicarbonato sódico, llevar a ebullición y dejar que se cuezan hasta que estén hechos, retirando en todo momento la espuma que va formándose arriba. El bicarbonato es muy importante: ablanda los garbanzos y sirve para darles una textura estupenda.

3 • Escurrir los garbanzos y reservar el líquido en un bol. Poner los garbanzos en una picadora con el ajo y batir hasta que se haga una pasta. Añadir tahina, un cuarto de taza del líquido de cocción, la sal y casi todo el zumo de limón. Mezclar y probar para rectificar de sal o zumo. Agregar a continuación más líquido (o agua, si no queda) hasta conseguir la consistencia deseada. El zumo de limón espesa la tahina y afecta a la consistencia del humus, de modo que si se añade más limón tal vez haya que agregar algo más de agua. Hay que tener en cuenta que, una vez se refrigera, el humus se espesa y los sabores se intensifican.

4 • Servir con una cuchara en un cuenco plano, aplastar ligeramente y hacer un hoyo no muy profundo en el centro con todos los surcos posibles alrededor. Echar por encima aceite de oliva virgen extra y un poco de pimentón dulce o picante.

• SHAKSHUKA •

Bonita palabra, ¿verdad? La primera vez que comí *shakshuka* fue en Israel, aunque es oriunda de Túnez y el norte de África. Si bien suele tomarse para desayunar o a mediodía para picar, a mí me parece un plato único estupendo a cualquier hora del día. Es una especie de *pepperonata* sencilla, dulce y especiada con huevos pochados. Es imposible no quererla... hasta por el nombre.

• 4 COMENSALES •

una pizca de azafrán

1 cdta. de semillas de comino

un chorro de aceite de oliva virgen extra

2 cebollas blancas o amarillas, en rodajas finas

4 pimientos dulces (de cualquier color menos verdes), cortados a lo largo

2 dientes de ajo picados finos

1 cdta. de pimienta negra recién molida

½ cdta. de azúcar moreno moscabado

5 g de hojas de tomillo

15 g de cilantro picado

una pizca de cayena

1 cdta. de pimentón dulce (o, en lugar de la cayena
y el pimentón, una cdta. entera de harissa)
1 lata de 400 g de tomates troceados
un puñadito de sal marina
2 huevos camperos grandes

PARA SERVIR
sal marina
una pizca de *za'atar* (véase pág. 202)
10 g de perejil, picado y sin tallos
un buen pan blando y crujiente

1 • Poner en un cuenco las hebras de azafrán en una cucharada de agua caliente y reservar.

2 • Tostar en una sartén grande las semillas de comino 1-2 minutos, o hasta que empiecen a despedir un aroma fuerte. Añadir seguidamente el aceite, las cebollas y los pimientos y saltear 3-5 minutos o hasta que empiecen a ablandarse. A continuación, incorporar el ajo, la pimienta negra, el azúcar, el tomillo, el cilantro, el agua con el azafrán, el pimentón y la cayena (o la *harissa*) y rehogar 2 minutos antes de agregar los tomates troceados. Cocinar 10-15 minutos, asegurándose de que no pierda la consistencia de salsa. Si el líquido de los tomates amenaza con evaporarse, echar un poco de agua.

3 • Sazonar, hacer pequeños huecos en la mezcla y romper los huevos dentro. Con una cuchara echar por encima un poco de la mezcla de pimientos. En este paso hay quien prefiere hornear 5-10 minutos la *shashuka* a 190°C (en tal caso la sartén tendrá que servir también para horno) pero yo prefiero hacerlo en la hornilla. Hay que cuidar de que el calor rodee bien los huevos para que se hagan por dentro, de modo que, de una forma u otra, hay que cubrirlos. Cocer 10-15 minutos.

4 • Condimentar con la sal marina, la *za'atar* y el perejil y comerla mojada con pan.

IRÁN

Sedi Mohammadi era la personificación más viva de la esposa iraní hospitalaria [...] El número y la variedad de platos de su mesa, los *joreshts* humeantes, las montañas de arroz teñido de azafrán, el «barrigón» de los pescados rellenos, los yogures con hierbabuena y pétalos de rosa secos y una multitud de encurtidos y ensaladas.

• KAMIN MOHAMMADI, *The Cypress Tree* •

EXISTE UNA convención para definir lo originario de Irán: la cultura contemporánea es «iraní» —el cine, la música rap, la gente—, mientras que todo lo anterior al siglo XX es «persa» —arte, literatura, alfombras y comida—. Sin bien la madre de Kamin Mohammadi personifica a la «esposa iraní hospitalaria», sin duda los platos coloridos de su mesa son persas.

La cocina persa hunde sus raíces ancestrales en la tradición y ha tenido una influencia que ha pasado desapercibida, aunque ha extendido esas raíces por las actuales culturas gastronómicas árabes, indias e íberas. Pese a su importancia histórica, por no hablar de su deliciosa cocina, la fama de la comida persa sorprende por su modestia y se ve a menudo eclipsada por otras cocinas más viajadas como las de Turquía, Marruecos o el Líbano.

Aunque la nación conocida como Irán tiene menos de ochenta años de antigüedad, alberga una de las culturas más antiguas del mundo. En 1935 el territorio de Oriente Próximo conocido en el extranjero como Persia durante miles de años se cambió el nombre por el de Irán, que en farsi significa «país de los arios».[*] Con una extensión de más de un millón y medio de kilómetros cuadrados, se trata de una tierra de temperaturas extremas, montañas escarpadas, ríos interiores y tradiciones culinarias antiguas. La cocina persa ha permanecido prácticamente intacta durante siglos, al contrario que en la vecina Israel, donde la comida está en permanente evolución. En las últimas décadas su historia de aislamiento político y cultural

••••

[*] Aunque hoy en día es inevitable la asociación con la odiosa eugenesia de los nazis, el término «ario» se acuñó en el siglo XIX como una denominación neutral para la gente de ascendencia indoeuropea. Los propios persas se referían a su país como Irán desde hace miles de años. «Persia» era en realidad una invención de los antiguos griegos.

de Occidente ha permitido que su cultura gastronómica se conserve: las grandes cadenas de comida rápida no tienen presencia en el país y (por suerte) los mismos platos de cuidada elaboración —guisos (*joreshts*), sopas (*aash*) y arroces (*polows*)— siguen adornando las mesas iraníes.

En Europa estamos menos familiarizados con la comida persa que con otras del mundo musulmán como la libanesa, la marroquí y la turca, con la que tiene mucho en común. Las hierbas, el yogur, las carnes guisadas y a la brasa, en especial el cordero, son comunes en todas, al igual que las formas de comer y de preparar la comida, como las *mezes* y los platos de cuchara. Por poner un ejemplo, los tajines de Marruecos (véase pág. 288-290) o la *maqluba* palestina (un plato de arroz con carne, nueces y verduras al que se da la vuelta para servirlo) tienen equivalentes en la cocina persa. (Hay quienes dicen que las cocinas de Oriente Próximo pueden dividirse según la esencia de agua que utilizan: de rosas en Irán y Turquía, de azahar en el Levante y Marruecos. Por supuesto, esto no es más que una generalización práctica.)

Sin embargo, tanto por las especias que se utilizan (fenogreco, comino, cilantro) como por la importante presencia del arroz, la comida persa está en cierto modo más emparentada con la del norte de la India y Pakistán que con las de Oriente Próximo y el norte de África. Los mogoles persas plantaron bien hondo sus raíces en el norte de la India, circunstancia que sigue quedando patente hoy en día en la cocina awadhi de Lucknow (véase pág. 210).

Una posible explicación de que la comida persa haya viajado en menor medida que la turca y la libanesa es lo exiguo de la cultura hostelera en Irán, que se limita a los *kebobs* y los *chelos* (arroces). «¿Por qué pagar por algo que puedo hacer mejor en casa?», preguntarían muchos iraníes. Eso, ¿para qué? Aparte del *kebob*, que requiere un equipamiento caro y especializado, la comida más rica y auténtica de Irán se encuentra en las cocinas de las casas. Lo constaté en mis carnes cuando Yotam Ottolenghi me presentó a Pury Sharifi. Tras conocerla como alumna de una de sus *masterclasses*, Yotam se dio cuenta de que ella bien podía enseñarle a él un par de cosas sobre cocina persa. La mesa de su casa del norte de Londres me dio la bienvenida con un surtido de berenjenas moradas, naranjas, pasas sultanas, cremoso yogur blanco, platos de *kashk* (yogur fermentado) y puñados de hierbas frescas en cuencos de dibujos intrincados.

La cocina de Pury me enseñó que, pese a las similitudes con otras gastronomías de Oriente Próximo, la persa posee un arte a la hora de combinar sabores que se refleja en platos que no se parecen a nada que hayáis probado. Imaginaos unas berenjenas con nueces coronadas con suero espeso; cerezas de morello con cordero; pollo con naranjas y azafrán; espinacas, yogur y pasas; ingredientes como melaza de granada, suero de leche seco y limas secas que dan un toque agridulce natural. Aunque, por ejemplo, una carne con frutas estofada a fuego lento puede buenamente recordar a la cocina siria o la marroquí, los iraníes utilizan una cantidad tal de ingredientes —y cada uno desempeña un papel pequeño pero crucial en la alquimia de un plato determinado— que hace que imitar su cocina sea de una complejidad considerable.

La comida persa requiere un enorme volumen de hierbas frescas (conocidas como *sabzi*, que significa «verde»), que representan prosperidad y salud. El *sabzi polo*, o arroz con hierbas, se come en Noruz (el año nuevo persa, el 21 de marzo) y requiere una enorme cantidad, pero en delicado equilibrio, de cilantro, cebollino, eneldo, perejil y fenogreco. En todas las mesas iraníes encontraréis el *sabzi khordan*, un plato con hierbas frescas y crudas, entre ellas estragón, albahaca, hierbabuena y cebollino (también rábanos y cebolletas), del que se sirven los comensales entre bocado y bocado o plato y plato para limpiar el paladar. El estragón es especialmente efectivo, al producir una ligera quemazón anisada que te prepara la boca para el siguiente plato. Las hierbas persas menos conocidas que pueden encontrarse en un plato de *sabzi khordan* son la *marzeh* («ajedrea» en español, una hierba de monte aromática que sabe a una mezcla de mejorana, tomillo y salvia) y la balsamita (o «hierba de María», una planta de hojas alargadas de la familia del enebro).

En la cocina persa también es fundamental una amplia gama de especias, aunque llama la atención la falta de chiles. Las semillas de fenogreco, mostaza, comino y cilantro también se utilizan abundantemente, al igual que la cúrcuma y otras especias más dulces, cálidas y aromáticas como la canela y el cardamomo. El *advieh* (véase pág. 201) es la mezcla de especias clásica persa, que, si bien varía según la región, siempre contiene canela, cardamomo, cilantro, comino y pétalos de rosa a partes iguales. Puede espolvorearse sobre el arroz justo antes de servir o añadirse a *joreshts* (guisos), que suelen llevar muchas especias aparte de las cinco esenciales: lima seca, clavo, pimienta negra o cúrcuma. Todas se combinan armoniosamente, en un delicado equilibrio. Como dice Pury: «La sutileza de la comida persa se debe en parte a que usamos muchos ingredientes pero al mismo tiempo nunca abusamos de ninguno [...] salvo del azafrán, aunque en cualquier caso es un condimento sutil que se añade en el último momento».

De un naranja luminoso y un incomparable aroma a heno, el azafrán es un distintivo de la comida persa y se usa generosamente. Una pizca de hebras de azafrán en una infusión con un poco de agua caliente ilumina los platos antes de servirlos. La crema de Pury, el *borani esfanaj*, con espinacas, yogur, chalotas y pasas, es un ejemplo. Los pequeños charcos de líquido de azafrán que rellenan los surcos de la superficie de la crema le dan un toque final de color y garra aromática cuando llega a la mesa.

Las bayas de agracejo (*zereshk*) son amargas y color rubí, un ingrediente típico persa que añade una inyección increíble de amargor a muchos platos.[*] Se utilizan como otro agente agridulce y maridan bien con pollo o como pequeñas gemas destellantes sobre arroces y guisos como el *jhoresht-e-mast*. Ligero pero sustancioso, e intenso pero agradable, se trata de un guiso de pollo, yogur y peladura de naranja que personifica las dos tradiciones persas del agridulce y la carne con frutas, todo ello coronado con agua de azafrán y agracejo.

Hay innumerables *joreshts* con rasgos similares. El *joresht nanah jafari gojeh* (cordero con hierbabuena, perejil y ciruelas claudias) es especialmente tentador. Los guisos más comunes son los de cordero, pero también hay de pollo, ternera y en ocasiones pescado. Otro *joresht* clásico es el *fesenjan*, un guiso oscuro y granulado que se come en otoño e invierno y que combina pollo, melaza de granada, cebolla caramelizada y nueces. Pero quizás el más famoso sea el *gormeh sabzi*,[†] el impresionante guiso persa de cordero y hierbas que se hace a fuego lento. Las bayas de agracejo, las almendras, las nueces, las ciruelas, los pepinos, los calabacines y el nabo son solo algunos de los ingredientes que acompañan a la carne en montones de guisos persas. Pero normalmente los más importantes para un *joresht* son los que menos se sospecha: el yogur o el suero de leche, la lima seca o la mezcla de especias. A pesar de no hablar farsi no he tenido problema en recordar el nombre del *gormeh sabzi* porque es muy acertado que «gormeh» suene a «gourmet».

Las sopas constituyen otra parte importante de la cocina persa, más espesas y sustanciosas que las que comemos en Europa. Son una forma barata de alimentar a la nación, sobre todo en los duros meses invernales

• • • •

[*] De hecho, antes de descubrirse que el arbusto del agracejo portaba parásitos del mildiu del trigo, el agracejo tenía una fuerte presencia en la cocina medieval inglesa. Ahora parece existir un interés renovado en la gastronomía británica por estas bayas, aunque siguen teniendo que importarse de Irán y rehidratarse o saltearse antes de usarse.

[†] Una nota personal: tal vez recordéis que tenía cierta aversión al cordero, pero el *gormeh sabzi* de Pury resultaba tan tentador en su cuenco de colores que probé un bocado. Y me gustó. Quince años sin cordero y un *joresht* persa me convirtió. En la actualidad el cordero y yo estamos intentando llevar una relación saludable.

del norte. La *eshkeneh*, por ejemplo, es una sopa de cebolla espesada con harina y huevos y condimentada con cúrcuma y fenogreco. Las legumbres como las judías rojas, la soja verde y las lentejas naranjas o verdes tienen un papel protagonista en algunas sopas: sobre todo en las que se conocen como *ash*. La favorita de Pury es la *ash-e-jo*, una sopa de cebada con garbanzos, lentejas, judías, espinacas y perejil. Con componentes saludables (y económicos) como estos, es fácil entender por qué en Irán las sopas tienen fama de ser beneficiosas para la salud: parecido a la sopa de pollo o «penicilina judía» de las comunidades judías askenazíes de todo el globo.

En Irán el arroz se presenta en diversas formas: solo (*chelow*), inflado y mezclado con otros ingredientes (*polow*) y en *tahdig*, que significa «fondo de sartén», cuando se le da forma de tarta al arroz y se le hace una costra por encima de huevos, yogur y azafrán. El comensal va picando de él como con cincel. La palabra *polow* (cualquier plato de arroz con algo más) marca el vínculo con la India, de la que proviene la palabra «pilau»,[*] más conocida, y el «pilaf» turco, claro: todas comparten la tradición del arroz ligeramente especiado, que se deja que se pegue al fondo de la sartén y se dore con ayuda de mantequilla y azafrán. El *polow*, más sencillo, utiliza solo azafrán y mantequilla pero pueden añadirse hierbas, legumbres y cerezas amargas (para hacer un plato conocido como «arroz ruborizado»). El «arroz enjoyado» (*morasa polow*) lleva bayas de agracejo, pistachos, almendras, peladura de naranja, pasas, *advieh* y, por supuesto, agua de azafrán. Remojar el azafrán en agua caliente permite aprovecharlo al máximo (es una especia muy cara). Yo remojo entre cinco y diez hebras (dependiendo de la intensidad que se desee) en un pequeño chorreón de agua hirviendo y las dejo unos cinco minutos. El agua toma un color ámbar —es un proceso bonito ver cómo se va desprendiendo el rojo de las hebras— y podéis agregarla al plato que estéis preparando.

En Irán se llevan todos los platos a la mesa al mismo tiempo. El sistema europeo de servir la comida por platos se sustituye por un gran despliegue de guisos, hierbas crudas, *mezes* y pan. Las cremas se comen con *nan* (pan plano muy similar al de la India, donde lo llaman *naan*), que se presenta en diversas formas: los hay desde el más fino y hojaldrado (*nan-e-lavash*) hasta el más grueso y casi blando (*nan-e-taftoon*), que Pury suele servir con cremas como la *borani-e-labu* (remolacha asada con yogur y hierbabuena fresca), el *borani esfanaj* (espinacas, yogur, cebolla, pasas y azafrán) o el *kashk-e-bademian* (berenjena, nueces, trigo fermentado y hierbabuena seca).

• • • •

[*] Introducido en la India por los mogoles persas en el siglo XVI.

En la cita de las memorias de Kamin Mohammadi, *The cypress tree*, que abre el capítulo, la comida —el surtido colorido de arroces, guisos y yogures— está inextricablemente ligada con la hospitalidad. Había oído hablar mucho de la hospitalidad iraní (aunque apenas la había disfrutado) antes de conocer a Pury Sharifi, cuya comida, pese a serme ajena, me resultó reconfortante al instante. Como ella me dijo, «el concepto de invitado tiene gran importancia en Irán, sobre todo si es extranjero. Una buena bienvenida iraní es motivo de orgullo nacional». No me cabe duda de que Irán pudo sentirse orgullosa de mi primera experiencia de hospitalidad iraní. De paso me llevé un par de las recetas de Pury, de modo que, aunque no pueda dar una auténtica bienvenida iraní, al menos puedo preparar comida persa auténtica.

LA DESPENSA • azafrán • agua de rosas • hierbas (estragón, hierbabuena, tomillo salsero, albahaca, cebollino) • especias (fenogreco, canela, cilantro, comino, clavo, pimienta negra, cúrcuma) • pétalos de rosa • yogur (fresco y seco, *kashk*) • limas secas • naranjas • bayas de agracejo secas • almendras • pistachos • judías rojas • cordero

• • •

• POLLO CON BAYAS DE AGRACEJO, YOGUR Y PELADURA DE NARANJA •

Conocido en farsi como *joresht-e-mast*, este plato de un equilibrio exquisito suena y parece exótico, pero utiliza ingredientes fáciles de conseguir en Europa. Las bayas secas de agracejo son tal vez las más problemáticas pero las encontramos en la mayoría de las tiendas de productos de Oriente Próximo o por Internet. Antes de utilizarlas hay que remojarlas diez minutos en un cuenco con agua caliente y luego escurrirlas. Dan un amargor único, genuinamente persa, y merece la pena conseguirlas, aunque, en caso de no encontrarlas, pueden usarse arándanos, pasas o guindas. La que sigue es la receta de la familia de Pury Sharifi.

7 cdas. colmadas de yogur griego
5 cdas. de aceite de oliva
2 cebollas medianas picadas finas
4 muslos de pollo (con los muslos y los contramuslos
    separados y sin piel)
sal marina y pimienta al gusto
2 naranjas grandes
un buen pellizco de azafrán
15 g de bayas de agracejo secas rehidratadas
    (véase página anterior)
2 cdas. de almendras laminadas para adornar
    (opcional), tostadas

1 • Escurrir el yogur en un saquito de muselina varias horas, preferiblemente toda la noche: puede hacerse colgándolo del grifo sobre el fregadero.

2 • Calentar el aceite de oliva en una sartén gruesa y rehogar las cebollas, con una pizca de sal, a fuego medio hasta que se doren, entre 10-15 minutos. Añadir el pollo a las cebollas y sofreír 2-3 minutos, de una vez o por tandas, para sellar la carne. Cubrir con agua por la mitad y salpimentar al gusto. Tapar la sartén y dejar hacerse 30-40 minutos.

3 • Entre tanto pelar las naranjas con un pelapatatas, con cuidado de que en la peladura no queden restos de la parte blanca amarga. Cortar la piel en tiras finas, del tamaño de una cerilla. Incorporar a un cazo pequeño de agua hirviendo. Escurrir y aclarar con agua fría.

4 • Moler el azafrán en un mortero y remojar 10 minutos con cuatro cucharadas de agua caliente. Añadir el agua de azafrán, la peladura de naranja y las bayas de agracejo al pollo, removiendo la carne de tanto en tanto. Probar de sal y dejar cocer 10 minutos. Sacar los trozos de pollo y mantenerlos calientes. Dejar la salsa a fuego lento, añadir el yogur escurrido y remover hasta que se disuelva. A continuación devolver los trozos de pollo a la sartén y calentarlos 2 minutos en la salsa. Poner el pollo en una fuente de servir, echar por encima la salsa y adornar con las almendras laminadas. Servir con arroz *chelow* (véase más abajo).

• CORDERO CON GUISANTES PARTIDOS, LIMA SECA Y BERENJENAS •

Este *joresht* («guiso») tradicional es uno de los platos preferidos de la familia de Pury y se conoce como *joresht-e-gheimeh bademjan*. Las limas secas (*limou omani*) se utilizan mucho en la cocina persa, por su característico aroma y el toque ácido que les dan a los *joreshts* y a otros platos: se parece en parte al uso de los limones en conserva de la cocina marroquí. Tienen que perforarse siempre con un tenedor o un cuchillo afilado antes de cocinarse para que suelten todo su sabor. Hay a quienes les gustan las limas cocinadas con el *joresht*, aunque también quienes las encuentran demasiado amargas. También se venden en polvo.

• 6-8 COMENSALES •

4 berenjenas grandes, peladas y cortadas por la mitad, a lo largo
sal marina
una pizca de azafrán
6 cdas. de aceite de oliva para freír las cebollas
2 cebollas medianas en rodajas finas
70 g de guisantes amarillos partidos, en remojo y escurridos
750 g de paletilla o pierna de cordero cortados
    en dados de 2 cm
1 cdta. de cúrcuma
5-6 limas secas enteras perforadas
sal marina y pimienta negra recién molida
aceite vegetal para freír las berenjenas
2 cdas. colmadas de tomate triturado
1 cdta. de mezcla de especias *advieh* (véase pág. 201)
2 tomates en cuartos

1 • Salar las berenjenas por ambos lados y dejar en un escurridor al menos una hora.
2 • Majar el azafrán en un mortero y dejar 10 minutos en remojo en cuatro cucharadas de agua caliente.
3 • Calentar el aceite de oliva en una sartén gruesa y rehogar las cebollas con una pizca de sal a fuego medio hasta que se doren, entre 10-15 minutos. Añadir los guisantes partidos y remover durante 2 minutos para que se impregnen bien de aceite. Incorporar a continuación los trozos de carne y remover 5-6 minutos para sellarlos por todos los lados. Cuando la carne esté ligeramente dorada, añadir la

cúrcuma y rehogar 2 minutos más. Tal vez haya que agregar un poco más de aceite para evitar que se pegue a la sartén.

4 • Cubrir la carne con agua y añadir las limas secas con sal y pimienta al gusto. Tapar la sartén, llevar lentamente a ebullición y dejar 30-40 minutos.

5 • Mientras se hace el *joresht*, escurrir todo exceso de agua de las berenjenas con la parte roma de un cuchillo y freír por tandas en una sartén grande hasta que se doren por ambos lados —unos 10 minutos por tanda—. Reservar.

6 • Pasados los 30-40 minutos, incorporar el puré de tomate, el agua de azafrán y la mezcla de especias *advieh* al *joresht*. Aplastar ligeramente las limas con la parte posterior de una cuchara de madera para que suelten todo el sabor, tapar y dejar hacer 15 minutos más.

7 • Añadir las berenjenas y los tomates al *joresht* de modo que queden parcialmente bañados en la salsa. Dejar otros 25-30 minutos y comprobar de vez en cuando que las berenjenas no se hagan demasiado. Servir con arroz *chelow*.

• ARROZ CHELOW •

Este método por el que el arroz se remoja, se sancocha y se cuece al vapor conocido como *chelow*, hace que se forme en el fondo de la sartén una costra riquísima (*tahdig*) de granos esponjosos. Pury asegura que no hay que dejarse achantar por un método que puede parecer complejo: en cuanto lo hayáis hecho un par de veces veréis que es pan comido (o arroz comido, para el caso)...

• 8 COMENSALES •

700 g de arroz basmati
sal
una pizca de azafrán
5 cdas. de aceite de oliva

1 • Poner el arroz en un bol grande, cubrir de agua y remover ligeramente con los dedos. Escurrir a continuación. Repetir el proceso varias veces para eliminar el exceso de almidón. Cubrir el arroz con agua fría, añadir dos cucharadas de sal y dejar en remojo hasta veinticuatro horas (como mínimo tres). La sal evita que el arroz se parta.

2 • Moler el azafrán en el mortero y remojarlo 10 minutos con cuatro cucharadas de agua caliente.

3 • Llenar de agua tres cuartos de una sartén grande antiadherente, añadir dos cucharadas de sal y llevar a ebullición. Echar el arroz lavado y escurrido en la sartén, llevar a ebullición y cocinar 6-10 minutos a fuego fuerte, removiendo un par de veces con cuidado. Se trata de un punto crucial, porque habrá que probar el arroz de tanto en tanto para asegurarse de que no está ni muy ni poco hecho. Tendría que quedarse un poco pegado al diente. La madre de Pury aconseja apartar el arroz del fuego unos minutos después de que rompa a hervir el agua del centro hacia fuera y de que el arroz haya subido a la superficie. Pasar el arroz por un escurridor grande, lavar con agua tibia y dejar escurrir.

4 • Poner 100 ml de agua en una olla a fuego medio y, en cuanto rompa a hervir, añadir el agua de azafrán y remover para que el azafrán se reparta uniformemente; echar el aceite y, cuando empiece a hervir todo, añadir poco a poco el arroz escurrido hasta formar una pirámide. Hacer agujeros de 5 cm de hondo en el arroz con el palo de una cuchara de madera y, en cuanto el vapor empiece a subir por los agujeros, bajar a fuego medio-lento. Cubrir la parte de debajo de la tapadera con un trapo de cocina limpio y colocarla firmemente sobre la olla para que no se escape nada de vapor. Cocinar el arroz 50 minutos o hasta que los granos estén blandos y esponjosos.

5 • Apartar del fuego y poner la sartén unos minutos sobre un trapo mojado: así saldrá mejor la costra. Poner una fuente de servir grande sobre la olla y, cogiendo bien por ambos lados, darle la vuelta a la olla. Así el arroz llega a la mesa en forma de tarta, recubierta por una costra dorada. Puede reservarse parte del agua de azafrán y mezclar con tres cucharadas del arroz hervido. Extender el resto del arroz sobre la fuente de servir, adornando con los granos azafranados. La costra puede romperse y colocarse en una fuente aparte.

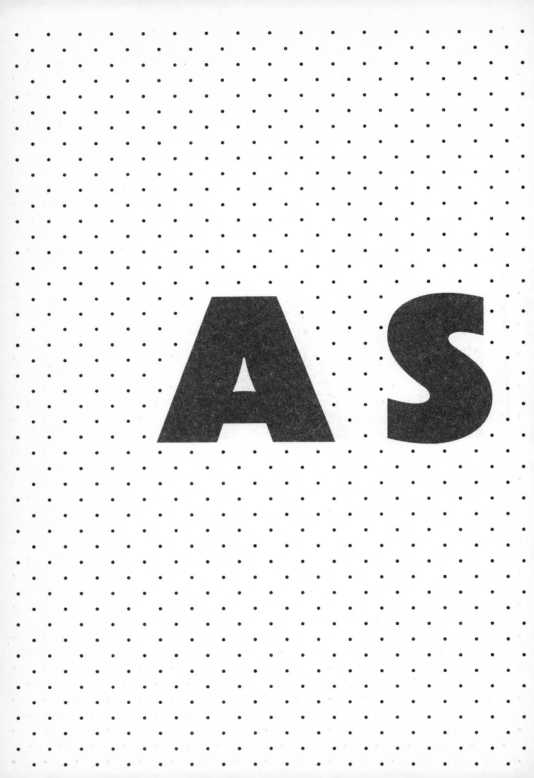

DESGRANANDO LA RUTA DE LAS ESPECIAS

...

A lo largo de esta antigua ruta comercial, cada país y región emplea su propia mezcla de especias, en un concentrado de sus sabores más característicos. Se añaden durante la confección del plato o por encima una vez terminado, para dar un toque estético a la par que aromático.

Hay que tener en cuenta que las mezclas varían según el país o la ciudad, e incluso de un hogar a otro. Todas son distintas, de modo que mis sugerencias no son más que una guía orientativa. Por lo general he utilizado cucharaditas en lugar de cantidades mayores. Para elaborarlas en casa es necesario un buen mortero: ¡menaje de cocina básico y satisfactorio como ninguno! Los de granito son fuertes y sólidos para moler semillas y granos y dan un polvo más fino o más grueso, según se quiera. Ojo, porque la *dukkah*, el *ras el hanut*, el *panch phoron* y la *za'atar* son mezclas de especias enteras que no hay que moler. Vaya mi agradecimiento a Pury Sharifi por su mezcla de *advieh*.

CINCO ESPECIAS
(CHINA)

■ ■ ■

1 cdta. pimienta de Sichuan molida
1 cdta. anís estrellado molido
1 cdta. semillas de hinojo molidas
½ cdta. clavo molido
½ cdta. canela molida

■ ■ ■

PANCH PHORON
(BENGALA OCC.)

■ ■ ■

1 cdta. comino en grano
1 cdta. semillas de hinojo
1 cdta. semillas de fenogreco
1 cdta. semillas de mostaza
1 cdta. semillas de ajenuz

■ ■ ■

BERBERÉ
(ETIOPÍA)

2 cdtas. sal
3 clavos enteros
2 cdtas. semillas de cilantro
1 cdta. semillas de fenogreco
5 vainas de cardamomo blanco
1 cdta. copos de cebolla secos
5 chiles de árbol, sin rabo ni
semillas y desmenuzados
1 cdta. nuez moscada molida
1 cdta. jengibre molido
½ cdta. canela molida
½ cdta. pimienta negra en grano
¼ cdta. pimienta de
Jamaica en grano
3 cdtas. pimentón

ADVIEH
(IRÁN)

■ ■ ■

2 cdtas. canela molida
1 cdta. cardamomo molido
1 cdta. pimienta negra en grano
1 cdta. nuez moscada molida
1 cdta. semillas de cilantro molidas
½ cdta. clavo en polvo

■ ■ ■

RAS EL HANUT
(MARRUECOS)

1 cdta. canela
1 cdta. azúcar
1 cdta. cilantro
1 cdta. comino
1 cdta. jengibre
1 cdta. cúrcuma
1 cdta. pimentón
½ cdta. clavo molido
1 cdta. nuez moscada
1 cdta. pétalos de rosa
½ cdta. pimienta negra
1 cdta. cardamomo molido
½ cdta. pimienta de Jamaica

GARAM MASALA
(NORTE DE INDIA)

1 cdta. clavo molido
1 cdta. comino molido
¼ nuez moscada molida
1 ramita de canela molida
1 cdta. cardamomo molido
1 cdta. pimienta negra molida

ZA'ATAR
(LEVANTE E ISRAEL)

4 cdtas. zumaque
2 cdtas. sésamo
2 cdtas. tomillo
1 cdta. sal marina
1 cdta. comino
1 cdta. orégano
1 cdta. mejorana

LA KAMA
(NORTE DE ÁFRICA)

■ ■ ■

2 cdtas. canela molida
1 cdta. cúrcuma molida
1 cdta. pimienta negra molida
1 cdta. jengibre molido
1 cdta. nuez moscada rallada

■ ■ ■

DUKKAH
(EGIPTO)

■ ■ ■

10 avellanas
1 cdta. semillas de cilantro
1 cdta. semillas de comino
1 cdta. semillas de hinojo
1 cdta. semillas de ajenuz
1 cdta. pimienta en grano
una buena pizca de sal
1 cdta. sésamo

■ ■ ■

BAHARAT
(TURQUÍA)

1 cdta. cilantro molido
1 cdta. comino molido
1 cdta. pimienta negra molida
1 cdta. semillas de hinojo molidas
2 cdtas. hierbabuena seca
2 cdtas. orégano seco
1 cdta. nuez moscada molida
1 cdta. semillas de cilantro molidas
1 cdta. semillas de mostaza molidas
1 cdta. clavo molido

INDIA

Los indios son los italianos de Asia y viceversa. En ambos países todo hombre es un cantante cuando está contento y toda mujer es una bailarina cuando va a comprar a la tienda de la esquina. Para ellos la comida es la música que llevan en el cuerpo y la música es la comida que llevan en el corazón.

• GREGORY DAVID ROBERTS, *Shantaram* •

LOS PARALELISMOS ENTRE COMIDA y música no son nuevos: fue Shakespeare en su *Noche de reyes* quien dijo que la música es el «alimento del amor», por ejemplo. Pero la comparación de Gregory David Roberts está especialmente bien traída para la India. Al igual que existe música en un número infinito de géneros, estilos, notas, ritmos y demás, la comida india va más allá de una única gastronomía. Desde las llanuras del Ganges hasta los picos del Himalaya y las playas salpicadas de cocoteros de Kerala y Goa, la India es una tierra de una diversidad geográfica y culinaria impresionante. Es la capital del mundo de las especias, con cientos de gastronomías regionales de larga historia e innumerables recetas que todo hijo de vecino adapta y versiona en su casa.

Resulta un tanto deprimente, por tanto, que, pese al considerable número de ciudadanos británicos de origen indio, bengalí y paquistaní y de la larga historia de tutela imperialista británica, sea tan limitado el conocimiento que tenemos en Occidente de la comida del sur de Asia, en particular en Gran Bretaña. Los restaurantes indios se suceden en las principales avenidas de todo Reino Unido y, a diferencia de otras cocinas minoritarias marginales, no se trata de un fenómeno exclusivamente metropolitano: hay pocas poblaciones pequeñas que no cuenten con su propio local de comida tandoori. «Ir a comer curry» es toda una institución en mi país: tomar platos con salsas suavemente especiadas originarias de la cocina punyabi forma parte del día a día de millones de personas. Los británicos nos hemos apoderado hasta tal punto de nuestras versiones espurias de la comida punyabi que hemos convertido en platos nacionales —al mismo nivel que el *roast beef* o el *fish and chips*— comidas como el pollo *tikka*, *korma* y *biryani*. Desde mi punto de vista, sin embargo, esta familiaridad con la comida india y su consumo regular han funcionado como un arma de doble filo: por una parte han generado un apetito voraz por una cocina deliciosa, pero al mismo tiempo han atrofiado nuestro conocimiento de la comida india (así como bengalí y pakistaní).

Recuerdo cuando mi abuela, que nació en Nainital, al norte de la India, en 1919, nos hacía su exquisito *kedgeree* para cenar a mi hermano y a mí cuando éramos pequeños. Devorábamos con fruición los granos mantequillosos de arroz basmati, entreverados con cebollas fritas, huevo duro y eglefino ahumado (he de admitir que le echábamos kétchup). No la creíamos cuando nos contaba que ese plato, que teníamos estrechamente asociado con la cocina de Norfolk, en realidad provenía de la India y era costumbre comerlo para desayunar. Hasta hace relativamente poco tiempo, yo misma, versada en la comida india (por el oficio que escogí y la gran comunidad india que me rodeó durante mi infancia en los casi arrabales del sur de Londres), no había descubierto algunas de las delicias vegetarianas que me ofrecía la cocina del sur de la India: el *pani puri*, la *masala dosa* o curris de leche de coco y chile rojo.

Pero ¿cómo hemos llegado a esta situación? Después de la Segunda Guerra Mundial muchos inmigrantes de Bangladés y Pakistán abrieron restaurantes por todo Reino Unido —tal vez los más famosos son los de Brick Lane en Londres, el Triángulo del Balti y la Milla del Curry de Birmingham y Mánchester respectivamente— y supieron sacar partido de su origen «indio». Para muchos británicos supuso un resurgimiento de nuestro rico pasado colonial: existía cierta familiaridad e incluso gloria en la otredad culinaria. En un intervalo de tiempo relativamente corto surgieron versiones *british* de platos indios, cuyo mejor ejemplo es el *balti*:* una invención genuinamente inglesa originaria de Birmingham. Esta palabra significa «cubo» en punyabi y designa al artilugio que se utiliza para hacer guisos de carne y verduras ligeramente marinados que se sirven en una especie de wok. No cabe duda de que platos como el *balti* han tenido un papel importante en el paisaje culinario británico —de hecho, es símbolo de una antropología fascinante— y pueden estar muy ricos. No obstante también representan una única porción escasa de un pastel intenso y lleno de matices y nublan nuestra comprensión de lo que es la comida india en todo su esplendor.

Para comprender la comida india hay que ser consciente del alcance de su variedad y su potencial. El número de especias que requiere, por ejemplo, un simple curry de pollo (del que encontramos versiones distintas en prácticamente todo municipio, aldea y casa de la India) significa que nunca se prueban dos iguales. Tal vez sea una obviedad pero me asombra que la comida india sea quizá más abierta a las variantes que otras cocinas del mundo. Las distintas especias

••••

*Hay muchos más, sin embargo: el pollo *tikka*, acompañado a veces con salsa *masala*; el *korma* y el *dopiaza*, platos cremosos de influencia persa que crearon los mogoles que se asentaron en los alrededores de Delhi y Lucknow; el *jalfrezi*, un plato típico bengalí con sobras de carne y verduras salteadas.

y sus mezclas[*] son infinitas, lo que supone que no existan versiones «clásicas» o «definitivas» de los platos. Vale la pena recordarlo cuando se aborda una receta de comida india, aunque la escritora gastronómica Meera Sodha, autora del libro *Made in India* y Anirudh Arora, el jefe de cocina del restaurante Moti Mahal de Londres, han contribuido amablemente con algunos ejemplos excelentes.

También hay que comprender la importancia que tiene el toque personal en esta cocina. La India sigue siendo un país de comida casera. Toda madre o ama de casa emplea los ingredientes a su manera, aunque los cambios sean mínimos. La cocina india puede exigir precisión quirúrgica pero también entraña una gran cantidad de licencia creativa, que os apremio a tomaros con estas recetas. Id probando cosas: añadid un poco de *garam masala* o cúrcuma al *dal*, a ver qué pasa. Lo mejor es que también es muy fácil rectificar el equilibrio de platos de curry como el *dal* por la sencilla razón de que, en este caso concreto, basta con añadir más lentejas o más agua.

Más de un ochenta por ciento de la población de la India profesa el hinduismo, esa antigua religión que abraza por igual al karma, a dioses varios y a las vacas sagradas, que no son tanto adoradas como respetadas por su capacidad para dar lácteos a diario. En especial en el noroeste de la India los lácteos son una parte vital de la dieta diaria, en forma de *ghee* (mantequilla clarificada), *paneer* (queso fresco), natas, leches y yogur. Entre las religiones minoritarias del país se cuentan el islam (más presente cuanto más cerca de las fronteras con Pakistán y Bangladés, en Cachemira y Bengala respectivamente); el cristianismo es la religión predominante de las costas de Goa y Kerala y de Bengala Oriental; el jainismo,[†] en regiones centrales y occidentales como Rajistán y Guyarat; el budismo, cerca de la frontera con Nepal; y el sijismo, que se concentra sobre todo alrededor de Punyab.

Como haría falta un libro entero (o dos o tres) para abarcar la multitud de cocinas regionales indias, me he tomado la libertad de dividir el país en dos —norte y sur—, una rudimentaria división regional dictada, grosso modo, por los distintos climas y geografías (así como las diferencias religiosas y poscoloniales). En líneas generales el litoral, el coco y el chile picante definen la comida del sur de la India, mientras que en el norte dominan los lácteos, la mostaza y la carne tandoori. En el norte viajaremos por la antigua ruta comercial de la Grand Trunk Road, lo que nos permitirá trazar el mapa de los cambios en la cultura gastronómica.

En este capítulo espero daros a probar la comida india tal y como es más allá del indio de vuestro barrio y demostraros que en la India la comida es «la música que llevan en el cuerpo».

• • • •

[*] El comino, por ejemplo; el *garam masala*; el jengibre, que se toma fresco o molido; la mostaza, tanto en semillas como su aceite y sus hojas; la cúrcuma, el fenogreco, la canela, el cilantro, el cardamomo, el azafrán, el clavo, las hojas de lima kaffir, los chiles de Cachemira y la pimienta negra.

[†] El jainismo es una religión antigua, ahora minoritaria, que exalta la igualdad entre todos los seres.

NORTE DE LA INDIA

Las comidas eran más que generosas [...] kebabs de venado con cardamomo,
codornices con toques de canela, germinados de garbanzo salteados
con chiles verdes y jengibre y patatas nuevas, menudas y doradas,
moteadas con comino y mango en polvo.
• MADHUR JAFFREY, *Climbing the Mango Trees* •

AUNQUE EL NORTE DE LA INDIA se extiende oficialmente por once estados indios,[*] empleo el término no con cierta flexibilidad para abarcar también la región oriental de Bengala Occidental. Se trata de una tierra de veranos calurosos, inviernos fríos y lluvias monzónicas, del Himalaya y sus cumbres tornasoladas de morados, que se convierten en laderas hasta alcanzar las llanuras fluviales, verdes y lozanas del norte de la India: una región de tierras fértiles y bien drenadas atravesada por los ríos Ganges e Indo. Huellas de la actividad humana salpican el paisaje: carreteras enjutas de curvas cerradas por terrenos montañosos, asentamientos esparcidos aquí y allá, el templo de turno, los cencerros tintineantes a los cuellos de las cabras... Pero la naturaleza sigue acechando por doquier.

La Grand Trunk Road[†] (la Gran Carretera de los Troncos) es una vieja ruta comercial que se extiende por los 2.500 kilómetros del antiguo Raj británico: Bangladés, la India y Pakistán (y hasta Afganistán hacia el norte). Rebautizada así por los colonos británicos por la cantidad de mercancías que se transportaban a lo largo de su trazado, la Grand Trunk Road atraviesa un enorme tramo del norte de la India y, como es de esperar, las culturas y las cocinas van cambiando con los kilómetros; los platos son un reflejo de los matices geográficos, históricos y religiosos del paisaje cambiante. En estas páginas exploraremos un puñado de «puntos calientes» culinarios a modo de introducción a la magnitud y la diversidad fascinante de las gastronomías norteñas.

El trazado parte de Cachemira, atraviesa Punyab, Delhi, Lucknow y Bengala

• • • •

[*] Bihar, Chhattisgarh, Haryana, Himachal Pradesh, Jammu y Cachemira, Jahrkhand, Madhya Pradesh, Punyab, Rajistán, Uttarakhand y Uttar Pradesh.

[†] En *Kim* Rudyard Kipling la describe como «un río de vida como no hay otro en el mundo», creando un encantador paralelismo entre esta, el «río de la vida» hecho por el hombre, y el río natural que atraviesa la GTR por varios puntos, el Ganges.

Occidental y abarca desde los curris de pescados de agua dulce de Bengala Occidental, pasando por la gastronomía awadhi de influencia mogola de Lucknow o la tandoori de Delhi y Punyab hasta las deliciosas carnes a la brasa de Cachemira. Más allá de las diferencias existen similitudes, esos sabores comunes a los que alude Madhur Jaffrey en la introducción a su autobiografía, *Climbing the mango trees*. Os espera un raudal de chiles verdes, jengibre y comino.

Cachemira corona el norte de la India y hace frontera al norte con Pakistán. Se extiende desde el sur de las cumbres tapizadas de nieve del Himalaya hasta los verdes valles fértiles, lagos y pinares subtropicales. Es una región donde el alimento ha de ser versátil por necesidad, capaz de crecer en temperaturas que varían muchísimo y de dar sustento a quienes comen en un clima extremo.

Tiene menos ingredientes que otras cocinas indias: la gama de especias es más limitada y hay más carne, sobre todo de cordero. Los inviernos gélidos son la época para engullir la materia prima que se ha secado en el verano, al igual que curris sencillos y sabrosos como el *rogan josh*, un guiso de cordero del que he incluido una receta más abajo. «Aceite caliente» en farsi, se trata del plato cachemir más clásico y exportado, de origen persa, como sugiere su etimología. El cordero se cocina en aceite, semillas de hinojo, jengibre, pimentón y chiles de Cachemira, un sustancioso y humeante refugio para los días de frío.

Los chiles de Cachemira (véase «Caliente, caliente», pág. 270) tienen fama mundial por su color rojo intenso y su picor suave. Añaden mucho sabor pero no demasiado aroma especiado, lo que, junto a las grandes cantidades de jengibre seco que se utilizan en Cachemira, genera platos complacientes que se acompañan con mucho arroz. Si bien las salsas rojas y especiadas con textura de requesón definen los curris de Cachemira, también son abundante las carnes asadas a la leña como la pierna de cordero.

La forma más típica de cocinar la carne y el pan en Cachemira es a la *tava*, una plancha convexa de hierro colado y forma de plato en la que se sellan los alimentos. El consumo de carne aumenta en el norte de la India, y más aún en Pakistán, donde las vísceras y las entrañas se unen en la *tava* a la carne roja y el pollo. Todo vale: sesos, riñones, hígados, jarretes y manitas de cordero.

El uso de la *tava* se extiende por el sur, hasta Punyab, aunque en esta provincia se impone el famoso horno tandoori. La comida de este rincón de la India noroccidental (que, aunque se denomina en conjunto comida punyabi, abarca en realidad platos de Delhi, Haryana e Himachal Pradesh) es la más conocida del país y ha viajado por todo el mundo. Es la que ha embelesado a muchos británicos con sus maravillas, y algunos de los sabores e ingredientes que tenemos más asociados con la India —comino, tomates, cebollas, limones y cilantro— acompañan a carnes, quesos y verduras en muchos de los platos tandoori más conocidos.

Ubicada en el fuego cruzado de cinco ríos, Punyab sufrió en otros tiempos el azote de las inundaciones; sin embargo, desde que la potencia colonial británica construyó canales en el siglo XIX, se ha drenado, y ahora puede presumir de gran cantidad de cultivos como el trigo, el arroz y el azúcar de caña, lo que le ha valido el sobrenombre de la «cesta del pan de la India». No es de extrañar que la región se vanaglorie de un pan estupendo, cocido en el horno tandoori, un utensilio tan fundamental para la comida de la India noroccidental que prácticamente sirven para definirla. En los hornos tradicionales se enciende un fuego de carbón o leña en el interior del recipiente cilíndrico de arcilla y se genera un calor circular que le confiere a su contenido sabores terrosos y churruscados. Hoy en día hay tandooris de acero inoxidable que imitan el funcionamiento del artilugio convencional y permiten mantener la temperatura durante más tiempo.

Durante su infancia en Delhi, Anirudh Arora,[*] jefe de cocina del Moti Mahal de Londres, llevaba la masa de su familia al *tandooria*, un hombre que tenía un tandoor al final de la calle, le daba forma redonda de *naan* y lo horneaba. El equivalente en el Punyab rural es la *sanja chula* u «hornilla de noche», un tandoor que se instala en el suelo y al que las mujeres del pueblo llevan su masa para cocinarla por las noches. El *naan* es solo una de las muchas variedades de pan: existe también el *kachori*, un pan frito con rellenos vegetarianos (no dista mucho de la samosa), o el *paratha*, un pan plano que se hace en *tava* y es perfecto para rebañar los curris, los guisos y muchas otras cosas.

Los ingredientes básicos de los tandoori de Delhi son distintos de los de Punyab. En la capital se condimenta con abundante comino, chiles verdes y cebollas, a veces encurtidas, mientras que en Punyab se usa más el chile, el ajo, el aceite de mostaza, el zumo de limón y —fundamentalmente— el yogur. Punyab es una tierra verde y fértil de lácteos de granja, abundante verdura, carnes y panes tandoori. Se cocina con *ghee*, nata y mantequilla y también se emplea mucho el queso fresco o *paneer*. Este último es originario de Punyab y combina de maravilla con verduras: tal vez os suenen curris como el saag *paneer* (espinacas con *paneer*) o el *muttar paneer* (guisantes con *paneer*).

Punyab es también conocida por el cultivo de mostaza. Se aprovechan tanto las hojas como las semillas y el aceite, una diferencia importante con el uso que se le da en Bengala Occidental. Platos como el *sarson ka saaga* (espinacas, ajo, jengibre, chile, especias y hojas de mostaza) saben de maravilla con un pan *roti* para acompañar.

Siguiendo el sinuoso trazado que atraviesa Uttarakhand (la región de Nainital, el pueblo donde nació mi abuela paterna en 1919) y el estado de Ut-

• • • •

[*] Como hijo de un coronel del ejército indio, Ani pasó gran parte de su infancia viajando por todo el norte de la India y desarrolló una gran pasión por la cocina regional india. Ahora está especializado en la comida de la Grand Trunk Road y con la carta de su restaurante transporta a sus clientes por las llanuras del Ganges y los montes escarpados de Pakistán.

tar Pradesh, el más nororiental de la India, llegamos a la ciudad de Lucknow. Aquí el Ganges sigue proporcionando regadío natural a la tierra y también la agricultura supera a la industria. Los aceites dejan paso al *ghee* y los tomates al yogur, con curris más cremosos como el *korma*. Los lácteos adquieren un papel predominante: un símbolo no solo del cambio de terreno y de agricultura sino también de la rica historia cultural de la región.

Antes de llamarse Lucknow era conocida como Awadh; sin embargo hoy en día prevalece el término «awadhi» para designar la cocina local, que es resultado de tres factores interrelacionados: en primer lugar, la asimilación del tandoori del norte y la cocina a la plancha de Punyab y Cachemira; en segundo, el legado perdurable de los colonizadores mogoles del siglo XVI y XVII; y por último, la influencia de la ciudad sagrada de Benarés (o Varanasi) a unos 320 kilómetros, cuna de unos 50.000 hindúes brahmin vegetarianos y donde en el pasado era ilegal practicar la carnicería.[*] El resultado es una mezcla de estimulantes platos carnívoros y vegetarianos.

El artilugio awadhi más utilizado era y es la *tava*, que se emplea para hacer kebabs. Esta técnica se tomó prestada de regiones más septentrionales como Cachemira (e incluso Pakistán), donde la *tava* es la reina indiscutible. Lucknow es famosa por sus kebabs de cordero especiados, que se cocinan en una parrilla abierta con distintas *masalas* (mezclas de especias). Estas carnes locales, que se machacan antes de pasar por la parrilla, son famosas por su suavidad, gracias al predominio de la grasa que se derrite en la boca, de la que el cocinero Ani dice: «Se contaba que la gente de Lucknow era tan perezosa que no quería ni masticar la comida».

Con todo, la técnica culinaria awadhi más característica es el *dum* (*dum phukt* abreviado, que significa literalmente que la comida «coge aire mientras se cocina», a fuego muy lento). El *dum* sigue siendo parte integral de la gastronomía awadhi y es el proceso con el que se elaboran los *biryanis* y por el que los ingredientes absorben poco a poco el sabor de los demás, en un recipiente sellado que se cuece a fuego lento, rodeado de carbón.

En Lucknow existen fuertes reminiscencias de la cocina persa. Ingredientes como el azafrán, los frutos secos, el pan de oro y de plata, el cardamomo y el yogur son claves en la cocina de la región y recuerdan a la comida iraní contemporánea, si bien se han alimentado de otras influencias de la región hasta crear una cocina muy particular. También en lo semántico el vínculo

● ● ● ●

[*] El hinduismo es una religión tradicionalmente vegetariana. En el texto sagrado hindú de los *Atharva Veda* se afirma que: «Aquellos que comen carne sin cocinar, los que comen carne sangrante de hombres, los que se alimentan de nonatos, los de melenas largas, quedan vetados muy lejos de este lugar». Con el tiempo, sin embargo, las convenciones se modificaron y se estima que menos de un tercio de los hindúes mantienen una dieta estrictamente vegetariana. Los brahmins, por el contrario, la casta sacerdotal más alta de la sociedad hindú, siguen absteniéndose de comer cualquier carne animal.

con Persia es evidente: el arroz *pilau* es descendiente directo del *polow* mientras que *biryani* proviene de birian, que significa «freír antes de guisar».[*]

El curry *korma*, también de claros orígenes mogoles, se ha ganado un papel destacado en las cartas de curry de todo Reino Unido. Es rico en mantequilla, yogur, nata, pasta de frutos secos y está ligeramente especiado con comino, cilantro y similares. Se trata de un curry tentador que toma su nombre no de la textura cremosa con la que lo asociamos inmediatamente, sino de la técnica de brasear la carne en su jugo. El nombre del *navratan korma*, una versión vegetariana, deriva de las nueve verduras que contiene. Existen equivalentes vegetarianos de muchos platos de carne (incluso de los kebabs, que pueden ser de batata o judías) para los hindúes más estrictos que observan un vegetarianismo total.

Si avanzamos hacia el sudeste, llegamos a Bengala Occidental, la parte de Bengala que está en la India (la oriental pertenece a Bangladés.[†] De gran riqueza natural y geográfica, esta región tiene una animada capital en la cosmopolita Calcuta y una topografía muy diversa, del Himalaya al norte (con sus selvas, donde vive el tigre epónimo) al delta del Ganges en el sur (zona de manglares y cocodrilos, para que os hagáis una idea), lo que la convierte tanto en un imán turístico como en una importante productora agrícola para todo el país. Comprende algunas de las tierras más fértiles de la India, con las llanuras del Ganges y sus terrenos de aluvión, en los que prosperan el arroz, las patatas y los cereales, mientras que el río en sí da pescados de agua dulce muy apreciados.

A unos 80 kilómetros hacia el interior, en Calcuta, estos peces de agua dulce son una de las especialidades. Variedades como el *rohn* (parecido a la carpa) y la *hilsa* (con muchas raspas, muy aceitoso y popular) alcanzan precios de langosta y suelen utilizarse en curris, en los que se cortan en trocitos pequeños para que cundan más. La mostaza con mango o el tomate con jengibre son combinaciones de sabores típicas de los curris de pescado de Bengala Occidental. Estos peces de agua dulce saben más a pescado, por así decirlo, que los provenientes del mar de Arabia que se utilizan en los curris del sur; por lo demás a los bengalíes les gusta más especiar ligeramente sus curris para no eclipsar el sabor del pescado. El chef Ani explica que «en los curris bengalíes se saborea antes el pescado que las especias, mientras que en Goa lo primero que asalta el paladar son los chiles, las especias y la leche de coco». Los bengalíes tienen incluso una forma propia de cortar el pescado: en lugar de cortarlo en filetes, lo hacen en rodajas que parecen chuletones con el agujero del hueso extraído en el centro.

• • • •

[*]El carnero que se utiliza en los *biryani* awadhi se fríe antes de guisar el plato y contiene otros ingredientes típicos de Persia: agua de rosas, hojas de hierbabuena y canela.

[†]Motivos religiosos llevaron a la división de Bengala en 1947. La parte occidental era territorio hindú perteneciente a la India, mientras que la oriental era un estado musulmán que pasó a formar parte de Pakistán. En 1971 esta última se convirtió en el estado-nación independiente de Bangladés.

La autora estadounidense de origen bengalí Jhumpa Lahiri, conocida por sus sensibles retratos de los inmigrantes bengalíes y sus descendientes nacidos en los Estados Unidos, impregna sus narraciones de comida. Los estimulantes curris de pescado y de verduras, ligeramente especiados, que se preparan con aceite de mostaza se convierten para ella en un vínculo con la India que resulta reconfortante, así como en una forma de imprimir identidad en los nacidos en los Estados Unidos. En el relato «Cuando el señor Pirzada venía a cenar», habla de un «plato tras otro: lentejas con cebollas fritas, judías verdes con coco, pescado en salsa de yogur con pasas», una sarta de ingredientes y platos típicos de la región. Por lo demás lo de «un plato tras otro» —y no traídos todos juntos a la mesa como pasaría en cualquier otro punto de la India— sugiere influencias europeas, en concreto del Raj británico y francesas. (Chandannagar, una pequeña zona de Bengala, estuvo administrada por la Compañía Francesa de las Indias Orientales desde el siglo XVII en adelante. No se cedió a la India hasta tres años después de la independencia en 1947, para más tarde incorporarse a Bengala Occidental cuando esta se fundó en 1955.)

Los tomates, el limón, la lima, la leche de coco y el chile conforman la base del típico curry bengalí, mientras que las grasas que se emplean para freír son el aceite de mostaza, el de nuez moscada y, cada vez más, el de girasol. La *ghee* y la mantequilla se consideran un bien de lujo en Bengala, donde los lácteos tienen un papel menos relevante que más al norte, en Punyab. Las vacas necesarias para producir yogur, mantequilla y *ghee* a gran escala no pueden pastar en los terrenos inconsistentes del delta; por estas tierras el ganado se emplea para arar los campos de cereales.

El arroz, las verduras y las lentejas son también componentes importantes de la dieta bengalí. El quimbombó, la berenjena, la coliflor, la calabaza, las judías, las patatas y las bananas verdes pueden cocinarse en curris, freírse con poco aceite, cocerse al vapor en hojas de banano (una popular técnica local) o incluirse en platos de arroz *biryani*.[*] Los bengalíes son famosos por su creatividad a la hora de aprovechar las sobras de las verduras, la piel y la cáscara, que utilizan con ingenio en curris y guisos: una política de «de las verduras, hasta los andares», por así decirlo (¿o mejor «hasta los rabitos»?). Las lentejas, en particular las negras (*kaali dal*), suelen tomarse como guarnición y suponen un estupendo acompañamiento «jugoso» para platos más secos como las berenjenas fritas o el pescado al vapor. (No se han probado los *dal* hasta que no se prueban con lentejas negras, que adquieren textura cremosa y sabor ahumado al cocinarse. A mí me bastan y me sobran como plato principal, y más aún como guarnición para platos de pescado o verduras.)

• • • •

[*] El *biryani* es un plato único de arroz que tiene su origen en la comida mogola. El arroz se especia y se fríe, mientras se prepara el curry por separado. Después se sirve por capas de uno y otro.

La comida bengalí es suave y de especiado sutil. La variedad de mezcla de especias propia de Bengala (y en general del este de la India) es el *panch phoron* (o «cinco especias», véase pág. 201), y contiene semillas de fenogreco, ajenuz, comino, hinojo y mostaza. Se añade a los curris o para aderezar los *dal*: como sus componentes, de fragancia suave, no se machacan, pintan un delicado moteado sobre curris de formas y colores varios. Las semillas enteras de mostaza se usan en abundancia, así como el *kasundi*, la pasta de mostaza bengalí con aceite, ajo y especias que se emplea tanto como condimento como para aromatizar pescados de agua dulce.

Los rituales del té de Bengala Occidental tienen su origen en el Raj británico. El té negro empezó a cultivarse a mediados del siglo XIX en la región norteña de Darjeeling y para principios del siglo siguiente las plantaciones de té se habían convertido en un gran negocio. Hoy en día goza de protección estatal, al estilo de las denominaciones de origen europeas, y se conoce como el «champán de los tés», por su fino aroma a uva, que ensalza el sabor de prácticamente cualquier comida.

En Calcuta, panaderías como Nahoum's llaman la atención sobre una subcultura judía en declive. La comunidad hebrea de Calcuta, pese a ser de origen bagdadí y tener presencia en la ciudad desde finales del siglo XVIII, se ha ido trasladando a Israel desde la fundación del país. Pero Nahoum, panadero y repostero del barrio del mercado nuevo, sigue vendiendo exquisiteces como *macaroons* de anacardos y tartas de piña, que combinan de maravilla con una tacita de té darjeeling.

Si en algo se parecen vuestras despensas a la mía, cocinar comida del norte de la India requiere algo más de planificación previa que la del sur, por el énfasis en la proteína animal. Intentad haceos con *ghee* (es fácil de encontrar en zonas con población asiática, así como en supermercados buenos) y carne de calidad antes de preparar cualquiera de las recetas que siguen —tal vez el pollo *tikka* de Meera o el *rogan josh* de Ani— y probad a hacer vuestra propia mezcla de especias tomando como inspiración los gráficos de las páginas 201-203. Las mezclas que se confeccionan en casa diferencian las creaciones de un cocinero de las de otro, y son un buen terreno donde ejercitar la creatividad gastronómica.

LA DESPENSA • una variedad infinita de especias y mezclas de especias (véanse págs. 201-203) • semillas de hinojo • semillas de mostaza • hojas de mostaza • té darjeeling • *ghee* • nata • yogur • *paneer* • lentejas (negras y naranjas) • limón • lima • tomates • chiles • pan *naan* • pescado de agua dulce • cordero

• RAITA DE PEPINO Y HIERBABUENA •

El primo indio del *tsatsiki* griego, la *raita* es una guarnición ideal para aliviar el paladar mientras se comen platos principales picantes y especiados. La calidad crujiente del pepino y la frescura de la hierbabuena potencian el estimulante alivio del yogur cuando se tiene la boca al rojo vivo. Para mí es impensable comerme un curry picante como el *rogan josh* sin un cuenco de *raita* a mano.

• 4 COMENSALES •

1 pepino grande, pelado y en mitades
500 g de yogur griego o natural
20 hojas de hierbabuena picadas
½ cdta. de comino en polvo
sal marina y pimienta negra recién molida
una pizca de pimentón (opcional)

1 • Rallar una mitad del pepino y dejar escurrir el exceso de agua en el fregadero. Cortar la otra mitad en trozos gruesos, evitando todo lo posible la parte central con las semillas (al terminar, retirar las que se hayan colado: si se dejan, se quedará demasiado líquido).

2 • Solo queda mezclar en un bol el yogur, la hierbabuena y el comino, añadir el pepino y salpimentar al gusto.

3 • Refrigerar hasta la hora de servir y adornar con una pizca de pimentón y un poco más de hierbabuena fresca por encima.

• ROGAN JOSH •

El picor y el color rojo intenso del *rogan josh* (literalmente «aceite picante», un plato de cordero típico de Cachemira y de ascendencia mogola) suele asociarse con la pasión. Si la vuestra por el chile y el picante no queda satisfecha por esta maravillosa receta de Anirudh Arora, probad a añadir unos chiles rojos bien picados antes de servir. (La versión de Madhur Jaffrey también recurre al pimentón y la cayena para darle una complejidad distinta o un picor dulce.) Y si en algo nos parecemos, vais a querer un buen cuenco de *raita* o yogur aparte, para aliviar el picor del curry.

1 kg de cordero troceado
60 ml de aceite vegetal
6 vainas de cardamomo (a ser posible, 3 verdes y 3 negras)
6 clavos enteros
1 ramita de canela
1 hoja de laurel
2 cebollas picadas gruesas
1 cdta. de pasta de ajo
1 cdta. de pasta de jengibre
2 cdtas. de chile rojo en polvo
½ cdta. de cúrcuma
1 cdta. de cilantro molido
2 tomates medianos, pelados y triturados
100 g de yogur natural
sal al gusto

PARA SERVIR
1 chile rojo, sin semillas y picado fino (opcional)
1 cdta. de *garam masala* (véase pág. 202)
varias ramitas de cilantro picadas
más yogur natural (o *raita*, véase pág. 214)

1 • Lavar el cordero bajo agua fría del grifo, escurrir y secar con papel de cocina.
2 • Calentar el aceite vegetal en una sartén grande y pesada. Añadir las especias enteras (cardamomo, clavo, canela, laurel) y dejar hacerse a fuego lento unos minutos para que se liguen los sabores.
3 • Añadir las cebollas y cocinar 5-7 minutos hasta que se doren. Después incorporar el cordero y cocinar 4-5 minutos a fuego fuerte hasta que quede bien sellado por todos los lados. Agregar las pastas de jengibre y ajo y rehogar 2 minutos sin dejar de remover.
4 • Echar 400 ml de agua y dejar cocer 30 minutos a fuego lento (añadir agua de ser necesario). Incorporar el resto de especias y rehogar otros 15 minutos.
5 • Agregar los tomates triturados y el yogur y cocinar otros 15 minutos o hasta que el cordero esté tierno y bien hecho por dentro.
6 • Retirar las especias enteras y la hoja de laurel, sazonar al gusto y rociar por encima el chile rojo, el *garam masala* y el cilantro picado antes de servir.

SUR DE LA INDIA

En Ayemenem, mayo es un mes caluroso y melancólico. Los días son largos y húmedos; el río se encoge y los cuervos negros se dan atracones de mangos rutilantes en árboles quedos y verditerrosos; los plátanos rojos maduran; el guanábano florece; las disolutas moscas azules emiten zumbidos vacuos en el aire afrutado.
• ARUNDHATI ROY, *El dios de las pequeñas cosas* •

EL CALOR INTENSO Y OPRESIVO del estado meridional de Kerala rezuma como vapor de las páginas de *El dios de las pequeñas cosas*. La narración de la novela seminal de Arundhati Roy se desarrolla en una comunidad de sirios cristianos (un antiguo grupo conocido como los cristianos de Santo Tomás de Kerala), en el pueblo ficticio de Ayemenem. Roy explora la vida en la Kerala poscolonial, con su amalgama de religiones, el arraigado sistema de castas, el extenso litoral, el clima caluroso y los remansos de agua (las lagunas cercanas al mar de Arabia). Es cierto que pueden oírse las moscas azules que zumban alrededor de la fruta madura, y parecería casi normal que incluso saliera una volando desde las páginas del libro.

El sur de la India abarca los cuatro estados grandes encajonados en el vértice del triángulo del país —Kerala, Tamil Nadu, Karnataka y Andhra Pradesh—, así como la diminuta Goa, que se diferencia de las demás por sus 451 años de colonización portuguesa, cuyo legado revierte en una fusión única de culturas y cocinas. Hay muchas similitudes entre las gastronomías del sur —el papel predominante del coco y el chile, por ejemplo, o el consumo de *dosas* (tortitas de harina de arroz rellenas) para desayunar— y, aunque cada estado presume de personalidad culinaria propia, como reflejo de la singularidad de su mezcla étnica y su geografía, las diferencias entre las cocinas regionales del sur se antojan menos definidas que en el norte (que, todo sea dicho, comprende una superficie mayor).

Si os resultan pesados y aceitosos los curris del norte —o los del restaurante de vuestro barrio—, el sur ofrece una alternativa más ligera y refrescante a la contundencia de los *korma*. La nata y el yogur, por ejemplo, se sustituyen por la leche de coco, y los espetos de carne tandoori dejan paso a tiernos bocados de pescado aderezados con chile. Los ingredientes necesarios para elaborar platos meridionales incluyen una buena gama de especias —fenogreco y hojas de curry, entre otras—, una lata de leche de coco, chile picante, hierbas frescas y pescados carnosos y hermosos. (Poned a vuestro pescadero en marcación rápida: el pescado de calidad es la única inversión que exige esta cocina, todo lo demás es fácil de conseguir en comercios y de tener en la despensa, y por experiencia sé que la calidad del pescado es determinante para que el plato sea un éxito o una calamidad.)

La cocina del sur de la India es el resultado de un clima que da frutas tropicales y verduras de colores vivos y que requiere la precaución de conservar los productos frescos con sal y especias. Tanto el coco como los chiles picantes de Byadagi[*] tienen un papel destacado en muchas recetas. El coco, la mayor exportación de Kerala,[†] se utiliza por su carne, su aceite y su leche, esta última fundamental para el toque que distingue los famosos curris de pescado del sur de los bengalíes. El aceite de coco es la principal base de grasa, seguido del *ghee*, con el que se rematan y se aderezan algunos platos. La pulpa de coco suele utilizarse en postres, endulzada con *panela* (azúcar de caña sin refinar), o bien rallado y secado para rellenar verduras o aderezar curris con leche de coco.

En esta zona la fruta desempeña un papel más relevante en la comida salada que en el norte: ingrediente de curris a la par que medio para cocinar y servir. Un ejemplo son las hojas de banano y plátano, que sirven como platos o recipientes con los que envolver el pescado antes de cocinarlo. Está también el *kokum*, una fruta típica de la región, de aspecto parecido al tomate, que funciona como la especia amarga por excelencia del sur de la India. Su función no difiere mucho de la del tamarindo: añadir amargor a los curris y a los *dals* de lentejas (por cierto, también el uso del tamarindo está muy extendido, véase pág. 226). Con el mismo fin, cuentan asimismo con la calabaza amarga, o melón amargo, que es originaria de la zona y también se emplea en curris, bien sola, bien acompañada de otras verduras o rellena de ralladura de coco.

El picor intenso de los chiles rojos y verdes es un rasgo definitorio de gran parte de la comida del sur de la India, una circunstancia que surgió de la exigencia de conservar los productos en un clima caluroso. Lo que fuera una necesidad histórica ha acabado por moldear el paladar actual, pues a la vista

••••

[*] Byadagi es una población de Karnataka donde se cultivan los chiles rojos e intensos que aderezan muchas de las comidas del sur de la India.

[†] Más del 90 por ciento de los cocos indios se crían en los estados del sur, y solo en Kerala se cultivan más de la mitad.

está que hoy en día la comida picante sigue siendo fundamental en Kerala y en otros estados meridionales. El chile se utiliza en tándem con el fenogreco (con sabor a fruto seco y notas de apio), las aromáticas hojas de curry (conocidas también como *neem* dulce), la mostaza, el jengibre, el ajo y la pimienta negra. Si bien el comino es menos importante en la cocina del sur que en la del norte, aun así se usa bastante. Como explica Vivek Singh, jefe de cocina del famoso Cinnamon Club londinense, en su libro *The cinnamon kitchen*, es costumbre en todo el país «atemperar» las especias, un proceso por el que se sumergen brevemente en aceite caliente para que suelten todo su sabor y crear una mezcla oleosa de semillas que se llama *tadka* (o *chaunk*) y que se incorpora a los curris al final de la cocción, justo antes de servir. La *tadka* del sur, de más matices, lleva fenogreco, semillas de mostaza, lentejas y hojas de curry, mientras que el equivalente norteño puede limitarse a comino y ajo.

En este caldo de cultivo de conservas frutales son populares los chutneys y los encurtidos que se comen con *papadam* como guarnición de curris. Otro condimento exclusivo del sur es el *pachadi*: verduras majadas y hervidas con distintas cantidades de chile, especias, yogur y aceite de cacahuete que se sirven con arroz o se toman con panes como la *dosa* y el *uttapam*. Originaria del sur de la India —en concreto de Karnataka, según se cree—, la *dosa* es una tortita crujiente que se elabora con harina de arroz fermentada y lentejas, harina de trigo o semolina. Pueden comerse tanto como aperitivo, rellenas con patatas y cebollas en curry (conocido como relleno *masala*), o solas con chutneys y *pachadis*. Muy parecido pero más grueso es el *uttapam*, una especie de pizza del sur de la India: pan plano, redondo y ligero al que se le añade chile, cebolla y tomate antes de cocinarlo.

La comida del sur gira en torno al arroz, que suele ser la base de muchos platos (que no la guarnición). La sopa *mulligatawny*, por ejemplo, que en su origen fue un plato tamil[*] pero más tarde fue adaptado por el Raj británico, se hace con carne de pollo o cordero y arroz y un caldo aromatizado con curry.

De una clara mayoría hindú, el sur de la India sigue siendo en buena parte vegetariano, a pesar de los cambios en las prácticas culturales que suponen que muchos hindúes observen en menor medida que antes las leyes sobre la comida. Platos vegetarianos como la *rasam* (sopa de lentejas y tamarindos), el *sambar* (guiso de lentejas y *guandul*)[†] y el *dal* con *dosa* o *uttapam* son muy típicos en todas las zonas, con sutiles variaciones en el especiado que marcan

[*]Los tamiles son una raza originaria del sur de la India y del sur del subcontinente indio, de Sri Lanka y Malasia. Tienen un idioma propio, el tamil, y la gran mayoría son hindúes.

[†]El *guandul* es una legumbre verde semitropical y tropical muy importante en la dieta vegetariana del sur de la India que se utiliza sobre todo en la cocina tamil.

la diferencia entre las versiones de cada estado. Kerala, sin embargo, cuenta con la mayor comunidad cristiana de la India, así como con una comunidad musulmana de tamaño considerable, lo que revierte en que el pescado y la carne sean más comunes que en otras zonas. El pescado y el marisco definen las cocinas de Kerala y Goa, y entre las clases de pescado se cuentan el tiburón, el atún, la japuta, la sardina y la caballa. El curry de pescado o gambas de Goa (*humann*) es un clásico de las cartas de los restaurantes indios de todo el mundo, mientras que el curry *moily* de Kerala es también muy apreciado: tiene una base de una sencillez insólita, con coco, cúrcuma, jengibre, cebollas, chiles verdes, hojas de curry y el pescado o el marisco que se quiera. Es ideal para adaptar al gusto de cada uno, cosa que os animo a hacer en la receta de más abajo.

Un dato sobre la cocina de Goa: para ser un estado tan pequeño (mucho menos de 4.000 kilómetros cuadrados) la cultura gastronómica de la región es de una diversidad casi sin paragón. A pesar de compartir muchos de los pilares de las cocinas de Kerala y otros estados del sur, cuando los colonizadores portugueses introdujeron los tomates y las patatas, además de frutas tropicales como la piña y frutos secos como los anacardos provenientes de Brasil, le imprimieron estilo a la cocina local: florituras del Nuevo Mundo pasadas por el tamiz del Viejo Mundo. Goa tiene incluso su propio embutido especiado o *chouriço*: cerdo (a menudo tripas), chile rojo, vinagre de palma, cúrcuma y ajo combinados en una rica amalgama de sabores que en nada se parece a ningún embutido que hayáis probado. El *chouriço* de Goa siempre se cocina y suele comerse con pan local.

La comida del sur de la India tiene un espectro maravilloso de sabores picantes y soleados y es fácil emprender desde casa un viaje al país de los plátanos rojos maduros y del guanábano en flor.

LA DESPENSA • hojas de curry • coco • chiles (rojos y verdes) • mostaza • fenogreco • tamarindo • pimienta negra • *kokum* • aceite de coco • chutneys y encurtidos • pescado y marisco frescos de calidad

• CURRY DE PESCADO AL COCO •

Meera Sodha, quien me ha regalado esta receta, llama a este delicioso curry de pescado «Kerala en bandeja», pues combina el coco y el pescado (ambos muy abundantes) en un único plato. Puede hacerse con cualquier pescado blanco de carne firme como el bacalao, el abadejo o el rape, aunque Meera se decanta por el eglefino.

• 4 COMENSALES •

un trozo de 5 cm de jengibre picado grueso
4 dientes de ajo picados gruesos
1 chile verde despepitado y picado grueso
3 cdas. de aceite de coco u otro vegetal
2 cebollas blancas medianas picadas finas
2 tomates grandes maduros a cuartos
1 ½ cdtas. de sal
¾ cdta. de cúrcuma
½ cdta. de chile rojo en polvo
20 hojas de curry frescas (o secas) (opcional)
300 ml de leche de coco
4 lomos de eglefino o cualquier pescado blanco firme
    (de unos 150-180 g cada uno) sin piel
1 lima para servir, a cuartos (opcional)

1 • Majar en un mortero el jengibre, el ajo y el chile verde con una pizca de sal gruesa hasta obtener una pulpa.

2 • En una sartén donde quepan todos los ingredientes (y con tapadera) calentar el aceite a fuego medio, añadir las cebollas y remover de tanto en tanto hasta que se doren ligeramente. Llevará entre 10-15 minutos. Añadir la pasta de jengibre, ajo y chile y cocinar otros 2-3 minutos. Incorporar a continuación los tomates, la sal, la cúrcuma, el chile en polvo y las hojas de curry, en caso de usarlas. Tapar y dejar hacerse un par de minutos.

3 • Mientras tanto mezclar la leche de coco con 100 ml de agua. Poner en la sartén y, cuando la leche empiece a burbujear, añadir los lomos de pescado, tapar y cocinar unos 5 minutos o hasta que el pescado esté bien hecho por dentro. Servir con arroz y un chorrito de zumo de lima.

• POLLO TIKKA AL HORNO CON CHUTNEY DE HIERBABUENA •

El pollo *tikka* es uno de los platos más populares de los restaurantes indios: un clásico tandoori del norte de la India que suele servirse como entrante. La versión con la que estamos familiarizados es de un intenso rosa rojizo, casi fluorescente, pero este, de la receta familiar de Meera Sodha, es harina de otro costal. Menos colorido y con un sabor hermosamente intenso (en particular cuando se sirve con chutney de hierbabuena), el pollo *tikka* de Meera nos enseña que, aunque atraiga menos miradas, parafraseando el refrán, al freír del pollo lo verá.

• 4-6 COMENSALES COMO ENTRANTE O PARTE DE MENÚ VARIADO •

600 g de muslos de pollo deshuesados y sin piel
un trozo de 4 cm de jengibre picado grueso
4 dientes de ajo picados gruesos
1 chile verde despepitado y picado grueso
130 ml de yogur natural
1 ¼ cdta. de sal, o al gusto
½ cdta. de chile en polvo
     (de picor medio o intenso, como se prefiera)
½ cdta. de cúrcuma
¾ cdta. de semillas de comino, machacadas
1 cdta. de pimentón dulce
1/3 cdtas. de *garam masala* (véase pág. 202)
¾ cdta. de azúcar blanquilla
hojas de lechuga, para servir

PARA EL CHUTNEY DE HIERBABUENA
½ chile verde, despepitado y picado fino
el zumo de ½ limón
10 g de hojas de hierbabuena picadas finas
2 cdas. de yogur griego
2 cdtas. de azúcar blanquilla

1 • Retirar todo exceso de grasa de los muslos de pollo y a continuación cortar en trozos de 3 por 2 cm y colocar en un bol grande.

2 • Majar en un mortero el jengibre, el ajo y el chile verde con una pizca de sal gruesa hasta obtener una pasta. Añadir a los trozos de pollo, seguida del yogur, la sal, las especias y el azúcar, mezclar bien y tapar. Dejar marinar al menos 5 minutos (y hasta varias horas; cuanto más, mejor).

3 • Precalentar el horno a 200 ° C.

4 • Cubrir dos bandejas de asar con una fina capa de aceite. Repartir el pollo entre ambas bandejas para no apiñar los trozos y retirar el exceso de marinada. Hornear 20 minutos, dando la vuelta a los diez minutos para una cocción uniforme.

5 • Entre tanto mezclar todos los ingredientes del chutney de hierbabuena en una batidora hasta que quede una salsa ligera.

6 • Servir el pollo *tikka* sobre un lecho de ensalada con un chorreón de chutney.

• TORTITAS DE PLÁTANO CON COCO Y PANELA •

Los cocos y los plátanos se cultivan muy bien en los suelos fértiles de Kerala. La receta de Meera de este postre local que hace la boca agua, con sus plátanos en miel y su coco tostado, está inspirada por un plato de su amiga Kumari, originaria de Kerala. En su libro *Made in India* Meera se retrata comiéndose las tortitas de plátano en casa de Kumari, al lado de la vaca y del mango. Retened esa imagen en la retina mientras os ponéis a la faena: vais a emprender un viaje tropical. La panela es un tipo de azúcar indio que se extrae de la salvia de las palmeras, de sabor parecido al *toffee*. Si no lo encontráis, podéis sustituirlo con azúcar moreno: un moscabado marrón claro le va bien.

• 4 COMENSALES (SALEN 8 TORTITAS) •

PARA LA MASA DE TORTITAS
150 g de harina blanca
½ cdta. de canela en polvo
una pizca de sal
2 huevos medianos
225 ml de leche semidesnatada
mantequilla para freír las tortitas

PARA EL RELLENO
100 g de panela (o 75 g de azúcar moscabado marrón claro)

3 plátanos, en rodajas de 2 cm

½ cdta. de cardamomo en polvo

   (o semillas bien molidas de dos vainas de cardamomo)

80 g de coco deshidratado

1 • Tamizar la harina, la canela y la sal sobre un bol, formar un hueco en el centro y añadir los huevos. Empezar a mezclar con la ayuda de un tenedor o unas varillas pequeñas e ir vertiendo lentamente la leche en la harina sin dejar de remover, hasta incorporarla toda y conseguir una consistencia suave y sin grumos. Reservar.

2 • Para preparar el relleno, deshacer todos los terrones de la panela, con un mortero o un rodillo. Poner en una sartén, asegurándose de que forme una sola capa y calentar unos 15 minutos a fuego lento. No hay que remover pero tampoco descuidarla hasta que se derrita y se caramelice, con un hermoso color marrón dorado (ojo, que no se pegue). Añadir las rodajas de plátano y el cardamomo: la mezcla saltará y borboteará y los plátanos soltarán algo de líquido, de modo que debe cocinarse otros 2-3 minutos removiendo de tanto en tanto. Retirar del fuego y añadir el coco.

3 • Para hacer las tortitas, untar de mantequilla el fondo de una sartén que sea antiadherente con papel de cocina y calentarla bien. Echar poco a poco pequeñas cucharadas de la masa (con tres o cuatro basta) y remover rápidamente por los lados de la sartén hasta cubrir el fondo. Calentar unos 30 segundos hasta que la masa se cuaje por el centro y se desprenda por los bordes. Añadir una octava parte de la mezcla de plátano y extender con cuidado por una mitad del interior de la tortita. Plegar la otra mitad para cerrarla y sellar los bordes con una espátula. Calentar 15 segundos por cada lado hasta que se dore.

4 • Poner la tortita en un plato y servir con un chorrito de nata fresca. ¡Y a repetir la operación!

TAILANDIA

La cocina tailandesa es lo opuesto a la occidental, en la que dos o tres sabores se mezclan elegantemente para producir una síntesis de estos. La de Tailandia crea en cada plato un centro neurálgico de sabores por medio de sus ingredientes, lo que genera una complejidad que puede ser mareante.

• DAVID THOMPSON, *Thai Food* •

LA PRIMERA VEZ QUE lo visitamos en Pattaya —la ciudad costera a la que se retiró— mi abuelo aporreó la mesa del restaurante y chilló unas palabras en tailandés que en mis oídos ingleses resonaron a «*You cow, you cow!*» (¡Vaca, so vaca»). Unas solícitas camareras sonrieron con cierto nerviosismo pero por lo demás no se inmutaron ante el inglés maleducado. Mi abuelo pasó a explicarnos a continuación que «*you cow*» (*hiu kao*) significa «tengo hambre», cuya traducción literal sería «quiero arroz». Le encantó causar esa zozobra en sus invitados, quienes por un momento confundimos su apetito con mala educación. (Siendo justa, mi abuelo tenía por costumbre ir soltando improperios por la vida, de modo que llamar «vaca» a una camarera tampoco nos habría parecido tan extraordinario por su parte. Cuando aún vivía en Reino Unido e íbamos toda la familia a comer a algún italiano, le daba por llamar «Pasquale» a todos los camareros, para nuestro sonrojo.) Este incidente con mi abuelo fue mi primera lección sobre lo crucial que es el arroz en la dieta tailandesa.[*]

El centro de toda comida tailandesa es una fuente o una cesta de arroz blanco hervido. A pesar de las enormes variaciones regionales, en todo el país se profesa una devoción inquebrantable por el arroz. Con textura pegajosa en el norte,[†]

• • • •

[*]Thompson cuenta en *Thai food* que en Tailandia un saludo coloquial puede ser «*Gin kao ruu yang?*» que, aunque se usa para preguntar «¿Cómo estás?», literalmente significa «¿Has comido ya arroz?».

[†]El arroz glutinoso está muy extendido por Asia, con granos opacos que se pegan entre sí al cocinarse. Siempre se pone en remojo varias horas antes de cocinarse y después se hace al vapor durante menos de media hora en utensilios de bambú. El arroz glutinoso es la comida básica del centro, el norte y el noreste de Tailandia, así como el ingrediente principal de la cocina de Laos, donde se come en todas las comidas.

abundante en las llanuras centrales (la «paella» de arrozales del país)[*] y solo y aromatizado en el sur,[†] el arroz es el rey indiscutible de la mesa. Rosemary Brissenden, autora de *South East Asian food*, un libro del que Elizabeth David dijo cuando se publicó en 1969 que «todo cocinero que se preciase debía tener» y que sigue reeditándose hoy en día, señala que al resto de platos —sean carnes, pescados o curris— se los llama «guarnición», una perspectiva que «da fe de la primacía del arroz». Cuando el arroz blanco llega a la mesa en un montículo alto, se coge una cucharada y se acompaña con lo que haya delante. Y como en muchas otras cocinas del mundo, la cultura del norte de Europa de ir a un restaurante y pedir un plato para uno solo va en contra de todas las prácticas de la mesa tailandesa: tanto el arroz como las guarniciones se comparten entre todos.

Tailandia estuvo muy presente durante mi infancia. Mucho antes de que se jubilase y se fuese a vivir allí, mi abuelo iba de vacaciones a menudo, y el olor del limoncillo y del coco casi siempre impregnaba el aire de su granja de Norfolk, embriagando los sentidos. Hasta donde alcanza mi memoria, el Lejano Oriente constituía un anexo importante a su sensibilidad, que era por lo demás muy *british*; «Oxford, Norfolk, Pattaya» era su versión del «Nueva York, París, Londres». A finales de la década de 1990 cogió los bártulos y se mudó al golfo de Tailandia, a su adorada Pattaya, donde pasó la mayor parte de sus últimos años leyendo periódicos ingleses al sol y —algo nada baladí— deleitándose con la comida de la costa del país. Es allí donde solían ir de vacaciones los soldados estadounidenses destacados en Vietnam entre destino y destino, y donde se daban todos los caprichos por los que es conocida Tailandia: los buenos, los malos y los feos... Tal vez sea lo más conocido de «las franjas de costa urbanizada de Tailandia, ese hervidero de turistas libertinos» (Brissenden), pero, al igual que muchas mecas del turismo costero (me viene a la cabeza Cancún), debe su popularidad a una profunda belleza natural y a una cultura atractiva en la que la comida no es una cuestión menor. Nuestras estancias en Tailandia estaban salpicadas de sabores intensos que aún relucen en mi recuerdo: desayunos de arroz con huevo; mango y arroz glutinoso en la playa; puestas de sol fluorescentes y noches embriagadoras aderezadas con chile rojo, tamarindo y coco... y, por supuesto, más arroz.

En Tailandia encontramos muchas y muy variadas cocinas, pero es por la comida del golfo por la que se conoce en el exterior: estamos mucho más familiarizados, por ejemplo, con los curris de coco que combinan tamarindo

• • • •

[*]Los arrozales de Tailandia se encuentran en las llanuras de aluvión centrales, a lo largo de la cuenca del Chao Phraya y sus cinco afluentes principales. El potencial agrícola hace de esta región una zona con gran densidad de población y, por tanto, el centro económico del país, con una cocina rica y variada. También se cultivan cacahuetes, maíz y ñame.

[†]Aunque la cocina al vapor es muy popular y común para hacer el arroz, la técnica tradicional consiste en cocinarlo lentamente en una olla de barro a fuego muy lento, con apenas unas ascuas.

amargo, lima y azúcar de palma en un dulzor extraordinario que con las carnes de caza del norte del país. Es en parte un reflejo de los platos y los ingredientes que han visto mundo pero también de donde eligen ir la mayoría de los turistas. Es la Tailandia de las fiestas de la luna llena, del submarinismo, de los cócteles fuertes en cubos, de los platos de pescado y del chile picante.

Ingredientes como la leche de coco, los chiles y la cúrcuma están muy presentes en la comida del golfo de Tailandia, como ocurre en otras cocinas litorales del sudeste asiático como las de Malasia e Indonesia o las de Goa y Kerala en la India. Suelen combinarse con pescado y marisco, que eclipsan a la carne como fuente de proteína animal. El pescado es especialmente importante en la Tailandia budista, donde era tabú matar a mamíferos grandes de cuatro patas y aun hoy sigue estando mal visto. Si bien el cerdo, por ejemplo, es cada vez más consumido en Tailandia, los lugareños siguen confiándole la matanza a carniceros chinos.

Como ocurre en gran parte del sudeste asiático, China ha tenido una influencia fundamental en la cocina tailandesa. Esto resulta más patente si cabe en Bangkok (debido a la numerosa emigración china de principios del siglo pasado), donde los fritos y los salteados son muy comunes, aunque con el tiempo la influencia también ha ido bajando por la costa. El arroz con huevo frito y el pescado agridulce (del que guardo un vivo recuerdo, con esas espesas salsas rojas salpicadas de piña), los tallarines (los de arroz se compran frescos en los mercados chinos) y la *kaeng jut* (una sopa ligera que sirve para limpiar el paladar entre sabores fuertes) son todos productos de la influencia china. En *Thai food* David Thompson plantea que «lo verdaderamente genial de la cocina tailandesa es la habilidad para incorporar lo que no le es familiar» y pone como ejemplo la asimilación del chile en la cocina nacional «en cuestión de un siglo» (lo compara asimismo con la relativa resistencia de los europeos al tomate, al que le costó sus buenos doscientos años ser aceptado en los cánones culinarios de España e Italia, por ejemplo).

Ya he mencionado en varias ocasiones al tamarindo, uno de los ingredientes más importantes del país. Del fruto se extrae una pasta marrón mate que tiene sabor amargo pero textura de fruta, con el aspecto que me imagino tendría una pasta líquida de dátiles. No es casual, por tanto, que su nombre en árabe signifique «dátil indio»: un sobrenombre curioso teniendo en cuenta que es originario de los trópicos africanos. Así y todo hoy en día es frecuente encontrarlo en la cocina mexicana (en la que se toma como bebida, en crudo como fruta o caramelizado en dulces) y en cocinas del sudeste asiático como la tailandesa y la vietnamita. La lima es el otro sabor amargo fundamental y, dada la presencia dominante del pescado, casa especialmente bien con la paleta local de ingredientes. Sigue pareciéndome una fruta muy exótica, a pesar de que ya puede comprarse por toda Europa. Tiene unas notas cítricas más sutiles que el limón —más impetuoso— y es más suave e indudablemente más interesante.

Tanto la lima como el tamarindo hallan una bonita armonía combinados con el azúcar de palma, que contrarresta el amargor de estos frutos con el dulce. Sus cristalitos tostados brindan un toque azucarado muy particular y son un buen ejemplo de cómo las diferencias sutiles en los ingredientes dan resultados muy distintos de una cocina a otra. Se extrae de la salvia de las palmeras, tras varias cocciones, y tiene un sabor intenso que me recuerda al de las avellanas y el café. En yuxtaposición con la lima y el tamarindo, no es de extrañar que resucite al cansado y al hambriento.

El chile, el ajo, el limoncillo y el cilantro son ingredientes con un gran calado en la cocina tailandesa: añaden sabores y sensaciones en un rango variable que va de platos delicados a potentes como los curris rojos o verdes. Es interesante saber que es un error común asociar el chile rojo con una intensidad mayor que la de los verdes. Más de una vez el curry verde ha podido conmigo con la potencia de su picor: ante la duda optad por el rojo, más suave. El cilantro es condimento habitual de innumerables platos, mientras que la albahaca tailandesa —con hojas más dulces que su homóloga europea y un curioso toque a regaliz— suele acompañar curris y sopas.

La familia del jengibre desempeña un papel fundamental en la «comida de templo» del sur de Tailandia. (Esta expresión la tomé prestada hace varios años de Nigella Lawson,[*] quien la emplea para describir la comida saludable que cocinamos para reconfortarnos. Opino que gran parte de la cocina tailandesa podría entrar en esta categoría, y la magnificencia de sus templos budistas lo hace aún más apropiado.) Tanto la raíz de jengibre como el galanga (una versión más fuerte del sudeste asiático, de la familia del jengibre) y la cúrcuma derrochan fragancia y color sobre los platos. La cúrcuma es un añadido especialmente interesante porque es mucho más frecuente en la India, donde le da a platos como los *dals* un tinte extra de naranja (es más del sur que del sudeste asiático).

En la cocina tailandesa las notas de umami las ponen la salsa de pescado (*nam pla*) y la pasta de gambas (*kapi*). Ambos son ingredientes cruciales en una gran variedad de platos y se utilizan también como condimentos por derecho propio. Es muy práctico tener a mano una botella de *nam pla* en la despensa, un agente de umami concentrado que aparece cuando menos te lo esperas en las cocinas asiáticas. Basta con añadir un chorrito a un *pad thai* o a una sopa de tallarines para llevar vuestra creación al siguiente nivel y transportaros del reino de vuestra cocina al calor embriagador de Siam.

• • • •

* Por mucho que me guste el concepto de «*temple food*» de Nigella, también comulgo con la teoría que expone Anthony Bourdain en *Confesiones de un chef*: «Tu cuerpo no es un templo, es un parque de atracciones. Disfruta del paseo». En definitiva: que tratéis vuestro cuerpo con respeto pero compensando con aventuras gastronómicas. Una combinación que os hará sentir realmente vivos…

La salsa de pescado es la respuesta tailandesa al garo romano o al *dashi* japonés: anchoas fermentadas mezcladas con azúcar y sal. Como aderezo su uso está más extendido que la salsa de soja, que se importa de China y tiene un sabor menos complejo. Es un ingrediente que hay que utilizar con cautela: muy poco o demasiado puede o bien pasar desapercibido en el paladar o bien eclipsarlo todo, respectivamente. Los tailandeses se la echan a curris, sopas y todo tipo de salsas pero también la usan como salsa para mojar, con ajo y chile.

Mientras que la salsa de pescado se añade directamente a los curris, la pasta de gambas es un componente básico del curry. Las gambas se salan, se secan al sol y luego se muelen para hacer pastas con distintos grados de sal y color (del marrón claro al chocolate). Junto con el ajo, las chalotas y el galanga, ponen el toque húmedo y aglutinante a las pastas de curry, pues el resto son chiles secos y especias como el comino y la pimienta negra en grano.

Para evitar que los curris queden aceitosos se añade la pasta de curry a la sartén cuando ya se han incorporado el pescado, las especias y la leche de coco (mejor que freír la pasta en aceite, como hacen los indonesios y los malayos). De este modo se cocina en el jugo del resto de ingredientes y se usa así el mínimo aceite posible, que podría evitar que se desprendieran los distintos sabores.

Por mucho que la leche de coco se use en platos de curry del sur y del sudeste asiático, para mí es un ingrediente indiscutiblemente tailandés. En mi paladar es un lienzo en blanco ideal para el complejo abanico de sabores de la cocina tailandesa. (Ponedme un curry de pescado tailandés con limoncillo, tamarindo, lima y salsa de pescado antes que uno de Goa, cuando y donde sea.)

A continuación doy una selección de recetas tailandesas básicas, aunque he de decir que decidí quitar algunas de mis favoritas porque comprendí que ya había incluido algunas parecidas en los capítulos de otras regiones. He excluido la sopa tailandesa por antonomasia, la *tom yam*, por ejemplo, porque encontraréis sopas asiáticas igual de deliciosas en otras páginas del libro (los *udon* en caldo japoneses —en la pág. 265— o un *pho* vietnamita —en las págs. 233, 237—). También he descartado el *pad thai* porque su fama ha conquistado ya todo Occidente y aparece en muchos recetarios. En su lugar he incluido algunas recetas básicas muy prácticas como la pasta de curry casera seguida de un curry, que siempre me recordará las vacaciones en Pattaya con mi abuelo; por último he añadido la carne picada tailandesa de mi madre, un clásico en casa de los Holland.

Cuando los tailandeses brindan dicen «*chok dii*» (que significa «buena suerte»). Como hombre al que le gustaba llamar la atención, mi abuelo solía incluir algún expletivo para dar énfasis. Me temo que no puedo resistirme a hacer lo mismo como tributo final:

¡Que os den *chok dii*!

LA DESPENSA • tamarindo • lima • salsa de pescado • pasta de gambas • leche de coco • jengibre • galanga • cúrcuma • chile • azúcar de palma • cilantro • limoncillo • albahaca tailandesa • hierbabuena • hojas de lima kaffir • pescado y marisco fresco

• • •

• CURRY DE VERDURAS •

Las recetas para hacer pasta de curry casera me hacían salir despavorida. Cuando estaba estudiando, solía pertrecharme de botes (bastante decentes, todo hay que decirlo) para hacer curris tailandeses y sopas *tom yam*. Pero los que se hacen en casa son mucho mejores, no cabe duda. Si dispones de un buen mortero es muy fácil elaborarlo, y creo firmemente que uno no puede presumir de haber hecho un plato si ha utilizado productos ya elaborados... ¡se siente! Esta es mi receta de curry de verduras, pensada para que sea fácil de hacer con pollo, gambas, tofu o lo que se prefiera. Me gusta la versión vegetariana tal cual pero no os cortéis si queréis verlo como una simple orientación para un plato carnívoro o algo más elaborado. Si os cuesta encontrar pasta de tamarindo, no tenéis más que echarle un poco más de zumo y ralladura de lima. Aunque los sabores no pueden compararse, la lima aportará el plus de amargor ácido.

• 4 COMENSALES •

PARA LA PASTA
½ cdta. de semillas de comino
½ cdta. de semillas de cilantro
½ cdta. de pimienta negra en grano
2 chiles deshidratados, rehidratados en agua caliente
      durante 10 minutos
½ cdta. de copos de chile seco
1 ramita de limoncillo, sin las capas exteriores,
      picado grueso (o 1-2 cdtas. de bote)
3 dientes de ajo grandes, picados gruesos
un trozo de 2-3 cm de jengibre, picado grueso
½ cdta. de pasta de gambas

PARA EL CURRY

1 bolsita de 50 g de manteca de coco
1 lata de 400 ml de leche de coco
200 ml de agua
1 cda. de salsa de pescado
2 cdtas. de azúcar de palma
3 cdas. de pasta de tamarindo
1 calabacín grande cortado a lo largo en bastones
2 pimientos (yo utilizo uno naranja y otro rojo) picados
     a lo largo en juliana
10 mazorquitas de maíz
100 g de tirabeques
8 champiñones en rodajas
la ralladura y el zumo de 1 lima (zumo al gusto)
salsa de soja, al gusto
unas ramitas de cilantro para servir, picadas

1 • Tostar las semillas de comino y cilantro, hasta que se doren y despidan aroma, pasar luego por el mortero con el resto de ingredientes de la pasta y reservar.

2 • Poner la manteca de coco en una sartén grande y derretirla poco a poco a fuego lento. Añadir la pasta, remover y dejar que la mezcla se haga un minuto. Subir el fuego y añadir la lata de leche de coco, el agua, la salsa de pescado, el azúcar de palma y la pasta de tamarindo. Llevar a ebullición, remover y cocinar 10 minutos.

3 • Añadir las verduras, bajar el fuego y tapar. Probar de vez en cuando las verduras para ver si están hechas: debe llevar 10-15 minutos, según lo crujientes que os gusten. Añadir la ralladura de lima y probar para rectificar el equilibrio de salado y ácido antes de agregar la soja y el zumo de limón al gusto. Servir con arroz cocinado al vapor (el aromático va bien) y un buen pellizco de cilantro picado por encima.

• CARNE PICADA TAILANDESA DE MAMÁ •

Mi madre lleva haciendo esta receta desde que tengo uso de razón. Es tal su complejidad de sabores que estaba convencida de que solo ella podía hacerla... Pero me equivocaba (perdona, mami). Es facilísima: solo hay que aprovisionarse bien de algunos productos básicos del sudeste asiático (todos los supermercados grandes venden vinagre de vino de arroz, salsa de pescado y limoncillo) para ponerse manos a la obra. Es posible hasta sustituir el ajo, el chile, el jengibre y el limoncillo fresco con pastas de bote y convertirlo así en una comida totalmente de despensa. Con un arroz hervido es una cena estupenda y sin complicaciones para un día laborable aunque con matices que transportan al mismísimo Siam.

3 cdas. de aceite vegetal o de girasol
un trozo de 3 cm de jengibre picado fino
2-3 dientes de ajo picados muy finos
1 chile verde sin semillas y picado
1 ramita de limoncillo, sin las capas exteriores,
     picada fina (o 1-2 cdtas. de bote)
2 cdtas. de azúcar de palma
500 g de carne de cerdo picada de calidad
el zumo de 2 limas
1 cda. de salsa de pescado
1 cda. de vinagre de vino de arroz
3 cdas. de salsa de soja
50-100 ml de agua

PARA SERVIR
1 cebolleta picada
varias ramitas de cilantro picadas
un buen pellizco de copos de chile seco

1 • Calentar el aceite en una sartén grande y freír 2-3 minutos el jengibre, el ajo, el chile verde y el limoncillo con cuidado de que no se quemen. Añadir a continuación el azúcar de palma y la carne picada. Freír otros 3-5 minutos, removiendo para desmigar la carne hasta que esté dorada por todos los lados.

2 • Añadir todos los líquidos (zumo de lima, salsa de pescado, vinagre de vino de arroz, soja y agua) y dejar hacerse 5-6 minutos hasta que la carne esté hecha por dentro. (N. B.: a mí me gusta usar 100 ml de agua porque queda más caldo, que me encanta comerme con el arroz o directamente a cucharadas de la sartén una vez que he apartado en la fuente de servir la carne y un poco de salsa. Está de muerte, aunque sería demasiado líquido servir todo lo que hay en la sartén. ¡Vosotros veréis lo que hacéis!)

3 • Adornar con las cebolletas, el cilantro y los copos de chile por encima y acompañar con arroz hervido.

VIETNAM

Dicen que busques lo que busques lo encontrarás aquí. Dicen que cuando vienes
a Vietnam entiendes muchas cosas en pocos minutos pero lo demás hay que
vivirlo. El olor: es lo primero que impresiona, prometiéndote todo a cambio
del alma. Y el calor. La camisa se convierte al instante en un guiñapo.
Apenas recuerdas tu nombre, o de dónde vienes escapando.
• GRAHAM GREENE, *El americano tranquilo* •

LA VÍVIDA DESCRIPCIÓN que hace Graham Greene
de Vietnam, y de las muchas diferencias con la tierra británica, es palpable y multisensorial. Las sensaciones, los
olores, las visiones —«los colores, el sabor, incluso la lluvia»—, sus explicaciones de por qué ama este pequeño
país, que describe una voluptuosa curva alrededor de la
península indochina, sumergen al lector en un frenesí
sensual. ¿Quizá no sea casual que las sensaciones de
Greene parezcan inextricables la una de la otra? Al fin
y al cabo la cultura vietnamita y su cocina, está fundamentada en grupos de cinco entidades que hay que mantener en equilibrio: cinco elementos, cinco colores, cinco nutrientes, cinco órganos y, sí, cinco sentidos.[*]

Esto, por supuesto, remite a algunos de los rasgos que veremos cuando
lleguemos a China y Japón; una vez más, no es casual. Rosemary Brissenden
señala que la cocina vietnamita «está más emparentada con la china e in-
tercalada tan solo con contadas influencias francesas, salvo porque se usa
menos aceite, más azúcar y más hierbas y verduras frescas sin guisar que en
la cocina china». Es posible que en lo geográfico Vietnam esté más cercana a
sus vecinos de Tailandia, Camboya y Laos, pero la impronta cultural que de-
jaron las sucesivas colonizaciones fue enorme. Por resumirlo en pocas líneas,
los chinos dominaron Vietnam unos mil años, durante los cuales plantaron
bien sus raíces en la consciencia cultural vietnamita.[†] Y luego llegaron los
franceses. Y después, en pleno siglo XX, a raíz de la Guerra Fría, el país se convirtió en el campo de batalla de ideologías políticas contrapuestas.

• • • •

[*] Estos conjuntos de cinco se corresponden con otros, como por ejemplo sabores con elementos:
picante (metal), ácido (madera), amargo (fuego), salado (agua) y dulce (tierra). Los colores son los
mismos que veremos en la cocina japonesa: rojo, verde, amarillo, blanco y negro.

Este rincón del mundo ha sido durante mucho tiempo un núcleo de violencia y de alianzas cambiantes que, con el tiempo, han servido para crear una cultura tan campechana como ingeniosa. Si bien la colonización de un territorio por otro exige adhesión, al mismo tiempo genera distanciamiento. Vietnam tal vez haya querido cocinar con la sofisticación de los chinos —con sus miles de variedades de arroz, sus complejas salsas y sus marinadas— pero fue la propia China quien lo impidió, pues se dedicaba a confiscar para su provecho los mejores ingredientes vietnamitas; durante siglos los ingredientes más preciados iban directos a Pekín, la capital imperial, con lo que los vietnamitas tenían que arreglárselas con las sobras. Tal vez les tocase «bailar con la más fea» pero a lo largo de los siglos (y en parte por necesidad) la vietnamita se ha convertido en una cocina saludable y llena de matices que en la actualidad goza de gran popularidad en todo el mundo.

En términos generales la comida vietnamita es fresca, de rápida elaboración y bajo coste. Enaltece los sabores auténticos de los ingredientes en lugar de enmascararlos con salsas. Las comidas suelen servirse en crudo o cocinadas mínimamente en platos como el *pho* (un caldo con fideos ligero y reparador). La sopa nacional no puede ser más distinta de la comida china barata y empapada en salsa que se compra para llevar en los restaurantes de Reino Unido, aunque es cierto que la comunidad vietnamita de Londres, que sigue concentrada en la Kingsland Road del barrio de Shoreditch, tuvo que vender en otros tiempos comida china en sus locales para suplir la voraz demanda británica de platos rebosantes de almidón y glutamato como el *chop suey*. Hasta hace relativamente poco no se ha deshecho el desaguisado (o «desguisado»), y por fin ha empezado a cambiar la percepción sobre la naturaleza de la «comida vietnamita».

Mayormente los vietnamitas cocinan sus ingredientes con agua y caldos, más que con aceites y grasas, lo que permite que brillen con luz propia los sabores de todos y cada uno, con resultados tan nutritivos como deliciosos. El caso del *pho* es el más representativo, con caldos claros y dulces que se aderezan con especias como la canela, el anís estrellado o el jengibre, que primero se tuestan y luego se incorporan al líquido en un infusor de té; la mezcla se hierve entonces durante veinticuatro horas. Si bien esta parte no es precisamente de ejecución rápida, en cuanto se tiene el caldo

• • • •

†Vietnam sigue considerándose parte de la sinosfera, el conjunto de territorios de influencia china, y a rasgos generales su código moral es confuciano. A juicio de Rosemary Brissenden, «el dominio chino dejó una huella confuciana imborrable en la cultura y las instituciones del país —al menos en las clases altas—, y se diferenció del resto de culturas del sudeste asiático por no haber «indianizado» sus artes, su cultura y su religión».

preparado del día anterior y se añade la carne unas horas antes de comer, las florituras finales sí son rápidas: se escaldan unos tallarines de arroz (*banh pho*) en solo treinta segundos y se echan en el caldo unos brotes de soja y unas hierbas —cilantro, albahaca dulce o lima— justo antes de servir. Es importante señalar que no se añade ninguna grasa y, en caso de ver alguna gota oleosa en la superficie del caldo, seguramente sea de la carne.

Aunque el *pho* tiene su origen en el norte, en Hanói —la capital, que también lo es de la comida callejera—, no tardó en granjearse la popularidad en el sur tras la división del país en 1954, cuando alrededor de un millón de personas huyeron del norte comunista. Existe una rencilla etimológica entre China y Francia en relación con el origen de la palabra. Pero provenga de *luc pho*, «ternera con tallarines» en cantonés, o se inspirase en la palabra francesa «*pot au feu*», el caso es que el *pho* apenas tiene cien años de historia y su popularidad se disparó tanto en el país como en el extranjero durante un periodo de grandes cambios.

El *bún riêu* y los *bánh cuon*, otros dos platos típicos, también son originarios del norte del país. El primero es otra sopa de fideos con cangrejo especiado y picado y *vermicelli* de arroz, que nadan en un caldo de tomate aderezado con pasta de gambas fermentadas, tamarindo y cebolletas. Los *bánh cuon*, envueltos en una masa de arroz fermentada, bien podrían ser el hijo del amor de los *dim sum* y los rollitos de primavera: unos cilindros alargados rellenos de carne picada de cerdo, champiñones y chalota que se comen a cualquier hora mojados en salsa de pescado. La cocina del norte de Vietnam está pensada para elaborarse en casa: los restaurantes son escasos en Hanói y Ho Chi Minh, donde la influencia china está más presente. La expansión internacional de esta deliciosa comida callejera del norte empezó en realidad con la emigración del norte al sur a mediados del siglo XX.

La ternera apenas se consumía en Vietnam hasta la llegada de los franceses a mediados del siglo XIX. Esta injerencia europea en la historia de Vietnam enriqueció la gastronomía de manera incomparable; los ingredientes y las recetas introducidas por los franceses (llegados ni más ni menos que de la capital culinaria del mundo) se han consolidado como elementos claves de muchos platos típicos actuales. Como hemos visto, el *pho* de ternera es un ejemplo, así como el *bo luc lac* o «ternera tiritona», llamada así por el temblor que les entra a los solomillos de ternera cuando se echan en la sartén. De confección sencilla, se sirve con una ensalada caliente de lechuga, berros y cebolla y se marina la ternera con los sabores vietnamitas más característicos: salsa de pescado, salsa de soja, lima, chiles, albahaca tailandesa y ajo. Aunque las hierbas como la hierbabuena, la albahaca y el cilantro llevan tiempo estando presentes en Vietnam, comerlas (así como otras hojas verdes) en crudo es un fenómeno relativamente nuevo, reflejo de la influencia europea. Cuando Francia colonizó Vietnam en 1858 e introdujo ingredientes como el eneldo y los berros al canon ya existente de hierbas, por entonces el pueblo vietnamita emulaba la tradición china de cocinar las hierbas de sus platos.

Sin embargo quizá la mayor contribución francesa a la cocina vietnamita después de la ternera sea la baguette. Los vietnamitas le dieron su giro particular a la clásica barra de pan francesa, haciéndola más ligera y aireada que la original europea. Con una costra robusta y más espacio por dentro, es un receptáculo ideal para bocadillos, que es justo el uso que le dan los vietnamitas. Los *banh mi* («pan» en vietnamita) son una especie de recordatorio del pasado imperial vietnamita, en una fusión del pan del colonizador con rellenos del colonizado. La ensalada, el pepino encurtido, el rábano daikon, el cilantro, la salsa de chile y la mayonesa tipo Kewpie[*] se unen al cerdo, el pollo, los huevos o el tofu en una de las muchas historias exitosas de la fusión culinaria.

Un bocadillo *banh mi* es una ruta estupenda para llegar a la comida vietnamita; es tanto una introducción a los sabores ácidos y frescos como un mordisco de historia comestible. Probad a comprar una baguette ligera, hierbas frescas y mayonesa Kewpie y a marinar una carne o un pescado o, si os sentís más intrépidos (¡y sobrados de tiempo!), preparad un *pho* valiéndoos de la receta de abajo, un regalo de Hieu Trung Bui, un restaurador vietnamita afincado en Londres que regenta los restaurantes Cây Tre y Viet Grill de Kingsland Road. El sabor, la sensación y el olor de estos platos os seducirán... pero no os preocupéis: no creo que tengáis que darlo «todo a cambio del alma», como hizo Graham Greene. Al fin y al cabo estáis en vuestra cocina.

LA DESPENSA • cilantro • hierbabuena • albahaca tailandesa • anís estrellado • chile rojo • eneldo • limas • salsa de pescado • jengibre • salsa de soja • berros • cebolletas • brotes de soja • lechuga • rábano daikon • mayonesa Kewpie • *vermicelli* de arroz • pecho de ternera

• • •

• • • •

[*] La mayonesa Kewpie es una versión japonesa con vinagre de arroz que se ha extendido por todo el sudeste asiático.

• ENSALADA DE PAPAYA VERDE •

Parecida a la clásica ensalada de repollo inglesa, la versión vietnamita lleva finas tiras de zanahoria y papaya verde mezcladas con un aderezo de chile y umami. Desde luego es mucho más delicada en el equilibrio de sabores que una ensalada occidental, pero a veces la utilizo con los mismos fines: en una calurosa noche de verano la sirvo como guarnición para carnes a la brasa, con las que combina de maravilla. No es difícil conseguir papaya verde en tiendas asiáticas.

• 4-6 COMENSALES •

1 papaya verde grande, pelada y sin pepitas
1 zanahoria grande pelada
2 dientes de ajo picados muy finos
2 cebolletas en rodajas muy finas
5 cdas. de salsa de pescado
3 cdas. de azúcar granulada
el zumo de 2-3 limas y la ralladura de ½ lima
2 chiles tailandeses bien picados

PARA SERVIR
un puñado de anacardos o cacahuetes tostados picados gruesos
unas ramitas de cilantro picadas
1 cebolleta picada

1 • Cortar en bastones la papaya y la zanahoria, con la forma de unas cerillas largas.
2 • Ahora solo hay que combinar el resto de ingredientes, asegurándose de que el azúcar se disuelve antes de echar la mezcla sobre la ensalada, y remover bien.
3 • Refrigerar una hora antes de servir para que los sabores se liguen bien. A continuación repartir por encima los frutos secos, el cilantro y la cebolleta.

• PHO DE TERNERA •

Hacer *pho* es un proceso largo que hay que emprender cuando se tiene por delante una tarde libre. Vale la pena preparar en cantidad y congelar la mitad para un mal día: es ideal para resfriados, toses y bajones invernales. El *pho* de Hieu Trung Bui suele incluir tanto filete de ternera como tuétano, rabo y pecho en la receta que sigue, pero me he tomado la libertad de excluir el filete porque me gusta lo económico de utilizar cortes no nobles de ternera, al fin y al cabo el *pho* es en esencia un plato de calle poco sofisticado, pese a poseer cantidad de sabores sofisticados.

• 6 COMENSALES •

1,5 kg de tuétano de ternera
750 g de rabo
1 kg de pecho
4-5 chalotas grandes en mitades
un trozo de 5 cm de jengibre picado fino
1 cda. de semillas de cilantro
5 vainas de cardamomo
3 anises estrellados
12 cebolletas picadas
25 g de cilantro picado
200 g de tallarines de *pho* secos (tallarines planos de arroz)
75 ml de salsa de pescado
50 g de azúcar
25 g de sal
pimienta negra recién molida

PARA SERVIR
gajos de lima
un puñado de brotes de soja
salsa hoisin

1 • Poner en remojo el hueso y las carnes en un bol grande. Añadir un buen pellizco de sal, cubrir con agua, dejar dos horas y luego lavar y secar.
2 • Precalentar el horno a 200 °C.
3 • Disponer la chalota, el jengibre, las semillas de cilantro, el cardamomo y el anís estrellado sobre una bandeja de horno y asar 15 minutos, removiendo de vez en cuando para evitar que se quemen,

4 • Poner el hueso de tuétano en una olla grande, cubrir con agua y llevar a ebullición. A continuación bajar el fuego y cocer 30 minutos antes de retirar las burbujas grumosas y la espuma que se forma en la superficie, para que quede un líquido claro. Cocinar una hora y añadir luego el rabo de buey.

5 • Moler en un mortero grande el anís estrellado, las semillas de cilantro, el cardamomo, el jengibre y la chalota. Pasar esta mezcla a una estameña o una muselina, cerrar bien e introducir en la olla. Dejar cocer otros 30 minutos y añadir luego la falda. Llevar de nuevo a ebullición, bajar el fuego y espumar de nuevo. Cocinar dos horas y media.

6 • Entre tanto preparar los tallarines siguiendo las instrucciones del paquete y reservarlos.

7 • Sacar toda la carne y desechar el hueso. Poner en remojo el pecho y el rabo en agua fría hasta enfriarlos y a continuación echarlos en un escurridor sobre un cuenco para escurrir los jugos y secar la carne. Picar el pecho en trocitos. Cortar la carne del rabo y desechar la grasa. Aderezar el caldo con la salsa de pescado, el azúcar y la sal.

8 • Poner los tallarines cocidos en un cuenco con trocitos de pecho y de rabo y cubrir con cebolletas y cilantro. Verter a cucharones el caldo hirviendo, añadir un poco de pimienta negra y servir con más hierbas frescas, los brotes de soja, los gajos de lima y la salsa.

CHINA

El que toma medicina y desatiende su dieta malgasta las artes del médico.
• PROVERBIO CHINO •

EN CHINA LAS IDEAS de armonía —en el equilibrio de los cinco elementos de cada persona: madera, fuego, aire, tierra y agua— son una doctrina consolidada de vida. En Occidente, en cambio, estas ideas siguen considerándose meras alternativas, o incluso de la New Age (a pesar de ser anteriores a cualquiera de las principales religiones monoteístas). Para los chinos vivir una vida equilibrada no es más que sentido común.

Lo que me gusta de la medicina china —y en general de los principios de salud orientales— es la actitud proactiva y preventiva para conservar la salud. Cada elemento va de la mano de una sensación, un color y un gusto, así como una parte del cuerpo de yin o yang dominante, que no solo ayuda al diagnóstico (la debilidad por lo dulce, por ejemplo, podría revertir en un problema de bazo) sino que también sugiere una dieta con la que mantener el equilibrio de estos elementos de manera prolongada. La comida tiene por tanto un papel sanador activo en la medicina china.

Los propios alimentos también son o yin o yang. Los carbohidratos, las verduras y todo lo que baja la temperatura del cuerpo son yin, mientras que los yang dan más energías: proteínas, especias, café. Los chinos consumen una combinación equilibrada de alimentos yin y yang para mantener la estabilidad de sus cuerpos, pero, conforme las costumbres alimenticias occidentales se imponen subrepticiamente —sobre todo el comer más carne y más azúcar—, planea la amenaza inminente de que la balanza del yin y el yang se desnivele.

Estas ideas sobre la armonía se traducen en la cocina y los platos chinos. Y precisamente esta característica, junto con la brillantez de la cocina china en todos los niveles socioeconómicos, es lo que la convierte en una de las mejores del mundo.[*] Así y todo, por lo general la percepción occidental le ha colgado a

• • • •

[*] Han llegado a mis oídos rumores extraoficiales que aseguran que las «tres grandes cocinas del mundo» son la francesa, la china y la turca. En *El último chef chino* Nicole Mones justifica así que la china se cuente entre las grandes: «China posee tres cualidades que la convierten en un campo de cultivo ideal para el desarrollo de una gran cocina: en primer lugar es una nación que posee todo lo que hay bajo el sol —montañas, desiertos, llanuras y valles fértiles, grandes mares y ríos asombrosos—; en segundo lugar las masas chinas son numerosas pero pobres, siempre han tenido que extraer todo lo bueno y nutritivo de toda parcela de tierra y todo combustible, ahorrando en

la comida china el sambenito de «poco saludable» o «comida basura». Crecí asociando la cocina china con el adictivo aditivo del glutamato de monosodio (GMS),[*] el responsable de ese sabor intenso que engancha de la comida china pero también, en teoría, los síntomas de lo que ahora se conoce en Occidente como el «síndrome del restaurante chino»: cosquilleo, palpitaciones y mareos tras comer comida china occidentalizada. Aquí reside la paradoja fundamental —con consecuencias penosas para la cocina china— y la oportunidad para reeducarnos. Tal vez, y digo tal vez, si en Occidente aprendiéramos un poco más sobre las realidades de la cocina china más allá del restaurante chino de nuestro barrio, adquiriríamos al mismo tiempo ciertos conocimientos sobre medicina china: la elección de un estilo de vida que no excluye la medicina convencional sino que opera en consonancia (y reduce al mínimo las visitas al médico).

Otra enseñanza china antigua designa las siete necesidades con las que empezar el día, todas relacionadas con la comida: la leña, la sal, la salsa, el arroz, el aceite, el vinagre y el té. Las siete necesidades conforman un buen esquema de todo lo esencial en la cocina china en lo que a sabores, texturas, técnicas y rituales se refiere.

La leña, o combustible con el que generar calor, es crucial para las distintas técnicas culinarias que se emplean en China, desde el salteado hasta la cocina al vapor o a fuego lento. Además el aroma de la leña le confiere un peculiar sabor ahumado a comidas como el tofu, el pato ahumado con té negro, o incluso tés como el *lapsang souchong*.

La comida china, muy sabrosa, se basa en gran medida en la sal, que toma de salsas como la de soja o en su forma más pura. Esta salsa se hace con semillas de soja fermentadas y es un poderoso agente de umami, al conferirle una capa de complejidad más que la sal marina.

Por regla general las salsas son fundamentales en las cocinas regionales de todo el país y sacan jugo de sabores fermentados o agridulces en forma líquida (y viscosa). La salsa de ciruela, que suele tomarse con el pato pekinés,[†] está a caballo entre el dulce y el amargo de esa fruta, que se reduce con azúcar, vinagre y jengibre y da un condimento adecuado por igual para carnes,

• • • •

todos los frentes posibles, salvo en mano de obra e ingenio, del que hay a espuertas. En tercer lugar está la élite de China; en este mundo de gusto exigente nació el gourmet. La comida se convirtió no solo en una herramienta compleja para los rituales y la consecución de prestigio sino también en una forma de arte que ejercían hombres apasionados».

[*] El glutamato se utiliza para dar el intenso sabor a umami que se asocia con la mayoría de las comidas asiáticas. Se elabora fermentando proteínas de trigo o de melaza con bacterias, a menudo tratadas genéticamente, a las que después se añade sodio.

[†] Un plato imperial de pato asado que se sirve con finos crepes, cebolleta y salsa hoisin o de ciruelas.

tallarines y verduras. La salsa agridulce es una versión simplificada: con tan solo soja, azúcar, vinagre de arroz y maicena calentados, aporta un aderezo más complejo a los platos que el que ofrecen solo la sal, el vinagre y la soja.

El arroz es un alimento básico en la cocina china que se cuece al vapor para que absorba los diversos sabores que emanan de los coloridos platos de proteínas y verduras. Aunque no sean una de las siete necesidades originales, los fideos y tallarines, y en general el trigo, han tenido tal aceptación entre los chinos que han adquirido una importancia similar en la gastronomía. Originarios de China, los fideos de trigo, cuya historia se remonta a la dinastía Han (alrededor de 206-220 a. C.), son un ingrediente básico en toda Asia y se hacen asimismo con trigo sarraceno y arroz (llamados a veces *vermicelli* o cabello de ángel).

El aceite es también un ingrediente esencial, como en cualquier cocina donde se saltee y se fría en abundancia. Para los salteados se escoge el aceite en función de su punto de humo, la temperatura a la que empieza a humear. Cuánto más alta sea, mejor, porque un aceite quemado puede amargar el contenido del wok. Los de cacahuete, girasol y maíz son los más empleados en esta cocina. Saltear en el wok requiere un breve proceso durante el cual se induce rápidamente calor a los ingredientes y el aceite rehoga y aderza ligeramente las verduras, los fideos y la carne, a ser posible sin llegar al punto de humo. El aceite de sésamo, con su fuerte sabor a frutos secos, se usa después de guisar para acompañar salteados, *dim sum* o rollitos de primavera.

Dada la importancia del agridulce en la cocina china, el vinagre es otro ingrediente clave que se cuenta entre las siete necesidades. Amargo a la par que ácido, se cree que posee poderosas cualidades energéticas, ponderadas por la medicina china, así como una gran capacidad para aliviar el dolor y la toxicidad. El vinagre de arroz se utiliza también para conservar y encurtir hierbas y verduras como rábanos, brotes de bambú y ajo. El vinagre de arroz rojo tiene un punto agridulce y se usa a menudo en la cocina cantonesa como salsa para mojar.

Beber té es la séptima necesidad, una costumbre antigua muy arraigada en la vida cotidiana. Se cree que esta práctica tiene su origen en la dinastía Shang (ni más ni menos que en 1600 a. C.) y hoy en día supone una ceremonia diaria comunal llamada *yum cha* (té de beber) en regiones como Guangdong. El té es una poderosa fuente de antioxidantes, con propiedades tanto antiinflamatorias como calmantes.

Es interesante que la carne y el pescado no se incluyan entre las siete necesidades. La cocina china no se sustenta en el consumo generalizado de proteína animal, a pesar de que cada vez se coma más carne. Tradicionalmente, entre las clases humildes de China, se estiraba todo lo que se podía una pequeña cantidad de carne, de modo similar al *quinto quarto* del Lacio o a la forma de aprovechar cualquier parte del cerdo en los cocidos del centro y el sur de España. La soja, las verduras encurtidas o en conserva, el arroz, los fideos y las siete necesidades que he señalado más arriba eran y siguen siendo la esencia de la cocina china, aunque en nuestros días cada vez sea más habitual añadir carne o pescado.

He decidido centrarme en dos gastronomías del sur de China porque poseen una gama más amplia de sabores, ingredientes y platos que otras cocinas. A lo largo de la historia la cocina imperial ha estado vinculada con Pekín —donde residía el emperador—, mientras que Shanghái, tierra de comerciantes ricos, era la capital de la comida comercial. En lugar de detenerme en estas dos ciudades, me he decantado por explorar Guangdong y Sichuan, dos cocinas «de pobres» cuya popularidad está creciendo por el mundo entero. La cocina cantonesa fue la punta de lanza del boom de la cocina china allende los mares, mientras que la de Sichuan es producto de la ingeniosa clase obrera de la región, y con el tiempo se ha convertido en la más sabrosa de China, a pesar de sus orígenes humildes. También es interesante ver de qué forma los variados ingredientes locales de estas regiones —como las salsas hoisin y de ostras de Cantón o la pimienta de Sichuan— se han hecho un hueco en el canon culinario nacional.

El filósofo chino Confucio[*] decía que «la forma en que cortas la carne refleja el modo en que vives», un concepto culinario que nos ilumina sobre la actitud vital pero también da muestras del papel simbólico de la comida en China: tanto en sociedad como por ser un factor determinante para una vida equilibrada. La comida está estrechamente ligada al bienestar físico y mental, así como a la clase, la riqueza y la cuna. Qué y cómo comes no solo dan cuenta de tus circunstancias sino de la manera de cambiarlas.

• • • •

[*] Confucio, del que se cree que vivió entre 551 y 479 a. C., ponía gran énfasis en el estudio de textos antiguos como forma de arrojar luz sobre las cuestiones morales del presente. Aunque trataba aspectos de espiritualidad, sus enseñanzas eran más una filosofía de la moral y la justicia que una religión. Fueron de enorme importancia para sucesivas generaciones de gobiernos chinos, así como para los de las colonias chinas como Vietnam. Según se cuenta en el mundo hay más gente que ha leído las enseñanzas de Confucio que la Biblia.

ARROZ

...

Se piensa que el arroz tuvo su origen en China hace muchos miles de años, y hoy en día compite por el título de alimento más importante del mundo, por dar de comer a millones de personas en todo el planeta. El único cereal que lo supera en producción es el maíz (véase pág. 344) pero, si bien el arroz se cultiva principalmente para el consumo humano, el maíz tiene a menudo otros fines, como el combustible.

El arroz es primordial en cocinas de todo el mundo, de las versiones más glutinosas que se consumen desde tiempos inmemoriales en el este de Asia al arroz *jólof* de África Occidental (pág. 283), el arroz con guisantes del Caribe (pág. 329), los risottos italiano, el *chelo* iraní o los pilafs y *pilaus* de Turquía y la India respectivamente.

Como cultivo posee una versatilidad extraordinaria y se da en muy distintas condiciones climáticas, a pesar de que requiere mucha agua y los famosos arrozales del este y el sudeste de Asia son su hábitat ideal. Los sembrados de brotes jóvenes se inundan, permitiendo que crezcan bien con agua abundante y con la menor cantidad de pesticidas posibles. Tras la cosecha, se descascarilla y se obtiene un arroz marrón que se muele de nuevo para conseguir el arroz blanco. Aunque su valor energético es inferior, puede conservarse largo tiempo y resulta más sencillo y rápido de cocinar: en consecuencia es una solución alimenticia más sostenible y fácil para pueblos de todo el mundo que solo cuentan con utensilios de cocina rudimentarios.

En su China nativa el arroz es uno de los Doce Símbolos de la Soberanía: una interpretación simbólica del universo que afianza la imagen del emperador como la siguiente detrás de Dios. El arroz encarnaba la habilidad del soberano para dar de comer a su pueblo, símbolo de fertilidad y prosperidad.

...

GUANGDONG (CANTÓN)

Todo lo que anda, nada, repta o vuela de espaldas al cielo es comestible.
• PROVERBIO CANTONÉS •

GUANGDONG, ANTES CONOCIDA como Cantón,[*] es una provincia suroccidental que ocupa una larga franja de litoral en el Mar de la China Meridional. Los ríos Dong Jang, Bei Jang y Xi Jang (al este, el norte y el oeste respectivamente) discurren por la provincia y desembocan en el mar formando el delta del río de las Perlas, que es desde hace siglos tanto una ventana al resto del mundo como una entrada histórica a China, en la que era la primera escala de la Ruta Marítima de la Seda. En Guangdong hay una enorme densidad de población, sobre todo en torno a la capital, Guangzhou: llegan gentes desde otros puntos de China (como la cercana Hong Kong) atraídas por las oportunidades económicas que brindan los bajos impuestos y la elevada demanda de mano de obra en las industrias manufactureras de la provincia.

Esta accesibilidad geográfica ha permitido que la comida de Guangdong sea la que más haya viajado del país: el equivalente chino a la comida punyabi, por decirlo así, exportada y reproducida por todo el mundo, aunque con más bien poca fidelidad. (Si de estudiantes volvíais a casa dando tumbos y pedíais a las tantas de la madrugada «comida china» —bañada en salsa y rebosante de glutamato—, entonces vuestro pedido seguramente tenía orígenes cantoneses.)

En esencia la comida cantonesa es engañosamente sencilla. En comparación con el estilo de Sichuan, que propone combinaciones de sabores más complejas, gran parte de la comida cantonesa se aromatiza o se decora ligeramente con ingredientes como el ajo, la cebolleta o una de las varias salsas típicas, para dejar campo libre a los sabores frescos y naturales.

La comida gira en torno al ritual del *yum cha* —literalmente «té de beber»—, durante el que se degustan bocaditos con té (negro, verde, blanco, rojo, *oolong* y *pu-erh*) en casas de té locales. El concepto inglés del té como bebida para acompañar tartas o *scones* no puede ser más distinto. Los tés con notas especiadas

••••

[*] Aunque hoy en día se conoce como «Guangdong», seguimos refiriéndonos a su cocina y sus gentes como «cantoneses».

como el *oolong* y el *pu-erh* calman la sed y combinan bien con cualquier comida, a pesar de que ciertos platos (como el *dim sum*) se crearon en su momento para acompañar el té. Los *dim sum*, cuyo nombre cantonés se traduce literalmente por «toca el corazón», son bollitos o bolitas de masa rellenos de carne, crustáceos o verduras. Se hacen al vapor o fritos, y se sirven en cajitas de bambú apiladas para que no se enfríen ni se sequen. Los populares *cha siu bao* o el *baozi* son ejemplos deliciosos: bolitas al vapor rellenas de cerdo que se marina previamente en aceite de sésamo, vino de Shaoxing,[*] y salsa de ostras, de soja y hoisin.

Como cabría esperar de cualquier región costera, el pescado fresco ha predominado por tradición en la cocina cantonesa. Suele cocerse entero al vapor y servirse con ajo, jengibre, cebolletas y soja: aderezos sencillos que realzan el sabor del pescado. Los calamares, la langosta, las gambas y las almejas se preparan de diversas formas aunque siempre se adornan con aros verdes de cebolleta y aros brillantes de chile rojo. Guangdong es un centro de producción de condimentos como las gambas secas y la salsa de ostras, ambas con una fuerte presencia en la cocina. Las gambas pueden añadirse a salteados, *dim sum*, sopas y fideos para aportar un toque de umami, mientras que la salsa de ostras (una reducción de ostras guisadas con azúcar y sal) es muy usada en toda la cocina cantonesa y se añade a cualquier cosa, desde a platos sencillos de cerdo o verduras a un *chow mein*.

El cerdo, el pollo y, en menor medida, la ternera son las carnes más consumidas. Los cantoneses, de espíritu carnívoro, practican la técnica del *siu mei*, por la que se cocina la carne (cerdo, pollo, pato, ganso) sin mucha parafernalia, en un espeto giratorio, y se acompaña con una sencilla guarnición de arroz y alguna salsa. Otra forma de preparar la carne, conocida como *lou mei*, consiste en estofar a fuego lento vísceras y entrañas (mollejas, pecho, lengua) en un caldo que luego se sirve con un poco más de salsa hoisin o de ostras.

El ajo, las cebolletas y el cebollino —todos miembros de la familia de la cebolla— son ingredientes fundamentales en toda China, pero la sencillez de la cocina cantonesa enfatiza su presencia. Fuchsia Dunlop, escritora de libros de cocina y especialista en la cocina de Sichuan, dedica a estos ingredientes un capítulo entero de su libro *Every grain of rice*, lo que nos da una idea del valor que tienen en la gastronomía china y de la forma en que muchas veces la carne, los huevos y el tofu quedan relegados por ingredientes vegetales. Platos como el cebollino salteado con cerdo o venado y los ajetes con panceta son solo dos ejemplos de una manera saludable, sostenible y auténtica de preparar la carne: como aderezo para verduras (y casi todo lo contrario a la mentalidad británi-

• • • •

[*] Hecho a partir de arroz fermentado, el vino de Shaoxing es un ingrediente básico de la cocina china con un sabor parecido al del jerez seco. Si os resulta difícil encontrarlo, siempre podéis sustituirlo por un jerez seco tipo oloroso, mejor que por un vino de arroz japonés, que tiene un sabor muy distinto.

ca del plato de carne con dos trozos de verdura).* Así y todo los cantoneses no tienen problema en comer seres vivos, como evidencia el proverbio que cité al principio. La moderación en la carne responde simplemente a la ética china de comer en un equilibrio de yin y yang.

LA DESPENSA • cebolletas • azúcar • sal • soja • vino de arroz • maicena • vinagre • aceite de cebolleta • aceite de sésamo • ajo • cebollinos • jengibre • vino de Shaoxing • salsa de ostras • salsa hoisin • chiles • vísceras y entrañas • pescado y marisco

• • •

• PESCADO CANTONÉS AL VAPOR •

Una prueba de que la comida china, y en concreto la cantonesa, no es tan poco saludable como se cree. ¿Qué puede haber más nutritivo que un pescado al vapor aromatizado con jengibre? Yo apostaría por el besugo pero valdría cualquier pez blanco carnoso: un guiño a las riquezas de los fondos marinos del Mar de la China Meridional.

• 1-2 COMENSALES COMO PRIMERO O 2-3 COMO PARTE DE UN MENÚ VARIADO •

1 pescado blanco entero tipo lubina, besugo o japuta
(de unos 300 g), limpio y sin tripas
1 cdta. de sal marina
2 cdas. de vino de Shaoxing
2 cdas. de jengibre muy picado
1 cda. de aceite de cacahuete
2 cdas. de aceite de sésamo
1 diente de ajo picado fino (opcional)
3 cebolletas cortadas a lo largo
1-2 cdas. de salsa de soja
15 g de cebollino y cilantro para servir, picados

• • • •

*De esto mismo llevan hablando un tiempo Hugh Fearnley-Whittingstall y, más recientemente, Bruno Loubet: el «vegevorismo», por utilizar su término (que da un poco de grima), es decir, que las verduras constituyan el centro del plato y la proteína animal se emplee como mera guarnición. Otro ejemplo más de lo mucho que podemos aprender de los principios dietéticos chinos.

1 • Salar el pescado por ambos lados y por dentro. Pasar a una fuente, echar una cucharada de vino de Shaoxing por el interior y la otra por encima. Poner la mitad del jengibre en el interior del pescado y esparcir el resto por encima. A continuación colocar en una vaporera o una rejilla sobre una olla grande de agua hirviendo y cocinar 12 minutos al vapor. Cuando esté hecho habrá tomado un color blanco opaco.

2 • En el último minuto de la cocción al vapor, calentar otro minuto los aceites de sésamo y cacahuete en un wok (o una sartén) y en los últimos 30 segundos añadir el ajo en caso de usar.

3 • Pasar el pescado a una fuente de servir, echar por encima las cebolletas y regar con los aceites y la salsa de soja. Rematar esparciendo el cebollino y el cilantro por encima.

• PAK CHOI SALTEADO •

Este plato es un acompañamiento perfecto para el pescado al vapor y se hace en cuestión de minutos. *Pak choi* significa «verdura blanca» en cantonés: sí, es un poco extraño porque, pese a sus crujientes pencas blancas, las hojas no pueden ser más verdes. Por su forma y su borde fino, el wok es la herramienta ideal para saltear un volumen considerable de ingredientes: si tenéis uno en casa, tanto mejor, pero no es esencial. En caso de utilizar una sartén normal tendréis que calentar el aceite un poco más y tal vez freír los ingredientes por tandas.

• 4 COMENSALES •

2 cdtas. de aceite vegetal o de cacahuete
2 dientes de ajo picados finos
2 cogollos de *pak choi*
2 cebolletas picadas gruesas
un buen chorro de salsa de soja
2 cdas. de salsa de ostras
1 chile rojo, sin semillas y cortado en tiras largas

1 • Calentar el aceite en un wok hasta que empiece a humear y a continuación añadir el ajo, removiendo constantemente durante 2 minutos para evitar que se queme.

2 • Incorporar el *pak choi* y las cebolletas y, en cuanto el primero empiece a encogerse —al cabo de unos 2 minutos—, añadir las salsas y dos cucharadas de agua. Servir en el momento con las tiras de chile por encima.

SICHUAN

De Sichuan venía la comida del pueblo llano, pues, como todos sabemos, algunos
de los mejores platos de la región tenían su origen en los puestos callejeros.
• NICOLE MONES, *El último chef chino* •

LA PROVINCIA DE SICHUAN (escrito en ocasiones
«Szechuan») está también en el sur de China, pero más
hacia el interior que Guangdong. Desde hace mucho tiempo se la conoce como «la tierra de la abundancia» por la frondosidad de sus paisajes —mesetas de unos 4.000 metros de altitud al oeste y una
cuenca fluvial y llanuras alrededor del asombroso
Yangtsé— y por sus abundantes recursos naturales,
que son la base de una agricultura muy rentable. La
región produce arroz, cerdo y frutas, e incluso viñas
que crecen de maravilla en torno a la ciudad de Yibin, en respuesta a la
demanda cada vez mayor de vino chino en el exterior.[*]

Es la cuna de la mejor y más picante cocina casera del país y aviva el fuego
con su combinación de chiles y pimienta de Sichuan. Esta gastronomía se
ha hecho popular en los centros cosmopolitas de Occidente: platos sencillos
con sabores complejos y picantes. Es comida que cautiva los sentidos, a
menudo para sorpresa de quienes la prueban por primera vez.

Al igual que en Guangdong, tradicionalmente la carne se utilizaba más
bien poco, de ahí que los cocineros de Sichuan sean expertos en platos de
verduras y tofu extraordinariamente estimulantes que recurren a sabores
intensos, como grandes cantidades de ajo, cacahuete y la pimienta epónima. La gastronomía de Sichuan se define por lo sencilla, asequible y sabrosa que es.

Dicho esto, un clásico indiscutible de esta cocina es el cerdo «recocinado» (del que he incluido una receta), un corte de panza que primero se
hierve y luego se saltea con puerros y ajo de oso, antes de regarse con distin-

• • • •

[*]En 2013, Berry Bros y Rudd, la cadena de bodegas londinense, anunció que incluiría en sus catálogos cuatro vinos de la región vitivinícola más antigua y extensa de China, Changyu, que en realidad pertenece a la provincia de Shandong, pero nos da una idea del creciente apetito por el vino chino en Reino Unido.

tos condimentos de chile de Sichuan (véase más adelante) y pasta de judías fermentadas. La ternera tiene un papel más importante en Sichuan que en Guangdong y podemos encontrárnosla hervida, nadando en un caldo rojo especiado, o frita con pasta de judías, chiles y jengibre. Sin embargo hay que reconocer que no le hacen ascos a ninguna parte del animal y que las vísceras se cocinan de muy diversas formas; un ejemplo es el *fuqi feipian*, un plato que se sirve frío y que combina tripa, lengua, corazón y estómago con pimienta de Sichuan en grano, cacahuetes y una mezcla de especias que incluye anís estrellado y jengibre.

La pimienta regional añade ímpetu aromático a los platos y genera una sensación de entumecimiento en la boca. Pese a su nombre, no proviene de ningún tipo de pimienta, sino de un fresno espinoso de la familia de los Zanthoxylum. Son pequeñas bayas o semillas rojas que se someten a un proceso de secado antes de añadirse a los platos para generar en el paladar una experiencia poderosa y limpiadora. A esta sensación se la conoce en chino como *ma* y se complementa con el *la*, el picor que le dan a la comida los chiles del género capsicum. Ambos suelen formar pareja de baile en platos locales como la salsa *mala*, de picor entumecedor, con pimienta de Sichuan, chile, especias y aceite, que se come con carnes a la brasa. Esta pimienta también está presente en la mezcla china de cinco especias (véase pág. 201).

El chile caracteriza la comida de Sichuan y los pimientos de la provincia se utilizan de numerosas maneras: secos y enteros (conocidos como «mirando al cielo» porque los «sombreretes» de los tallos miran hacia arriba), en forma de pasta de chiles fermentados o en aceite. Los pimientos secos se cortan en trocitos de un centímetro cuadrado y se añaden tal cual. Recuerdo haberme metido uno sin querer en la boca en una cucharada de judías negras del Bar Shu del Soho —sin sospechar lo que era— y lamentarlo durante lo que me quedaba de plato. No está de más un poco de cautela cuando se prueba por primera vez la comida de Sichuan.

Los chiles se comen en abundancia y además con todo: espárragos y champiñones, judías verdes, tofu ahumado o especiado, espinacas de Malabar y pepino, habas y soja, por no hablar de los fideos y el arroz: tan solo unos ejemplos de los ingredientes vegetarianos con los que los cocineros de Sichuan adornan su cóctel de ingredientes «grandes» (chiles, ajo, cacahuetes). El presidente Mao llegó a pedir que le hicieran expresamente pan con chiles y en cierta ocasión le aseguró a un diplomático ruso que «el que no come chile no puede llamarse revolucionario».

Los *wontons* de «aceite rojo» de la zona le dan un giro regional al *wonton* clásico, una especie de raviolis fritos que encontramos por toda China.[*] También tienen un nombre local, «brazos cruzados», por la distintiva forma en que se pliega la masa para hacer los raviolis, quizá para remedar la postura que adoptan los de Sichuan para acurrucarse en los gélidos inviernos. Es típico rellenarlos con cerdo especiado, y el toque de Sichuan lo pone un aliño rojo de aceite de chile, ajo, cebolleta y soja o *tamari*.[†]

Las bolas de arroz glutinoso, o *tangyuan*, son una especialidad de Chengdu, la capital. El arroz largo se deja varios días en remojo y luego se muele para obtener una pasta o harina húmeda a la que se le da forma de bolas. A continuación estas se rellenan con sésamo, azúcar y una base de grasa (manteca o aceite de coco) y se hierven brevemente antes de servirse acompañadas por una salsa con más sésamo edulcorado. En ocasiones se añaden a una sopa dulce de arroz que, según Fuchsia Dunlop, es tradición dar a las mujeres después del parto: sin duda una rápida y eficaz fuente energética de glucosa.

En realidad el vino de Shaoxing, de arroz fermentado, no es originario ni de Sichuan ni de Guangdong pero se ha hecho un hueco en la cocina de ambas regiones. Es un ingrediente clave en la marinada para platos de carne «borrachos», aunque también está presente en gran cantidad de recetas que requieren pequeñas cantidades. A pesar de que la fermentación añade un toque más complejo, el efecto de agregar vino de Shaoxing no se parece a los que pueda dar un jerez: le da un punto dulce y sustancioso de alcohol.

En cuanto a lo de la comida «de pobres» no puedo compadecerme de los de Sichuan. El espectro de sabores atrevidos y platos con pegada que poseen demuestra que puede sacarse mucho de muy poco si se cuenta con los recursos oportunos. Es la clase de comida que nos recuerda que estamos vivos: chutes de picor que hacen arder la boca y sabores fuertes que ponen a trabajar el paladar. Os recomiendo que invirtáis en algunos condimentos chinos clásicos —salsa de ostras, *tamari*, vino de Shaoxing— y, por supuesto, en pimienta de Sichuan, con los que podréis transformar las verduras de aspecto menos estimulante en una delicia digna de reyes, aunque esté inspirada por el «pueblo llano».

• • • •

[*] Los *wontons* se elaboran con una pasta de harina y huevo a la que el cocinero le da forma de sobrecitos cuadrados sobre la palma de la mano. El centro se rellena con (por lo común) cerdo, aunque en el norte suele añadirse puerro, así como una combinación de gambas y cerdo en Guangdong. Una forma popular de servirlos es la sopa de *wonton* pero también pueden freírse y mojarse en salsa. Los *wontons* de «aceite rojo» son exclusivos de Sichuan.

[†] El *tamari* es una salsa de soja concentrada, con menos trigo que la soja normal. Intensifica el sabor y es ideal para mojar.

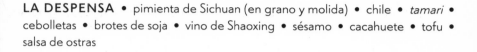

LA DESPENSA • pimienta de Sichuan (en grano y molida) • chile • *tamari* • cebolletas • brotes de soja • vino de Shaoxing • sésamo • cacahuete • tofu • salsa de ostras

• CERDO RECOCINADO •

Este clásico de Sichuan emplea la santa trinidad regional de pastas fermentadas: la de judías rojas, la de judías dulces y la de judías negras, todas fáciles de encontrar por Internet o en tiendas chinas. Tal y como sugiere su nombre, en esta receta la panza de cerdo se cocina dos veces: primero se hierve en agua salada hasta que está tierna y se deja enfriar para que se asiente; luego se trocea y se fríe con las pastas de judías hasta que los bordes quedan crujientes. Sírvase con arroz y con mi receta de judías verdes salteadas.

• 2-4 COMENSALES •

400 g de panza (sin hueso y sin corteza)
2 cdas. de aceite vegetal o de cacahuete
2 cdas. de pasta de judías rojas
2 cdtas. de pasta de judías dulces
2 cdtas. de pasta de judías negras fermentadas
  (o pasta de miso)
2 cdtas. de salsa de soja
2 cdas. de azúcar
6 puerros pequeños o 12 cebolletas en rodajas

1 • Llevar a ebullición una olla de agua, bajar el fuego y añadir la panza. Tardará de 20 a 25 minutos en hacerse por dentro. Sacar la carne y dejar que se enfríe en la nevera una hora o dos.

2 • Cortar el cerdo en tiras de 1-2 cm, a ser posible. Calentar el aceite en un wok o una sartén grande y saltear 4 minutos las tiras de cerdo, hasta que se doren y queden crujientes por los bordes.

3 • Apartar la carne de la sartén, añadir la pasta de judías rojas y remover para que el aceite se vuelva rojo. A continuación incorporar la pasta de judías dulces y la de judías negras fermentadas. Devolver la carne a la sartén y mezclar con la soja y el azúcar. Añadir los puerros o las cebolletas y saltear un minuto más antes de servir.

• JUDÍAS VERDES SALTEADAS •

Se pueden servir como acompañamiento para casi cualquiera de los platos de cerdo o pescado que he incluido en el libro, pero como más me gustan es con arroz blanco, para que los granos se empapen bien en la salsa picante de Sichuan. Comedlas con té para rebajar el picor; mi favorito es el de jazmín.

• 4 COMENSALES •

500 g de judías verdes
2 cdas. de cacahuetes picados gruesos
2 cdas. de aceite vegetal
6 chiles rojos secos cortados en trozos de 2 cm
¼ cda. de pimienta de Sichuan
4 dientes de ajo picados muy finos
un trozo de 1 cm de jengibre picado muy fino
3 cebolletas en rodajas

PARA LA SALSA
2 cdas. de vino de Shaoxing
2 cdas. de salsa de judías rojas
1 cdta. de aceite de sésamo
1 cdta. de azúcar
una pizca de sal

1 • Es importante secar bien las judías antes de empezar. Cortar cada judía en dos o tres trozos (según lo largas que sean).

2 • Mezclar todos los ingredientes de la salsa y remover hasta que se disuelva el azúcar. Reservar.

3 • Tostar los cacahuetes en una sartén hasta que despidan aroma y se doren. Reservar.

4 • Calentar un wok a fuego vivo un par de minutos y añadir luego el aceite vegetal. Saltear las judías 5 minutos hasta que empiecen a oscurecerse y a formarse burbujas en la piel. Seguidamente sacar del wok y eliminar el exceso de aceite con papel de cocina.

5 • Desechar todo el aceite menos una cucharada y a continuación saltear los chiles, la pimienta de Sichuan, el ajo, el jengibre y las cebolletas unos 30 segundos. Añadir la salsa, las judías y los cacahuetes. Saltear aproximadamente un minuto justo antes de servir.

SOJA

...

La soja es originaria del este de Asia y en la actualidad goza de un papel protagonista en las cocinas de China, Japón, Corea y los países del sudeste asiático, donde aparece en su forma íntegra (como el edamame), así como en variaciones y productos derivados casi infinitos. El tofu y la pasta de soja, el miso y el *natto* japoneses (véase pág. 262-263), el *doenjang* y el *ganjang* coreanos (véase pág. 255), por no mencionar la omnipresente salsa de soja, son ingredientes y condimentos asiáticos como los que más que derivan de la humilde soja.

La gran productora de soja es en la actualidad América (en particular Argentina, Brasil y los Estados Unidos). Aparte de exportarla a Asia, estos países la utilizan para elaborar leche, aceite y soja para comer. Sus granos son una de las fuentes mundiales de proteína más concentrada: en teoría, una alternativa a la carne mucho más saludable y menos dañina para el medio ambiente. A pesar de todo la escala a la que se produce hoy en día ha generado una polémica considerable. En los últimos años la modificación genética de los cultivos de soja americana ha puesto en entredicho la reputación de los productos derivados de la soja. En Sudamérica su cultivo está relacionado con la deforestación, la erosión de los suelos, la merma de la biodiversidad y la destrucción de formas de vida tradicionales. Tal vez, a fin de cuentas, no sea una alternativa tan buena...

· · ·

COREA

¡Puff!, es que la comida coreana requiere muchas maniobras. Todo hay que
enharinarlo, bañarlo, envolverlo y volverlo a mojar. Que si un enredo
por aquí, que si una vuelta por acá, un giro...
• JAY RAYNER, *Observer Magazine* •

NO CABE DUDA: la comida coreana exige trabajo
duro. Siempre que voy a un restaurante coreano me
llama la atención lo mismo que a Jay Rayner: comer
requiere muchos preámbulos. Uno de los pilares de su
cocina es el *ssam*,* la costumbre de envolver el arroz,
los *banchan* (guarniciones) y los condimentos en una
hoja (bien lechuga, alga, col o calabaza). Rellenar,
enrollar y preparar la lechuga puede parecer tarea ardua, sobre todo si estáis muertos de hambre, pero por
suerte el resultado final es una explosión de sabores
exóticos que compensa con creces todo esfuerzo.

Aunque con claras reminiscencias de un mismo legado culinario que otras
zonas del este asiático —los sabores de la salsa de soja, el aceite de sésamo, el
chile y los ingredientes fermentados son lo primero que me viene a la cabeza—, la comida coreana tiene una singularidad que remite a su difícil historia de subyugación, primero a manos de los colonizadores chinos y japoneses y, con la Guerra Fría, la división entre los Estados Unidos y Rusia, que
resultó en la escisión de la península coreana en dos estados hostiles entre sí.
La comida es casi una metáfora de la forma en que el país ha absorbido las influencias al tiempo que se ha resistido al dominio extranjero. Me gusta imaginar a Corea como la hoja para el envoltorio, recipiente y lienzo en blanco para
sabores potentes y texturas plenas; China podría ser el arroz, Japón el *kimchi*,
Rusia un poco de ajo encurtido y los Estados Unidos la carne a la brasa.

Durante la ocupación japonesa Corea padeció una gran pobreza. La comida
consistía básicamente en arroz blanco con otros cereales más baratos incluso:
lo justo para mantener al pueblo alimentado y en funcionamiento pero en el
fondo insatisfecho. En 1945, el dominio japonés dio paso a la guerra de Corea y
la Guerra Fría. La alimentación en la parte que se convirtió en Corea del Norte

• • • •

*Una palabra que los seguidores del chef estadounidense de origen coreano David Chang
reconocerán por uno de sus restaurantes neoyorquinos, el Momofuku Ssam Bar.

siguió siendo igual de incompleta. El libro de la periodista estadounidense Barbara Demick *Querido líder: Vivir en Corea del Norte* es un análisis de la vida cotidiana de este país durante la década de 1990. «A la hora de comer las mujeres se acurrucaban en torno a una mesa baja de madera, junto a la cocina, para comer maíz, que era más barato pero menos nutritivo que el arroz, el plato preferido por todos». Demick llama la atención sobre la discrepancia de paisajes, no solo entre Corea del Norte y los países limítrofes, sino también con su homóloga del sur. «Los retales de verde frondoso de los arrozales, tan característicos del paisaje rural asiático, solo se ven unos meses durante la estación lluviosa del verano». Nos habla incluso de gente que tenía que recurrir a comer corteza de árbol. Insuficiente, y tan parca como el paisaje en decadencia, la comida que se consumió en Corea del Norte durante gran parte del siglo XX era tan pobre que la malnutrición se convirtió en un mal endémico.

Corea del Sur, en cambio, experimentó un boom de sabores nuevos y estimulantes y de la tecnología de los alimentos. En poco tiempo fue posible adquirir todo tipo de ingredientes, y no en menor medida la carne, que empezó a producirse en explotaciones ganaderas. Aumentó el consumo de carne, cayó el del arroz y empezaron a importarse fideos chinos y pan estadounidense. Si bien es cierto que todo el mundo pudo acceder a una gran gama de comestibles, también es verdad que, en lugar de simplemente seguir el modelo de comida estadounidense de las décadas de 1960 y 1970 —del que los británicos fueron víctimas, abandonando su cocina nacional en favor de los productos elaborados—, Corea del Sur se fundamentó en la cocina palaciega de la dinastía real anterior a la ocupación japonesa. Los restaurantes *bulgogi*, casas de comida donde se sirve carne marinada a la brasa, resurgieron y empezaron a ser frecuentados por la nueva clase media surcoreana. La cultura del estilo *ssam* de comer, popular hoy en día tanto en el país como en el resto del mundo, está basada en la *bulgogi*: una parrilla metálica muy caliente que se pone en el centro de la mesa y en la que se cocinan ternera, pollo, cerdo y pescado marinados que luego se envuelven en una humilde hoja de lechuga guarnecida con arroz y condimentos fermentados.

Antes de pasarlas por la parrilla, las carnes a la *bulgogi* se marinan con aceite de sésamo, azúcar, soja y ajo. Los cortes más corrientes son las costillas, conocidas como *galbi*, que se bañan en una marinada similar a la que se añade chile y *ganjang* (soja fermentada), así como la panza de cerdo, o *samgyeopsal*, muy similar a unas gruesas lonchas de panceta. Dos platos de carne muy característicos de Corea son el *sundae*, una morcilla cocida rellena con sangre y fideos de celofán (si la coméis es cosa vuestra, yo me abstengo, gracias) y, para mí más apetitoso, el *hobak ori*, o «pato calabaza», que es precisamente eso: pato ahumado servido dentro de una calabaza dulce.

En las largas franjas del litoral del Pacífico se capturan peces como la caballa y el lucio, ingredientes fundamentales que suelen comerse enteros, salados y a la parrilla en barbacoas humeantes. A lo largo de la historia coreana el pescado ha supuesto una importante fuente de proteínas, sobre todo en el sur, mientras que, como hemos visto en otras regiones, las carnes rojas se reservaban para los adinerados. (Esto explica por qué la posibilidad de adquirir fácilmente carne en la década de 1970 supuso tal novedad, y por qué su consumo regular se convirtió en un símbolo de estatus de la clase media aburguesada.) Como en toda Asia gran parte del pescado se seca y se fermenta: especialmente los boquerones y las gambas, que junto con las tripas de pescados mayores, se utilizan para hacer un aderezo que se conoce como *jeotgal* y con el que se aliñan *kimchis*, sopas, guisos y las morcillas *sundae*.

La técnica de la fermentación está muy extendida por todo el continente. Todos los agentes principales de umami —la soja, la pasta de gambas y similares— se crean mediante un proceso natural por el que el azúcar se acidifica y adquiere un amargor peculiar. Los productos fermentados han adquirido el estatus de superalimentos en los últimos años: los lactobacilos (o «bacterias saludables») que se generan durante el proceso son buenos para el buen funcionamiento del intestino y de paso combaten la obesidad y los malestares digestivos. (Y aparte están muy ricos, claro.)

Los coreanos han llevado la fermentación a un nivel completamente nuevo con su plato nacional, el *kimchi*. Existen más de doscientas variedades, según la región y la época del año, pero por lo general tienen una base de col blanca (*napa*) o rábano *daikon* y cantidades variables de salmuera, chile, cebolletas, hierbas, pescado salado como boquerones o gambas y, en ocasiones, incluso zumo de pera. El *kimchi* es un auténtico imprescindible de la cocina, se consume con casi todas las comidas y es el *banchan* (guarnición) más importante de la mesa coreana, el que da el pistoletazo de salida al paladar y armoniza los sabores de la carne a la parrilla y las verduras crudas crujientes (a la cocinera de la tele Gizzi Erskine le gusta tanto que su gato se llama *Kimchi*...).

Otros pilares de la cocina coreana también se fundamentan en la fermentación, incluidas la *doenjang* (pasta de judías fermentadas) y la *gochujang* (pasta de chiles rojos fermentados), que se emplean como condimentos a la par que ingredientes centrales por derecho propio. La sopa *doenjang* (*doenjang jjigae*) es muy popular para acompañar la mayoría de comidas (como el miso en Japón), un caldo barato y sencillo con pasta *doenjang* aguada y guarnecida con verduras y tofu. El cantante pop Psy, que se lanzó a la fama en 2012 con el tema *Gangnam style*, sobre la vida en Gangnam, un gueto de Seúl, ridiculiza en su videoclip a las «chicas *doenjang*», un estereotipo de coreana de medios limitados que lo único que come en casa es esta sopa, para poder permitirse estar estupenda en público. El *gochujang*, otro condimento fermentado de arroz glutinoso, chile y soja, combina de maravilla con los *tteok*, o pastelitos de arroz coreanos, alargados y con mucho almidón, muy distintos del concepto de dulce que tenemos en Occidente. El *ssamjang*, una mezcla de ambas salsas fermentadas, es la salsa clásica con la que se riegan las hojas de *ssam* antes de rellenarlas de carne, pescado, arroz o verduras.

El *gochujang* también se utiliza para aderezar fideos, que suelen comerse con los *naengmyeon*, una comida callejera muy popular que se vende en los *pojangmachas* (tenderetes de comida) y, cada vez más, en cadenas especializadas de comida rápida. Los *naengmyeon* son fideos finos de trigo sarraceno que se toman en un caldo frío de carne, con huevo duro, cebolleta, ternera y trozos de pera y pepino. Otra opción de pasta son los *japchae*, fideos de batata salteados con verduras como champiñones o zanahorias, ternera, soja y chile. Suelen servirse con arroz.

Tal vez la mejor encarnación del arroz en Corea sea el *bibimbap*, que en coreano significa simple y llanamente «arroz mezclado». En lo esencial es la versión coreana del *polow*, el *pilau* o la paella, y existen variantes por todo el mundo que combinan el arroz con carne, verduras y pasta de chiles rojos fermentados, el colmo de lo coreano. Sin embargo, al contrario que sus homólogos extranjeros, el *bibimbap* llega a la mesa sin mezclar: un cuenco de arroz colmado con un colorido mosaico de distintos ingredientes que se mezclan y se combinan al gusto de cada uno. También son populares las gachas y las tortas de arroz, aunque no son gachas tal y como las conocemos sino un engrudo de arroz con pollo, ajo y cebolletas llamado *dakjuk* que se sirve sin especiar.

A quienes no estén familiarizados con la cocina coreana les esperan muchas novedades, tanto por el «enredo» de preparar los primeros *ssam* como por los sabores que producen estas hojas rellenas. Es posible que cuando los probéis por primera vez algún trozo solitario de col encurtida o *kimchi* os haga poner mala cara pero, como en otras cocinas asiáticas (en particular la china y la japonesa), la comida coreana pone el acento en el equilibrio: una hoja, un trozo de ternera a la brasa, un puñado de arroz blanco, una rodaja de daikon crudo, un poco de *kimchi* y una cucharada de *ssamjang* en armonía pueden convertirla en una forma de comer muy satisfactoria, rica y saludable. Las «maniobras» de las que hablaba Jay Rayner son la parte más dura de la comida coreana porque... os puedo asegurar que comérsela es bastante fácil.

LA DESPENSA • *doenjang* (pasta de judías fermentada) • jengibre • copos de chile y *gochujang* (pasta de chile rojo fermentado) • col • daikon • *tteok* (pastelitos de arroz coreanos) • *japchae* (fideos de batata) • huevo • pera • *jeotgal* (aderezo de pescado fermentado)

• KIMCHI •

Aunque el *kimchi* divide a la opinión a mí me encanta su efervescente sabor fermentado. Puede comerse solo o como parte de un menú variado coreano. La col china tiene las hojas muy apretadas y, por su forma y textura, parece un cruce entre una berza y una lechuga romana, aunque más blanca. Es fácil de encontrar en supermercados. El daikon, también conocido como *mooli*, parece una zanahoria blanca y tiene una textura que no difiere mucho de la del rábano; también es fácil de encontrar en supermercados grandes o comercios asiáticos.

• 4-6 COMENSALES •

1 col china
4 cdas. de sal de mesa
6 dientes de ajo picados muy finos
un trozo de 2 cm de jengibre picado muy fino
1 cdta. de azúcar
1 cda. de salsa de pescado
2-4 cdas. de chile en copos
        (preferentemente *gochugaru* coreano), o al gusto
2 daikon pelados y cortados en bastones finos
4 cebolletas cortadas en trozos de 3 cm

1 • Cortar la col en cuatro y cada cuarto a su vez en trocitos de 3 cm y luego, en un bol, frotar cada uno con sal para que se ablanden las hojas. Recubrir con agua y colocar a continuación un plato grande encima y algo pesado para prensar la col. Dejar 2-3 horas.

2 • A continuación hay que lavar a conciencia la col para quitarle toda la sal. Repetir la operación dos o tres veces y dejar escurrir el agua diez minutos largos.

3 • Poner en un mortero el ajo, el jengibre, el azúcar, la salsa de pescado y los copos de chile. Mezclar con la col, el daikon y las cebolletas y meterlo todo en un bote esterilizado. Presionar con fuerza hasta que todas las verduras estén cubiertas con la salmuera residual de la col.

4 • Dejar que el *kimchi* fermente a temperatura ambiente cuatro o cinco días. Comprobar de vez en cuando que toda la mezcla esté sumergida en líquido. Al cabo de cuatro o cinco días debería estar lista para comer: momento en el cual conviene refrigerarla hasta que vayáis a daros un banquete coreano.

• TERNERA A LA BULGOGI •

Esta «carne de fuego» (en traducción literal) consiste en unas finas tiras de entrecot, por lo general marinadas y a la parrilla, aunque también se come frito. Aparte de tener que prepararse con antelación y de la inversión en un filete bueno, no es muy exigente. Puede servirse con arroz hervido, *kimchi* y un despliegue de salsas coreanas como la *gochujang*, o también mezclarse con el arroz y meterlo todo en una barra de pan para obtener una versión coreana de los *banh mi* vietnamitas.

• 4 COMENSALES •

3 cdas. de salsa de soja
1 cda. de aceite de sésamo
2 dientes de ajo picados muy finos
1 cda. de azúcar blanquilla
2 cdas. de sésamo tostado
½ cdta. de sal
1 cdta. de pimienta negra recién molida
500 g de entrecot de ternera, sin grasa y cortado en tiras finas
2 cebolletas, cortadas en trozos de 2 cm
1 zanahoria, cortada en bastones finos
1 cebolla blanca, cortada en finas medias lunas

1 • Poner una bolsa de congelación resistente y con autocierre dentro de un cuenco o una jarra. Echar dentro la soja, el aceite de sésamo, el ajo, el azúcar, el sésamo tostado, la sal y la pimienta y cerrar. Agitar con fuerza para asegurarse de que el azúcar se disuelve.

2 • Añadir en la bolsa la ternera, las cebolletas, la zanahoria y la cebolla, cerrar de nuevo y amasar por fuera la marinada para que impregne bien la carne. Refrigerar al menos cuatro horas, aunque es mejor de la noche a la mañana.

3 • Antes de pasarla por la barbacoa, escurrir, desechar la marinada y envolver las tiras de ternera, la zanahoria y las cebollas en un sobrecito de papel de aluminio. Cocinar 15-20 minutos. Otra opción es freírlo 3-5 minutos con un poco de aceite vegetal o de cacahuete a fuego medio, o hasta que la ternera empiece a ponerse crujiente.

JAPÓN

Prefiero tener *dango* que flores.
• PROVERBIO JAPONÉS •

LAS IMÁGENES ETÉREAS de los cerezos en flor de Kioto, con ramas retorcidas y hundidas por el peso de nebulosas rosas, son el colmo de lo japonés. Aparecen en cuadros y películas, desde las xilografías *shin hanga* hasta la versión cinematográfica de la novela de Haruki Murakami *Tokio blues*. En sentido figurado nuestra percepción de Japón es igual de ornamental: se nos antoja un país intrincado —de delicadeza en relieve—, desde las costumbres sociales de su pueblo hasta las innovaciones en electrónica, animación y, en lo que nos atañe, el sushi.

Por lo general la comida tradicional no suele ser tan intrincada como el sushi. Los restaurantes donde se alinean en formación los makis uniformados, como ejércitos monocromos, y las losas de nigiri —salmón crudo repanchingado sobre ladrillos de arroz blanco glutinoso— no solo nos seducen por su exquisito sabor sino por encarnar al Otro de una forma tan hermosa como rotunda. La precisión quirúrgica con la que se confeccionan —elaboradas edificaciones de las que un cangrejo de caparazón blando saca pinzas fritas; las pequeñas gemas de *tobiko* luminoso (huevas de pez volador)— y toda la parafernalia con la que se comen —de los palillos a los montoncitos de jengibre encurtido y pasta de wasabi que perfora el paladar— resultan un conjunto hipnótico.

Muchas de las cocinas que consideramos muy diferentes de la propia utilizan en realidad técnicas e ingredientes con los que estamos familiarizados: en ocasiones los guisos de carnes, las legumbres y las verduras solo se diferencian por los ingredientes locales o el aderezo, desde España hasta la India. El sushi, en cambio, es un distanciamiento absoluto de la cocina occidental, toda una novedad. Tal vez contenga ingredientes que nos son familiares —arroz, pescado, verduras— pero el conjunto hace que se tambalee nuestro concepto de cómo abordarlos. ¿Pescado crudo? ¿Arroz envuelto en láminas de alga deshidratada?

Aunque el sushi se ha exportado ya por todo el mundo, sigue estando envuelto en un halo de misterio: porque, a ver, ¿cuántos sabemos prepararlo? La formación para convertirse en *itamae*, o cocinero de sushi, puede llevar décadas, y los que pretenden hacerse un hueco en el negocio del sushi dedican literalmente el esfuerzo de una vida a dominar este arte, un tema que se aborda en *Jiro sueña con sushi*, un documental de 2011 sobre un legendario local de sushi de Tokio, el

Sukiyabashi Jiro, y su octogenario dueño y cocinero. En un momento del metraje aparece el proveedor de gambas del restaurante diciendo: «Cuando trabajas en un restaurante como el de Jiro, tu compromiso con el negocio es de por vida».

Lo que configura las convenciones alimenticias de toda cocina es tanto la forma de preparar los ingredientes como estos mismos. Que la reputación internacional de Japón y sus intrincados comestibles se hayan extendido más allá de la comida que toma la gente corriente de clase trabajadora tal vez se deba a que en Occidente la comida japonesa suele conllevar un precio elevado. Sin embargo, como asegura con razón el proverbio con el que he iniciado el capítulo, vamos a ver que gran parte de la gastronomía japonesa es más práctica de lo que podrían sugerir sus atributos estéticos: *dango* (dulces de harina de arroz) mejor que flores.

Es posible que el sushi, por lo novedoso y por su extensa comercialización, sea lo primero con lo que asociamos la cocina japonesa. La realidad, sin embargo, es que los japoneses no lo comen muy a menudo, y quien tenga la suerte de viajar al país comprobará que son los fideos y tallarines y el arroz lo que conforma la dieta básica de la mayoría de sus gentes. La forma más tradicional de menú japonés consiste en «una sopa, tres guarniciones», lo que supone un cuenco de sopa (normalmente de miso, con dados de tofu y algas por el fondo, que se comen cuando el comensal ha terminado de sorber el caldo) y tres guarniciones; una es invariablemente un cuenco de arroz blanco (*gohan*), encurtidos (*tsukemono*) o un *okazu*, un plato que puede ser de pescado (como el sashimi), carne o verduras.

Hasta hace solo 150 años el budismo prohibía el consumo de carne de cuadrúpedos, de ahí que los japoneses se hicieran diestros en aprovechar las verduras y la gran variedad de pescado y marisco que rodea el país. La postura respecto a la carne recuerda aquello por lo que los científicos cada vez abogan más en Occidente: comer menos carne de mejor calidad. Se come pero no a diario. Esta menor importancia de la carne en comparación con el lugar que tiene en las mesas occidentales se refleja en la disposición de la mesa japonesa: los comensales se sientan con sus palillos delante y un cuenco de sopa y otro de arroz a mano; todo plato de carne se coloca en el extremo derecho y los encurtidos en el izquierdo. (La disposición de la mesa japonesa posee una hermosa geometría que se refleja, a menor escala, en las cajas de *bento*. «Bento» significa «preparado» y aglutina el dibujo de la mesa japonesa en una bonita caja compartimentada para el arroz, los encurtidos, la carne o el pescado y, cuando se prepara para servirse en el momento, un poco de sopa.)

Ese tabú en torno a la carne explica por qué puede decirse que la cocina japonesa es menos variada que sus parientes asiáticas, como la china, la tailandesa o la india. Menos carne requiere menos cantidad de especias y, por tanto, menos variedad. Los aderezos y aliños son exiguos en Japón y se limitan al ajo, el jengibre (en montones de formas: en raíz, sazonado, encurtido en vinagre y en brotes), algo de chile y clavo, el *yuzu* (un cítrico redondo y amarillo que se usa en marinadas de sushi y aliños de ensaladas), el *mirin* (un vino de arroz dulce utilizado para condimentar pescados y salsas *teriyaki*) y el wasabi (una pasta verde con fuerte sabor parecido al de los rábanos picantes). Incluso el curry, que es ahora una institución en platos como el curry *katsu* de pollo, no llegó hasta finales del siglo XIX, cuando los británicos lo introdujeron; pero, en comparación con las meticulosas mezclas de especias necesarias para preparar curris indios, en el japonés[*] —que se acompaña con arroz, tallarines *udon* o se envuelve en un rollito— solo se añade ajo al curry en polvo.

El ganado vacuno se utilizaba tradicionalmente para arar los campos, de modo que tampoco los lácteos están muy extendidos en el país. Su dieta carecía casi por completo de carne, mantequilla o queso hasta el siglo XIX, de ahí que los japoneses no estén acostumbrados a la comida pesada como podemos estarlo nosotros. Los aceites vegetales, girasol o sésamo son las grasas con las que se fríe: los dos primeros para rebozados como la tempura y el último para freír con menos aceite, por ejemplo, las tortillas, conocidas como *okonomiyaki*.[†]

La gastronomía japonesa pondera la armonía de colores y sabores. Hay cinco de cada: rojo, amarillo, verde, blanco y negro, y dulce, amargo, ácido, salado y umami respectivamente (hay quien añadiría el picante a la última lista). El color de una comida puede reflejar la manera en que se ha cocinado: el negro puede significar algas deshidratadas o berenjenas churruscadas, por ejemplo, mientras que el rojo puede ser perfectamente un curry *katsu* o unas perlas de *tobiko*. El arte de armonizarlos en la mesa o en una caja de *bento* responde tanto al gusto japonés por la estética intrincada como al equilibrio de la dieta.

En cuanto a sabores, los japoneses se enorgullecen de haber descubierto el umami.[‡] Se trata quizá del elemento más importante de su cocina, un glutamato conocido como el quinto de los sabores básicos que, aunque ya está ampliamente reconocido, sigue siendo más difícil de definir que el dulce, el salado, el ácido o el amargo. El umami es un aditivo salado que estimula los receptores del fondo de la boca y, a pesar de que no es exclusivo de Japón, sí que se emplea más conscientemente en su cocina que en otras. Existe un sentimiento de propiedad respecto a ese sabor. La soja fermentada es un poderoso agente de umami, por ejemplo, y se usa para hacer salsa de soja, miso (pasta de soja fermentada) y

• • • •

[*] El curry *katsu* se ha popularizado en Occidente, sobre todo en su versión con pollo. La carne se empana, se fríe y se sirve con arroz y salsa de curry japonesa.

[†] Las *okonomiyaki* son una especie de tortillas japonesas muy ricas que se hacen en planchas calientes y son originarias de las regiones de Kansai e Hiroshima. La masa se prepara con huevo, *dashi*, col en juliana y harina, a lo que luego se añade carne, pescado o tofu durante el proceso de elaboración. Al servir se les echa por encima virutas de pescado seco, algas, jengibre encurtido o mayonesa.

[‡] El umami fue descubierto en 1908 por el profesor Kikune Ikeda de la Universidad Imperial de Tokio, de ahí que Japón se considere su patria chica. Entre los ingredientes ricos en umami se incluyen el té verde, las verduras, quesos curados como el parmesano, mariscos y pescado (en particular los boquerones).

natto (soja fermentada entera), condimentos e ingredientes muy presentes en muchos platos japoneses. El tofu también se elabora a partir del suero procesado de la soja y constituye un aporte proteínico fundamental en la dieta.

Los caldos japoneses tienen un importante contenido de umami y su base suele ser el *dashi*, una especie de agua de umami concentrada parecida en parte al *garo* (el aderezo de boquerones fermentados de la Antigua Roma). A grandes rasgos es un caldo a base de *iriko* (boquerones) y virutas de bonito fermentadas (a veces también se añade caballa, sardinas o algas *kelp*), que sirve para añadir sabor a los platos y de paso potenciar el de otros ingredientes como la carne, el pescado, los huevos y los fideos. Junya Yamasaki es el jefe de cocina del Koya, el primer restaurante de Londres consagrado a los caldos con *udon*: un plato que se come a diario, varias veces al día, en gran parte del Japón rural. Según este chef el *dashi*, aunque utilizado hoy en día por cocineros de todo el mundo, sigue estando «en el centro de la comida japonesa. Como ejemplo, los restaurantes de tallarines se diferencian menos por sus tallarines —que no varían mucho— que por su *dashi*». El que prepara el propio Junya en el Koya es el colmo de la pureza, sin algas, *shitake* ni verduras; es un caldo de pescado sencillo pero intenso. No es de extrañar que él mismo diga que un buen *dashi* es toda una «obra de arte».

Los tallarines y fideos son comida de obreros y se cocinan en sopas que son la base de la dieta. Pueden tomarse calientes —con el caldo y los tallarines calientes—, fríos o bien en una refrescante combinación de tallarines fríos mojados en caldo caliente. Estas sopas, en las que se mezclan ingredientes como pato, gambas, algas o champiñones, son comida rápida: se sorben de pie o andando. (¿No deberíamos avergonzarnos de la comida rápida británica?) En palabras de Junya: «No es comida para tomar tranquilamente, es comida de obreros. Se hace a espuertas y es muy barata, tanto hacerla como comprarla». Explica asimismo las amplias diferencias entre los caldos que se comen por todo Japón: si bien en el oeste son más ligeros, claros y se acompañan con *udon* (variedad de tallarines de harina de trigo, gruesos y blancos que parecen lombrices), los caldos más blancos del este, a menudo confeccionados con manitas de cerdo, suelen acompañarse de *soba* (tallarines de harina de trigo sarraceno más finos).

El Koya está más especializado en *udon* que en *soba* u otras variedades de pasta, en parte porque Junya es del oeste de Japón pero, lo que es más importante, también porque en la última década el *udon* se ha convertido en comida de culto.[*] La variedad más famosa, conocida como *udon sanuki*, de la prefectura de Kagawa (en la cuarta isla en tamaño de Japón, Shikoku), ha ganado en

• • • •

[*] La fiebre del *udon* se desató de tal manera que en 2006 se rodó una película que se titula simplemente *Udon*. Otros filmes con historias relacionadas con los tallarines son *The ramen girl*, en la que Brittany Murphy estudia para ser cocinera de *ramen*, y *Tampopo* (1985), ambientada en un negocio familiar de *udon* y calificada como el primer «ramen western». El *espagueti western* pasado por Oriente...

popularidad desde la llegada de Hanamaru: la primera cadena de restaurantes en llevar por todo el país los caldos de *udon*. Si bien Hanamaru ha comercializado esta comida «de pobres», también ha creado una devoción nacional casi religiosa por los *udon* en prácticamente todas sus formas. A finales de abril bandadas de aficionados a los *udon* caen en picado sobre Kawaga para un peregrinaje de *udon sanuki*, en busca de los mejores, más recónditos y extraños caldos de tallarines. «Es realmente extraordinario —dice Junya—. Hay más de 700 restaurantes en Kagawa y 300 solo en Tamakatsu, la capital. La gente hace colas kilométricas en las calles por un poco de caldo, y cada local está especializado en una variedad distinta.» Algunos son especialistas en *dashi* calientes con tallarines calientes, otros en tallarines fríos y otros en *dashi* a secas.

El *ramen*, otra clase de sopa de pasta que emplea unos fideos de trigo originarios de la comunidad china que vivió en Japón a principios del siglo XX, es más elaborado que el *udon*. Los fideos nadan en un caldo sustancioso y se decoran con un mosaico de guarniciones que pueden mezclarse o comerse por separado. El *ramen tonkotsu*, por ejemplo, tiene un caldo más espeso y lechoso que se hace hirviendo huesos de cerdo durante varias horas; después se le añaden trozos de carne como panza de cerdo, un poco de jengibre encurtido y a menudo huevos marinados pasados por agua[*] justo antes de servir. Aunque el *ramen* con miso basa su caldo en miso, como es de suponer, en ocasiones se combina también con caldos de carne. Como guarnición se usan asimismo verduras, trozos de carne y sésamo. Por supuesto existen infinitas variaciones para servir y guarnecer un caldo de *ramen*: siempre es, por tanto, pese a su sencillez, una experiencia gastronómica variada y novedosa.

La palabra japonesa para «cocina» es *ryori*, la suma de «ryo», que significa algo medido, y «ri» que significa razón. En la palabra va implícita la idea de platos muy cuidados hechos a la medida de sus receptores. Suena simple pero... justo eso es la comida saludable. Baja en grasas y con poca carne y rica en materia prima de producción sostenible y local,[†] —más *dango* que flores—, en Occidente no nos vendría mal seguir una dieta que tome como modelo la japonesa. Tanto en la comida como en cualquier otra faceta de la cultura japonesa, las palabras del novelista canadiense William Gibson parecen certeras: «Japón es el decorado del futuro por defecto de la imaginación mundial».[‡]

• • • •

[*] Los *onsen tamago* son otra forma de preparar los huevos en Japón. Llamados así por los *onsen*, las termas en las que se cocinaban originariamente, estos huevos se pochan en su cáscara, lo que hace que las yemas no se cuajen pero la parte blanca se haga del todo. Están muy ricos con cebolleta picada y *dashi* o salsa de soja.

[†] Según Junya lo curioso del tema es que «la comida que comemos en Japón no es de Japón, ni siquiera el arroz. El 99 por ciento de la harina con la que hacemos los *udon* proviene de Australia».

[‡] Extraído de una entrevista en *The Observer*.

LA DESPENSA • miso • verduras encurtidas (*tsukemono*) • jengibre (encurtido y fresco) • mirin • wasabi • *dashi* • *natto* • tallarines *udon* • fideos *soba* • tofu

• • •

• UDON PARA PRINCIPIANTES •

Esta sencilla sopa de tallarines es un *pho*, el poema épico de Vietnam, en formato haiku. Puede prepararse en media hora, con su delicioso toque de umami. La única grasa que lleva es una cucharada de aceite vegetal para freír el tofu (opcional). El *ichiban dashi* es una receta fácil de *dashi* para iniciarse en el arte de hacer sopa para *udon*. El *dashi* congelado es objeto de polémica: hay quienes creen que estropea el sabor pero a mí me gusta tenerlo a mano. Sorbed la sopa del cuenco (la excusa perfecta para hacer ruido comiendo) y luego ayudaos de los palillos para llevar los tallarines a la boca.

• 4 COMENSALES •

PARA EL DASHI (SALEN 800-900 ML)
20 g de *kombu* (*kelp* deshidratada) o alga wakame
15 g de *katsuo bushi* (virutas de bonito deshidratadas)

PARA EL UDON
2x200 g paquetes de tallarines *udon*
1 cda. de aceite vegetal
200 g de tofu, cortado en dados de 1-2 cm
800 ml de *dashi* (véase arriba)
2 cdas. de salsa de soja
1 cda. de mirin
2 cdtas. de azúcar
6-7 cebolletas en rodajas finas

1 • Para preparar el *dashi*, poner el *kombu* 20 minutos en remojo en una olla con un litro de agua. A continuación calentar a fuego medio y, justo antes de que rompa a hervir, apartar del fuego y echar las *katsuo bushi*.

2 • Volver a poner al fuego y cocer 3-4 minutos, para cuando las *katsuo bushi* ya se habrán hundido en el fondo de la olla. A continuación pasar por una estameña, una muselina o un filtro de café. El líquido resultante puede utilizarse en el momento o conservarse varios días en el frigorífico.

3 • Cocinar los *udon* siguiendo las instrucciones del paquete y cuidando de que no se pasen. Escurrir, remojar con agua fría y reservar.

4 • Calentar el aceite vegetal a fuego medio y freír el tofu 5-6 minutos, hasta que adquiera un color marrón dorado por todos los lados. Reservar.

5 • Recalentar el *dashi* en una olla y agregar la soja, el mirin y el azúcar. Llevar a ebullición y bajar luego el fuego. Añadir los *udon* y cocinar 2 minutos. Servir con las cebolletas y el tofu por encima.

• SALMÓN FRITO CON SALSA DE MAYONESA Y MISO •

La mayonesa japonesa suele tener una base de vinagre de manzana o arroz. La más famosa es la Kewpie, una marca especializada en mayonesa espesa y cremosa hecha con yemas de huevo y una mezcla de vinagre de malta y de sidra de manzana. Al combinar esta mayonesa con pasta de miso blanco (ambas se compran por Internet), da como resultado una salsa para mojar o un condimento no muy distinto de la «dijonesa» (mayonesa europea con mostaza de Dijon), un capricho cremoso con un punto a pimienta y a umami. Es ideal para filetes de salmón fritos con un poco de aceite, soja y limón: un plato que me gusta acompañar con la siguiente receta: espinacas borrachas. En caso de no encontrar mayonesa Kewpie, probad a hacer vuestra propia versión mezclando bien dos cucharadas de vinagre de arroz y una de azúcar blanquilla con una mayonesa normal.

• 4 COMENSALES •

15-20 g de sal de mesa
2 filetes o lomos de salmón (150 g cada uno)
3 cdtas. de mayonesa Kewpie
     (u otra japonesa, o bien tu propia versión, véase arriba)
2 cdas. de pasta de miso blanco (o marrón)
4 cdas. de aceite vegetal
1 cda. de salsa de soja
el zumo de ½ limón
½ limón, cortado en 4 cuñas

1 • Poner el salmón sobre una tabla de cortar ligeramente salpicada de sal. Echar una capa de sal en el dorso. Dejar reposar una hora.

2 • Mezclar a conciencia la mayonesa y la pasta de miso. Reservar.

3 • Calentar el aceite a fuego vivo en una sartén y freír los filetes de salmón 3-4 minutos por cada lado. Añadir la salsa de soja y el zumo de limón y dejar que burbujee y que desprenda su aroma. Después de freír el salmón 5-6 minutos, retirar de la sartén y emplatar.

4 • Servir con una cucharada de mayonesa de miso, una cuña de limón y un poco de espinacas borrachas a un lado.

• ENSALADA DE ESPINACAS BORRACHAS •

Estas espinacas frías y escaldadas, regadas con los sabores japoneses del mirin, la soja y el *dashi*, son un acompañamiento ideal para carnes, pescados e incluso un arroz blanco solo. Preparadlas con antelación para tenerlas listas en cualquier momento. Una cosa: mi *dashi* alternativo es un completo impostor, y me apresuro a añadir que no logra dar la complejidad que se consigue con el *dashi* auténtico. Es un caldo de verduras básico realzado con el toque de umami que da la salsa de pescado. Cuando tengo prisa me vale. ¡Que los puristas del *dashi* me perdonen!

• 4 COMENSALES •

> 200 g de espinacas frescas, limpias y sin tallos
> 250 ml de *dashi* (véase pág. 265) o 250 ml de caldo
>   de verduras con 1 cdta. de salsa de pescado
> 1 cdta. de mirin
> una piza de sal
> 3 cdas. de salsa de soja

1 • Escaldar 2-3 minutos las espinacas en un poco de agua a fuego medio. Es importante que se escalden por completo pero sin que pierdan la intensidad del verde. Remover de tanto en tanto las hojas del fondo de la olla para que suban y dejen sitio para que les llegue el calor a las demás. Retirar del fuego, cortar en trozos de 5 cm de longitud, colocar en un escurridor sobre un bol y reservar.

2 • Llevar a ebullición el *dashi* (o el caldo con la salsa de pescado) y bajar luego a fuego lento. Añadir seguidamente el mirin, la soja y la sal y cocinar 2 minutos más. Apartar del fuego y colocar en un cuenco dentro de otro con hielos para acelerar el enfriamiento.

3 • Añadir las espinacas a la mezcla y refrigerar 5-6 horas. Servir para acompañar el salmón frito, la mayonesa de miso y el arroz cocido.

CALIENTE, CALIENTE

LA INTERNACIONAL DEL PIMIENTO CHILE

...

Los chiles han viajado por todo el mundo y desempeñan un papel fundamental en numerosas cocinas modernas, desde la etíope y la de África Occidental (y la diáspora de esta región que viajó al Nuevo Mundo) hasta la india o la europea. Es posible que quienes las difundieran fuesen los portugueses (que colonizaron enclaves orientales como Macao y Goa), la primera nación que accedió a Asia rodeando África por mar.

La incorporación del chile a muchas cocinas internacionales es relativamente reciente, en los últimos quinientos años. Originario del centro y el sur de América, fue Cristóbal Colón quien lo descubrió a finales del siglo XV a su llegada al Nuevo Mundo, desde donde no tardó en difundirse. El origen exacto no está claro: por lo que parece la opinión está dividida entre México y Perú, en cuyas cocinas tiene un papel importantísimo, si bien en distintas variedades. Algunas de estas se detallan en el mapa, cada una al lado del territorio y las papilas gustativas de las gastronomías a las que se ha vinculado con el tiempo, como el chile de Cachemira o la pimienta de Alepo.

CARIBE
Panameño

MÉXICO
Habanero
Jalapeño
Chipotle

PERÚ
Ají amarillo
Ají panca

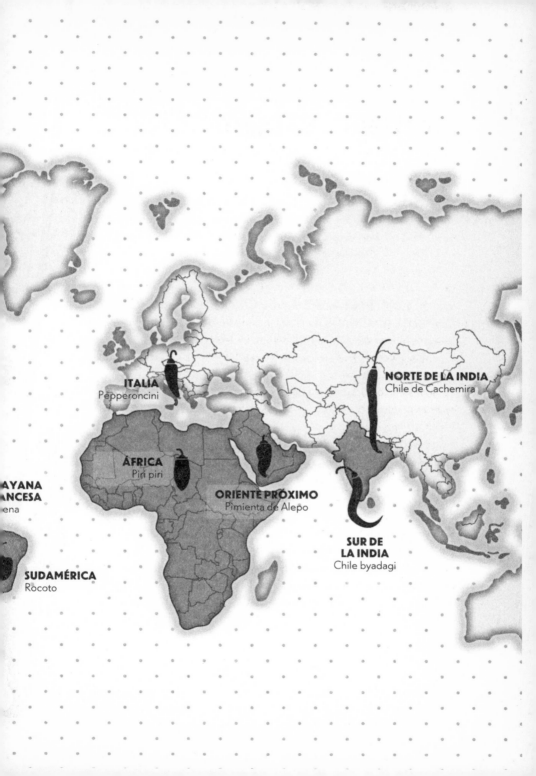

ITALIA
Pepperoncini

NORTE DE LA INDIA
Chile de Cachemira

ÁFRICA
Piri piri

ORIENTE PRÓXIMO
Pimienta de Alepo

**SUR DE
LA INDIA**
Chile byadagi

AYANA
ANCESA
ena

SUDAMÉRICA
Rocoto

• CHILE DE CACHEMIRA (NORTE DE LA INDIA) •

De un bonito color rojo oscuro y picor medio. Los chiles de Cachemira aportan mucho sabor pero sin pasarse de intensos, lo que hace que comerlos sea una experiencia agradable. Probad a utilizar chiles de Cachemira semisecos, rehidratados en agua, para un pollo con mantequilla, un curry *jalfrezi* o cualquier plato tandoori.

• CHILE BYADAGI (KARNATAKA, SUR DE LA INDIA) •

Rojo intenso, picor medio. Los chiles *byadagi* son originarios de una ciudad homónima de la región de Karnataka y son los responsables del sabor picante de los curris, los chutneys, el *sambar* y otros platos del sur de la India.

• PIMIENTA DE ALEPO (ORIENTE PRÓXIMO) •

Color borgoña, picor medio, sabor equilibrado. El origen de estas guindillas es confuso porque se conocen tanto como «pimienta turca» como «de Alepo», lo que sugiere un posible origen sirio. Suelen echarse en copos sobre las *mezes* a la hora de servir, un uso parecido al que hacen los españoles del pimentón. A mí, por ejemplo, me encanta echar un poco sobre una tostada con aguacate.

• PANAMEÑO (CARIBE) •

Naranja o rojo, de forma voluptuosa y un picor que quema la boca, el panameño es el chile predominante en las cocinas afrocaribeñas y de África Occidental. Su alter ego mexicano son los habaneros: no son iguales pero sí muy similares.

• JALAPEÑO (MÉXICO) •

Chiles mexicanos verdes y con pegada, famosos por su intensidad. Los jalapeños son más conocidos cortados en rodajas y encurtidos para añadir a platos y comida rápida mexicana como los burritos o las fajitas (véase pág. 316). También son fundamentales en la cocina fusión californiana (véase pág. 301).

• CHIPOTLE (MÉXICO) •

Llameantes y afrutados. Estos chiles mexicanos son jalapeños que se han ahumado y que se utilizan en adobos (véase pág. 317), salsas o platos de frijoles.

• AJÍ AMARILLO (PERÚ) •

Tan llameantes como sugieren su color amarillo y su nombre. El célebre cocinero peruano Gastón Acurio asegura que son el ingrediente más importante de la cocina nacional, que los utiliza para sus ceviches y su popular salsa criolla (véase pág. 332).

• AJÍ PANCA (PERÚ) •

Oscuro, con sabor ahumado y más suave que su hermano amarillo, el ají panca se utiliza deshidratado (y luego rehidratado) o en pasta, sobre todo para adobar carnes, a las que da un picor afrutado sin llegar a ser cargante. El chile peruano del día a día.

• ROCOTO (SUDAMÉRICA) •

Llameante, intenso, equilibrado, con semillas negras y hojas velludas, el rocoto es diferente al resto de chiles. Parece más una fruta y tiene un sabor que va madurando en la boca desde un dulzor agradable a un picor abrasador. Sin duda, para los duros del picante.

• PIMIENTA DE CAYENA (GUAYANA FRANCESA) •

Chile tropical de color rojo fuerte y picor aún más fuerte. Originario de la Guayana Francesa pero muy utilizado por todo el mundo. Su forma más famosa tal vez sea seco y en polvo en las cocinas del Sur Profundo de los Estados Unidos.

• PIRI PIRI (ÁFRICA) •

Pequeño, denso y de picor llameante. Los piri piri se cultivan en África, en países occidentales como Nigeria y Ghana (véase pág. 270-271) y en Etiopía (véase pág. 270-271). Tras el descubrimiento de América los portugueses llevaron consigo estos pequeños chiles a África; «pili pili» significa «pimienta pimienta» en swahili, lo que derivó en «piri piri» y más tarde se popularizó con la salsa homónima, la famosa marinada portuguesa en la que se mezcla con ajo, cítricos y hierbas.

• PEPPERONCINI (CALABRIA, ITALIA) •

Conocidos en la zona como *piparedduzzu*, estos chiles curvados y color sangre diferencian la cocina calabresa del resto de las de Italia con su firma picante.

ETIOPÍA

Quienes comen de tu mismo plato nunca te traicionarán.
• PROVERBIO ETÍOPE •

LA *GURSHA* —la palabra etíope que designa la práctica de ofrecer comida con la mano a los compañeros de mesa— viene a refrendar este refrán. Esta costumbre expresa tanto confianza como cariño: una especie de abrazo por medio de la comida, pero con el peso de la responsabilidad de alimentar bien a otra persona. En la mayoría de las culturas la comida puede ser un vehículo para unir a la gente y demostrar amor y hospitalidad, pero la *gursha* va un paso más allá: la comida une a la gente que comparte una mesa, al tiempo que dar de comer al otro se convierte en un acto que demuestra familiaridad y desvelo para con el prójimo.

Antes de lanzarnos a explorar la cocina etíope creo que merece la pena llamar la atención sobre el ostracismo al que ha estado condenada la comida africana —y el continente en su conjunto—. El comentario del geógrafo George Kimble[*] de que «lo más oscuro de África siempre ha sido nuestra ignorancia sobre ella», me impresiona por ser aplicable a todos los aspectos del continente, de los idiomas y la geografía a la cultura y la cocina. Es ciertamente vergonzoso que, como europeos, nuestros conocimientos sobre África, así como nuestros vínculos más fuertes, se limiten a los territorios que colonizamos: una dinámica de «amo/esclavo» que haríamos bien en olvidar y que no terminó hasta hace poco más de cincuenta años.[†] En líneas generales la comida africana de gran parte de las regiones occidentales (salvo, tal vez, la del Magreb —Marruecos, Argelia, Túnez—, que suele considerarse una extensión del mundo mediterráneo) está envuelta en un velo de misterio. La comida africana rara vez se ha considerado glamurosa o una cocina «emergente», como puede ocurrir con la de los locales vietnamitas o peruanos que pueblan las calles cosmopolitas para gran alborozo de *foodies* empedernidos. La cocina etíope, sin embargo, lleva ya un tiempo en el radar aunque por lo general ha pasado desapercibida: se oyen cuchicheos sobre esas «tortitas grandes»

• • • •

[*] En *Africa today: lifting the darkness.*

[†] Ghana se independizó de Gran Bretaña en 1957 mientras que Nigeria hizo lo propio en 1960.

multifuncionales (las *injeras*, que descubriremos más abajo) que se comen, de las que se come y con las que se come. Pero ¿qué más sabemos, en caso de saber algo, de la comida etíope?

Ubicado en el Cuerno de África (la península que ensarta el mar de Arabia), el paisaje etíope es un compendio de cielos enormes, llanuras desérticas y baobabs o acacias solitarios que crecen de un suelo resquebrajado. Posee una majestuosidad visual en cierto modo precaria, suspendida entre la belleza espectacular y los envites de patrones climáticos erráticos y de sucesivas guerras.[*] Doris Lessing captó este frágil equilibrio cuando escribió sobre el horizonte etíope: «Sabía que más abajo, en el calor asfixiante, los pájaros eran una orquesta en los árboles que rodeaban las aldeas de chozas de adobe; que la hierba alta se enderezaba conforme unos bucles oscilantes de gotas de rocío menguaban y se secaban; que la gente avanzaba hacia los campos para cuidar el ganado y pasar la azada». La vida diaria es a menudo una víctima demasiado fácil de los desastres naturales y la inestabilidad política. Pese a las muchas horas de sol y a contar con varios cursos de agua importantes (doce ríos desembocan en el Nilo), el clima es impredecible, entre el monzón tropical y la sequía, lo que dificulta la agricultura (que solo constituye poco más de un 40 por ciento de la producción nacional) y merma el producto interior bruto.

En Etiopía la vida sigue siendo en gran medida rural (a pesar de que, al igual que en muchos países africanos, la urbanización rampante es una realidad: la población de la capital, Adís Abeba, crece a poco menos de un cuatro por ciento al año). En la agricultura predomina el minifundio. El café, las legumbres, los cereales y el maíz son los principales cultivos, mientras que los cítricos, los plátanos, las uvas, las granadas, los higos y las anonas rojas (el fruto, parecido a la chirimoya, de un árbol semiperenne que se da en climas tropicales) son los productos menos comercializados pero más coloridos de los suelos etíopes (concentrados en la región suroccidental de Oromiya). El café etíope es muy apreciado por proveedores de moda como el Monmouth del mercado de Borough de Londres —compitiendo en calidad con cafés como el colombiano y el brasileño— y supone una exportación vital para el país.

Dada la importancia de la agricultura, y de la relación un tanto ajetreada del hombre con la naturaleza, en Etiopía el acto de congregarse en torno a la mesa está cargado de significado. La hora de comer es una oportunidad para

• • • •

[*] Una guerra civil de diecisiete años asoló Etiopía entre 1974 y 1991, seguida por la guerra con Eritrea, entre 1998 y 2000.

juntarse tras un largo día de trabajo en el campo y celebrar la comida. Los platos son simples pero sabrosos, con legumbres especiadas con brío y fuentes que se comparten. La cocina etíope es una lección sobre el rico potencial de la comida vegetariana: las legumbres, como los garbanzos y las lentejas, o los frutos secos, como los cacahuetes, por no hablar de los platos de verduras, son los protagonistas de las comidas en épocas de ayuno. El papel central de la religión,[*] en particular de la iglesia copta,[†] que es la que cuenta con más fieles, revierte en una influencia importante del ayuno en la vida y las costumbres culinarias. Aunque el cordero, el chivo, la ternera y el pollo se comen en guisos, la comida vegana domina los siete periodos de ayuno, que incluyen la Cuaresma, así como todos los miércoles y los viernes del año. Esto ha fomentado una gran creatividad a la hora de abordar los ingredientes vegetarianos, hasta el punto de utilizar como base de grasa el aceite de alazor (un cultivo muy antiguo que se parece al diente de león). De él se extraen aceite, semillas y flores, que, una vez secadas, sirven como versión barata del azafrán.

La comida etíope es posiblemente la más picante de África por la abundancia del chile rojo, que se seca y se mezcla con hasta otras quince especias para hacer el *berberé*, la mezcla de especias nacional, con ajo, jengibre, fenogreco, cilantro y pimienta de Jamaica. El *berberé* se añade a la mayoría de los guisos etíopes, que se conocen como *wat*. El *niteh kibbeh* es otro ingrediente básico en los platos etíopes, una mantequilla clarificada parecida al *ghee* y aderezada con especias que se conserva en hojas de plátano. Ambos se mezclan para crear una pasta emulsionada llamada *awaze*, a la que se añaden también cebollas picadas muy finas, agua y, a veces, *tej*, licor de miel etíope. La *awaze* puede ser una marinada o un condimento y está siempre en el centro del bufé que es la mesa etíope. Se utiliza de forma muy parecida a la *harissa* del norte de África, a la soja en Asia o —permitidme el paralelismo— al kétchup en Inglaterra. Ir a un restaurante etíope, como el Addis, que está al lado de mi trabajo en Caledonian Road, es asistir a la transformación de la mesa, en un visto y no visto, en un mosaico de rojos, ocres y amarillos, bien en cuencos pequeños o en montículos separados sobre una *injera*, en la que está basada la comida etíope.

Aunque la *injera* no es precisamente habitual en los comercios europeos, puede encontrarse en The Food Hall, un supermercado etíope de la londinense Turnpike Lane. Otra opción es probar a hacerla en casa (véase

••••

[*] Más del 60 por ciento de la población es cristiana y un 30 por ciento musulmana.

[†] Etiopía se cristianizó en el siglo IV y hoy en día la Iglesia Ortodoxa Etíope pertenece a la copta, la que congrega a la mayor comunidad cristiana de Oriente Próximo y África.

«Lecturas avanzadas», pág. 353). Se trata de una torta grande y blanda de pan ácimo que se elabora con harina de *teff*,[*] que, una vez molida muy fina, se mezcla con agua y se fermenta varios días antes de darle forma de torta, de unos 30 cm de diámetro. Al ponerse encima de bandejas crea un mantel comestible sobre el que servir los guisos (*wats*). El más famoso es el *doro wat* (de pollo con huevos duros), aunque pueden hacerse con cualquier carne salteada con cebollas y *niteh kibeh* (la ternera picada con especias se llama *kifto*, por ejemplo) o como platos vegetarianos en los días de ayuno. Entre estos últimos se incluye el *miser wat* (con lentejas rojas), el *kik pea alechi* (un guiso vegetariano de garbanzos) o el *gomen wat*. Este último emplea *gomen*, una berza etíope, que se saltea con ajo (puede utilizarse también col crespa), *niteh kibeh* y *berberé*. El *gomen* se combina también con *iab*, una especie de requesón mezclado con yogur y aliñado con limón y sal.

Aparte de la falta de conocimientos sobre la comida africana, otra barrera a la hora de preparar comida etíope en casa son los ingredientes, que nos son ajenos. Pero en realidad, una vez que se compra la *injera*, se sustituye el *niteh kibeh* por *ghee* y se prepara *awaze* y una mezcla de especias *berberé* (véase pág. 201), las proteínas de base son muy similares a las de las culturas culinarias europeas: carne, garbanzos, huevos. Como ocurre con la cocina de África Occidental, cocinar comida etíope supone una lección sobre cómo sacar el máximo sabor de un puñado de ingredientes locales, convirtiéndolos en exquisiteces sencillas con las que alimentar a una familia extensa.

Una vez que se pinta un arcoíris sobre la *injera* con los distintos montículos de *wat*, los comensales se dedican a rasgar trocitos del pan y utilizarlos a modo de cuchara para coger la carne, los garbanzos, las verduras y la *awaze*. La *injera* cumple tres funciones: recipiente para servir, utensilio para comer y comida en sí. Cuando los etíopes practican la *gursha*, van cogiendo trozos de la *injera*: una deconstrucción del recipiente con la que se construye un vínculo social. Es ese «mismo plato», al que se refiere el refrán del principio del capítulo, la base de la comida etíope y un símbolo ancestral de confianza.

• • • •

[*] El *teff* es un cereal muy nutritivo (parecido en parte a la quinoa o el mijo por su aporte nutricional) que es originario de Etiopía. Supone casi un cuarto de la producción de cereal de Etiopía..

LA DESPENSA • garbanzos • cacahuetes • lentejas rojas • mezcla de especias *berberé* • mantequilla clarificada (*niteh kibbeh*) • salsa *awaze* • granos de *teff* (para hacer la *injera*) • requesón blanco (*iab*)

• • •

• GUISO DE GARBANZOS •

Este es un *wat* barato, fácil de hacer y nutritivo que está muy rico solo o con una guarnición de carne, si se prefiere. Puede comerse con arroz, aunque recomendaría buscar *injera* e invertir en salsa *awaze* para recrear un típico bufé etíope.

278

• 6-8 COMENSALES •

3 botes de garbanzos de 400 g escurridos
50 g de mantequilla
1 cebolla grande picada fina
4 dientes de ajo muy picados
un trozo de 3 cm de jengibre, picado muy fino
2-3 cdas. de mezcla de especias *berberé* (véase pág. 201)
1 lata de tomates troceados de 400 g
500-700 ml de caldo (de pollo o vegetal)
150 g de guisantes congelados
200 g de espinacas frescas o congeladas (opcional)
sal marina y pimienta negra recién molida

1 • Precalentar el horno a 200 ºC.

2 • Colocar los garbanzos en una bandeja de horno grande, en una sola capa, y asar 15 minutos, removiendo con frecuencia para intensificar el sabor.

3 • Calentar en una olla o una sartén honda la mantequilla, saltear 2-3 minutos las cebollas hasta que estén blandas y traslúcidas, añadir a continuación el ajo, el jengibre y la mezcla de especias y sofreír otros 2-3 minutos.

4 • Añadir los garbanzos, los tomates troceados y el caldo, llevar a ebullición y cocer a fuego lento 20 minutos para reducirlo ligeramente. Incorporar entonces los guisantes y las espinacas, en caso de utilizarlas, y dejar hacerse otros 10 minutos.

5 • Si el *wat* queda demasiado caldoso para comerlo con *injera*, coger un par de cucharones de la mezcla de garbanzos, batir y devolver el puré al guiso. Servir en un montículo sobre un lecho de arroz o una *injera*.

• GOMEN GUISADO •

Otro *wat* delicioso que combina a la perfección con el de garbanzos, la *injera* y la *awaze*: los sospechosos habituales de toda mesa etíope que se precie. A mí me gusta también solo. ¡Le da un toque estimulante a comer verde!

• 4-6 COMENSALES •

700-900 g de berza o col crespa, en juliana
1 cda. de aceite de oliva
1 cebolla picada gruesa
6 dientes de ajo picados muy finos
1 pimiento verde sin semillas y picado grueso
el zumo de 1 limón
una buena pizca de sal
½ cdta. de pimentón
½ cdta. de cúrcuma
½ cdta. de pimienta de Jamaica molida
1 trozo de 2 cm de jengibre picado muy fino

1 • Llevar a ebullición 450 ml de agua en una olla grande y cocer las verduras con tapa hasta que estén tiernas. Llevará unos 15 minutos. Escurrir reservando el agua de cocción para utilizarla después.

2 • Calentar el aceite de oliva en una sartén grande y freír las cebollas hasta que estén traslúcidas. Añadir a continuación el ajo y freír 2 minutos más sin que se tueste demasiado. Incorporar las verduras y el agua de cocción y dejar hacerse hasta que se evapore el agua.

3 • Solo queda añadir el resto de ingredientes, tapar y rehogar unos 5-10 minutos más, hasta que el pimiento esté ligeramente tierno y el aroma se extienda por la cocina.

YUCA

...

La yuca es ese tubérculo marrón y ligeramente velloso con carne blanca y dura que suele verse en los puestos de verdura de los mercados o en las tiendas de productos étnicos. No es ninguna osadía afirmar que la mayoría de los europeos no sabe qué hacer con ella, o siquiera cómo se llama, por mucho que la yuca constituya la dieta básica de millones de personas en el mundo en vías de desarrollo.

Tanto las patatas como la yuca entraron en Europa a través de Sudamérica pero la yuca se da en suelos secos y tropicales, al contrario que la patata, con la que estamos mucho más familiarizados en Europa. La yuca tiene una gran importancia en la comida de África Occidental, donde se mezcla con batata para hacer el *fufu* (véase pág. 286). La tapioca, o harina de mandioca o yuca, es el almidón molido que se utiliza para espesar guisos y para hacer la *farofa* brasileña, un condimento crujiente y mantecoso que se toma como guarnición (véase pág. 339).

...

ÁFRICA OCCIDENTAL

El hombre que invita a sus parientes a un banquete no lo hace para que no mueran de hambre. Todos tienen comida en sus casas. Cuando nos reunimos en la explanada del pueblo bajo la luz de la luna no es por la luna. Todo hombre puede verla desde su barracón. Nos juntamos porque es bueno que los parientes se junten.
• CHINUA ACHEBE, *Todo se desmorona* •

AUNQUE NUNCA HE estado en África Occidental, esta región siempre ha estado muy viva en mi imaginación. Mi padre nació y se crio en Nigeria, como hijo de un funcionario colonial que trabajaba en la ciudad de Enugu, al este del país. Su infancia siempre sonó como un runrún desenfadado y exótico a mis oídos ingleses: tirar mangos maduros a las esposas de los colonos (con sus mejores galas) desde el tejado de casa de sus padres; cortar caña de azúcar directamente de la plantación y chuparla en crudo (la versión en África Ecuatorial de las chucherías de mi infancia). Mi abuela tiene enmarcada una foto en la que sale mi padre con cuatro años, muy canijo y rubio, formando una fila con sus amigos nigerianos del pueblo, su manita blanca saludando vivamente a la cámara (y sobresaliendo como mosca en leche, ¡pero al revés!). Siempre he tenido la impresión de que la suya fue una infancia feliz, bendecida por la candidez hacia todos los interrogantes morales y las desigualdades que introdujo el colonialismo.

Cuando le pregunté a mi padre qué solía comer de pequeño, su respuesta fue una lista de palabras maravillosas: «*fufu, sasa*, cacahuetes guisados, pescado oloroso». En cierto modo estos nombres concentraban la hermosa y muy rica sencillez de la cocina de África Occidental.

La región está formada por dieciséis países,[*] muchos de ellos apiñados en torno al golfo de Guinea y de cara al Atlántico americano. Si bien cada país tiene sus propias variaciones de platos comunes (por no hablar de los métodos de cocinar de cada uno), y por supuesto platos propios —Ghana tiene el

● ● ● ●

[*] Benín, Burkina Faso, Cabo Verde, Costa de Marfil, Gambia, Ghana, Guinea, Guinea-Bisáu, Liberia, Mali, Mauritania, Níger, Nigeria, Senegal, Sierra Leona y Togo.

kenkey,[*] por ejemplo—, en su conjunto la comida de la región está especializada en aderezar con ingenio la materia prima local para elaborar platos asequibles y voluminosos. Lo que no tiene de sofisticación, lo compensa con la habilidad para alimentar a familias numerosas con comida que puede ser tan deliciosa como nutritiva cuando se elabora bien.

En África Occidental la información circula por tradición oral y se difunde de forma natural por los diversos paisajes de la región, desde el desierto del Sahara hasta la selva tropical. Esto supone que las tradiciones tribales trascienden con frecuencia las fronteras nacionales, con las leyendas, los cuentos y los proverbios compartidos durante generaciones sin necesidad de dejar constancia de ellos por escrito. El legado de recetas y tradiciones culinarias no es una excepción. Los platos se han difundido entre las comunidades pero van mutando lentamente de una generación a otra. Aunque el popular arroz *jóllof* tiene su origen en Sierra Leona, proviene de la tribu igbo del sur de Nigeria, lo que nos da una idea de cómo la comunidad igbo se ha asentado y extendido sus tradiciones culinarias hasta bien lejos de las fronteras nigerianas. Esta manera de compartir recetas entre comunidades ha dado como fruto numerosos platos presentes en todas las cocinas, como los cacahuetes guisados y el *fufu*, en los que se aprovechan ingredientes siempre disponibles en la región.

La comida que vamos a cocinar en este tramo del viaje es sencilla siempre que se tengan a mano buenos puestos o supermercados de comida étnica. En Londres y otras ciudades, donde pueden encontrarse yucas y pátanos en cualquier mercado o tienda de la esquina, no supone ningún problema. (Si no vivís cerca de una gran ciudad, la búsqueda será algo más ardua, aunque las tiendas de Internet son una opción estupenda.) La yuca y la banana son en esencia las patatas de África Occidental y el sustento de la región. Toleran sin problema las condiciones secas y calurosas y los suelos pobres (véase el recuadro de la pág. 280). La yuca se hierve con banana, ñame (o batata, que junto con el maíz, se cultiva por toda la región) o cocoñame (otro tubérculo tropical con hojas comestibles, véase la página siguiente) y se mezcla para hacer el *fufu* (véase pág. 286, una masa rica en almidón que se presiona entre las yemas de los dedos para comerla; luego puede o bien mojarse en una de las muchas sopas o hacerse un pequeño hueco en la mesa y rellenarse con la sopa espesa.[†]

• • • •

[*] La base del *kenkey* es el maíz molido y fermentado, con el que se hace una masa que se hierve, se envuelve en la cáscara del maíz o en piel de banana y se come para acompañar guisos o pescado frito.

[†] La tapioca brasileña y los *patties* jamaicanos (véase pág. 327) son dos equivalentes del *fufu* originarios del Nuevo Mundo.

Dos de los carbohidratos básicos de Europa —las patatas y el arroz— fueron introducidos en África Occidental por los imperialistas europeos, que los trajeron desde sus otras colonias (de Sudamérica y Asia respectivamente). Las patatas prefieren climas más frescos y por tanto son escasas (y caras) pero el arroz es la base de uno de los principales platos de la región, el *jollof:* un buen acompañamiento para carnes y pescado frito que suele rematarse con banana frita. Es una especie de paella de la región, con un sofrito de cebollas, tomate y pasta de tomate que, según me contó la cocinera ghanesa Veronica Binfor, se utiliza para empezar casi cualquier plato de África Occidental (véase el gráfico sobre el sofrito de la pág. 75). Después se añade una mezcla de especias; una típica puede incluir ajo, jengibre, nuez moscada, pimientos panameños y, a menudo, curry en polvo (otro legado de la Gran Bretaña imperial y su colonia india). Veronica me contó asimismo que en los últimos años el adobo ha ganado en popularidad. El aliño íbero que mezcla pimentón, ajo y sal para adobar carnes y aderezar guisos viajó con los españoles y los portugueses por todo el Nuevo Mundo, de América Latina a Filipinas. Hoy en día se ha popularizado su uso para dar un toque dulce y especiado.

La distinción entre salsa, sopa y guiso no está muy clara en África Occidental. Los tres tienen una consistencia similar y se comen en grandes cantidades y del mismo modo: con *fufu*, ñames o arroz. Las sopas de cacahuete o del fruto de la palma aceitera se elaboran con carne como paletilla de cordero o pescado ahumado, mientras que la sopa de pollo y la de maní (*maafe*) se hace con manteca de cacahuete, vísceras y diversas cantidades de pimiento, maíz y quimbombó. La salsa *palaver* de tomates, cebollas e *igushi* (parecidas a pipas de calabaza), carne o pescado, hojas de cocoñame y yuca es básicamente otro guiso. Se cree que su nombre deriva de la palabra portuguesa para una discusión interminable y, según Bea Sandler, autora de *The African cookbook*, probablemente se inspiró en las peleas de los cocineros tras los fogones, que se abofeteaban con las hojas arrugadas del cocoñame[*] (a las que también se llama «orejas de elefante») que luego echaban en el plato. ¡Cuánta «palavrería»!

El pescado deshidratado, ahumado o en conserva como el bacalao

••••

[*] Este cultivo es casi exclusivo de la región, de modo que recomiendo sustituirlo por espinacas o incluso *calalou* en lata (puede comprarse en algunos supermercados, sobre todo en barrios de comunidades caribeñas grandes). El cocoñame también se prepara a menudo con bacalao salado (o, como lo llamaba mi padre, «pescado oloroso»). Esta combinación de verdura escaldada con pescado en conserva, o con quimbombó, se exportó al Caribe, donde es típico comer platos similares para desayunar (véase pág. 326).

salado, los arenques o la caballa, se come en sopas sabrosas, pero el pescado y el marisco fresco del litoral son también de gran calidad. En las regiones del antiguo imperio asante tanto meridionales como costeras, el pargo, la tilapia, el pulpo y las gambas se fríen solo con sal, hasta que se quedan muy secos y se sirven con ñames o, en Ghana, con *kenkey*. Es una típica comida callejera, fresca y de elaboración rápida. En algunos sitios se acompaña con *waakye*, judías pintas ahumadas cocinadas con arroz, como guarnición para carnes y pescados. Son la base del adorado plato caribeño de arroz con guisantes (véase pág. 329), lo que demuestra una vez más la huella de África Occidental en la cocina americana.

Aunque en las zonas donde se concentran sus comunidades existen restaurantes de África Occidental, es una comida que es mejor tomar en casa, hecha por la cocinera de la familia, con un grupo grande de gente. Como sugiere la cita de Chinua Achebe que abre el capítulo, son platos en torno a los cuales se apiña la gente, tanto por un sentido de comunidad como por una cuestión de sustento. De modo que recomiendo que probéis a hacer en casa el par de recetas que aparecen abajo cuando tengáis muchos invitados. Son fáciles, sabrosas y, viniendo como vienen de una cultura fundamentada en la tradición oral, están abiertas a infinitas interpretaciones: las mejores recetas con las que cocinar.

LA DESPENSA • curry en polvo • nuez moscada • jengibre • adobo • bacalao salado • palma aceitera • coco • cacahuetes • aceite de palma • manteca de karité • aceite de cacahuete • yuca • ñame • banana •

• • •

• ESTOFADO DE IJE •

Mi amigo Ije Nwokerie, originario de Enugu (Nigeria), me ha regalado amablemente esta receta. Por lo que dice, no le cuesta mucho visitar su tierra desde su cocina de Londres, pero creó esta versión para comer banana de una forma más saludable que friéndola en aceite abundante. Esta receta mezcla el pollo con las bananas, de las que Ije cuenta que eran un lujo durante su infancia en Nigeria. Apenas lleva un cuarto de hora prepararla y, si os preocupa no encontrar bananas, no os apuréis. Nunca están muy lejos cuando se tiene un buen mercado a mano.

• 4 COMENSALES •

5 cdas. de aceite vegetal o de cacahuete
2 cebollas blancas o amarillas, a mitades
1 pimiento panameño sin semillas y a mitades
½ cda. de pasta de jengibre
    (o ½ cda. de jengibre fresco picado muy fino)
½ cda. de pasta de ajo (o 3 dientes de ajo picados muy finos)
450 g de trozos de pollo sin piel (basta con 4 muslos)
2 latas de 400 g de tomates pera
1 cdta. de pimentón, o al gusto
sal al gusto
4 bananas amarillas maduras, peladas y cortadas
    en trozos de 3 cm de largo
1-2 cdas. de miel
200 g de espinacas frescas

1 • Precalentar el horno a 200 °C.
2 • En una cazuela grande que valga también para horno, calentar el aceite y saltear las cebollas hasta que estén traslúcidas. Añadir el panameño, el jengibre y el ajo y freír un par de minutos. Bajar el fuego e incorporar el pollo. Remover constantemente durante 5-7 minutos, hasta que empiece a oler bien y la carne se dore por todos los lados.
3 • Añadir los tomates, el pimentón y la sal y cubrir con una tapa. Rehogar unos 4 minutos más. Incorporar la banana, la miel y las espinacas. Remover, tapar y llevar a ebullición. Meter en el horno y asar 45-60 minutos.
5 • Servir directamente de la cazuela con *fufu* o arroz hervido.

• FUFU •

El *fufu*, la base de carbohidratos de África Occidental, con fécula o raíz en polvo para acompañar las sopas y los guisos, se presenta en diversas formas. Yo he escogido la versión más básica: ñames, que pueden comprarse en supermercados británicos, con mantequilla y aderezo. (Recuerdo pasar de pequeña al lado de montañas de tubérculos de aspecto indecente y con pieles como cortezas de árboles, en sitios como el mercado de Brixton o Peckham Rye, sin tener ni idea de cómo se cocinaban.) No obstante el *fufu* puede hacerse también con yuca, o una combinación de ñame, yuca, batata y banana. Se enrolla y se le da forma de cuchara comestible con la que llevarse a la boca las sopas y los guisos. Está también muy rico solo, una especie de puré de patatas africano, si se me permite la comparación.

• 4-6 COMENSALES •

1kg de ñames blancos
100 g de mantequilla
sal marina y pimienta negra recién molida

1 • Echar los ñames sin pelar en una olla grande de agua fría y llevar a ebullición a fuego fuerte. Cuando rompa a hervir, bajar a fuego medio y cocer 20-30 minutos, hasta que estén tiernos.

2 • Escurrir los ñames y dejar que se enfríen antes de pelarlos y trocearlos. Devolver a la sartén, añadir la mantequilla, salpimentar y aplastar luego la mezcla. Para que quede con la consistencia suave deseada, es mejor utilizar un utensilio que los prense que uno que los aplaste.

3 • El *fufu* se sirve en una bola grande de la que los comensales van cogiendo trozos pequeños, bocados con los que rebañar los guisos. Colocar la mezcla en una fuente de servir y formar una pelota grande y blanda. (Recomiendo mojarse primero las manos para que no se pegue.)

MARRUECOS

Visitar Marruecos sigue siendo como volver las hojas de un manuscrito iluminado persa, grabado de arriba abajo con formas brillantes y líneas sutiles.

• EDITH WHARTON, *En Marruecos* •

MARRUECOS ES TODA una aventura gastronómica para el turista, un banquete visual y prandial que cautiva los sentidos con aromas suntuosos y bullicio de mercado. El olor a especias dulces se escapa por las puertas de las cocinas; los remolinos de vapor se elevan de las montañas de cuscús esponjoso; las sardinas fritas chisporrotean en los puestos callejeros; la tapa de un tajín que revela al levantarse un guiso sustancioso bajo una nube de humo. Es tal la magia de la cocina marroquí que, entre semejantes manjares, no sería de extrañar ver aparecer a un genio...

La opulencia de la comida marroquí no tiene parangón en otras cocinas africanas. En la punta norte del continente, a solo catorce kilómetros de las costas españolas y en la que era antiguamente la última escala de la Ruta de las Especias antes de que las mercancías llegaran a Europa, siempre ha gozado de una gran riqueza de influencias e ingredientes. Tal vez lo que más ha influido, y el factor que diferencia el país de las vecinas Argelia y Túnez, sea que se trata de una monarquía. Las cocinas palaciegas desempeñaron un papel fundamental en el desarrollo de la gastronomía: los ingredientes autóctonos —como el azafrán de Taliouine en el sur, la miel del Alto Atlas[*] o los dátiles del desierto del Sahara— se maridaban con otros importados, mientras que las técnicas culinarias bereberes se fusionaron con las de Europa y Oriente Próximo.[†] Los cocineros

• • • •

[*] La cordillera del Atlas se extiende por el noroeste de África, desde Marruecos, pasando por Argelia, hasta Túnez. En Marruecos separa el desierto del Sahara del litoral, en una clara división del norte mediterráneo (que, en muchos aspectos, y en particular en la comida, tiene más parecido con el sur de Europa que con África) y el sur, seco y más típicamente africano.

[*] Lo que hicieron estos cocineros de palacio me recuerda una cita de *English food* de Jane Grigson: «Ninguna cocina pertenece en exclusiva a su país o su región. En el transcurso de los siglos los cocineros van tomando prestado y adaptando —y siempre ha sido así [...]. Lo que hace cada país es darles a todos esos elementos, prestados o no, una especie de personalidad nacional».

de la corte moldearon una cocina a imagen y semejanza de la realeza.

La influencia de los bereberes, las tribus nómadas del norte de África asentadas al oeste del río Nilo, también es un rasgo distintivo de la cocina marroquí. En los últimos tiempos los bereberes se han concentrado en Marruecos y Argelia y su presencia es la clave que explica por qué la cocina marroquí es tan distinta de la tunecina o la egipcia. Algunos métodos culinarios rústicos como pueden ser el tajín o el cuscús provienen de los bereberes, al igual que la potente combinación de ingredientes dulces y salados. Otros ejemplos siguen estando muy vivos en Marrakech. La plaza de Djemaa el Fna alberga puestos de comida callejera con fuertes influencias de la cocina bereber: pollo con semillas de ajenuz o platos cocinados en ollas *tangia*.[*] Estos últimos pueden llevar carne o verduras con agua de azahar, o frutas deshidratadas como albaricoques y ciruelas, frutos secos como almendras o pistachos, o sésamo. Se cocinan durante el transcurso del día, siempre con limón en conserva.

La cocina marroquí es producto tanto de las estaciones como de los pueblos que se han asentado en esas tierras. El clima puede variar del calor asfixiante del verano en Marrakech al frío helador del Alto Atlas en invierno, y lo que llega al plato (o al tajín) depende de lo que da la tierra en determinada estación. La comida de temporada no es solo una necesidad sino una sensibilidad desarrollada por los cocineros marroquíes. En el Moorish Lounge, la cafetería marroquí de Streatham, en el sur de Londres, el cocinero Ahmed cuenta con una gran variedad de supermercados, verdulerías y puestos de mercado donde comprar materia prima todo el año. Pero prefiere que sus tajines sean un reflejo de la estación. Yo siempre pido el tajín del Rif, un plato vegetariano que combina las verduras de temporada con el queso de cabra, pero nunca, jamás, he comido dos iguales. Es romántico a la par que estimulante: nunca sabes qué vas a comer exactamente.

Los componentes de un plato marroquí tradicional son fáciles de conseguir y asequibles: carne, fruta, frutos secos y especias de temporada. Aunque no hay nada intrínsecamente complicado en los ingredientes, el mayor reto cuando uno se embarca en la cocina marroquí es que requiere cierto grado de conocimientos y destrezas. El asunto está en ir perfeccionándose con la práctica y en respetar las técnicas de larga tradición que se pulieron en las cocinas palaciegas hace unos cuatrocientos años. Sé por experiencia que la comida marroquí no sale todo lo bien que podría cuando se

••••

[*] Una olla de barro muy parecida al tajín, más conocida. La *tangia* tiene forma de jarrón, con asas a ambos lados.

intentan coger atajos. Preparaos para lavar un montón de ollas al final del proceso, pero que eso no os eche para atrás. Tras dos horas de cortar y moler, me quedé baldada cuando hice mi primera *kedra** con garbanzos y calabaza, pero el tiempo y el sudor empleado valieron mucho la pena. No podía creer que yo hubiese hecho algo que supiese ¡así de rico! La comida marroquí se cuenta entre las más satisfactorias que he hecho en mi vida.

Dicho esto, en mi experiencia es posible cocinar tajines y *kedras* sin la parafernalia de rigor: estas recetas también salen bien con una hornilla normal. Hay que recordar, no obstante, que sin el tajín o la *kedra* se pierde la intensidad de guisar al mismo tiempo que se cocina el contenido al vapor, de modo que es recomendable tener una buena llama en la hornilla para compensar.

Dado que la comida marroquí puede requerir cierta técnica y exige tiempo, la mayoría recurrimos a comerla fuera de casa. Yo tengo la suerte de haberme criado con un pequeño rincón de Marrakech al final de la calle de mis padres, en Streatham, pero Marruecos recibe millones de turistas al año: todos deseosos de un pedazo del pastel, o en este caso, de la *pastela*.[†] Quizás en parte se deba a este enorme gusto internacional por la comida marroquí —que puede verse como una fantasía turística ambientada en el Marruecos de hace cuatrocientos años— el hecho de que los jóvenes del país coman cada vez menos en casa, absteniéndose de la cocina nacional en favor de alternativas occidentales. La experta en comida marroquí Paula Wolfert, quien visitó el país por primera vez en 1959 siendo *beatnik*, dice: «Ahora todo lo que rodea la comida marroquí parece frágil. Los jóvenes comen más fuera porque están aburridos de los platos tradicionales. Pero a mí se me antojan más infelices».[‡]

Si bien la comida tradicional todavía se consume abundantemente, sobre todo los fines de semana y en festivos, el arte de preparar en casa estos platos siguiendo las técnicas históricas está muriendo. La modernidad ha traído consigo los artilugios para simplificar: hoy en día los tajines se hacen en muchos casos en ollas a presión, y la técnica tradicional de hacer el cuscús a

• • • •

* Al igual que el tajín, la *kedra* es un plato que recibe su nombre por el recipiente en el que se cocina. Es una olla más alta, delgada y profunda que el tajín y las salsas que da tienen una consistencia más caldosa.

[†] La *pastela* es un hojaldre especiado que suele hacerse con pichón (y hoy en día, cada vez más, con pollo) y que se cree originario de Fez, la segunda ciudad en tamaño de Marruecos. El hojaldre es muy fino, la *warqa*, y se estructura por capas crujientes que se rellenan de carne, canela, almendras tostadas y se espolvorean por encima con azúcar glas. Como mucha comida marroquí, traza una fina línea entre lo dulce y lo salado.

[‡] Cuando hablé con Wolfert tuve la impresión de que para ella la cocina marroquí es prácticamente sinónimo de felicidad y de cuidar las amistades. En realidad las relaciones fueron clave para su formación en las técnicas de cocina marroquí, de las que dice que adquirió con «besos, arrumacos y cucharas de medir».

mano en casa —una tarea larga y engorrosa cuando menos— está desapareciendo lenta pero rotundamente.

El cuscús se obtiene de amasar en las palmas de las manos la semolina con agua salada, a la que luego se añade harina de semolina y más agua para que la pasta se convierta en esas «perlitas» que reconocemos como cuscús. Por último se tamiza, se hierve al vapor sin parar de remover con un tenedor, se deja reposar y vuelve a cocerse al vapor. El volumen de cuscús se infla con cada ronda de vapor, lo que hace de la hospitalidad marroquí —que se define por la capacidad para alimentar a comensales de última hora— una hazaña fácil. El cuscús se come con caldo y carne o pescado marinado a la brasa. Auque estos tres componentes de un menú de cuscús se emplatan por separado, a menudo comparten los sabores típicos de los tajines o las *kedras*.

Comerse un tajín es compartir, símbolo del generoso espíritu nacional. La gente se sienta en torno al plato y moja la salsa espesa con pan. Como con los platos de cuscús, los tajines siempre dan para más personas: basta con poner más pan. Wolfert dice: «Siempre hay sitio para uno más. Siempre me ha impresionado que en Marruecos la buena comida en realidad sea una señal de amistad». Entre los ingredientes se incluyen el pollo con ciruelas y almendras, membrillos caramelizados y avellanas, albaricoques secos y piñones, cordero con dátiles de Medjoo[*] y manzana verde, o alcachofas con limón.

Como última escala de la Ruta de las Especias antes de que el género entrase en Europa, Marruecos recibía una gran cantidad de especias procedentes de Asia. La canela, el jengibre y la cúrcuma, tres pilares de la cocina marroquí, llegaron de la India, que, por cierto, es el único país donde el uso de las especias rivaliza en volumen y diversidad con el de Marruecos. El *ras el hanut*, por ejemplo, una mezcla de más de nueve especias[†] que se esparce sobre los platos o se unta en las carnes, procede de Marruecos[‡] y significa «lo mejor de la tienda»: una mezcla de las mejores especias que ofrecía el local. Cada comerciante de especias tiene su propia mezcla de la casa de *ras el hanut*, que se muele a medias y que, con ingredientes como pétalos de rosa y serba, añade tanto calidez como un delicioso aroma a flor justo antes de servir. Confeti comestible, por así decirlo. Por tradición las mezclas de espe-

• • • •

[*] El rey de los dátiles: grande, carnoso y con un sabor muy parecido al caramelo. Delicioso.

[†] El *ras el hanut* puede llevar las siguientes especias en proporciones variables: pimienta de Jamaica, cardamomo, canela, clavo, semillas de cilantro, jengibre, macis, nuez moscada, cúrcuma, pimienta negra, pimienta blanca, cayena, anís estrellado (véase pág. 202).

[‡] En otras partes del norte de África la gente suele hacer una mezcla más simple de cinco especias parecida a la *kama* (una mezcla molida de canela, pimienta negra, jengibre deshidratado, cúrcuma y nuez moscada del norte de Marruecos, véase pág. 203), que carece de la complejidad del *ras el hanut*.

cias varían de una región a otra gracias al variado paisaje marroquí. (Esto, sin embargo, está cambiando, a medida que la gente abandona el medio rural para prosperar en ciudades donde florece el turismo como Marrakech, la animada urbe, Casablanca, en la costa, o Fez.)

Los limones en conserva (que se maduran en tarros con sal y especias) se utilizan por toda África del Norte en platos de toda clase, desde ensaladas a cuscús y tajines, a los que confiere un toque cítrico más intenso y sustancioso. Si bien en otras cocinas se limitan a conservarlos en salmuera, los marroquíes van más allá al madurarlos en su propio jugo. Wolfert asegura que los limones en conserva son el condimento más importante de la despensa marroquí. Son sin duda fundamentales para reproducir parte del dulzor de la comida del país, con una función similar a la de las limas deshidratadas de la gastronomía persa.

En una Navidad especialmente frugal me dio por comprar unos cuantos tarros grandes y hacer limones en conserva para mi familia y mis amigos: probad a hacerlo con la receta que os doy más abajo. No os limitéis a utilizarlos solo para comida marroquí. Una vez los metí dentro de un pollo que iba a asar (en lugar de limón fresco) y le dieron un sabor increíble.

Otro ingrediente que suele asociarse con Marruecos, aunque erróneamente, es la pasta *harissa*. Hecha con chiles rojos machacados, ajo, sal y aceite de oliva, en realidad se importa de Túnez,[*] que es conocida por emplearlo en platos como la *shakshuka* (que con el tiempo viajó a Israel) y que ha ganado popularidad en Marruecos conforme ha aumentado el gusto por el picante. (Wolfert dice que hoy en día los marroquíes la comen «como el kétchup».) Aunque es rica en especias, la comida marroquí nunca ha sido picante por tradición. Tiene sentido que, en lugar de limitarse a añadir chiles a sus platos, se hayan inspirado en los tunecinos para atemperar el picor de los chiles con otros sabores fuertes.

Me encanta la alusión de Edith Wharton a las «formas brillantes y líneas sutiles». Recuerda claramente a los grandes sabores y las influencias culturales e históricas presentes en la cocina marroquí, tan entrelazadas en platos delicados que utilizan técnicas cuidadosamente aprendidas. Iluminad este manuscrito probando a hacer uno de estos sencillos platos marroquíes por vuestra cuenta.

••••

[*] Esto explica su inclusión en muchas recetas de *shakshuka*. Esta especie de pisto, que fue llevado a Israel por los judíos tunecinos, es ahora un plato típico de los desayunos israelíes, un guiso especiado de guindillas y tomates con huevos pochados dentro.

LA DESPENSA • limones en conserva • agua de azahar • dátiles • miel • almendras • azafrán • mezcla de especias *ras el hanut* (véase pág. 202) • canela • cebolla caramelizada • pasas doradas • pasta de *harissa* • cuscús • pasta filo

• • •

• CUSCÚS DE POLLO •

Olvidaos de las horribles ensaladas de cuscús precocinado con trozos anecdóticos de pimiento rojo o calabacín que se hicieron populares entre las mamás pijas de los noventa. El cuscús de Paula Wolfert es suave y esponjoso, coronado con una salsa de un dulzor glorioso. No dejéis que la larga lista de ingredientes os desanime: son fáciles de conseguir y muchos los tendréis ya en casa. Se puede hacer la versión vegetariana sustituyendo el pollo por garbanzos; también habrá que rebajar la cantidad de caldo (y escoger alguna verdura en lugar del pollo) y reducir el tiempo de cocción.

• 4 COMENSALES •

3 cdas. de aceite de oliva

1 cda. de mantequilla

1 pollo mediano, cortado en muslos, contramuslos, alitas y pechugas (o valdrían 8 muslos y contramuslos en total si no se quiere trocear el pollo)

1 cebolla blanca grande en rodajas

1 cebolla roja grande en rodajas

½ cdta. de jengibre

3 pellizcos de azafrán

sal marina y pimienta negra recién molida

500 ml de caldo de pollo

15 g de perejil picado, más un poco para servir

1 cdta. de canela

2 cdas. de azúcar blanquilla

2 cdas. de miel

450 g de cuscús seco

30 g de almendras, tostadas (opcional)

1 • Calentar el aceite y la mantequilla en una sartén grande y saltear los trozos de pollo 2-3 minutos por cada lado hasta que se doren. Sacar de la sartén y reservar. Añadir las cebollas, el jengibre y el azafrán, salpimentar y saltear 4-5 minutos, hasta que las cebollas estén traslúcidas. Devolver el pollo a la sartén, añadir el caldo de pollo y cocer 30 minutos.

2 • Precalentar el horno a 230°C.

3 • Añadir el perejil, la canela y el azúcar y cocer 5 minutos más.

4 • Sacar los trozos de pollo, poner en una bandeja de asar y rociar con la miel. Hornear 10 minutos o hasta que el pollo tome un color marrón oscuro.

5 • Mientras tanto, mantener caliente la salsa a fuego bajo y preparar el cuscús. Para ello se coloca en un bol grande o una fuente de servir y se cubre con agua hirviendo. Añadir una pizca de sal, remover rápidamente, cubrir con un plato y dejar reposar 5 minutos. Después remover con un tenedor para que se suelten los granos y queden esponjosos.

6 • Servir el pollo sobre un lecho de cuscús y echar por encima la mezcla de cebollas, las almendras (en caso de usar) y un poco de perejil picado.

• TAJÍN DE CALABAZA •

Esto no es un tajín estrictamente dicho, ni tampoco una *kedra*. Esos dos platos marroquíes reciben su nombre del recipiente donde se cocinan, de modo que mi versión impostora para la hornilla no es por definición ni lo uno ni lo otro: ¡sería más correcto llamarla «olla»! De todas formas, he comprobado que muchos cocineros marroquíes también prescinden del tajín y, en mi opinión, esta recreación en olla produce sabores mareantes, verduras tiernas y una salsa con una consistencia ideal para mojar con pan plano.

• 6 COMENSALES •

una pizca de azafrán

50 g de mantequilla sin sal

1 cebolla picada fina

3 cdtas. de canela molida

2 cdtas. de jengibre molido

½ cda. de nuez moscada recién rallada

1 cdta. de sal marina

1 cdta. de pimienta negra recién molida

400 g de garbanzos secos, en remojo una noche

3 cebollas en finas medias lunas

3 zanahorias cortadas en trozos de 2 cm

60 g de pasas

1,5 kg de calabaza pelada, sin semillas y cortada
    en trozos de 3 cm

300 g de espinacas frescas

2 cdas. de miel

1 cda. de aceite de oliva virgen extra

PARA SERVIR

1 limón en conserva, sin la pulpa y en rodajas muy finas
    (véase pág. 295)

75 g de almendras escaldadas tostadas

1 cdta. de *ras el hanut* (opcional, véase pág. 202)

1 • Pasar el azafrán por el mortero y dejar 10 minutos en remojo en dos cucharadas de agua caliente.

2 • Poner en una olla bien grande y honda o una fuente resistente al fuego la mitad de la mantequilla, el agua de azafrán, la cebolla, el jengibre, la nuez moscada y el aderezo y cocinar 5-6 minutos a fuego bajo. La mezcla no tardará en tomar un intenso color naranja y despedir un aroma embriagador, mientras la cebolla empieza a ablandarse.

3 • Añadir los garbanzos y cubrir con agua, tapar la olla y subir ligeramente el fuego. Cocinar durante 30 minutos, añadir a continuación las rodajas de cebolla y cocer 20 minutos más.

4 • Precalentar el horno a 120 °C.

5 • Probar el aderezo del caldo para rectificar de sabor. Incorporar entonces las zanahorias, las pasas y la calabaza y cocinar tapado, durante 20-25 minutos, hasta que la calabaza y las zanahorias estén tiernas pero sin llegar a deshacerse.

6 • Sacar las verduras, los garbanzos y las pasas y colocar en una bandeja de horno. Cubrir con papel de aluminio y meter en el horno para mantener el calor.

7 • Escaldar 2 minutos las espinacas en una olla con un poco de agua y reservar.

8 • Añadir la miel, el aceite y el resto de la mantequilla al caldo, llevar a ebullición y rehogar 5-6 minutos hasta que reduzca y se espese.

9 • En el momento de servir sacar las verduras y los garbanzos del horno y disponer en una fuente de servir. Añadir las espinacas por encima, verter el caldo y rociar con los trocitos de limón en conserva, almendras y un poco más de *ras el hanut* para darle un toque extra de picante y belleza.

• LIMONES EN CONSERVA •

Paula Wolfert dice que los limones en conserva son «el condimento más importante de la despensa marroquí», y no puedo estar más de acuerdo. Es tal la intensidad y la riqueza de estos limones fermentados y especiados que en la cocina marroquí los frescos no valen como sustitutos. (Os animo, además, a que los utilicéis en lugar de los frescos para introducirlos en el pollo asado del domingo... Está de muerte y da una salsa de miedo.) Al añadir especias, se agrega complejidad y hay que reconocer que, para todo esteta culinario en ciernes, el bote de conserva es una bella estampa.

• 6 COMENSALES •

6 limones sin encerar, limpios
6 cdas. de sal de mesa fina
zumo de limón suficiente para cubrir los limones
una rama de canela
3 clavos enteros
10 semillas de cilantro
10 granos de pimienta negra

1 • Hacer rodar los limones adelante y atrás sobre una tabla de cortar, para que se ablanden, y a continuación cortar en cuartos desde la punta, dejando sin seccionar 1 cm por abajo para que no se desgajen del todo.

2 • Frotar la sal por toda la pulpa que esté a la vista y seguidamente comprimir bien los limones en un tarro de conserva esterilizado. Añadir sal en cada capa de limones. Aunque hay que apretar bien, es posible: ¡solo hace falta presionar con fuerza!

3 • Se necesitan muchos más limones de los que se indica arriba porque en esta fase hay que cubrir el tarro con zumo: el suficiente para sumergir toda la fruta.

4 • Introducir la rama de canela y echar por encima las especias. Cerrar bien la tapa y refrigerar un mes. Conviene remover de vez en cuando el tarro para que se distribuyan uniformemente la sal, el zumo de limón y la mezcla de especias. Rellenar con zumo de limón cuando sea necesario.

LAS AMÉ

CRISOLES EN LOS FOGONES

...

El descubrimiento europeo de América en 1492 supuso una oportunidad increíble para ejercer influencia sobre un vasto territorio en un espacio de tiempo muy corto, que fue justo lo que pasó. En este mapa se muestra cómo las principales potencias europeas se repartieron a lo largo de los siglos XV y XVIII el pastel de las Américas. Las zonas que aparecen sombreadas en el mapa indican qué potencias europeas colonizaron qué partes del continente durante el auge del imperialismo a mediados del siglo XVIII.

Las flechas dan cuenta de las grandes oleadas de inmigración de pueblos que, aunque no fueron colonizadores, han demostrado tener una influencia similar en la cultura de distintos países del Nuevo Mundo, y que han dejado por tanto su impronta en las diferentes gastronomías del continente. Entre los factores importantes se incluyen el inicio de la esclavitud en el siglo XVI, cuando se esclavizó a millones de africanos occidentales para que trabajasen en las plantaciones americanas o sirvieran como criados; otros esclavos de China y la India ligados por contrato que vinieron tras la abolición de la esclavitud legal; y la Segunda Guerra Mundial (con las comunidades judías que huyeron del Holocausto o las italianas que escaparon del régimen de Mussolini).

Este mapa es una explicación (simplificada) de cómo la mezcla de los pueblos en América se ha visto reflejada en sus cocinas: lo que los crisoles de civilizaciones han hecho, literalmente, a los crisoles de los fogones.

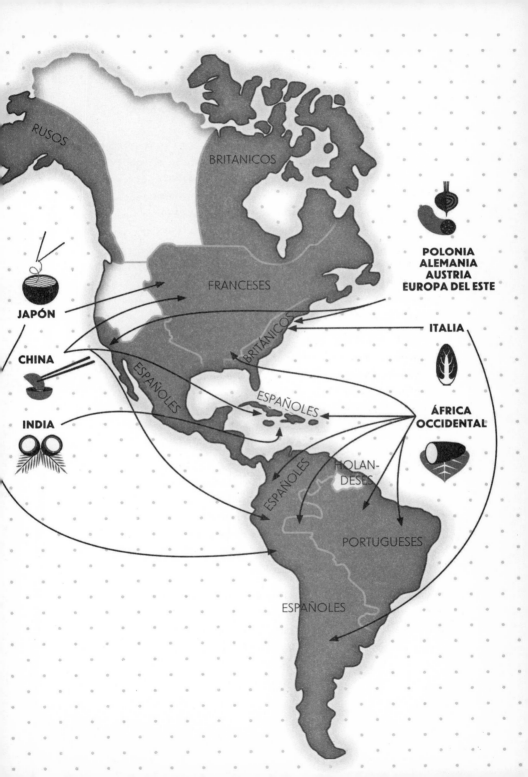

• COMUNIDADES INDÍGENAS •

Las comunidades indígenas de América se conocen como precolombinas porque conformaban la población del Nuevo Mundo antes de la llegada de Cristóbal Colón y los conquistadores en 1492. Los mayas, los aztecas, los incas, los apaches o los inuits provienen de eras, geografías y culturas de una diversidad enorme, aunque se hayan metido en un mismo saco cruel bajo la denominación de «indios», en referencia a la creencia inicial de Colón de haber llegado a la India, antes de comprender que se encontraba en un Nuevo Mundo.

La llegada de los europeos impuso un régimen cruento en las vidas de estos pueblos, y no solo por la opresión de las fuerzas imperiales, tan violentas como ambiciosas, sino porque llevaron consigo dolencias para las que los nativos no estaban inmunizados. Las enfermedades europeas, de la viruela o la gripe al resfriado común, fueron las culpables del exterminio de millones de indígenas americanos entre los siglos XVI y XVII. (Para que os hagáis una idea, la tasa de mortalidad superó incluso la de la peste negra en Europa).

Aun así las influencias permanecieron, como puede verse en la comida de países como México (véase pág. 315), donde las costumbres indígenas siguen celebrándose de la mano de las tradiciones españolas y africanas en una cultura (y una gastronomía) típicamente híbrida del Caribe, pese a su química exclusivamente mexicana.

CALIFORNIA

Un lugar es siempre de quien lo reclama con más tesón, de quien lo recuerda con la mayor obsesión, de quien lo desgarra de sí, lo moldea, le da forma, y lo quiere con tal pasión que lo rehace a su propia imagen y semejanza.
• JOAN DIDION, *El álbum blanco* •

CUANDO TENÍA veintiún años me mudé al norte de California con una maleta y una recopilación de la prosa de Didion. Fue el año que pasé en la Universidad de Berkeley, donde fui a continuar mi licenciatura en inglés. De lo que no era consciente era de que también iba a recibir una educación culinaria.

Al principio no lo entendía: ¿por qué la gente le daba tanto bombo a la cocina californiana cuando bebía tan claramente de las cocinas de otras culturas? La mexicana, la china, la italiana... Ya había probado gran cantidad de platos de esas cocinas. ¿Era justo hablar de comida «californiana», cuando utilizaba descaradamente los platos y las tradiciones de gastronomías de más rancio abolengo? ¿Se trataba de una especie de plagio culinario?

Por supuesto no tardé mucho en comprender que la cosa iba más allá, que California sí que tenía una cocina por derecho propio, por mucho que fuera hija de otras. La gastronomía californiana deriva de otras, sí, pero este es un rasgo del que se enorgullece. Hace gala de la riqueza, la diversidad y las posibilidades del Nuevo Mundo y le da al concepto de «crisol de civilizaciones» una expresión culinaria, aunando las dispares influencias de sus comunidades de inmigrantes en un solo plato.

La población procedente de Hispanoamérica en California iguala prácticamente en número a la anglosajona: casi un 40 por ciento del estado. De estas gentes una mayoría aplastante es mexicana, una comunidad que ha integrado todos los potentes platos básicos de su patria (véase pág. 315) en el canon californiano (pensad en el chile, la lima, los frijoles o el aguacate). Otro 13 por ciento de la población proviene del Pacífico asiático, y muchos de ellos han echado raíces muy profundas en suelo americano: la Chinatown de San Francisco es la mayor del mundo y la ciudad presume también de tener una población japonesa de un volumen tan significativo que ha dado lugar a una Japontown. Si añadimos a estas cifras numerosos grupos y cocinas menores como la mayor diáspora iraní del mundo, con 500.000 personas en torno a Los Ángeles; grandes asentamientos italianos como el de North Beach de San Francisco; más de un millón de judíos y un buen puñado de platos estadounidenses tradicionales de fogón, obtenemos un panorama gastronómico de una diversidad increíble.

Los platos de estas culturas han pasado por un proceso de adaptación californiana, a menudo con resultados que la propia gastronomía de origen no reconocería. Algunos ejemplos son el sushi california (que inició a los estadounidenses en el sushi con el truco de esconder el alga dentro del rollo y, a menudo, utilizar surimi en lugar de carne de cangrejo); el *cioppino* (un guiso de pescado «italiano» que nació en San Francisco) o los burritos, que, por irónico que parezca, superan a cualquiera que haya comido en México. Algunos de mis ejemplos favoritos de la cocina híbrida californiana provienen de Mission Street Food, un restaurante del barrio de The Mission de San Francisco. El pulpo a la plancha con yogur ahumado, aceitunas negras, salsa de nabo fresco y guisantes con *ras el hanut* (la mezcla marroquí) o el lomo de cerdo con jícama marinada (una especie de nabo mexicano) y jalapeños encurtidos; son una muestra del fértil cruce de cocinas y reflejan la esencia de la comida californiana actual, en una mezcla del este asiático con México, el norte de África y Oriente Próximo.

Para apuntalar este *patchwork* de influencias culturales, existe una ética que da prioridad al producto local y de temporada: esto es, cocinar con los productos que se tienen a mano en abundancia en determinada época del año. Recuerdo un día que me escaqueé de una excursión al Museo de Arte Moderno de San Francisco para ir a comprar al mercado del barrio, el Berkeley Bowl. En un bello contraste con los supermercados generalistas, el B. B. es una pinacoteca por derecho propio —incluso un emporio— de comida fresca local y de temporada, recién salida del huerto y todavía con su tierra.

Hoy en día estamos hartos de oír calificativos como «local», «ecológico» o «estacional» pero en la década de 1960 —cuando gran parte de la oferta y el exotismo que introdujo el comercio exterior eran todavía una novedad— California fue la abanderada de una manera más sostenible de abordar la alimentación. Figuras destacadas como Alice Waters,[*] que reside en Berkeley —el «invernadero» californiano de la cultura alternativa y cuna del

• • • •

[*] Alice Waters le puso cara y voz a la comida californiana. La que con el tiempo se convertiría en una activista de la reforma de los comedores escolares y en consultora de comida ecológica, abrió el emblemático restaurante Chez Panisse en 1971, donde combinaba la cocina francesa clásica con ingredientes californianos. Chez Panisse sigue ocupando el mismo edificio del movimiento Arts & Crafts de la avenida Shattuck de Berkeley.

movimiento del Free Speech—,* fomentaron los ingredientes cultivados en las cercanías y de temporada, en contra de la corriente de la cultura consumista. «La época y la ubicación alentaron mi idealismo y mi experimentación. Eso fue a finales de la década de 1960 en Berkeley. Todos creíamos en el compromiso personal y comunal y en la calidad. Chez Panisse nació de estos ideales.»[†]

Más que como un conjunto establecido de platos y sabores, la comida californiana podría definirse como una forma de abordar la comida. Lo importante no es tanto «el qué» sino el «cómo». De modo que, si bien existen ingredientes, platos e influencias típicas de California, no se necesita obligatoriamente acceso a ellos para cocinar al estilo californiano. Pensad en vuestra ubicación actual. ¿Qué frutas y verduras son de temporada? ¿Qué comidas son autóctonas de donde vivís? ¿Y qué comunidades de inmigrantes se han trasladado allí en bloque? Mezclad las respuestas en un guiso de vuestra propia invención. Sed creativos en función de los productos de temporada y emularéis la comida californiana no solo en el sabor sino en el espíritu.

En palabras de Kim Severson, de *The New York Times*, «[la comida californiana] era la comida de la fiebre del oro y de los inmigrantes, de los huertos y del sol». Desde luego todas las cocinas se derivan de otras en cierto modo, pero lo que distingue a la californiana, aparte de la impresionante diversidad de sus elementos constitutivos, es que, como en Israel, su cultura culinaria es novísima. Al haber surgido tan solo durante las dos últimas generaciones y estar todavía estableciéndose, no siempre se considera una cocina por derecho propio. Pero estoy convencida de que la forma californiana de abordar la comida ha cambiado sin remisión la manera en que comemos, tipificando cómo queremos cocinar y comer: con ingredientes frescos y saludables y un toque de rebeldía. Se arroga el derecho de hacer maridajes inesperados con una creencia absoluta en el uso de los ingredientes más a mano.

Siempre he pensado que los principios de la comida californiana son un reflejo de los que llevan años utilizando los viticultores, quienes han ponderado sin trabas sus *terroirs* y han respetado el potencial del suelo autóctono para cosechar sus mejores resultados. Pero lo que creo que más me gusta de su cocina es que nos muestra lo que puede ser la comida si se aplican los principios de la ecología, se seleccionan los ingredientes con conciencia y se hace un fondo común de tradiciones culinarias.

• • • •

* Entre 1964 y 1965 el movimiento del Free Speech se convirtió en la respuesta estudiantil organizada a la administración universitaria de Berkeley, que había prohibido el activismo estudiantil más allá de las asociaciones organizadas de los partidos republicanos y demócratas. Los estudiantes activistas hicieron una exitosa campaña en pro del derecho a la libre expresión y el movimiento marcó un hito en la historia de las libertades civiles estadounidenses.

† Extracto de *The Chez Panisse menu cookbook.*

Cuando se publicó *El álbum blanco* en 1979, un periodista de *The New York Times* escribió que «California es de Joan Didion». Aunque la cita que empieza el capítulo está abierta a interpretaciones (pues tal vez sea más una reflexión general sobre la relación del individuo con el espacio que con un lugar en concreto), me retrotrae a California. Es el Estado Dorado, moldeado por su inimitable collage de gentes, que todas han querido crear algo nuevo. La cocina californiana es el resultado de este impulso, en una recreación radical a imagen y semejanza de sus gentes.

Cuando tenía veintidós años me fui de California pero ella nunca se fue de mí. Daos un capricho e id a la tierra de los inmigrantes y del sol y sentid cómo se expanden vuestros horizontes.

LA DESPENSA • combinad los productos de temporada de donde vivís con cualquier alimento que tengáis a mano, basándoos por ejemplo en las comunidades étnicas que os rodean. Para mí, que vivo en Londres, podrían ser ingredientes turcos o indios pero en California incluirían aguacates o tortitas de México, *ras el hanut* marroquí (véase pág. 202), *polow* iraní, *labneh* del Levante, tallarines, jengibre o *doenjang* de Asia. Es clave que los ingredientes sean frescos y de temporada.

• • •

• ENSALADA CALIFORNIA •

Esta ensalada se remonta a mis días californianos, cuando aún estaba verde como una lechuga. Combina varias influencias e ingredientes estacionales del Estado Dorado y puede elaborarse de muy diversas maneras, según lo que tengáis a mano y lo que sea de temporada en un momento dado. En la versión que os doy aquí, mi favorita, se combinan unas gambas frescas selladas rápidamente con ingredientes básicos como el aguacate, la naranja de mesa y una salsa de inspiración asiática. Para hacer un plato más completo puede añadirse quinoa o bulgur, con o sin gambas. Ambos cereales absorben perfectamente la salsa.

• 4 COMENSALES •

1 chalota picada fina

1 trozo de 1 cm de jengibre picado grueso

1 diente de ajo picado grueso

15 g de hojas de cilantro

1 cda. de aceite de oliva virgen extra

2 cdas. de vinagre de vino de arroz

1 chorro de aceite de sésamo tostado

2 cdta. de mirin o vino de arroz

1 cdta. de salsa de soja

el zumo de ½ lima

100 g de quinoa o bulgur de trigo, hervidos
en 400 ml de agua y enfriados (opcional)

3 cebolletas cortadas en rodajas de ½ cm

2 aguacates cortados a lo largo

2 naranjas de mesa peladas y desgajadas
con un cuchillo afilado

20 gambas crudas (opcional)

pimientos jalapeños encurtidos para servir (opcional)

cilantro para servir, picado

1 • Para la salsa, majar en un mortero la chalota, el jengibre, el ajo y las hojas de cilantro hasta que el cilantro impregne de verde el resto de ingredientes. Pasar a un cuenco pequeño y mezclar con el aceite de oliva, el vinagre de vino de arroz, el aceite de sésamo, el mirin, la soja y el zumo de lima.

2 • Si se usa quinoa o bulgur, ponerlo en un cuenco de servir y luego echar por encima las cebolletas, los aguacates y las naranjas. Si no se emplean cereales, basta con poner estos ingredientes en el cuenco.

3 • En caso de usar gambas, sellarlas 2 minutos en una sartén: tienen que tomar color pero sin ponerse duras. Repartir por encima de la ensalada.

4 • A continuación solo hay que verter la salsa sobre la ensalada y, si se quiere dar más intensidad, añadir jalapeños encurtidos y un puñado de cilantro picado.

• MAZORCA DE MAÍZ A LA BARBACOA CON MANTEQUILLA DE JALAPEÑOS •

Hay pocas cosas más buenas que el maíz a la brasa cuando es temporada. Con esta receta obtendréis unos tiernos granos de maíz dulce empapado en una mantequilla de inspiración mexicana rematada con jalapeños y lima. La mejor manera de hacer maíz a la brasa es 1) en una barbacoa y 2) con la cáscara recubriendo el cuerpo de granitos amarillos. Como por desgracia el verano no es perenne, os ofrezco instrucciones para una buena parrillada de interior; y como en la mayoría de los supermercados el maíz se vende sin cáscara, asumo que lo usaréis así aunque también añado instrucciones por si lográis encontrar una bonita mazorca recubierta con su cáscara.

• 4 COMENSALES •

50 g de mantequilla sin sal a temperatura ambiente
30 g de jalapeños frescos o encurtidos picados en trocitos
el zumo de 1 lima
una pizca de sal
10 g de cilantro, picado muy fino
4 mazorcas de maíz, a ser posible con su cáscara
limas para servir, cortadas en medias lunas (opcional)

1 • Encender la barbacoa o el grill.

2 • Machacar en un cuenco los jalapeños, el zumo de lima, la sal y el cilantro con la mantequilla bien ablandada. Moldear con las manos la mantequilla aderezada, formar un cilindro (así, a la hora de servir, será más fácil cortarla en rodajas) y refrigerar hasta que vaya a usarse. Lo suyo es prepararla un par de horas antes que el maíz para que los sabores tengan tiempo de ligarse bien.

3 • Poner el maíz en remojo en agua ligeramente salada entre 15-20 minutos. Escurrir.

4 • Si se hace el maíz sin cáscara, cocinar 20-30 minutos, dando la vuelta de tanto en tanto para que se doren bien todos los lados. Los granos tienen que quedarse entre marrón y negro. Si se cocina con cáscara, necesitarán un poco más de tiempo: pasar por la parrilla 15 minutos hasta que se ennegrezcan las cáscaras, y luego pelar y desechar. Devolver el maíz «desnudo» a la parrilla otros 10 minutos, sin dejar de remover. Los granos tienen que quedar chamuscados.

5 • Cortar rodajas de mantequilla de jalapeño en una bandeja, poner una sobre cada mazorca y servir con rodajas de lima para darle un punto cítrico adicional (opcional).

LUISIANA

En cuanto aterrizas en Nueva Orleans algo húmedo y oscuro te salta encima
y empieza a fornicarte como un caimán en celo, y la única forma de quitarte
de encima ese rasgo de Nueva Orleans es comiéndotelo. Hablamos de buñuelos,
de *bisque* de cangrejo de río y de *jambalaya*, hablamos de *remoulade* de gambas,
pastel de nueces de pecán y judías rojas con arroz, hablamos de pámpano pintón
en papillote, polvo *filé* a las hierbas zumbonas y ostras crudas; hablamos de
parrilladas para desayunar, un bocadillo *po'boy* con *chowchow* para
antes de dormir y, entremedias, gumbo por un tubo.
• TOM ROBBINS, *Jitterbug perfume* •

HAY UN PLATO llamado «Hoppin' John» (John el
Bailongo) que se come en el Sur Profundo, una mezcla cajún parecida a un *risotto*, con judías de careta,
arroz, cebolla y panceta, que me recuerda a mi padre. No tengo ni idea de si alguna vez se habrá comido un «John el Bailongo» pero, dado que se llama
John y que le encanta el blues, quiero creer que le
gustaría. Me crie en un pareado del sur de Londres
en el que John Lee Hooker y B. B. King zumbaban en
la cadena mientras mi padre acompañaba el ritmo
con el pie y hacía como que tocaba la guitarra en canciones como *The thrill
is gone* (aunque su entusiasmo demostraba todo lo contrario del título, que
la emoción seguía allí). Era la personificación de John el Bailongo.

En el Sur Profundo la música y la comida suelen ir de la mano, en una
armonía que refleja el alma de la clase negra sirviente que ha acabado
definiendo la zona. Comida para el alma y música del alma (el *soul*). Los
nombres de algunos platos tienen un sonido tan inspirador que bien
podrían ser títulos de canciones. Tal era el caso sin duda del cantante de
country Hank Williams y su canción de 1952 *Jambalaya in the bayou*. Can-
taba a platos criollos y cajunes como la jambalaya (que a grandes rasgos
es una paella sureña que combina arroz con caldo y carnes) o el gumbo
filé al ritmo de los acordes de su acústica. Tanto la música como la comida
reflejan el carácter único de la vida en torno a los pantanos de Luisiana.
Cuando unen sus fuerzas evocan como ninguna otra cosa la humedad

subtropical y los meandros de agua en los que moran cangrejos de río, bagres e incluso caimanes.

Si he escogido hablar de Luisiana y no de otros estados sureños es porque creo que en esta región encontramos la expresión más pura del Sur Profundo. Cuando se cocina y se come en una cocina de Luisiana, cobran vida el zumbido de Nueva Orleans y los humedales de los *bayous*,[*] por no hablar de los grupos sociales mestizos de la región, como los criollos y los cajunes. La comida de Luisiana es una forma de probar el sabor sureño más sustancioso: pero antes de empezar a cocinar, hay que preparar una banda sonora sureña. La experiencia será mucho más satisfactoria con Muddy Waters y Slim Harpo, que os acelerarán a vosotros y a vuestra olla de gumbo.

En su conjunto el sur de los Estados Unidos abarca al menos un tercio del país, de Maryland a Florida y hasta Texas hacia el oeste. Estos once antiguos estados esclavistas de la Confederación, que se escindieron de la Unión del presidente Lincoln entre 1861 y 1865, formaron un espacio cultural notablemente diferente del norte y del oeste de la nación. La esclavitud tuvo un papel central en el modelo económico de la región durante el siglo XIX —en las plantaciones se cultivaban tabaco y algodón a gran escala— y persiste una consciencia cultural muy lejana de las nociones que podemos tener los europeos de América, encarnada en Nueva York o California.

Luisiana —y el sur en su conjunto— cuenta con una población negra considerable que ha sido instrumental en el desarrollo de la cocina existente hoy en día. Aunque históricamente prevaleció una dinámica de amo-esclavo entre las poblaciones blancas y negras, resulta alentador constatar la influencia —e incluso el poder— que la clase negra sirviente tenía en las cocinas sureñas. Este influjo ha persistido y, dado el tamaño de la región, no es de extrañar que la *soul food* («comida del alma») sureña (un término que se acuñó en la década de 1960 para describir la comida afroamericana) sea tan popular.

En Luisiana[†] la cultura de los nativos americanos se cruza con la de los esclavos africanos, los colonizadores europeos y los vecinos de Amé-

• • • •

[*] *Bayou* es como se llama a los humedales o marismas de los estados del sur, siendo los más conocidos los de Luisiana. Como tantas otras palabras (y nombres de platos), se trata de un término francés que adaptaron y criollizaron los angloparlantes del Sur Profundo. El *bayou* de la región es llano y bajo y alberga un vasto ecosistema con una flora y una fauna muy ricas, incluidos los crustáceos frescos.

[†] El estado fue bautizado en honor a Luis XIV, rey de Francia de 1643 a 1715.

rica Latina. Domina la tradición francesa* —la salsa roux, por ejemplo, es esencial—, que se solapa con las influencias afroamericanas, como el uso de los quimbombós y los pimientos panameños en guisos como el gumbo y la *jambalaya*, que pueden hacerse tanto al estilo criollo como al cajún. Estas dos son las tendencias dominantes en las cocinas del sur y, si bien ambas concilian los ingredientes locales con la cocina francesa clásica y tienen platos con el mismo nombre, divergen en la ejecución estilística.

La cocina criolla, asentada en torno a Nueva Orleans, en el sureste de Luisiana, desciende más directamente de los colonos franceses. Más «refinada» y menos rústica que su prima cajuna, es probable que la gastronomía criolla la desarrollaran los criados, quienes mezclaron las influencias francesas coloniales (el uso de la mantequilla y la nata, el ajo y las hierbas frescas, las salsas roux, los *bisques* y los *chowders* o sopas de pescado) con diversos ingredientes de algunas de las eclécticas comunidades del crisol sureño. La patata la introdujeron los irlandeses, el quimbombó, la población africana, los pimientos y las especias dulces, los españoles, la pimienta de Jamaica, los antillanos y el polvo *filé* (de las hojas del árbol del sasafrás; véase pág. 307), los nativos americanos. La cocina francesa, en cambio, siempre estará presente en un plato criollo, en lo que el gastrónomo estadounidense Colman Andrews describe como la «Sagrada Trinidad de los ingredientes criollos»: el apio, la cebolla y los pimientos. Este trío tiene reminiscencias del *mirepoix* francés, que se usa como base de platos como los *moules marinière* o el *ratatouille*, así como en innumerables platos de otras zonas del Mediterráneo.

Los cajunes, asentados en el suroeste de Luisiana, llegaron al sur a mediados del siglo XVIII provenientes de Acadia (la actual Nueva Escocia) en el Canadá francés, deportados por los británicos que expandían sus territorios por Canadá. Aunque comparte el armazón francés con la criolla, es una cocina mucho más sencilla, rústica y especiada, con un mayor uso de las guindillas heredadas de los españoles en los ingredientes del *bayou* y del litoral. La carne de caza tiene una presencia importante, como debió de tenerla en Canadá, con animales como el conejo, la comadreja e incluso el caimán. Suelen ahumarse o marinarse con aliño cajún que, aunque varía de una cocina a otra, siempre contiene cayena, pimienta negra, pimentón y pimientos morrones. También encontramos productos de charcutería que provienen claramente de equivalentes franceses como la *andouille* o la morcilla.

• • • •

*Desde mediados del siglo XVI los franceses colonizaron Norteamérica desde la Luisiana actual, pasando por el Medio Oeste, y llegaron hasta lo que ahora es el Canadá francoparlante. El auge de su influencia se vivió a mediados del siglo XVIII.

Las sopas y los guisos de pescados y carnes locales son el corazón (y el alma) de ambas cocinas e incluyen judías pintas con panceta, el Hoppin' John con judías de careta, el *chowder* de caracolas (con carne de caracola, tomates y pimientos morrones) y el *bisque* de gambas, una sopa ligera y cremosa espolvoreada con cayena. Tal vez el guiso más famoso del sur sea el gumbo, que comparten ambas cocinas. Con una base de caldo, el gumbo es una amalgama de crustáceos locales como las gambas y carnes como el pollo y la longaniza, que se mezclan y se espesan con roux (que suele ser más oscura en los gumbos criollos, señal de un proceso culinario más complejo) y se sirve sobre arroz. Una *étouffée* es un guiso más espeso de crustáceos, también con roux y sobre arroz. Su principal ingrediente es el cangrejo de río[*] en una salsa roux oscura que se hace con *beurre noisette*.[†]

Lo típico es servir estos guisos con arroz, gachas o pan de maíz. Las gachas sureñas —cuyo nombre en inglés antiguo significa «harina maldita»— suelen hacerse con maíz tratado con cal, conocido como nixtamal.[‡] Tienen una consistencia parecida a las de avena y se comen sobre todo para desayunar, acompañadas de *grillades* (verduras hechas a fuego lento con ternera o cerdo) o huevos. El desayuno de Luisiana también puede incluir «biscuits», unos bollos de masa dura y salada, parecidos a los *scones*, que se sirven con salsa *gravy*, huevos o filete de ternera.

Al igual que en México y el sur de América Latina, el maíz y su harina aportan una fuente de carbohidratos asequible y fácil de conseguir en el sur (véase pág. 314). Los habitantes de la región son capaces de confeccionar unos platos deliciosos —si bien ricos en colesterol— a partir de una harina aparentemente sosa, como el *cornbread* (mi *cornbread* de suero de leche es mi contribución anual a la comida de Acción de Gracias; lo prepararemos más tarde, véase pág. 313) o los *hushpuppies*, buñuelos de maicena fritos: una versión sureña de las croquetas españolas que se sirve como guarnición de pescados o mariscos.

La maicena también se utiliza para empanar carnes, pescados y verduras, como los bagres (que se dejan en remojo por la noche para que se ablanden), el quimbombó y, lo más famoso, el pollo. El pollo frito se ha

••••

[*] El cangrejo de río se llama «*crawfish*» en Luisiana y adopta una colorida variedad de nombres por todo el sur americano, como «*crawdads*» (papás cangrejo) y «*mudbugs*» (bichos de barro).

[†] *Beurre noisette* se traduce como «mantequilla avellanada», una mantequilla que se deja oscurecer a fuego lento para que adquiera sabor a frutos secos y color avellana. Añade complejidad a las salsas roux.

[‡] En castellano se llama también «masa». Véase pág. 316 para sus distintos usos en la comida mexicana.

convertido en el mundo entero en sinónimo de la población negra del sur estadounidense y muchos cocineros han intentado emularlo. En *Home cooking* Laurie Colwin habla de una receta de pollo frito que hace que «te levantes y cantes *The star-spangled banner*», lo que demuestra una vez más que la buena comida y el impulso de hacer música son casi inseparables en el Sur. El pollo frito es un arte que se ha perfeccionado en el Sur Profundo, un ejemplo de «comida del alma» que, como bien indica su nombre, es de y para el alma. Prueba a inyectar un poco de *soul* en tu cocina con algunas de las recetas que he incluido más abajo ¡y que no pare la música!

LA DESPENSA • *filé* (sasafrás molido) • camarones secos • cayena • laurel • orégano • quimbombó • maicena • gachas • cangrejos de río • mantequilla • pimientos morrones • judías pintas • pimentón • apio • cebolla

◆ ◆ ◆

• GUMBO DE POLLO •

Esta cazuela puede hacerse solo con pollo, como la que presento aquí, o como un plato «mar y montaña» añadiéndole gambas. Si optáis por usarlas, añadidlas 1-2 minutos antes de terminar la cocción para que se hagan por dentro pero sin perder la ternura. Escuchad el *Gris gris gumbo ya ya* de Dr John mientras os lo coméis y ¡transportaos a los *bayous*!

• 4 COMENSALES •

2 cdas. de cayena

2 cdas. de especias cajún

1 cda. de pimienta negra recién molida

2 pellizcos grandes de sal

8 trozos de pollo de corral, muslos y contramuslos, con la piel

5 cdas. de aceite vegetal

2 cdas. colmadas de harina

2 cebollas picadas finas

2 pimientos verdes sin semillas y cortados a lo largo

4 ramitas de apio picadas finas

1 litro de caldo de pollo

1 hoja de laurel

170 g de quimbombó, picados en trozos de 1 cm

200 g de *andouillette*, chorizo u otro embutido
    ahumado, en rodajas

especias cajún, para servir

arroz cocido, para servir

1 • Mezclar en un cuenco la cayena, la mezcla de especias cajún, la pimienta negra y la sal. Untar el pollo con la mezcla —también bajo la piel— y marinar 20 minutos.

2 • Calentar a fuego medio-alto 4 cucharadas de aceite vegetal en una olla ancha y de fondo grueso o en una cacerola grande y dorar el pollo 4-5 minutos. (En algunas recetas aconsejan quitar la piel pero a mí me gusta utilizarla porque le da más sabor a pollo a la cazuela.)

3 • Apartar el pollo del fuego y reservar, conservando la grasa en la olla. Bajar el fuego, añadir el resto del aceite y la harina y remover hasta que se forme una pasta. Dejar un par de minutos para que se dore y adquiera un roux oscuro y avellanado.

4 • Añadir las cebollas, los pimientos y el apio, tapar y dejar 3-4 minutos para que empiecen a ablandarse. A continuación incorporar el caldo de pollo poco a poco hasta que quede una salsa espesa de color caramelo. Agregar el laurel, devolver los trozos de pollo a la olla, tapar, bajar el fuego y dejar cocer 45 minutos.

5 • Añadir el quimbombó y el embutido ahumado y volver a tapar 30-45 minutos más. Cuando vuelva a comprobarse cómo va la mezcla, la carne del pollo debe estar empezando a despegarse del hueso. Retirar la piel y los huesos y devolver la carne a la olla para darle un último golpe de calor. Servir con un poco de especias cajún por encima acompañado de arroz hervido.

• CORNBREAD DE SUERO DE LECHE •

Desde que volvimos de los Estados Unidos, mis amigos y yo hemos celebrado Acción de Gracias todos los años en noviembre. Es una excusa perfecta para ver a Whitney Houston cantando *The star-spangled banner* en la Super Bowl de 1991 y ponernos hasta las trancas de gordadas: batata caramelizada, pastel de calabaza y, mi especialidad, el *cornbread*. Utilizo la receta que sigue por la humedad amarga y sustanciosa que le da el suero de leche a este bizcocho. A veces, si me siento intrépida, le añado unos chiles a la mezcla o un poco de queso por encima. En la mayoría de los casos, sin embargo, me gusta tal cual: un acompañamiento ligeramente dulce para el pavo asado que es ideal para rebañar jugos, salsas y trozos perdidos de carne que se quedan en platos por lo demás limpios.

• 8 COMENSALES •

125 g de mantequilla sin sal
150 g de azúcar granulado
2 huevos medianos
½ cdta. de levadura en polvo
175 g de maicena/polenta o sémola gruesa
150 g de harina normal
un buen pellizco de sal
250 ml de suero de leche

1 • Precalentar el horno a 180 °C. Engrasar bien un molde de un litro de capacidad o (y esto suele venir muy bien) 15-20 moldes de magdalenas.
2 • Derretir la mantequilla a fuego lento e incorporar el azúcar. Retirar del fuego, batir inmediatamente los huevos y mezclar con brío.
3 • Mezclar en un bol el resto de ingredientes secos. Verter el suero de leche en la olla y añadir seguidamente los ingredientes secos. Batir bien hasta que quede suelto y sin grumos.
4 • Pasar la mezcla al molde o a los moldes y hornear 30 minutos (o 20-25 minutos para los pequeños) hasta que pueda meterse un cuchillo por el centro y sacarse limpio. Dejar enfriar el molde 5-10 minutos antes de darle la vuelta.

MAÍZ

...

A diferencia de la variedad de intenso color amarillo con la que estamos familiarizados en Europa, el maíz de las Américas —o «choclo», como se conoce
allí— es blanco, crujiente y tiene unos granos más grandes. Este maíz blanco
se come directamente de la mazorca, como guarnición de frijoles, ensaladas,
o guisos como el pozole mexicano. Pero ante todo se nixtamaliza (se cuece
con cal) para producir nixtamal (granos secos de maíz procesado), que más
tarde se muelen para obtener harina de maíz o «masa».

Aunque no es muy conocida fuera del mundo hispanohablante, es posible
que la masa sea el ingrediente definitorio de las cocinas latinas, componente
fundamental de las famosas tortitas, tortillas y panes de maíz, como los tacos
y las tortillas mexicanas o las humitas y los tamales andinos (véase pág. 303).

También llamado en ocasiones maíz peruano, el blanco se planta ahora por
toda América Latina y, pese a sus orígenes, se conoce ante todo por su papel
en la cocina mexicana. Las tortillas, esas suaves tortitas de maíz que se tuestan
en una plancha circular llamada «comal» (véase pág. 316), son el cimiento de
platos mexicanos muy viajados como los burritos, las enchiladas, las quesadillas
y, por supuesto, los nachos. Estos triangulitos de tortilla fritos (que en realidad
en México se llaman «totopos») se han hecho muy famosos por todo el mundo angloparlante —en su versión popular con toneladas de salsa, nata agria
o queso gratinado— y son más bien un ejemplo poco saludable de la fusión
tejano-mexicana que un genuino aperitivo mexicano. En México es más normal que te pongan un plato de chips de tortilla casera con un guacamole chis-
poso y verde intenso, también recién hecho (véase mi receta en pág. 319).

Los tacos, que básicamente son tortillas pequeñas, pueden presentarse tanto
en versión dura como blanda. Los primeros son más populares en las cadenas
de comida rápida y los supermercados (vivieron su gran momento cuando se
inauguró el primer local de la cadena Taco Bell en 1962 en los Estados Unidos), mientras que los últimos son más frescos y tradicionales. En México son
un plato callejero muy popular y se sirven con carne a la parrilla, frita o bra-
seada y es típico guarnecerlos con jalapeños, cilantro, lima, cebolla picada y
un amplio abanico de salsas.

MÉXICO

Tita supo en carne propia por qué el contacto con el fuego altera los elementos, por qué un pedazo de masa se convierte en tortilla, por qué un pecho sin haber pasado por el fuego del amor es un pecho inerte, una bola de masa sin ninguna utilidad.

• LAURA ESQUIVEL, *Como agua para chocolate* •

EN EL VERANO QUE siguió a mi curso en California pasé varios meses en México y, de entrada, fue todo un choque cultural. Conforme bajaba de los Estados Unidos a los trópicos tuve la sensación palmaria de ver cambiar las cosas ante mis ojos. Desde luego, contaba con las diferencias obvias: el español se convirtió en la lengua dominante, los rostros se oscurecieron, el sol brilló con más fuerza y la humedad llegó para quedarse. Pero había algo más, algo intangible.

En México la magia del Caribe latino —sobre el que han escrito autores como Gabriel García Márquez— confluye con el espíritu de la América capitalista. Es una tierra fronteriza que conecta Norteamérica con Centroamérica, influencias del Viejo Mundo con un contexto del Nuevo Mundo, el inglés con el español. Es donde los McDonald's se dan de bruces con los mayas, en una tierra cada vez más mercantilizada pero plagada de reliquias antiguas. En ninguna otra parte es esto más cierto que en la región de Yucatán: las vallas publicitarias de Coca-Cola y de blanqueadores dentales miran a las aguas turquesas de Cancún, mientras que a solo ciento treinta kilómetros al sur, en Tulum, los turistas bailan al son de la música trance, con la brisa nocturna y las ruinas mayas como telón de fondo. Un mundo de alocadas yuxtaposiciones caribeñas.

México presenta muchos de los rasgos que la cocinera y gastrónoma Maricel Presilla considera típicos de Centroamérica, como un «legado del Viejo Mundo: comidas y técnicas culinarias, catolicismo, derecho romano, ritmos íberos», que se marida con las culturas de los indígenas y de los esclavos africanos, a lo largo de una masa de tierra llena de vida y humedad que se extiende por la costa del Pacífico y del Caribe. Es cien por cien criolla, la palabra, según Presilla, «con la que describimos lo que es nuestro como latinoamericanos».

México es un estimulante país de gran diversidad geográfica, de montañas abruptas a llanuras litorales, grandes franjas de desierto y largas playas (del Pacífico al oeste y del Caribe al este). Para el viajero supone un sinfín de posibilidades para la aventura: es casi imposible aburrirse, y con la comida pasa lo mismo. Da realmente el cante desde la mesa: luminosa como un brote de dalia rosa (la flor nacional), voluptuosa como los apreciados aguacates, fuerte como un luchador de lucha libre[*] y patriota como un mariachi. La cocina es un reflejo de la diversidad del país —geográfica, cultural y espiritual— y del instinto nacional de canalizar el amor y la educación a través de la comida.

Los relatos, o la necesidad de contextualizar lo comestible, son centrales en la cocina mexicana. ¿Cómo explicar, si no, algunos de los coloridos nombres con los que han bautizado a platos que podemos comer allí? Un burro pequeño, un fajo de billetes o un colega llamado Ignacio es a lo que remiten respectivamente el burrito, el taco y el nacho: tres platos mexicanos —o, por ser más exactos, comidas callejeras— que todos conocemos en Occidente. Los tres se basan en la masa de harina de maíz que se utiliza para elaborar productos típicos de la cocina mexicana y que puede compararse con el pan en las tradiciones europeas.

La tortilla es el producto más conocido de los que se hacen con la masa.[†] La maicena se mezcla con agua, que se amasa y se cocina en una plancha de barro (la opción más tradicional, llamada «comal») o en una prensa de tortillas. Suaves, blancas y moteadas por puntitos tostados, las tortillas presentan muchas formas distintas y son la base de los burritos, las fajitas, las chimichangas, las enchiladas y las quesadillas (véase el apartado sobre el maíz de la página 314).

El porqué de la ubicuidad de muchos de estos aperitivos y platos en Occidente se debe a que los Estados Unidos se han apropiado en cierto modo de la comida mexicana y, hasta hace poco, lo que percibíamos sobre la gastronomía «mexicana» se limitaba en gran medida al *tex-mex*: la fusión tejana de la comida mexicana con la del sur de Estados Unidos. Las fajitas y el chili con carne son algunos ejemplos, los equivalentes culinarios, si se me permite, de Speedy González. Conforme la cocina mexicana va reclamando su estatus, todo esto empieza a cambiar.

En América existen diversas variedades de aguacates; para simplificar

• • • •

[*] Los luchadores mexicanos se visten con máscaras de colores estridentes que evocan dioses y animales aztecas.

[†] La masa se elabora a partir de maíz blanco nixtalizado que más tarde se muele para obtener la harina de maíz, base de tortillas y tacos.

Maricel Presilla los agrupa en tres categorías: mexicanos, guatemaltecos y antillanos. La variedad mexicana se da en terrenos más frescos y altos, tiene una piel de verde a negra y sabor mantecoso y se utiliza en ensaladas, tostadas, sopas y, lo más conocido, el guacamole. Este último es un plato azteca y, como veremos, si bien «mole» alude a la consistencia de la crema, «guaca» deriva de «aguacate». El auténtico nada tiene que ver con la pasta preparada que venden en los supermercados: trocitos de aguacate maduro y suave con cebolla roja, tomate, ajo y chile bien picados, todo ello regado con zumo de lima.

Los chiles son algo más que un ingrediente popular en la cocina mexicana: son connaturales. México puede presumir de una gran familia de chiles de distintas formas, tamaños y colores, con nombres que bien podrían pertenecer a los miembros de un cartel de la droga: guajillo, piquín, cascabel, pasilla, ancho, mulato, habanero, jalapeño y chipotle. La selección del chile marca el carácter del plato, y van desde los más suaves y cítricos (piquín), o ahumados y dulces (guajillo), al más picante y especiado (habanero). En Occidente estamos familiarizados con los jalapeños —por lo general, verdes y encurtidos— y los chipotles, que son los jalapeños ahumados que se utilizan para dar un punto ahumado a platos de frijoles y legumbres, a los moles (véase más adelante) y a las carnes en adobo (también se utilizan mucho en Filipinas y África Occidental y, a grandes rasgos, podrían compararse con la harissa del norte de África).

Por lo general la cocina mexicana recurre a salsas sencillas y sabrosas para aderezar sus platos, a menudo en un equilibrio de picor y acidez que se logra combinando cuidadosamente el chile con el vinagre o la lima.[*] La salsa de tomate a la mexicana, que cada vez nos es más familiar, se conoce también como salsa cruda (porque no se guisa) o pico de gallo (por su consistencia) y contiene cuatro ingredientes básicos: tomates, cebolla blanca, chile y cilantro. Puede añadírsele aceite y vinagre a posteriori. La salsa verde mexicana difiere en gran medida de las cremas para untar como la *tapenade* (con perejil, alcaparras y anchoas) que tenemos en Europa. Esta se elabora con tomatillos[†] verdes, cilantro, lima, cebolla blanca y chiles verdes.

Los moles son salsas típicamente mexicanas que se comen con car-

••••

[*] Incluso los platos de frijoles de los que luego hablaremos tienen una consistencia bastante líquida y funcionan como salsas para compensar la sequedad de otros ingredientes, como las tortillas, el arroz o los espetos de carne.

[†] Pese a su nombre nada tienen que ver con el tomate. Poseen cierto parecido con las uvas crespas, por su sabor acre y afrutado, y son originarios de México, donde son fundamentales para elaborar la salsa verde.

ne y arroz y están asociadas por lo general con festividades o celebraciones como el Día de la Independencia en septiembre o las fiestas de las quinceañeras, hasta el punto de que a veces se le da a la palabra la acepción de «boda». Muchas regiones tienen su propia versión —Oaxaca, por ejemplo, se conoce como la Tierra de los Siete Moles— pero el mole poblano, la variante originaria de la localidad de Puebla, se ha convertido en una especie de plato nacional. Los moles se hacen a partir de un sofrito al que se le añaden, según versiones, cantidades generosas de manteca, chiles, cacahuetes, chocolate, plátano, pan rallado, ajo, tomatillos o especias como la canela y el anís estrellado. Si bien se cree que los moles son originarios del sur de Centroamérica, la variedad de sus ingredientes sugiere influencias plurales, desde el Viejo Mundo a África.

En el arroz con frijoles se manifiestan también las múltiples influencias mexicanas. El otro nombre que recibe este plato, «moros y cristianos», nos habla una vez más del maridaje de culturas. En este guiso sustancioso, a menudo con capas inesperadas de sabor, se combinan el típico sofrito del Nuevo Mundo, las variedades de judías mexicanas (las pintas o las negras) y la tradición africana de mezclar arroz con legumbres; en ocasiones se añade un poco de carne, de chipotle o de hierbas para realzar el sabor. Otro guiso popular son los frijoles refritos, que suelen echarse a los burritos. Se hierven y se trituran hasta que queda una pasta que vuelve a cocinarse con manteca, cebolla y ajo y que da un puré dulce y aceitoso.

Aunque en México les encanta la carne no se considera esencial para comer bien. Fueron los colonizadores europeos quienes introdujeron el cerdo y la ternera en grandes cantidades y, dado su alto coste, los cocineros y los carniceros se cuidan de no derrochar nada. Los cortes menos nobles de carne con hueso añaden complejidad a guisos, sopas, frijoles, tacos y comida callejera por igual. El pollo, sin embargo, es mucho más común. Barato de criar, es muy versátil para guisos y sopas. Con las dos largas franjas de costa del Pacífico y el Caribe, el pescado y los mariscos son exquisiteces abundantes, entre las que se incluyen la langosta, las gambas, las vieiras, el pez aguja, el dorado (o lampuga), el pez limón, el atún y el pargo.[*]

En la cocina mexicana se utiliza un canon de especias más exiguo que

• • • •

[*] En cierta ocasión me comí unos filetes de pescado de una sencillez extraordinaria, con arroz y chile, en Tulum, la playa más bonita que he visto en mi vida, en la península de Yucatán. El pescado es un tema aparte en la cocina mexicana pero, debido a la empresa mastodóntica que sería abordar la gastronomía nacional mexicana, he decidido no cubrir las comidas regionales en este libro. Os remito a otros libros en la página 353.

el de la mayoría de las cocinas que aparecen en este libro. La pimienta de Jamaica, el clavo, la canela, el comino y el anís estrellado son las más importantes, y combinan bien con otros ingredientes nativos como el chocolate (o el cacao* en su forma natural) y la vainilla, en cuyo cultivo fueron pioneros los aztecas del golfo de México. Aparte de consumirlos como bebida, los mesoamericanos ofrecían granos de cacao crudo como tributo a sus dioses. Los españoles llevaron los granos de cacao a Europa, donde se combinó con leche, azúcar y vainilla (también traída de México) para adaptarlos al paladar europeo. Estamos acostumbrados a tomar el chocolate como dulce o ingrediente de postres pero su utilización en platos salados como el mole añade rotundidad al sabor y suavidad a la textura.

LA DESPENSA • chiles (varios, véase pág. 317) • lima • pimienta de Jamaica • clavos • canela en rama • chocolate • vainilla • tomates • cebolla • aguacate • maíz blanco • harina de maíz • arroz • frijoles • nata agria • queso • tomatillo • cilantro • cacahuetes • plátano

♦ ♦ ♦

• GUACAMOLE •

México en un cuenco. Una vez que se aprende a hacer, no vuelve a comprarse de bote. Hay que servirlo inmediatamente para que los aguacates no se oxiden.

• 4 COMENSALES •

1 cebolla roja pequeña picada fina
25-35 g de cilantro picado
3 chiles verdes, sin semillas y picados finos
sal marina
3-4 aguacates *hass* maduros
el zumo de 1-2 limas, al gusto

• • • •

*El cacao es la forma en crudo del chocolate, el grano de cacao. Willie Harcourt-Cooze es una gran autoridad en este producto, sobre todo en el de Latinoamérica.

2 tomates maduros, sin pepitas y cortados gruesos
chips de tortilla para servir

1 • Majar en un mortero la mitad de la cebolla, casi todo el cilantro, los chiles y la sal marina hasta obtener una pulpa grumosa.

2 • Triturar la carne del aguacate en un cuenco con un tenedor. Añadir la pasta de cebolla, el cilantro y el chile, así como zumo de lima al gusto, y rectificar de sal. Incorporar la cebolla que queda y los tomates, cuidando de que no pierdan demasiado la forma o se espachurren más de la cuenta.

3 • Verter en un cuenco, coronar con un chip de tortilla y el cilantro que queda y servir al instante con más chips.

• SALSA DE TOMATE •

Si queréis ver cómo se retuercen de placer las bocas de vuestros comensales, servid esta potente salsa con chips de tortilla y guacamole o como condimento. Siempre puede aumentarse el picor con más jalapeños —para mi gusto la proporción de chile que sugiero se queda en el lado bueno de la división entre el deleite y el masoquismo—, pero que cada cual lo adapte a su paladar.

• 2-4 COMENSALES •

4 tomates maduros en dados
½ cebolla roja picada fina
50 g de jalapeños picados
20 g de cilantro picado
un chorro de aceite de oliva virgen extra
el zumo de 2 limas
sal marina y pimienta negra recién molida

1 • Mezclar todos los ingredientes en un bol y sazonar al gusto.

2 • Decorar con un poco de cilantro picado por encima y chips de tortilla por el borde del bol.

• MOLE AFRUTADO DE UN CHILE •

Los moles son conocidos por su complejidad, pues utilizan toda una panoplia de chiles (por lo general tres variedades como mínimo) y especias. El que presento aquí, una amable contribución de Maricel Presilla, de su libro *Gran cocina latina*, lo creó la autora pensando en aquellos que quieren iniciarse en el arte de hacer moles. Es un destilado de todo lo que considera crucial para un buen mole: «Un sabor equilibrado entre el picante, el amargo y el afrutado; la cantidad justa de sal para potenciar todos los sabores, un empuje solapado de picor para darle vida a la salsa cremosa; la grasa suficiente para conseguir una textura untuosa; y aromas evocativos». Solo requiere chiles mulatos, que tienen un aroma intenso, son dulces y pueden comprarse, deshidratados, por Internet.

• 8-16 COMENSALES •

6 chiles mulatos despepitados
1 cdta. de pimienta de Jamaica en grano
½ cdta. de semillas de anís estrellado
1 cda. de sésamo
1 tortilla de maíz (las de marcas como Old El Paso están bien)
3 tomates pera medianos
1 cebolla blanca mediana, cortada por la mitad pero sin pelar
3 dientes de ajo picados gruesos
90-100 g de ciruelas sin hueso
230 ml de aceite de oliva virgen extra
60 g de chocolate negro
   (al menos un 70 por ciento de cacao), picado fino
1 ½ cdtas. de sal
250 ml de caldo de pollo
hasta 3,5 kg de carne de ave o cerdo

1 • Calentar una sartén de parrilla (en caso de tener) o una sartén grande, hasta que al echar una gota de agua chisporrotee al contacto. Añadir los chiles y cocinar, presionando con una espátula hasta que suelten olor, unos 15 segundos por cada lado. Reservar en un cuenco, agregar 1,5 litros de agua caliente por encima y dejar que se ablanden 20-30 minutos. Guardar el líquido del remojo para usarlo luego.
2 • Incorporar a la sartén los granos de pimienta de Jamaica y las semillas de anís estrellado y tostar ligeramente unos 30 segundos. Retirar y poner en un cuenco.

Tostar a continuación el sésamo durante un minuto, sin dejar de remover, hasta que empiece a saltar y a dorarse. Añadir al cuenco con la pimienta y el anís. Pasar la mezcla a un mortero, moler bien y reservar.

3 • Tostar la tortilla en la sartén hasta que esté churruscada; apartar, desmenuzar y reservar.

4 • Agregar a la sartén los tomates y la cebolla y cocinar hasta que estén ligeramente churruscados, unos 8 minutos, dándoles de vez en cuando la vuelta con unas pinzas. Apartar del fuego. Una vez fríos, retirar la piel de la cebolla y casi toda la piel de los tomates, dejando solo unos trocitos. Cortar las verduras en dos o tres trozos. Reservar.

5 • Poner en la picadora los chiles y 3-4 cucharadas del líquido de remojo. Procesar hasta que quede un puré suave. Pasar a un cuenco y reservar.

6 • Poner el polvo de especias y sésamo, la tortilla, los tomates y la cebolla en la picadora con el ajo, las ciruelas y otra cucharada del líquido de remojo de los chiles; procesar hasta que quede un puré suave y reservar.

7 • Calentar el aceite de oliva a fuego medio en una sartén grande. Añadir el puré de chiles y rehogar, removiendo de tanto en tanto, unos 10 minutos o hasta que la grasa empiece a separarse de los sólidos y chisporrotee. Añadir el puré de verduras y cocinar, removiendo, 15-20 minutos o hasta que la grasa vuelva a separarse de los sólidos y la salsa se espese, de modo que se vea el fondo de la sartén si se remueve con la cuchara. Incorporar el chocolate y seguir removiendo hasta que se derrita. Añadir la sal y sazonar al gusto, añadiendo más si es necesario. Utilizar una cuchara de palo para pasar la pasta por un colador.

8 • Con esto hay pasta de mole suficiente para acompañar 3,5 kg de pollo, cerdo, pato o pavo. Añadir el caldo de pollo para aligerar la pasta y que tome la consistencia de una salsa de tomate. Incorporar seguidamente a la salsa la carne guisada o a medio guisar y rehogar hasta que esté caliente por dentro o cocinada del todo.

CARIBE (JAMAICA)

La sorpresa visual es habitual en el Caribe: la da el paisaje y, enfrentada
con su belleza, el suspiro de la historia se disipa.
• DEREK WALCOTT, *'The Antilles: Fragments of Epic Memory'*
(discurso de recogida del Premio Nobel de Literatura de 1992) •

EN SU DEFINICIÓN más sencilla «el Caribe» es el mar Caribe, un azul turquesa que arropa con dulzura las orillas orientales de Centroamérica y los cúmulos de naciones islas que rodea, algunas grandes, otras pequeñas. Es también un cóctel de idiomas —una parte de francés mezclada con otra de inglés y rematada por un chorreón de español—, en una proporción tan perfecta como la de una enérgica piña colada. Es un lugar donde colonos y colonizados se agitan en un cóctel explosivo que provoca tensiones y tragedias, pero también una perspectiva colectiva arraigada en la esperanza, la falta de preocupaciones y un poco de magia. Pese a las diferencias culturales, políticas y lingüísticas, los caribeños están unidos por estas cualidades. En este capítulo, sin embargo, con Caribe me referiré a las Indias Occidentales de las Antillas: las islas angloparlantes de Jamaica, Trinidad y Tobago.

Los escritores coinciden en este legado común enraizado en una apreciación de lo místico. Gabriel García Márquez reivindicó con su realismo mágico[*] la línea borrosa entre lo real y lo imaginario, mientras que el autor dominicano-estadounidense Junot Díaz escribió en *La maravillosa vida breve de Óscar Wao*: «Como caribeños que somos, los dominicanos poseemos una tolerancia extraordinaria a los fenómenos extremos». Este sentido de la presencia de lo sobrenatural es común a todas las islas y las costas del Caribe, hasta Colombia y Venezuela al sur y las costas de Yucatán al norte.

Ritmos positivos, visión creativa y una subcorriente mágica definen la cotidianeidad en el Caribe, un estado mental que siempre que he viajado por

• • • •

[*] En palabras de Gabriel García Márquez: «Siempre me ha hecho gracia que el mayor halago que se le hace a mi obra sea calificarla de imaginativa, cuando lo cierto es que no hay una sola línea en mi obra que no esté basada en la realidad. El problema es que la realidad caribeña semeja la imaginación más disparatada».

allí me ha parecido contagioso. Los caribeños celebran la vida, y la comida tiene un papel muy importante a este respecto. El académico colombiano Óscar Guardiola-Rivera me dijo en cierta ocasión: «Nosotros no nos sentamos en torno a una mesa para distraernos de las faenas cotidianas; hacemos el resto de cosas con el único fin de sentarnos en torno a una mesa. Cuando comemos en el Caribe no compartimos solo comida, sino historias. Las palabras se convierten en el condimento de las comidas».

La cocina caribeña en general, y la de las Antillas inglesas en particular, conjuga todas sus corrientes de influencias étnicas y coloniales, desde las europeas hasta las africanas, pasando por las nativo-americanas, indias e incluso chinas. La comida es aquí el fruto del amor de la historia, y ha visto mundo con la diáspora de la región. Uno de sus nuevos hogares es mi Londres nativo donde, en la década de 1950, se sucedieron las oleadas migratorias procedentes de Jamaica, Trinidad y Tobago, colonias de la Commonwealth. Aunque acabaron echando raíces en la capital británica, la suya no fue una integración fácil en nuestra cultura,[*] pero, pese al esfuerzo —o tal vez debido precisamente a eso— por integrarse, la población afrocaribeña de Londres tiene una festividad anual, el carnaval de Notting Hill, que se celebra todos los años en agosto, cuando coloridas carrozas desfilan al ritmo de la música *ragga* por las calles engalanadas del barrio mientras el gentío de caras variopintas se atiborra de pollo *jerk*. Durante mi infancia estuve rodeada de la comida caribeña de las antiguas colonias británicas, y hoy en día tiene una presencia real en la capital de la niebla, de ahí mi decisión de centrarme en la comida de las Indias Occidentales en este capítulo (por encima de las del Caribe hispano o francoparlante).

Lo más irónico es que en Londres es corriente asociar los platos de las Indias Occidentales con comida poco saludable: se la considera más una comida rápida que casera. Es cierto que los locales de esta cocina no suelen ser el colmo del glamour y se encuentran en antiguos guetos de Londres —Brixton, Tottenham, partes de Notting Hill—, y rara vez reivindican las virtudes nutritivas o los beneficios para la salud de su comida, cuando en realidad la gastronomía de esta región es bien saludable: baja en grasas saturadas, rica en proteínas, con muchas verduras y muchos sabores reparadores como el jengibre, el chile y la pimienta de Jamaica.

La historia de la esclavitud en la región explica mucho sobre su cocina. La gran mayoría de la población jamaicana está formada por personas de ascenden-

••••

[*] Sus primeras décadas en la capital británica estuvieron salpicadas de disturbios raciales, como los ocurridos en las décadas de 1950 y 1960 en Notting Hill o los de 1981 en Brixton. A quienes les interese este tema pueden leer el espléndido poema de Linton Kwesi Johnson «La gran insurrección» sobre el «acontecimiento histórico» de los disturbios de Brixton.

cia africana o mixta (afroeuropea), y las tradiciones culinarias de África Occidental se reflejan en el uso de ingredientes como el quimbombó, la banana o el seso vegetal (la fruta nacional, muy parecida a los lichis, que a menudo se compra en lata). Así y todo, algunos de los platos por los que mejor se conoce a Jamaica, como el curry de chivo o los rollitos de pan *roti*, son adaptaciones de platos indios que han aplicado la tradición del curry a las carnes locales pero al mismo tiempo utilizan sabores eminentemente jamaicanos, como la pimienta de la región, los pimientos panameños, el jengibre o la leche de coco.

Tras la emancipación en 1831 de los esclavos de África Occidental del Imperio británico, persistió la demanda de mano de obra barata en las plantaciones regentadas por los británicos. A mediados del siglo XIX los dueños de las plantaciones hicieron un llamamiento a países como la India y China, ofreciendo a sus obreros contratos de servidumbre a cambio de las costas del desplazamiento. Así fue como miles de chinos e indios llegaron a las costas de las Indias Occidentales. Esta práctica fue muy común por todo el Caribe británico y dio como fruto una extensa población hindú-caribeña, de la que el escritor V. S. Naipaul es un buen ejemplo, al ser descendiente directo de unos obreros ligados por contrato que se trasladaron a Trinidad. Pese a haber criado fama por despotricar de su patria,[*] cuando estudiaba en Oxford escribió unas líneas muy emotivas en una carta a su padre que tienen un fuerte poder evocador del Caribe que había dejado atrás: «Añoro las noches que caen con su negritud, de la nada, sin previo aviso. Añoro los violentos chaparrones nocturnos. Añoro el diminuto tatuaje de los goterones de lluvia en un tejado, o las gotas de lluvia sobre las anchas hojas de esa planta maravillosa que es el cocoñame de campo».

El primer plato antillano que le viene a la cabeza a la mayoría es el pollo *jerk* (o, en menor medida, el cerdo o el chivo *jerk*): el aderezo dulce, picante y ahumado que es sinónimo de esta cocina. Según quien cocine, la carne bien se frota con aliño seco bien se marina en una salsa unas cuantas horas antes de pasarla por la parrilla. Los sabores fundamentales de este aliño son la pimienta de Jamaica y el chile. La primera, conocida también como malagueta, es la especia caribeña por excelencia, la que le da al *jerk* su característico sabor ahumado. Aunque los granos secos parecen los de la pimienta negra, tiene un sabor más dulce, que semeja una mezcla de canela, clavo y nuez moscada. En su versión más auténtica la carne al *jerk* se hace con leña del árbol de la pimienta autóctona, que acentúa el sabor ahumado de la carne

• • • •

[*] En 1958 V. S. Naipaul escribió en el *Times Literary Supplement* que «en lo superficial, debido a la multitud de razas, Trinidad podría parecer compleja pero, para quienes la conocen, no es más que una sociedad colonial ramplona y filistea».

al tiempo que hace que la piel quede más crujiente. Por supuesto el *jerk* también es picante, y el chile preferido de los jamaicanos es uno dulce pero de un picante abrasador, el panameño rojo.[*] La cuestión de si untar o marinar es motivo de polémica entre los amantes del *jerk*. Para quienes prefieran los aliños de carne más «jugosos», algunos cocineros usan lima o salsa de soja para darle más empuje al pollo. (Por supuesto este último ingrediente nos recuerda a la comida asiática, y da cuenta de la influencia china que aún perdura en la cocina jamaicana).

El *jerk* suele comerse acompañado de arroz con guisantes (un nombre engañoso porque en realidad es arroz con judías rojas). Es fácil de reproducir allende los mares (al contrario que otros ingredientes y platos típicos de la región, que tienen un exotismo muy particular), y fue un plato muy habitual durante mi infancia en el sur de Londres.

Otros ingredientes clave son el cocoñame (de piel roja, carne cremosa, semillas negras y un sabor parecido al lichi), que fue introducido en el siglo XVIII con los barcos negreros de África Occidental. Suele combinarse con pescado salado (conocido en otras partes como bacalao) en un plato que es habitual comer para desayunar y que también está inspirado por la cocina africana (véase pág. 281). Se ha convertido en el plato nacional jamaicano y lleva bacalao, cocoñame hervido o de lata, cebollas y tomates, así como la pimienta de Jamaica y los panameños de rigor.

Otra guarnición muy habitual de pescado salado y verduras son los quimbombós con *calalou*. Este último es el nombre que se le da tanto a las hojas del amaranto como a un plato que se come a cualquier hora y en todas partes de la isla. Parecidas a las espinacas, las hojas de amaranto son grandes, verdes y ricas en hierro y calcio. Suelen hacerse al vapor, aunque también se cocinan con leche de coco (sobre todo en Trinidad y Tobago), se guisan con sopas o se toman con pescado salado, desde el desayuno a la cena. El *calalou* también se prepara con quimbombós, plátanos verdes y frutipán.

Las bananas verdes se sirven en rodajas gruesas y fritas. (Siempre me sorprende lo sabrosas que son, y es que, aunque se parecen a los plátanos, al no llegar a madurar, en el Caribe se utilizan más como verdura que como fruta.) Otra fruta o verdura (la frontera entre ambas cosas parece borrosa en esta parte del mundo) muy utilizada es el frutipán, que pertenece a la familia de la morera pero tiene una textura y un sabor más a almidón, como de carbohidratos.

Las lenguas criollas están presentes en toda América —desde el Sur

• • • •

[*] El panameño se parece en gran medida al habanero de México, el súmmum de lo picante (véase pág. 270). La mayoría de las recetas de las Indias Occidentales que llevan chile se decantan por esta variedad.

Profundo de los Estados Unidos a todo el Caribe— pero no hay ninguna estandarizada ni dos iguales. Jamaica es especialmente famosa por su variedad única de *patois*, la lengua criollizada que se desarrolló como resultado del abanico de pueblos que emigraron al país. Las *patties* jamaicanas podrían ser la encarnación del criollo jamaicano: tienen la misma forma que las empanadas latinoamericanas pero están rellenas de productos locales como el chivo o el marisco o el picor de los panameños, así como influencias indias y chinas, con cúrcuma y soja respectivamente.

La gastronomía de esta tierra de *patties* y *patois* es la de una típica cocina híbrida americana. Su comida, como el criollo jamaicano, es el resultado vivo de una historia imperialista tensa y a menudo violenta. Por tomar las palabras del gran poeta Derek Walcott, la comida —al igual que el esplendor visual del paisaje que describe— hace que «el suspiro de la historia se disipe».

LA DESPENSA • pimienta de Jamaica • chiles panameños • bacalao salado • jengibre • curry en polvo • leche de coco • cocoñame • chivo • lima • salsa de soja • judías rojas • quimbombó • hojas de amaranto • banana

• • •

• POLLO *JERK* •

Los caribeños tienen por costumbre cocinar el pollo *jerk* hasta que se desprende del hueso: casi seco. La palabra «*jerk*» o «*jerky*» remite al *charqui* quechua, que más tarde dio nuestra charcutería. Por lo tanto lo que a mí puede parecerme un pollo *jerk* pasado a los comensales caribeños les puede parecer al punto. Sea como sea, a mí no me gusta la carne seca, de modo que me vais a perdonar si la receta que he elaborado para el pollo *jerk* lo deja jugoso. Se puede pasar el pollo cinco minutos por la plancha y hornear luego a 180 °C otros 15-20 minutos (aunque eso sí, está mucho más bueno en la barbacoa). Reservad esta receta para un día caluroso, en el que las ascuas ahumadas se combinen con el picor de los panameños y las pieles churruscadas del pollo, para disfrutar de una vivencia gastronómica que realmente trasmita un «tranqui, sé feliz». Un consejo: cuidado al manejar los chiles (cabe la posibilidad de ponerse guantes), no os toquéis sin querer la cara porque podéis rabiar.

1 cda. de pimienta negra en grano

1 cda. de pimienta de Jamaica molida

1 cdta. de canela molida

1 cdta. de nuez moscada recién rallada

2 chalotas picadas gruesas

4 cebolletas picadas gruesas

varias ramitas de tomillo

10 g de cilantro picado

2-4 chiles panameños (según el aguante de cada cual),
      sin semillas y picados gruesos

50 g de azúcar moreno moscabado

1 cdta. de sal

2 cdtas. de salsa de soja

el zumo de 2 limas

12 trozos de pollo de corral, muslos y contramuslos

1 • Moler los granos de pimienta en un mortero y pasar luego a la picadora con la pimienta de Jamaica, la canela, la nuez moscada, las chalotas, las cebolletas, el tomillo, el cilantro y los chiles. A continuación añadir el azúcar, la sal, la soja y la lima y batir hasta que quede hecho una pasta. Ya está lista la marinada.

2 • Colocar los muslos de pollo en una fuente grande y verter por encima la marinada. Untar la carne y por debajo de la piel. Cubrir con plástico de cocina y refrigerar al menos tres horas, o más, a ser posible.

3 • Cuando el pollo lleve varias horas marinándose, pero antes de empezar a hacer el arroz con guisantes (véase página siguiente), encender la barbacoa. Lo suyo es tener una en la que pueda regularse la altura de la rejilla sobre las ascuas, que deben estar blancas antes de empezar a cocinar y sin llama alguna (es muy importante: ¡queremos un lecho de calor que exude sabores a carbón, no que nos calcine la carne!).

4 • Sellar el pollo por ambos lados para que tome un bonito color dorado, levantar entonces ligeramente la rejilla (para que le dé menos calor) y dejar cocinar 20-30 minutos. Todas las barbacoas son distintas, de modo que conviene comprobar que la carne empieza a despegarse del hueso y a exudar jugo. Servir con arroz con guisantes.

• ARROZ CON GUISANTES •

«A quemar ese arroz con guisantes», fue durante varios años el grito de guerra de mis clases de *spinning* en el pabellón de Brixton Rec, que retumbaba mientras entrenábamos. En realidad no es un plato que engorde, aunque en parte la responsable de sus sabores deliciosos es la leche de coco, y los «guisantes» en realidad son judías rojas, de modo que es más contundente de lo que podría sugerir su nombre. Me gusta especialmente porque es una receta muy intuitiva: nada de básculas, solo puñados y latas. No te cortes con el cilantro para condimentar; realza el papel del arroz como lienzo en blanco perfecto para el pollo *jerk* (véase página anterior).

• 4 COMENSALES •

1-2 cdas. de aceite vegetal
1 cebolla blanca o amarilla picada fina
300 g de arroz largo o basmati (o en caso de no tener
    báscula, coged una lata de 400 g y llenadla
    con tres cuartas partes de arroz)
400 ml de leche de coco (1 lata)
400 ml de agua (1 lata)
400 g de judías rojas (1 lata)
un buen pellizco de sal y de pimienta negra recién molida
un buen pellizco de hojas de tomillo
lechuga iceberg para servir, lavada
un puñado de cilantro para servir, picado

1 • Calentar el aceite en una sartén grande a fuego medio y sofreír la cebolla 8-10 minutos, hasta que esté traslúcida. Añadir el arroz, mezclar bien con el aceite y la cebolla e incorporar a continuación la leche de coco y el agua. Llevar a ebullición y bajar luego el fuego.

2 • Añadir las judías rojas, la sal, la pimienta y el tomillo y rehogar, removiendo de vez en cuando, hasta que el arroz se haga y haya absorbido el líquido. Tiene que secarse un poco y volver a ponerse granuloso, no pastoso.

3 • Poner las hojas de lechuga en una fuente y formar un pozo en el centro para echar el arroz con guisantes. Coronar con el pollo *jerk* y rociar con un puñado generoso de cilantro picado por encima.

PERÚ

Puesto que es imposible saber lo que de veras sucede, los peruanos mienten, inventan, sueñan, se refugian en la ilusión. Por el camino más inesperado, la vida del Perú, en el que tan poca gente lee, se ha vuelto literaria.
• MARIO VARGAS LLOSA, *Historia de Mayta* •

CUANDO EL ESCRITOR PERUANO Mario Vargas Llosa ganó el Premio Nobel de Literatura en 2012, hubo quien dijo que la inspiración le venía de la «magia secreta» de Perú. Esta idea de la «magia secreta» —una especie de belleza indefinible— parece ser moneda común en el país, y no en menor medida en términos culinarios.

La cocina de Perú es de una riqueza increíble, con sabores con garra y técnicas culinarias audaces, como el marinado de pescado crudo para el ceviche. Pero también derrocha sutileza. El restaurador peruano Martín Morales, del restaurante Ceviche de Londres, habla del concepto de «sazón», que implica tener mano en la cocina para los sabores autóctonos y su perfecto equilibrio. Quien tiene sazón es un poco como quien nace con ritmo, aunque eso no quiere decir que no puedan aprenderse los secretos de la cocina peruana, sino que es cuestión de comprender el equilibrio y la sutileza. Una buena muestra de esta teoría es el uso que se hace de los chiles —aunque es un ingrediente predominante, se utiliza con mayor delicadeza que en Asia, por ejemplo—, que, más que acaparar el paladar, seducen con su picor.

Las tres regiones principales de Perú son la costa, la sierra y la selva, aunque su cocina no responde necesariamente al terreno que pisa: la han moldeado tanto los siglos de migraciones como los ingredientes regionales. Se cree que los primeros pobladores de Perú fueron nómadas asiáticos que se alimentaban de comidas sencillas y cultivaban maíz, judías y chiles. Algunos de los ingredientes occidentales básicos —la patata, el tomate, los cacahuetes e incluso las palomitas de maíz— tienen su origen en o cerca de Perú.[*] Las tribus autóctonas —conocidas

• • • •

[*] Este es un punto de controversia entre historiadores de la comida y antropólogos. Según las teorías diversas, ingredientes como el tomate, la patata, los pimientos rojos, el chile, el aguacate y el maíz podrían provenir de México, Perú, Cuba o de otros países circundantes. Por ello, no es ninguna temeridad afirmar que son todos ingredientes del Nuevo Mundo que provienen de las Américas españolas y que fueron los conquistadores quienes los introdujeron en Europa en el siglo XVI.

colectivamente como incas— se los dieron a conocer a los conquistadores españoles en el siglo XVI, quienes a su vez introdujeron carnes como el pollo y la ternera en el Nuevo Mundo. Desde entonces también los esclavos africanos y las comunidades chinas y japonesas han llevado a la mesa sus propias tradiciones culinarias, que han resultado respectivamente en los rasgos africanos,[*] chifas y nikkeis de la gastronomía peruana.

Se denomina «chifa» a la cocina de los inmigrantes chinos que llegaron a Perú desde Cantón (véase pág. 244) durante los siglos XIX y XX, conocida sobre todo por el arroz chaufa: arroz frito con pollo, cerdo, almendras, piña, jengibre y cebolletas. Estas recetas chifa siguen siendo relativamente fieles a la cocina cantonesa, si bien se han adaptado para ajustarse a los ingredientes más fáciles de conseguir en Perú. El flujo de cocineros cantoneses introdujo ingredientes asiáticos, como la soja y el jengibre, que la cocina peruana no ha dejado de usar desde entonces.

Por su parte el calificativo de «nikkei» es el nombre que recibe en general la diáspora japonesa que ha viajado y se ha establecido por el mundo. Perú tiene una de las mayores comunidades nikkei del mundo y su influencia se constata en el plato nacional peruano, el ceviche, que recuerda el romance japonés con el pescado crudo. Aunque todo esto pueda sonar a cocina fusión, parecida a muchas cocinas americanas, la singularidad de la gastronomía peruana es resultado de las diversas influencias de los emigrantes, que se han adherido al paisaje al recurrir a pilares andinos fundamentales como el maíz, los chiles, las patatas y el pescado del Pacífico.

Los platos peruanos clásicos se prestan estupendamente a las adaptaciones de cocineros creativos. Esto se debe en parte a la importancia del marinado, con cuyas cantidades es fácil jugar, o incluso añadir ingredientes al gusto de cada uno. Un buen ejemplo es el ceviche, o pescado marinado. A pesar de que sus ingredientes clave son el pescado fresco crudo y una marinada de chile, lima, sal y cebolla, puede ajustarse el equilibrio de sus componentes, usarse un pescado o un marisco distinto, variar las cantidades de ajo, jengibre, maíz, aguacate o tomate... y suma y sigue.

La primera vez que comí ceviche tenía la mosca detrás de la oreja. ¿Pescado sin cocinar, con chile, cítricos y cebollas crudas? Todas las papeletas para

• • • •

[*]La escasa población afroperuana se concentra en torno al litoral y a Lima, la capital. Como las comunidades de Brasil, el Caribe y Estados Unidos, la de Perú ha sido un elemento clave en la definición de la cocina peruana actual que, por definición, es una cocina criollizada. Platos como el *cau cau*, un guiso de tripas con patatas, chiles, cebolla, ajo y cúrcuma, recuerdan a los guisos de olla única que encontramos en África Occidental, las *paneladas* del norte de Brasil (véase pág. 337) o al gumbo de Luisiana, aunque este con un carácter peruano.

no comerlo jamás en una cita (aunque no era mi caso) y evitarse a toda costa si se está de viaje (ese sí que era mi caso). No sé qué expectativas tenía pero sí que el ceviche que acabé probando las superó con creces. Llevaba pescado blanco y langosta, aguacate, maíz, pequeños trozos de tomate, penachos de cebolla roja y, sí, un montón de chile y zumo de lima. Parecía que hubiesen cogido todo el resplandor que desprenden los ingredientes típicamente sudamericanos y lo hubieran proyectado sobre el pescado más fresco.

Otro ejemplo de la capacidad de adaptación de la cocina peruana son los anticuchos, las clásicas brochetas de ascendencia afroperuana. Preparadas en su origen con corazón de ternera (los españoles se quedaban la carne «buena» y les dejaban las vísceras a los esclavos), hoy en día la carne se corta en cuadrados, se marina en vinagre, ají panca (un chile andino afrutado), ajo y comino, se espeta y se hace a la brasa. Aunque podemos encontrar también anticuchos de pulpo, higaditos de pollo, salmón o tofu, la receta original de corazón de ternera nos da una idea del ingenio de las comunidades de esclavos que habitaron Perú. (Por supuesto esta división en estratos culinarios es un rasgo que comparten muchas cocinas de todo el mundo; véanse algunos ejemplos en los capítulos del Lacio en pág. 87 o de China en pág. 239).

Una versión contemporánea (y sin cebolla) del ceviche es el «tiradito», más parecido a un carpaccio o un sashimi de pescado en láminas muy finas. Nos remite, claro está, a la comunidad nikkei, si bien las guarniciones de ingredientes andinos como el maíz blanco le confieren también personalidad peruana. Otros platos de pescado son el «chupe de camarones», una sopa con habas, arroz, huevo y orégano que se sirve con media patata dentro; o la «jalea», una montaña de marisco o pescado rebozado que recuerda al *fritto misto*; está riquísima con salsa criolla, un moje espeso de cebolla que se come por toda Sudamérica en múltiples variedades (véase «Argentina», pág. 345). Las cebollas rojas se pican en rodajas muy finas, «a la pluma», y se dejan marinar con cilantro, ají amarillo, limón, aceite y sal. Esta salsa se come como condimento de innumerables comidas peruanas, desde las delicias andinas como las humitas y los tamales (véase pág. 330) a platos como el lomo «saltado» y el arroz con pato, que son guiños a Asia, por el uso que hacen del salteado y de aliños aromáticos como el comino, el ajo y el cilantro.

Los tubérculos dulces como la calabaza, la batata y la yuca (también conocida como mandioca, véase «Brasil», pág. 337) tienen un papel destacado en la cocina peruana. La yuca se fríe o se hace pan (pan de yuca), con almidón de yuca (tapioca), queso, huevo y mantequilla, en unos bollitos contundentes y especialmente suaves. Los tubérculos son también fundamentales para la elaboración de las «causas», una preparación típicamente peruana que está entre una terrina y una ensaladilla. Las patatas, bien trituradas, el chile amarillo, la lima y la sal se disponen por capas y se añade, al gusto, cangrejo, atún, mayonesa, tomate o aguacate, todo ello rematado con salsa criolla.

La quinoa es un cultivo andino que se da muy bien en grandes altitudes. Se cree que es originaria de Bolivia, aunque se utiliza y se cultiva por todas las tierras altas de Perú, Argentina, Chile y Colombia. Es una base ideal para ensaladas y un buen acompañamiento para platos de pescado. Aunque parece un cereal, desde el punto de vista botánico es una fruta y tiene un contenido proteínico de más del 18 por ciento, lo que la sitúa a la altura de la carne en aporte proteínico. Los granjeros andinos y sus familias llevan siglos viviendo de ella. (La popularidad de la quinoa ha subido como la espuma en las últimas décadas en el mundo desarrollado gracias a sus cualidades saludables, lo que ha creado polémica sobre las repercusiones nutricionales que podría tener para los bolivianos. De modo que, queridos lectores, ¡no os paséis con la quinoa!)

Por último los picarones son un dulce típico de los puestos callejeros de comida: rosquillas de calabaza y batata bañadas en un jarabe de azúcar no refinado conocido como miel de chancaca (con un intenso aroma a peladura de naranja). Un picarón es un buen pícaro: un nombre ideal para un dulce frito y, dado que también está relacionado con «picar», tal vez sea una personificación apropiada de Perú y su cocina. ¿Es posible que Perú sea un pícaro que pica de legados culinarios de sus comunidades inmigrantes? Desde un punto de vista gastronómico, ¿podría esta habilidad para picar de otras tradiciones y fusionarlas tan perfectamente con lo propio ser el secreto de esa «magia secreta» de Perú?

LA DESPENSA • chile • lima • comino • orégano • cilantro y perejil • pescado blanco (corvina, lubina, lenguado) • gambas • vieiras • pulpo • aguacate • maíz blanco • batata • calabaza • yuca • salsa de soja • quinoa

◆ ◆ ◆

• CEVICHE •

Se trata sin duda del buque insignia de la cocina peruana y, con más de 800 variantes, hay posibilidades para todos los gustos. Quien busque una comida que le haga amar la vida que pare de buscar. La cebolla cruda, el punto de chile, la acidez del zumo de lima y el delicado pescado crudo se combinan para alegrar y limpiar el paladar. Me encanta que sea tan fácil de hacer y tan sencillo de adaptar. Y hay campo libre para la diversión. He hecho algunas sugerencias sobre dónde podéis ejercer vuestra creatividad. Es posible, por ejemplo, probar otro cítrico en lugar (o aparte) de la lima. Jason Atherton, del Pollen Street Social, utiliza yuzu, y he oído decir que el pomelo también le va de maravilla.

• 6-4 COMENSALES •

500 g de filetes de pescado blanco sin piel
(tipo lubina, lenguado o pargo)
sal marina en escamas
un puñado de gambas crudas peladas, langosta cruda
pelada y vieiras crudas sin las valvas (opcional)
250 ml de zumo de lima (unas 15 limas),
colado para eliminar la pulpa
1 diente de ajo picado fino
1 trozo de 1 cm de jengibre picado muy fino
25 g de cilantro picado
2 cebollas rojas pequeñas, picadas en medias lunas finas
1 chile (amarillo, a ser posible, aunque el verde también va bien),
sin semillas y picado fino

PARA SERVIR (OPCIONAL)
1 aguacate *hass* grande (maduro pero no blanduzco),
cortado a dados
2 tomates a mitades, despepitados y en dados
granos de maíz de 1 mazorca fresca
600 g de habas frescas peladas, sin las vainas y cocidas 5 minutos
en agua con sal

1 • Meter 20 minutos los filetes de pescado en el congelador para que sea más fácil cortarlos. Sacar y cortar en trozos de 2 cm. Salar todo el pescado que vaya a usarse con la sal en escamas, y reservar.

2 • También es recomendable dejar unos minutos las rodajas de cebolla en agua fría para atemperar un poco el sabor.

3 • Mezclar el zumo de lima con el ajo, el jengibre y más o menos la mitad del cilantro. Cubrir uniformemente el pescado con la mezcla. Refrigerar una hora para «cocinar» el pescado crudo.

4 • En el momento de comer, formar un lecho con las cebollas, sacar el pescado de la marinada y ponerlo sobre las cebollas. Repartir por encima la mitad de la marinada que haya quedado y añadir seguidamente los chiles y el cilantro restante.

5 • Llegados a este punto, añadir los ingredientes que se deseen. Yo soy una gran amante del ceviche con aguacate y maíz. El maíz le da un crujiente delicioso, mientras que la suavidad del aguacate es un complemento ideal para el pescado.

• ARROZ A LA PERUANA •

Se trata de un plato de arroz de delicados sabores con el típico maíz blanco peruano (también conocido como choclo), algo de ajo, sal y pimienta. Hace el arroz más interesante sin llegar a convertirlo en un plato principal. Lo suyo es cocinarlo en una sartén para poder añadir más fácilmente el resto de ingredientes.

• 6 COMENSALES •

1 cda. de aceite de oliva
1 cebolla picada fina
2 dientes de ajo picados muy finos
400 g de arroz largo
500 ml de caldo de pollo
maíz fresco de 3 mazorcas
75 g de guisantes (opcional)
30 g de mantequilla
sal
15 g de perejil con las hojas picadas gruesas (opcional)

1 • Calentar en una sartén grande y honda el aceite de oliva y rehogar 5 minutos las cebollas. Añadir luego el ajo y sofreír 1 minuto. Incorporar el arroz y no parar de remover durante 2 minutos para que la cebolla y el aceite se mezclen bien con el ajo.

2 • Agregar el caldo, el maíz, los guisantes, en caso de usar, y la mantequilla. Tapar la sartén y cocer 20-25 minutos, hasta que el arroz esté tierno.

3 • Sazonar al gusto y servir con perejil por encima.

• SALSA CRIOLLA •

Esta salsa tan sencilla como típica está integrada por la santa trinidad de sabores peruanos: la cebolla roja, la lima y el chile. Lo realza todo estupendamente, en particular el pescado. El chile más usado es el ají amarillo pero, dado que es tarea ardua encontrarlo, vale cualquier chile de picor suave a medio (y preferentemente algo dulce), como un jalapeño fresco.

• 6-8 COMENSALES •

3 cebollas rojas pequeñas, picadas en medias lunas finas
2 chiles suaves (tipo ají amarillo o jalapeños),
        sin semillas y picados finos
15 g de cilantro con las hojas picadas
15 g de perejil con las hojas picadas
el zumo de 2 limas
1 cda. de vinagre de vino rojo
3 cdas. de aceite de oliva
sal marina y pimienta negra recién molida

1 • Mezclar todos los ingredientes en un bol. Refrigerar al menos media hora antes de servir para que los sabores se liguen y... ¡listo para comer!

BRASIL

Tupí o no tupí: esa es la cuestión.

• OSWALD DE ANDRADE, *Manifiesto antropófago* •

EN SU *MANIFIESTO ANTROPÓFAGO* de 1928 el poeta y polemista brasileño Oswald de Andrade propuso que Brasil canibalizara otras culturas para extender la suya. Utilizó a la tribu caníbal de los tupís brasileños como metáfora para sopesar los pros y los contras de dicho canibalismo cultural, en un juego irónico con el famoso verso de Shakespeare. En las últimas décadas Brasil ha «consumido» hasta cierto punto cultura del primer mundo, en parte con el fin de reforzar la percepción del país en Occidente. Por lo demás en la última década ha experimentado el mayor crecimiento económico de Latinoamérica.

La comida no es ninguna excepción en este programa de integración. Mientras que las ollas tradicionales (o *paneladas*) han seguido burbujeando discretamente en los fogones durante generaciones, los jóvenes cosmopolitas son más del gusto de la sofisticación inferida de la comida italiana y japonesa. Ay, juventud insensata... La belleza de la auténtica cocina brasileña parece estar infravalorada, sobre todo en su propio país. En la mayoría de las ciudades brasileñas es fácil encontrar pizzas, pastas y sushi para aburrir, sobre todo en el sur, donde los espaguetis con salsas de nata son muy populares (un reflejo del mismo gusto por la nata y los platos con queso que abunda en Argentina; véase la pizza *fugazza* en pág. 346). Entre que hace mucho que se pondera la otredad culinaria y que muy pocos brasileños han pregonado las riquezas comestibles de su país de origen, Brasil no ha logrado granjearse la reputación internacional que merece en este campo. Esto está empezando a cambiar en nuestros días, ahora que São Paulo se ha convertido en destino gastronómico y que cocineros como Alex Atala,[*]

• • • •

[*]Alex Atala es el propietario y jefe de cocina del D.O.M. de São Paulo, que fue votado el sexto mejor restaurante del mundo en 2013 en los premios de los 50 Mejores Restaurantes del Mundo (y en 2014, en séptimo puesto). Atala ocupó asimismo el número 44 de la lista de la gente más influyente del mundo que confecciona la revista *Time*. En palabras de su colega del Noma, René Redzepi: «Se ha consagrado a la enorme tarea de modelar una mejor cultura gastronómica en América Latina. Su filosofía de utilizar ingredientes autóctonos brasileños en alta cocina ha encandilado al continente».

del restaurante D.O.M., juegan en la primera división de la gastronomía mundial.

La chef brasileña Samantha Aquim, conocida en Brasil por su marca homónima de chocolates, me aseguró que por fin las cosas están cambiando y que existe una emergente sensibilidad artística genuinamente brasileña. Empieza a cundir un orgullo real por cosas que reflejan la forma de vida y la cultura brasileñas auténticas. En sus propias palabras: «Los frijoles, la samba y las bailarinas mulatas no son nuestro Brasil de todos los días». Por suerte la comida brasileña está viviendo un renacer y cada vez es más apreciada por quienes importan: los propios brasileños.

Sin embargo, con sus más de ocho millones y medio de kilómetros cuadrados y casi doscientos millones de habitantes, no es fácil definir Brasil. Su población, concentrada en masa a lo largo del litoral, es una amalgama de descendientes de grupos indígenas —como los propios tupíes—, de colonos europeos (que empezaron a llegar en el siglo XVI) y de los esclavos negros que llegaron desde África Occidental en el siglo XVII.[*] Estos tres grupos sociales predominantes se han mezclado, tal vez en mayor medida que en otras de las excolonias que describimos también como crisoles de culturas, lo que ha generado una numerosa población mulata (negra y blanca) y cabocla (indígena y blanca).

En lo geográfico Brasil abarca una extensa área de selva tropical, pastos, monte seco y manglares y, desde una perspectiva culinaria, puede dividirse —a muy grandes rasgos— en cuatro regiones: amazónica, nororiental, suroriental y meridional. Si bien el Atlántico baña tanto la nororiental como la suroriental, el pescado es más común en el norte, por encima del estado de Bahía, donde son muy populares guisos como la *moqueca de peixe*, elaborados con carnosos pescados blancos como el mero, el pargo o el dorado.

Pese a todas las variantes regionales de la cocina brasileña, hay un elemento presente en todas que nos proporciona una clave real para entender la cultura brasileña de la cordialidad: las *paneladas*. O lo que es lo mismo, comida cocinada en una única olla grande que da de comer a mucha gente. ¿He oído «monótono»? Pues no os equivoquéis, las *paneladas* poseen un espectro de sabores que mantiene el interés del paladar mucho más allá de los primeros bocados. «No cocinamos para uno sino para diez —dice Samantha Aquim—. La "comida de panela" es familiar, aunque eso no la hace menos interesante».

La comida de panela es una técnica que encontramos por todo Brasil, con

• • • •

[*] Casi un 40 por ciento de los esclavos africanos que fueron llevados a la fuerza a América llegó a los puertos brasileños.

sabores e ingredientes que varían según la región. Entre los sabores comunes se encuentran el cilantro —con el que se sirven muchos platos—, así como el *colorau* o *urucum* (que básicamente es pimentón), la ternera seca (que se presenta en dos formas: carne de sol, curada al sol; y carne seca, curada con sal) y el ajo quemado. Mientras que a los aprendices de cocinero del mundo entero se les enseña que no deben quemar nunca el ajo, en Brasil este suele ser el punto de partida. La *feijoada*, el clásico brasileño por antonomasia (del que encontraremos más abajo una receta de mi amiga Gizane Campos), se empieza así y, como tantas otras *paneladas*, se espesa con harina de yuca o mandioca, que le da sabor a frutos secos y una textura harinosa. Utilizada para repostería, rebozados y guisos por toda América Latina y el Caribe, la harina de mandioca es especialmente importante en la cocina brasileña por ser el ingrediente clave de la *farofa*, ese «polvo» mantecoso y tostado que se sirve para acompañar la *feijoada* y otros primeros platos de cuchara.

El legado de la diáspora africana (cuyos ancestros llegaron de países como Congo, Nigeria o Angola) está muy presente en la cocina del norte de Brasil, con ingredientes como el aceite de palma (conocido también como *azeite de dendê*) o el coco. Del siglo XVI al XIX unos cinco millones de personas fueron esclavizadas para trabajar la tierra de Brasil, y muchas iban a trabajar a las plantaciones de azúcar del norte, donde hoy en día sigue siendo palpable su enorme influencia. Solo hay que ir a Salvador de Bahía, por ejemplo, y ver a las *baianas*, mujeres afrobrasileñas, vestidas con sus coloridos trajes y sus collares de cuentas en los puestos de *acarajé*, los buñuelos de judías de careta que se fríen en aceite de palma. Exquisiteces como el *bobó de camarão* (una *panelada* de gambas con una salsa espesada con mandioca) o la *casquinha de siri* (un aperitivo de cáscara de cangrejo rellena con carne de cangrejo, verduras y parmesano), combinan los ingredientes marítimos con costumbres culinarias africanas (e incluso un toque europeo con el queso más famoso de la Emilia-Romaña) en platos que producen un efecto mareante de bueno.

En el sur, en cambio, los platos de pescado son menos elaborados; es más, en las grandes ciudades meridionales de Río de Janeiro y São Paulo la comida suele ser más sosa (¡salen a escena los espaguetis malos!). En esta zona se impone la carne: el tríptico clásico de carne, frijoles y arroz adorna más de un plato. A los brasileños les encanta la carne, y como nación son más carnívoros conforme más al sur; cuanto más cerca de Argentina, más abundan los filetes, las barbacoas, las salchichas o vísceras como el corazón de cerdo o de pollo. Recuerdo ir a un restaurante brasileño del este de Londres con un grupo de amigos de Belo Horizonte, una ciudad del centro sur de Brasil, y quedarme horrorizada al ver salir de la cocina una montaña de corazones venosos. Al parecer están deliciosos pero me temo que, como exvegetariana que soy, me da reparo probarlos.[*]

Los siete estados de la Amazonia, en el norte y el oeste de Brasil (de donde procede la tribu de los tupíes a la que aludía Oswald de Andrade) ofrecen un espectro único de platos tribales de larga tradición e ingredientes extremadamente locales. El *colorau*, una especia similar al pimentón dulce a base de granos de achiote molidos, es especialmente popular en la zona, donde se utiliza para aderezar una gran variedad de pescados de agua dulce como el *surubí* (un bagre de agua dulce que se ahúma como el salmón) o el *tambaquí* o pacú negro, un pescado blanco y carnoso cuyas costillas se pasan a la plancha o se pican para guarnecer *paneladas*. El *picadinho de tambaquí*, con cebollas, ajo, chile picante, leche de coco y aceite de palma, es un ejemplo de estas *paneladas*, y se acompaña con arroz, *farofa* y hojas de *jambú* (o berro del Pará, parecido a la salvia), que tiene un efecto anestésico en la boca que resulta desconcertante. Estas hojas, así como la achicoria y la mandioca rallada, también se utilizan en una salsa para un pato marinado y asado conocido como *pato no tucupí*.

Es posible que la diversidad culinaria de Brasil no se conozca lo suficiente porque muchos de los ingredientes son de carácter muy local y no viajan bien. Por suerte todas las recetas que os transmito aquí pueden hacerse en cualquier cocina, al igual que la increíble (a la par que sencilla) receta de mousse de chocolate de Aquim. En Brasil se cultivan cientos de especies de cacao y, aunque la mayoría de las cosechas las compran compañías chocolateras extranjeras (que diluyen su rico sabor natural con leche y vainilla), lo que queda se utiliza para dulces típicos como los *brigadeiros*, unas trufas de leche condensada que tienen una textura parecida al *brownie*. De morirse...

La imagen de Brasil —del carnaval a las favelas y «los frijoles, la samba y las bailarinas mulatas» a los que aludía Samantha Aquim— es solo una de sus caras, casi una caricatura. Volviendo a Oswald de Andrade, es posible que Brasil haya canibalizado otras culturas como un vehículo estratégico con el que extender la suya pero, como espero haceros ver con las recetas que siguen, ya va siendo hora de que se alimente de sus propias exquisiteces. Con un legado y un paisaje tan ricos, que ofrecen tantas y tan diversas oportunidades culinarias, no os quepa duda de que hay que seguirle la pista a Brasil.

• • • •

[*] Por cierto, no soy de esas *foodies* que comulgan con la creencia de que todo aquel aficionado a la comida tiene que ser un intrépido dispuesto a abandonar por completo su elemento. Siempre es recomendable ir más allá de la dieta habitual pero me niego a darle más importancia de la cuenta a lo novedoso hasta el punto de comer algo con pavor.

LA DESPENSA • cilantro • *colorau* (parecido al pimentón dulce) • leche de coco • yuca • harina de mandioca • ternera curada (al sol o a la sal) • *bacalhau* • pescados de agua dulce en el norte, de agua salada en la costa (mero, pargo, dorada) • frijoles negros y marrones • *dulce de leite*

◆ ◆ ◆

• GUISO DE FRIJOLES NEGROS •

La *feijoada* es un plato nacional brasileño y una *panelada* típica, pensada para alimentar a grupos numerosos. En palabras de mi amiga Gizane Campos, que nos ha regalado esta receta: «La *feijoada* nunca se hace para dos personas. Está demasiado rica para no compartirla con un buen grupo de amigos y una buena sobremesa. ¡Lo suyo es comerla en sábado o domingo para poder echarse luego una siesta!». Como con todos los guisos, con las sobras podéis hacer una cena estupenda o almuerzo para el día siguiente. Es fácil encontrar todos los ingredientes auténticos en tiendas portuguesas o brasileñas, y los supermercados y las tiendas gourmet son otra buena alternativa. Gizane sugiere servir la *feijoada* con alguna hoja verde de primavera picada en juliana, cebolla y ajo salteado unos 5 minutos, así como arroz hervido y unos gajos de naranja.

• 8-10 COMENSALES •

1 kg de frijoles negros secos
400 g de ternera secada al sol, cortada en trozos,
    o 400 g de costillas de cerdo ahumadas
400 g de panceta ahumada cortada en trocitos
8 cdas. de aceite de oliva
2 cebollas picadas finas
6 dientes de ajo picados finos
300 g de longanizas ahumadas gruesas, cortadas en trozos
    grandes (las mejores son las portuguesas, pero
    también valdría un chorizo bueno)

300 g de longanizas especiadas portuguesas pequeñas
o *n'duja* (si no se encuentran especiadas valdría
con longaniza normal)

400 g de costillas de cerdo saladas (o cualquier corte
de cerdo con hueso de la carnicería)

1 cda. de pimienta negra recién molida

5 hojas de laurel

1 naranja pelada entera

1 chupito de *cachaça* (opcional, pero recomendado)

1 naranja para servir, pelada y en gajos

1 • Dejar por la noche en agua fría y en cuencos separados los frijoles, la ternera secada al sol o las costillas ahumadas (o lo que vayáis a usar) y la panceta ahumada. Cambiar el agua por la mañana y dejar en remojo para eliminar el exceso de grasa y sal.

2 • Escurrir los frijoles y ponerlos en una olla muy grande con agua fría. Llevar a ebullición a fuego medio y cocer 30 minutos hasta que estén tiernos.

3 • Lavar y escurrir bien la ternera (o las costillas) y la panceta en remojo, añadir a la olla con los frijoles y cocinar otros 30 minutos.

4 • Entre tanto calentar una olla muy grande y pesada y cubrir el fondo con el aceite de oliva. Añadir las cebollas y el ajo y rehogar hasta que se ablanden. Incorporar las longanizas, las costillas de cerdo saladas, la pimienta negra y el laurel. Agregar los frijoles cocidos y la carne y recubrir con agua. Colocar la naranja pelada en el centro de la olla. Dejar hacer a fuego lento 1,5-2 horas o más, cubriendo con agua cuando sea necesario, hasta que la carne se desprenda del hueso. Justo antes de servir, retirar el laurel, añadir el chupito de cachaça y servir con los gajos de naranja.

• GUISO DE GAMBAS •

Esta receta es de la cocinera Samantha Aquim y, fiel al espíritu de la panelada que da de comer a una familia numerosa, emplea cantidades grandes. Conocida como *bobó de camarão*, es un guiso de gambas cocidas en una crema de harina de mandioca, leche de coco y verduras. Como muchos platos similares, está aderezado con aceite de palma, *dendê* en brasileño, y es costumbre servirlo con arroz blanco, aunque también puede ser un plato único. El *bobó de camarão* es uno de los platos más representativos de la región de Bahía, que es conocida por sus características afrobrasileñas. La mandioca puede comprarse en casi cualquier mercado étnico, mientras que el aceite de palma es fácil de conseguir por Internet; en cualquier caso, si os resulta complicado encontrarlo, sustituidlo por aceite de girasol.

• 8-10 COMENSALES •

1 kg de mandioca, pelada y cortada en cuñas
500 ml de leche de coco
30 ml de aceite de palma (o de girasol)
1 kg de gambas frescas, limpias y sin cáscaras
50 ml de aceite de oliva virgen extra
1 cebolla blanca o amarilla picada fina
3 dientes de ajo picados finos
½ pimiento amarillo pequeño, despepitado
    y cortado a lo largo
½ pimiento rojo pequeño, despepitado y cortado a lo largo
1 kg de tomates pelados y a dados
sal marina y pimienta negra recién molida
perejil y cilantro para servir picados
cebolletas para servir picadas

1 • Hervir 20 minutos la mandioca en agua salada o hasta que esté blanda (igual que unas patatas). A continuación escurrir, pasar al vaso de la batidora, batir con la leche de coco y reservar.

2 • Saltear las gambas (por tandas, de ser necesario) a fuego fuerte en dos cucharadas de aceite de palma o girasol, salpimentar, pasar a un bol y dejar reposar.

3 • Calentar el aceite de oliva en una sartén y saltear unos 30 segundos la cebolla. Añadir seguidamente el ajo y los pimientos y sofreír otros 5 minutos. Cuando se hayan ablandado todos los ingredientes, añadir los tomates y rehogar hasta reducir el líquido.

4 • Añadir el resto del aceite de palma y remover unos minutos para que se reparta bien. Incorporar entonces la mandioca y la leche de coco y rehogar 2-3 minutos. Tiene que adquirir una consistencia cremosa pero, si queda demasiado densa, puede agregarse más leche de coco.

5 • Añadir las gambas, sazonar al gusto y adornar con las hierbas frescas y la cebolleta antes de servir.

• MOUSSE INTENSA DE CHOCOLATE CON GRANOS DE CACAO TOSTADOS •

Este postre ligero pero complaciente es de la chef y gurú del chocolate Samantha Aquim. En más de una ocasión mi familia ha alcanzado el éxtasis cuando se lo he preparado. Además, es fácil de elaborar, siempre que se consigan los granos tostados de cacao, que, en último caso, pueden comprarse por Internet y en algunos supermercados.

• 4 COMENSALES •

70 g de chocolate negro (al menos un 70 por ciento de cacao)
2 claras de 2 huevos grandes
30 g de azúcar blanquilla
195 ml de nata para montar
20 g de granos de cacao tostados, más un puñadito
para adornar

1 • Derretir el chocolate en un bol sobre una olla de agua hirviendo. Dejar enfriar 15 minutos a temperatura ambiente, sin que llegue a endurecerse de nuevo.
2 • Montar en un bol aparte las claras de huevo con el azúcar durante 5 minutos, hasta que tripliquen su volumen y queden ligeras y esponjosas. Agregar poco a poco el chocolate derretido y batir. Hacer otro tanto con la nata.
3 • Incorporar los granos de cacao, pasar a una fuente grande de servir o a cuatro cuencos individuales, adornar con unos granos tostados y refrigerar una hora antes de servir.

ARGENTINA

La ciudad me sigue recordando a Rusia: los coches de la secreta con sus antenas erizadas; mujeres de caderas desparramadas lamiendo helados en parques polvorientos; las mismas estatuas intimidatorias; la arquitectura de merengue, las mismas avenidas que distaban mucho de ser rectas y creaban el espejismo de un espacio infinito que no desembocaba en ninguna parte...

• BRUCE CHATWIN, *En la Patagonia* •

EL BUENOS AIRES de Bruce Chatwin es un cúmulo de contradicciones, serio a la par que absurdo, hasta el punto de que las «caderas desparramadas», las «estatuas intimidatorias» y la «arquitectura de merengue» parecen dibujos animados. Sus vivencias en la ciudad contrastan visiblemente con la naturaleza salvaje de la Patagonia, tal vez la imagen más familiar que tenemos de Argentina, en toda su extensión y su rigor: «Tenemos fijada en la mente la imagen de la Patagonia como el lugar más seguro de la Tierra. Yo me imaginaba una cabaña baja de madera con un tejado calafateado contra las tormentas, con acogedores fuegos de leña en el interior y las paredes rellenas de los mejores libros, el lugar donde vivir cuando el resto del mundo salte por los aires».

En realidad el relato que hace Chatwin de su viaje argentino, con todas sus contradicciones, revela una verdad sobre este país situado en la punta de Sudamérica, que se extiende más de tres mil kilómetros desde el interior patagónico («la parte más extrema de la Tierra» según Chatwin), a través de las praderas centrales donde pace el ganado, y hasta las fronteras andinas con Bolivia, Perú, Chile y Brasil. Tal vez de Latinoamérica sea en Argentina donde a los visitantes les impresiona más la colisión del Viejo y el Nuevo Mundo, de los europeos y los indígenas americanos, y la cultura única que estas influencias —a menudo contradictorias— han creado. En Argentina hay poca tierra que no esté limitada por el mar o las cordilleras montañosas; fue el primero el que trajo a tantos miles de europeos durante la primera mitad del siglo xx y las segundas —los Andes— lo que los detuvo en su vagar hacia el oeste, a países vecinos. Argentina es un refugio de hibridez que destaca por su diversidad, desde su población hasta sus paisajes, con una gastronomía que refleja ambas cosas.

Los argentinos tienen un aspecto y una forma de hablar distintos de los chilenos, que habitan el país vecino. La mayoría tiene algún antepasado italiano, español, francés o alemán en las dos últimas generaciones. Se estima, por ejemplo, que casi la mitad de la población es de ascendencia italiana, una circunstancia que se nota tanto en el acento cantarín del español que se habla como en los apellidos italianos[*] o el gusto extendido por la pizza y el helado. La *fugazza* es una famosa variante de la pizza que se cubre con cebolla churruscada, mozzarella y parmesano, mientras que el helado por antonomasia es el de dulce de leche (el caramelo superdulce y pegajoso de leche condensada omnipresente en el país): un sabor de lo más argentino aplicado a una receta tradicional europea.

Pero vayamos al grano, porque no es precisamente con la pizza y el helado con lo que asociamos a Argentina, ¿verdad? No, es con los filetes o la cultura del asado dominical, con esa ternera jugosa y voluptuosa que chisporrotea sobre las ascuas, siempre ligeramente cruda por el centro y regada con un malbec. (De hecho, el malbec y la carne, unos compañeros de cama ideales, son los dos alimentos más exportados de Argentina). Sí, la carne ha sido sinónimo de Argentina desde mediados del siglo XX, conjurando las imágenes románticas de la Argentina ecuestre —antiguamente con los gauchos y hoy en día con los jugadores de polo— a las que los extranjeros acaudalados sucumbían: aspiraciones comestibles... En *Diarios de motocicleta* Ernesto Che Guevara califica la dieta argentina de «extravagante», en comparación con el resto de cocinas andinas que probará con su compañero Alberto Granado durante el resto de su viaje.[†] La comida de Argentina es sin duda «comida de reyes».

Aunque hay carne en toda Argentina, se asocia comúnmente con la Pampa, una vasta extensión de pasturaje de casi 800.000 kilómetros cuadrados en el centro del país, no lejos de Buenos Aires. La abundancia y la riqueza de sus pastos la convierten en el terreno ideal para criar el mejor ganado vacuno del mundo, que los argentinos trocean en una variedad de filetes

••••

[*] Un buen ejemplo es el de la conocida bodega Luigi Bosca. Al parecer el tal Luigi nunca existió pero este nombre típicamente italiano se escogió para atraer a las hordas de italianos que llegaron a Argentina a principios del siglo XX.

[†] Tras partir de Buenos Aires, Guevara y Granado viajaron por los Andes, el desierto de Atacama y la cuenca del Amazonas y subieron hasta el Caribe con una única motocicleta, un viaje en que abarcaron más de ocho mil kilómetros de suelo sudamericano y fueron testigos de cómo el terreno y las vidas de las gentes cambian de un país, un clima y una cultura a otros.

y vísceras que hoy se comen por todo el mundo (aunque en ninguna parte como en Argentina, donde los vegetarianos son una rareza y el ciudadano medio consume 58,8 kilos de ternera al año).* Diego Jacquet, el dueño y jefe de cocina del restaurante Zoilo del West End londinense, dice que su ternera «es definitivamente una de las mejores carnes del mundo. Su textura es increíble porque las vacas tienen todo el espacio del mundo para vagar y quemar la grasa de sus músculos como ninguna otra».

Cuando los argentinos van a una parrilla o hacen un asado en casa, suelen comer carne y poco más —una frustración para una europea exvegetariana como yo—, aunque no podemos quejarnos de la variedad. Los grandes asados son algo de una belleza terrible, mosaicos de carne donde las teselas son trozos de solomillo, chuletones hechos a fuego lento, ristras de embutidos (morcilla o chorizo, a menudo acompañados de un disco de queso fundido llamado provoleta), mollejas y toda una panoplia de vísceras. (Es evidente que lo del «hasta los andares» no es una política o una moda como puede serlo en Reino Unido, sino un pilar cultural.) Todo esto puede comerse poco hecho, con mucha sangre, dorado o con infinitos degradados de estrías rosas.

Este muestrario de carnes se sirve por lo general con dos salsas, el chimichurri y la criolla. La primera es originaria de Argentina y se hace con aceite de oliva, orégano fresco, perejil, ajo y chile. En Buenos Aires se le añade salsa de tomate, mientras que en regiones montañosas como Mendoza, se adereza además con tomillo o romero. Por su parte la salsa criolla se presenta en muy diversas formas por toda Sudamérica (ya habéis visto en el capítulo de Perú una salsa que se llama igual). La argentina lleva cebolla, tomate, chile suave y aceite. Diego Jacquet ha contribuido con su receta de chimichurri, que os servirá para comer carne como auténticos gauchos.

Aunque la carne argentina es de una calidad ejemplar, ha eclipsado en el escenario mundial al resto de cocinas del país, más regionales: la gastronomía argentina tiene más matices de lo que podría sugerir la cultura del asado. Tanto la Patagonia en el sur como la provincia de Salta en el norte tienen unas cocinas muy particulares, con platos distintos así como variantes regionales de recetas nacionales. Las empanadas son un buen ejemplo: hojaldres rellenos de carne (ternera), queso (una combinación de un queso suave y un queso blanco chicloso al que los argentinos llaman «mozzarella») o, en la Patagonia, pescado, marisco y setas. Las proporciones

• • • •

* Según *The New York Times* los argentinos comen de media 58,51 kilos de ternera por cabeza al año. Esta cifra dobla los 26 kilos por cabeza de Estados Unidos. Con todo, supone un notable descenso respecto a los cien kilos por cabeza que se llegaron a consumir en 1956, el año en que se alcanzó el récord de consumo.

de carne varían de una región a otra: en Buenos Aires, por ejemplo, llevan el doble de carne que de cebolla, a diferencia de Mendoza,[*] donde suele especiarse con comino y guarnecerse también con aceitunas y huevos duros.

Al igual que pasa con las empanadas, es posible encontrar tamales por toda Sudamérica, una vez más con diferencias entre país y país. En Argentina son una especialidad andina que se cocina en las regiones norteñas de Salta y Jujuy, en la frontera con Chile y Bolivia. Estos pequeños sobrecitos de masa de maíz (la misma que se utiliza para las tortillas de otros puntos de América) contienen carne fileteada —cordero, ternera o cerdo— envuelta en hojas de maíz, hervida o cocida. Las humitas son muy parecidas a los tamales y combinan en su interior maíz fresco, cebollas, pimientos verdes y rojos, especias (y a veces algo de queso o pollo), todo envuelto en cáscara de maíz y horneado. La textura de la masa cocinada es muy característica de los Andes: ligeramente pesada y más gruesa que la polenta, la pasta resultante es muy pegajosa.

Tal vez la del norte sea la cocina más diferenciada del país, una gastronomía que refleja un estilo de vida más duro que el de la Pampa: condiciones climáticas extremas, montañas escarpadas e irrigación escasa. Entre los estofados y guisos de plato único se cuentan comidas sustanciosas y prácticas como la carbonada (ternera, maíz, patatas y frutas como melocotones y peras servidas en una calabaza) o el locro: los dos guisos argentinos más conocidos. Parecido al cocido español, el locro lleva carne, panceta, longaniza, calabaza, maíz y cereales: un plato sustancioso y muy completo que reúne muchos ingredientes locales en una sola olla.

El único pescado que encontramos por toda Argentina es la relativamente famosa trucha arcoíris, que suele criarse en lagos artificiales. Se toma asada, a la parrilla, frita o cocinada en papillote (con aliños locales y algunas verduras). En principio puede sorprender que los argentinos coman mucho menos pescado que sus vecinos chilenos,[†] a pesar de que ambos países tienen litorales largos; sin embargo la cultura argentina se ha desarrollado en torno al hierro del gaucho y a un conjunto de rituales «vacunos» —los

••••

[*] Mendoza es tanto una región como su capital, al oeste de Argentina, en la frontera con Chile. Si bien a su cocina puede faltarle cierta definición, a sus vinos les ocurre todo lo contrario. Es la región vitivinícola por excelencia, conocida en el mundo entero por las osadas notas a moras, violetas y vainilla de sus malbecs. En estas tierras cultivadas y de regadío se dan tan bien las verduras (unos tomates muy jugosos, por ejemplo) como las viñas.

[†] Chile limita en toda su longitud con el Pacífico, lo que supone una rica fuente de pescado y mariscos como las navajas, las vieiras y las langostas, muy presentes en platos del oeste del continente. Aparte de la abundancia de marisco, sin embargo, hay que tener en cuenta que Chile no tiene la masa de tierra para criar ganado que posee Argentina.

asados dominicales, las parrillas y los puestos de choripanes—* que está muy arraigado en la dieta común.

La cocina patagónica es la que tiene menos rasgos sudamericanos del país: a saber, no es ni típicamente andina ni está basada en la carne de vaca y han sido las limitaciones y las recompensas de un clima duro las que la han moldeado. El cordero, el jabalí y frutos del bosque como las setas y las bayas son reminiscencias de las cocinas escandinavas y la alemana que llaman la atención sobre la presencia de más comunidades distintas de emigrantes que en otros puntos del país. En la Patagonia cambian los *terroirs* y las influencias culturales de la gastronomía se alejan de Italia y se acercan más al centro y el norte de Europa. Aparte de la carne de caza y las conservas, hay otros platos como la fondue andina o los *strudel* y los crepes con frutos del bosque. La tierra es perfecta para cultivar la uva pinot noir y la región produce algunos vinos espectaculares.

El mate, la infusión favorita de los argentinos (y de los uruguayos, más fanáticos aún) se consume a diario y durante todo el año. Se hace con las hojas de la yerba mate, un árbol perenne originario de Sudamérica, que se seca, se hace polvo y, cuando se añade a un recipiente (llamado también «mate»), se cubre con agua caliente. Este brebaje se succiona a través de una pajita metálica llamada bombilla y, conforme se va rellenando con más agua, el contenido se diluye cada vez más. Yo lo prefiero con un poco de azúcar, aunque es una costumbre que horroriza a los fanáticos más integristas del mate. (Lo entiendo, yo puedo ser muy snob con eso de echarle azúcar al té.) El café o el mate acompañan un desayuno de pan con dulce de leche o un alfajor: una galleta argentina que se parece a las *shortbreads* escocesas; pueden tener diversos sabores pero la más típica es un sándwich de dos galletas con un suave relleno de —lo habéis adivinado— ¡dulce de leche!

Aunque la cocina argentina tiene más miga de lo que en principio salta a la vista —lo de cocinar hojas de banano y harina de maíz requiere su práctica, por no hablar de conseguir los ingredientes—, os sugiero que no os compliquéis la vida en vuestro viaje iniciático por la cocina argentina e invirtáis en una gran cantidad de pecho de ternera de calidad y hierbas frescas para hacer un asado y comer «como un rey», sin olvidaros de una buena copa de malbec. Si os sentís más intrépidos, podéis probar a hacer vuestro propio dulce de leche con la receta de Maricel Presilla que incluyo más adelante, o

••••

* Chorizo criollo en un bocata con chimichurri que se vende en todas partes, desde los estadios de fútbol hasta los puestos de comida de los parques.

incluso hacer un helado con un sabor divino a caramelo. ¡Eso sí, que no se os desparramen las caderas!

LA DESPENSA • filetes de ternera • trucha • quinoa • queso blanco (provolone e imitaciones de mozzarella y parmesano) • morcilla • mollejas • maíz blanco • chiles suaves • dulce de leche

• • •

• FILETE DE TERNERA A LA PARRILLA CON CHIMICHURRI, AJO Y TOMATES •

Aquí tenéis la sencilla receta de Diego Jacquet para hacer un filete a la brasa y la salsa argentina por antonomasia. Como en todos los platos poco complicados, la sencillez exige ingredientes de calidad superlativa. No tiene sentido hacerlo si no se consigue un buen corte de pecho de ternera. Después hay que hacer un buen seguimiento de su (breve) paso por el fuego —ascuas, plancha o lo que sea— para asegurarnos de que la carne quede al punto, según el gusto de cada uno. A mí me gusta la carne medio cruda. Si podéis, preparad con tiempo el chimichurri para que tenga más sabor: cuanta más antelación, mejor que mejor.

• 6 COMENSALES •

PARA EL CHIMICHURRI
6 dientes de ajo picados finos
40 g de perejil picado fino
15 g de orégano picado fino
4 cebolletas picadas finas
½ cda. de chile en copos
1 cdta. de pimentón
el zumo de 2 limones
50 ml de vinagre balsámico
30 ml de aceite de oliva virgen extra
sal marina y pimienta negra recién molida

PARA LOS FILETES

5 tomates pera cortados en mitades

3 dientes de ajo picados finos

50 ml de aceite de oliva virgen extra

3 filetes de pecho de ternera, sin grasa

(de unos 400 g cada uno)

1 • Para hacer el chimichurri poner todos los ingredientes menos el aceite en un cuenco, mezclar bien y dejar una hora a temperatura ambiente. Añadir un buen chorreón de aceite y salpimentar; volver a mezclar y dejar a temperatura ambiente para que los sabores liguen bien.

2 • Poner los tomates en un bol con el ajo y aceite de oliva suficiente para cubrirlos del todo. Sazonar con sal marina y pimienta negra recién molida y dejar reposar una noche.

3 • Sacar la carne del frigorífico y dejar una hora o dos, hasta que esté a temperatura ambiente. No debe sazonarse antes de cocinar; es mejor hacerlo durante la cocción.

4 • En caso de utilizar barbacoa, precalentar unos 20 minutos antes de cocinar. Otra opción es precalentar una plancha a fuego medio-alto. Primero se hacen los tomates a fuego lento, hasta que la piel se churrusque ligeramente: unos 6-8 minutos. Seguidamente hacer los filetes en medio de la parrilla o la sartén, 4 minutos por cada lado, sazonando al darles la vuelta, hasta que la carne quede bien churruscada. Una vez hecha, cubrir con papel de aluminio y dejar reposar 5 minutos: la carne seguirá haciéndose y obtendréis un filete medio hecho. Si os gusta más crudo, hacedlo solo 2-3 minutos por cada lado y, si lo queréis bien hecho, 5 por cada lado.

5 • Para terminar, cortar los filetes en tiras diagonales, en contra de las fibras, pasar a una fuente grande con los tomates a la brasa y regar con grandes cantidades de chimichurri.

• DULCE DE LECHE •

La manera más burda de hacer dulce de leche es hervir una lata de leche condensada en una olla con agua, como al baño maría. El estilo argentino, sin embargo, es casi igual de fácil y el resultado es superior: a la hora del postre hará las delicias de adultos y niños por igual. Esta es la receta que aparece en *Gran cocina latina*, el libro de Maricel Presilla, quien la aprendió de una anciana del noreste de Argentina, una región en la que sigue muy viva la vieja cocina criolla. Le aconsejó caramelizar un poco el azúcar antes de añadirlo a la leche para que tome un color oscuro más intenso y cremoso. Maricel hace hincapié en que no es una receta que pueda descuidarse mientras se cocina —hay que estar alerta, sobre todo hacia el final— y recomienda utilizar un termómetro de azúcar y que la salsa no supere los 107 °C. Si queréis una variante de esta receta, probad a hacer una cajeta mexicana con leche de vaca y de cabra, evitando que la temperatura supere los 105 °C para que tenga una textura más líquida.

• PARA HACER 1,5 LITROS •

1,2 kg de azúcar blanquilla
4 litros de leche entera
1 ramita de vainilla, cortada por la mitad a lo largo
1 cdta. de bicarbonato sódico

1 • Calentar una olla grande y gruesa a fuego medio durante un par de minutos. Añadir 50-100 g de azúcar (con 100 g adquiere un bonito color dorado oscuro, como de café con leche). Cocinar, removiendo, hasta que el azúcar se caramelice y se dore.

2 • Con cuidado de no salpicar, verter rápidamente la leche así como el resto del azúcar, la ramita de vainilla y el bicarbonato sódico. La leche tomará un color beige claro.

3 • Seguir cocinando, removiendo de tanto en tanto, alrededor de una hora y media. Pasado este tiempo no hay que perder de vista la olla y remover con más frecuencia. Cuando la mezcla empiece a burbujear constantemente, comprobar el punto echando unas gotas sobre un plato para ver si fluye o se queda en el sitio (o bien controlar la temperatura con un termómetro de azúcar). Hay que esperar un par de segundos a que la muestra se enfríe. Si se solidifica un poco o ha llegado a los 107 °C en el termómetro, significa que el dulce está listo.

4 • Colocar un bol mediano resistente al fuego sobre otro bol lleno de hielo y un poco de agua. Cuando el dulce de leche haya alcanzado la consistencia deseada y se haya quedado en una brillante natilla cremosa pero aún líquida, verter en el cuenco y dejar enfriar y espesar. Guardar tapado concienzudamente con un plástico de cocina por encima o en un envase de cristal a temperatura ambiente o en la nevera. Dura varios meses.

LECTURAS AVANZADAS

QUIEN SE SIENTA especialmente inspirado por alguna de las cocinas que se tratan en estas páginas encontrará en este apartado unos cuantos libros que le ayudarán a explorar más allá. Aunque haya más obras recomendadas en algunas cocinas que en otras, tal vez las que no cuenten con una bibliografía tan extensa supongan una aventura mayor...

• IMPRESCINDIBLES •

Los siguientes cuatro títulos no versan sobre ninguna gastronomía en concreto sino que están escritos por autores a los que les encanta comer, cocinar y hacer reír a sus lectores. Me han servido de inspiración y, aunque no se trata en absoluto de un repertorio exhaustivo de literatura gastronómica, yo diría que son un estupendo punto de partida para quienes disfruten a partes iguales de la erótica de la inteligencia y de la comida.

Laurie Colwin, *Home cooking: a writer in the kitchen* (Fig Tree, 2012).

Nigella Lawson, *La cocina de Nigella Lawson: comida rápida saludable*, trad. de Eva Robledillo (Planeta, 2011).

Anthony Bourdain, *Confesiones de un chef*, trad. de Carmen Aguilar (RBA, 2012).

Jeffrey Steingarten, *The man who ate everything: everything you ever wanted to know about food but were afraid to ask* (Headline, 1999)

• FRANCIA •

Michel y Albert Roux, *La bonne cuisine des Frères Roux* (France Loisirs, 1995).

Richard Olney, *The French menu cookbook* (Ten Speed Press, 1970).

Elizabeth David, *French provincial cooking* (Penguin, 1960).

Julia Child, *El arte de la cocina francesa*, trad. de Carme Geronès (Debate, 2013).

Xavier Marcel Boulestin, *Simple French cooking for English homes* (Quadrille, 2011 [1ª ed., 1923]).

Stéphane Reynaud, *Ripailles: classic French cuisine* (Murdoch Books, 2008).

Alice B. Toklas, *El libro de cocina de Alice B. Toklas*, trad. de Xosé Antonio López Silva (Blacklist, 2012).

Auguste Escoffier, *Mi cocina: 2500 recetas de Auguste Escoffier y recetas clásicas francesas ilustradas con láminas a todo color* (Marin, 2012)

• ESPAÑA •

Colman Andrews, *Cocina catalana: el último secreto culinario de Europa*, trad. de J. A. Bravo (Martínez Roca, 1989).

Sam Hart, Eddie Hart y Nieves Barragán Mohacho, *Barrafina: a Spanish cookbook* (Fig Tree, 2006).

José Pizarro, *Spanish flavours: stunning dishes inspired by the regional ingredients of Spain* (Kyle Books, 2012).

Claudia Roden, *The food of Spain* (Michael Joseph, 2012).

Maria José Sevilla, *Spain on a plate: Spanish regional cookery* (BBC Books, 1992).

Sam & Sam Clark, *The Moro cookbook* (Ebury, 2001).

Simone Ortega, Inés Ortega y Javier Mariscal, *1080 recetas de cocina* (Alianza, 2007)

• PORTUGAL •

Tessa Kiros, *Piri piri starfish: Portugal found* (Murdoch Books, 2008).

Miguel de Castro e Silva, *Recipes from my Portuguese kitchen* (Aquamarine, 2013).

David Leite, *The new Portuguese table* (Random House, 2010)

• ITALIA •

Russell Norman, *Polpo: a Venetian cookbook (of sorts)* (Bloomsbury, 2012).

Caz Hildebrand y Jacob Kenedy, *The geometry of pasta* (Boxtree, 2011).

Marcella Hazan, *The essentials of classic Italian cooking* (Boxtree, 2011 [1ª edición 1992]).

VV.AA., *La cuchara de plata*, trad. de Marta Borrás Monill et al. (Phaidon, 2007).

Jacob Kenedy, *Bocca: cookbook* (Bloomsbury, 2011).

Giorgio Locatelli, *Made in Italy: food & stories* (4th Estate, 2008).

Sicily (Phaidon, 2013).

Bill Buford, *Calor: aventuras de un aficionado como esclavo en la cocina, cocinero, fabricante de pasta y aprendiz de carnicero en la Toscana*, trad. de Marta Salís (Anagrama, 2007)

• EUROPA DEL ESTE •

Silvena Rowe, *Feasts: food for sharing from Central and Eastern Europe* (Mitchell Beazley, 2006).

Silvena Rowe, *Purple citrus and sweet perfume: cuisine of the Eastern Mediterranean* (Hutchinson, 2010).

Sharon Lebewohl y Rena Bulkin, *The 2nd Avenue deli cookbook* (Random House, 1999).

Ruth Joseph y Simon Round, *Warm bagels and apple strudel: over 150 nostalgic Jewish recipes* (Kyle Books, 2012)

• ALEMANIA •

Mimi Sheraton, *The German cookbook* (Random House USA, 1980).

Birgit Hamm y Linn Schmidt, *Grandma's German cookbook* (Dorling Kindersley, 2012).

Mirko Trenker, *The food & cooking of Germany: traditions - ingredients - tastes - techniques* (Aquamarine, 2009)

• ESCANDINAVIA •

Signe Johansen, *Scandilicious* (Salt Yard Books, 2011).
Signe Johansen, *Scandilicious baking* (Salt Yard Books, 2012).
Miisa Mink, *The Nordic bakery cookbook* (Ryland Peters and Small, 2011).
Trina Hahnemann, *The Scandinavian cookbook* (Quadrille, 2010)

• REINO UNIDO •

Jane Grigson, *English food* (Penguin, 1998).
Fergus Henderson, *The complete nose to tail: a kind of British cooking* (Bloomsbury, 2012).
Tom Kerridge, *Tom Kerridge's proper pub food* (Absolute Press, 2013).
Jamie Oliver, *Jamie's Great Britain* (Michael Joseph, 2011).
Nathan Outlaw, *Nathan Outlaw's British seafood* (Quadrille, 2012).
Heston Blumenthal, *Historic Heston* (Bloomsbury, 2013).
Isabella Beeton and Gerard Baker, *Mrs Beeton how to cook: 220 classic recipes updated for the modern cook* (W&N, 2011)

• TURQUÍA •

Rebecca Seal, *Istanbul: recipes from the heart of Turkey* (Hardie Grant, 2013).
Ghillie Basan, *The food and cooking of Turkey* (Lorenz Books, 2011).
Claudia Roden, *Arabesque: a taste of Morocco, Turkey and Lebanon* (Michael Joseph, 2005).
Sevtap Yuce, *Turkish flavours: recipes from a seaside café* (Hardie Grant, 2012)

• LEVANTE MEDITERRÁNEO •

Anissa Helou, *Lebanese cuisine* (Grub Street, 2008).
Helen Corey, *The art of Syrian cookery* (Charlyn Pub House, 1993).
Greg y Lucy Malouf, *Arabesque: modern Middle Eastern food* (Quadrille, 2007).
Anissa Helou, *Levant: recipes and memories from the Middle East* (Harper Collins, 2013).
Salma Hage, *The Lebanese kitchen* (Phaidon, 2012)

• ISRAEL •

Yotam Ottolenghi y Sami Tamimi, *Jerusalem* (Ebury, 2012).
Janna Gur, *The book of new Israeli food* (Schocken Books, 2008).
Robin Soans, Claudia Roden y Cheryl Robson, *The Arab-Israeli cookbook: the recipes* (Aurora Metro Publications, 2004).
Claudia Roden, *El libro de la cocina judía: una odisea personal a través del mundo, con más de 800 recetas asquenazíes y sefarditas* (Zendrera Zariquiey, 2004)

• IRÁN •

Najmieh Batmanglij, *Food of life: ancient Persian and modern Iranian cooking and ceremonies* (Mage Publishers, 2011).

Margaret Shaida, *The legendary cuisine of Persia* (Grub Street, 2000).

Ariana Bundy, *Pomegranates and roses: my Persian family recipes* (Simon and Schuster, 2012)

• LA INDIA •

Vivek Singh, *Cinnamon kitchen: the cookbook* (Absolute Press, 2012).

Anirudh Arora y Hardeep Singh Kohli, *Food of the Grand Trunk Road* (New Holland Publishers, 2011).

Madhur Jaffrey, *Madhur Jaffrey's Indian cookery* (BBC Books, 2002).

Madhur Jaffrey, *Curry easy* (Ebury, 2010).

Pushpesh Pant, *India: the cookbook* (Phaidon, 2010).

Rick Stein, *Rick Stein's India* (BBC Books, 2013)

• TAILANDIA •

David Thompson, *Thai food* (Pavilion Books, 2002).

David Thompson, *Thai street food* (Conran Octopus, 2010).

Rosemary Brissenden, *South East Asian food* (Hardie Grant, 2011 [1ª ed. 1970])

• VIETNAM •

Charles Phan, *Vietnamese home cooking* (Ten Speed Press, 2012).

Andrea Nguyen, *Into the Vietnamese kitchen: treasured foodways, modern flavours* (Ten Speed Press, 2006).

Luke Nguyen, *The songs of Sapa: stories and recipes from Vietnam* (Murdoch Books, 2009).

Rosemary Brissenden, *South East Asian food* (Hardie Grant, 2011 [1ª ed., 1970])

• CHINA •

Fuchsia Dunlop, *Sichuan cookery* (Penguin, 2003).

Fuchsia Dunlop, *Every grain of rice: simple Chinese home cooking* (Bloomsbury, 2012).

Fuchsia Dunlop, *The revolutionary Chinese cookbook* (Ebury, 2006).

Ken Hom, *Complete Chinese cookbook* (BBC Books, 2011).

Linda Lau Anusasananan, *The Hakka cookbook: Chinese soulfood from around the world* (University of California Press, 2012).

Nicole Mones, *El último chef chino*, trad. de Daniel Aldea Rossell (Nabla, 2008)

• COREA •

Debbie Lee, *Seoultown kitchen* (Kyle Books, 2011).
Cecilia Hae-Jin Lee, *Eating Korean: from barbecue to kimchi, recipes from my home* (John Wiley & Sons, 2005).
Young Jin Song, *The food and cooking of Korea* (Lorenz, 2008)

• JAPÓN •

Shizuo Tsuji, *Japanese cooking: a simple art* (Kodansha Amer, 2012).
Harumi Kurihara, *Everyday Harumi: simple japanese food* (Conran Octopus, 2009).
Takashi Yagihashi, *Takashi's noodle book* (Ten Speed Press, 2009).
Michael Booth, *Sushi and beyond: what the Japanese know about cooking* (Vintage, 2010).
Yuki Gomi, *Sushi at home: the beginner's guide to perfect, simple sushi* (Fig Tree, 2013)

• ETIOPÍA •

Rachel Pambrun, *Ethiopian cookbook: a beginner's guide* (Createspace, 2012).
Lydia Solomon, *How to cook Ethiopian food: simple delicious and easy recipes* (CreateSpace Independent Publishing Platform, 2013)

• ÁFRICA OCCIDENTAL •

Dokpe L. Ogunsanya, *'My cooking' West African cookbook* (Dupsy Enterprises, 1998)

• MARRUECOS •

Paula Wolfert, *The food of Morocco* (Bloomsbury, 2012).
Paula Wolfert, *Moroccan cuisine* (Grub Street, 1998).
Tess Mallos, *El sabor de Marruecos*, trad. de Maria Luisa Rodríguez Pérez (Everest, 2008)

• CALIFORNIA •

Alice Waters, *Chez Panisse menu cookbook* (Random House, 1982).
Jeremiah Tower, *California dish: what I saw (and cooked) at the American culinary revolution* (Free Press, 2004).
Anthony Myint y Karen Leibowitz, *Mission Street food: recipes and ideas from an improbable restaurant* (McSweeney's, 2011)

• LUISIANA •

Rima Collin y Richard H. Collin, *The New Orleans cookbook: Creole, Cajun and Louisiana French recipes past and present* (Alfred A. Knopf, 1987).
Gwen McKee y Joseph A. Arrigo, *The little New Orleans cookbook: fifty-seven classic Creole recipes* (Quail Ridge Press, 1991).
Elizabeth Begue, *Mme Begue's recipes of old New Orleans Creole cookery* (Pelican Publishing Co., 2012)

• MÉXICO •

Thomasina Miers, *Mexican food made simple* (Hodder & Stoughton, 2010).
Maricel E. Presilla, *Gran cocina latina* (W.W. Norton & Co., 2012).
Ivy Stark, *Dos Caminos' Mexican street food* (Allworth Press, 2011).
Roberto Santibañez, *Tacos, tortas and tamales: flavours from the griddles, pots and street-side kitchens of México* (John Wiley & Sons, 2012).
Diana Kennedy, *The essential cuisines of Mexico* (Crown Publishing Group, 2009)

• CARIBE •

Levi Roots, *Caribbean food made easy* (Mitchell Beazley, 2009).
Lucinda Scala Quinn, *Lucinda's authentic Jamaican kitchen* (John Wiley & Sons, 2006).
Helen Willinsky, *Jerk from Jamaica: barbecue Caribbean style* (Ten Speed Press, 2007).
Rita G. Springer, *Caribbean cookbook* (Pan Books, 1979)

• PERÚ •

Martín Morales, *Cocina peruana. 100 maravillas de la gastronomía del Perú* (SBS, 2014).
Douglas Rodriguez, *The great Ceviche book* (Ten Speed Press, 2010).
Flor Arcaya de Deliot, *The food and cooking of Peru* (Aquamarine, 2009).
Maricel E. Presilla, *Gran cocina latina* (W.W. Norton & Co., 2012)

• BRASIL •

Yara Castro Roberts & Richard Roberts, *The Brasilian table* (Gibbs M. Smith, 2009).
Maricel E. Presilla, *Gran cocina latina* (W.W. Norton & Co., 2012).
Alex Atala, *D.O.M.: rediscovering Brasilian ingredients* (Phaidon, 2013)

• ARGENTINA •

Maricel E. Presilla, *Gran cocina latina* (W.W. Norton & Co., 2012).
Lourdes Castro, *Latin grilling: recipes to share, from Patagonian asado to Yucatecan barbecue and more* (Ten Speed Press, 2011)

CRÉDITOS

• RECETAS •

Valle del Loira: Tarta de ciruelas del revés © Eric Lanlard, de *Home bake* (Mitchell Beazley, 2010). **Provenza:** Tapenade © Justin Myers. **Cataluña:** Sopa marinera catalana; sopa de avellanas con cocrante de avellanas y helado © Rachel McCormack. **Norte de España:** Gambas al ajillo con espárragos © José Pizarro, de *Seasonal Spanish food* (Kyle Cathie, 2010). **España central:** Crema de calabacines; tortilla © Javier Serrano Arribas. **Andalucía:** Gazpacho © José Pizarro, de *Seasonal Spanish food* (Kyle Cathie, 2010); buñuelos de bacalao con salsa tártara © Nieves Barragán Mohacho. **Portugal:** Sopa de bacalao salado © Nuno Mendes. **Lacio:** Sopa de pasta y garbanzos © Rachel Roddy; Alcachofas fritas enteras © Jacob Kenedy, de *Bocca: cookbook* (Bloomsbury, 2011). **Emilia-Romaña:** Tagliatelle a la boloñesa © Jacob Kenedy y Caz Hildebrand, de *The geometry of pasta* (Boxtree, 2010). **Calabria:** Vieiras con n'duja; pollo picante a la calabresa © Francesco Mazzei. **Sicilia:** Pez de espada al estilo de Mesina © Giorgio Locatelli, de *Made in Sicily* (Fourth Estate, 2011). **Europa del Este:** Borscht © Emilia Brunicki; Bàbovka © Klara Cecmanova. **Turquía:** Kofte de ternera © Rebecca Seal, de *Istanbul: recipes from the heart of Turkey* (Hardie Grant, 2013). **Levante mediterráneo:** Mansaf © Yotam Ottolenghi. **Israel:** Humus © Zac Frankel. **Irán:** Pollo con bayas de agracejo, yogur y peladura de naranja; cordero con guisantes partidos, lima seca y berenjenas; arroz chelow © Pury Sharifi. **Norte de la India:** Rogan josh © Anirudh Arora y Hardeep Singh Kholi, de *Food of the Grand Trunk Road* (New Holland, 2011). **Sur de la India:** Curry de pescado al coco; pollo tikka asado con chutney de hierbabuena; tortitas de plátano con coco y panela © Meera Sodha, de *Made in India* (Fig tree, 2014). **Vietnam:** Pho de ternera © Hieu Trung Bui. **África Occidental:** Estofado de Ije © Ije Nwokerie. **Marruecos:** Cuscús de pollo © Paula Wolfert, de *Couscous and other good food from Morocco* (Harper Perennial, 1987). **México:** Mole afrutado de un chile © Maricel E. Presilla, de *Gran cocina latina* (W.W. Norton & Co., 2012). **Brasil:** Guiso de frijoles negros © Gizane Gampos; guiso de gambas; mousse intensa de chocolate con granos tostados de cacao © Samantha Aquim. **Argentina:** Filete de pecho de ternera a la parrilla con chimichurri, ajo y tomates © Diego Jacquet; dulce de Leche © Maricel E. Presilla, de *Gran cocina latina* (W.W. Norton & Co., 2012). El resto de recetas, © Mina Holland.

• TEXTOS •

Se han hecho todos los esfuerzos posibles por localizar a los derechohabientes y obtener su permiso para utilizar el material sujeto a derechos de autor. La editorial se disculpa por cualquier error u omisión que pueda haber, y agradecería que se notificase cualquier corrección que deba incorporarse en futuras reimpresiones o ediciones de esta obra.

AGRADECIMIENTOS

EN PRIMER LUGAR me gustaría dar las gracias de todo corazón a mis tres jotas de la suerte del mundo de la edición: Jenny Lord (una diosa entre editores), Jon Elek (el agente más enrollado de la capital) y Jamie Byng (el rey de Canongate). Gracias a los tres por creer en mí y en este libro.

Gracias a todo el equipo de Canongate por todos vuestros esfuerzos para dar vida a *El atlas comestible*: Natasha Hodgson, Vicki Rutherford y Rafi Romaya.

He charlado con muchas autoridades ilustres de las cocinas que abarca este libro, y todas sin falta han demostrado una generosidad increíble con su tiempo, su sabiduría y, en muchos casos, sus recetas: María José Sevilla, José Pizarro, Rachel McCormack, Nieves Barragán Mohacho, Nuno Mendes, Jacob Kenedy, Russell Norman, Francesco Mazzei, Giorgio Locatelli, Rachel Roddy, Signe Johansen, Anissa Helou, Rebecca Seal, Yotam Ottolenghi, Pury Sharifi, Meera Sodha, Anirudh Arora, Hieu Trung Bui, Junya Yamasaki, John Devitt, Veronica Binfor, Paula Wolfert, Colman Andrews, Maricel Presilla, Martin Morales, Samantha Aquim, Herve Roy y Diego Jacquet.

Vaya un agradecimiento enorme a todos sus representantes, que ayudaron a concertar nuestros encuentros: Gemma Bell, Hannah Norris, Zoe Haldane, Sarah Kemp, Clare Lattin, Lauryn Cooke, Anna Dickinson, Beau Limbrick, Rose McCullough, Kimberley Brown, Sophie Missing, Jean Egbunike, Charlotte Allen, Genevieve Sweet, Nicola Lando, Emma Daly y Caroline Craig.

A mis amigos, que han desempeñado distintos papeles, desde lectores de los primeros borradores hasta probadores/contribuidores de recetas y compañeros de comidas y emociones: Katharine Rosser, Sophie Andrews, Laura Brooke, Jessica Hopkins, Nick Carvell, Holly Jones, Petra Costandi, Ellie Davies, Gizane Campos, Harriet De Winton, Nick Taussig, Paul Van Carter, Javier Serrano Arribas, Zac Frankel, Brittany Wickes, Rebecca Gregory, Kate Willman, Sophie Mathewson, Charlotte Coats, Amy Baddeley, Katy Gault, Klara Cecmanova, Christian Holthausen, Georgia Frost, Doon Mackichan, Mary Myers, Justin Myers, Ann Boyer, Lara Boyer, Katia Boyer Mcdonnell, Emilia Brunicki, Deena Carter, Tony Carter, Claire Carter Scott, Meredith Sloane, Ije Nwokerie, Howard Josephs, Jonathan Harris, Laura Hirons, Jacqui Church, Kira Heuer, Janet Tarasofsky, Felicia Kozak y Lily Saltzberg. Gracias a todos por vuestro apoyo y por darme energías positivas cuando más las necesitaba.

A mis jefes y colegas del *Observer Food Monthly* —Allan Jenkins, Gareth Grundy y Helen Wigmore— y a todo el equipo por su apoyo.

A los clanes Holland y Cozens-Hardy por ser unos parientes tan estupendos. En primer lugar a mis abuelas, a quienes he dedicado el libro: mi abuela de la comida, Jane, que fue la primera en despertar mi pasión por la cocina (y mi glotonería) y a mi abuela de los libros, Mavis, que vivió lo suficiente para ver la dedicatoria. A mi hermano Max, por conseguir arrancarme una risa siempre que lo necesité. A Frank, por ser mi interlocutor y estar siempre dispuesto a acompañarme en los paseos que me alejaban del ordenador. Y, sobre todo, a mis padres, infatigables y brillantes. Eso es todo, que no es poco. Os quiero a todos.

ÍNDICE

ÍNDICE

•

365

ÍNDICE DE RECETAS

ÍNDICE •

371

EL ATLAS COMESTIBLE

SE ACABÓ DE IMPRIMIR

UN DÍA DE OTOÑO DE 2014, EN LOS

TALLERES GRÁFICOS DE RODESA,

VILLATUERTA (NAVARRA)